고려의 국제적 개방성과 자기인식의 토대

The Foundation Self-awareness through International Openness in Goryeo Dynasty

Chai, Oong-Seok ed.

고려시대 역사·문화의 다원성과 통합성 연구총서 3

고려의 국제적 개방성과 자기인식의 토대

채 웅 석 편저

혜안

고려시대 역사·문화의
다원성과 통합성, 개방성을 찾아서

2018년에 '한반도의 평화와 번영 및 통일을 위한 판문점선언'이 이루어짐으로써 한반도의 새로운 역사 전개에 대한 기대가 커졌다. 그동안 경색되었던 남북과 북미관계가 대화를 통한 평화적 관계로 전환되고 있다. 이대로 평화·협력관계가 발전된다면 고려 역사 연구에도 매우 긍정적인 영향이 미칠 것이 분명하다. 고려의 수도 개경을 비롯하여 북한 땅에 있는 많은 유적들은 물론 비무장지대 안에 산재한 유적들에 대한 공동조사·발굴 및 연구의 희망이 현실화 될 수 있을 것이다. 더구나 2018년에 고려 건국 1100주년을 맞아, 학회와 박물관 등에서 많은 기념학술발표회나 유물전시회를 개최하였다. 이에 따라 한국사 연구·교육에서 그동안 존재감이 미미했던 고려시대에 대한 관심이 늘어나고 연구가 활성화되는 계기를 마련하였다.

고려시대사 연구는 1980년대까지 사회구성체적 성격이나 지배층의 성격 등을 둘러싸고 활발하게 논쟁이 이루어진 이후 개별적이고 세분화된 연구 중심으로 진행되어 왔다. 그러다가 21세기에 새로운 역사적 전환을 맞이하여 거시적인 관점에서 새롭게 고려사회를 바라보는 연구가 매우 절실해졌다. 가톨릭대학교 고려다원사회연구소에서는 그런 새로운 관점에서 바라보는 토대를 마련하고자 하였고, 2014년 11월부터 2017년 10월까지 3년에 걸쳐 '고려시대 역사·문화의 다원성과 통합성'이라는 주제로 한국연구재단의 토대연구지원사업에 선정되었다.

오늘날 한국 사회는 자율과 공존에 바탕을 둔 사회통합 및 남북통일이라는 시대적 과제에 직면해 있다. 그리고 그 비전과 역량을 역사 경험에서 찾아보는 연구가 필요하다는 것은 두말할 나위가 없다. 본 연구소의 연구목표는 약 500년 장기 지속했던 고려시대의 역사·문화적 가치를 재발견하여 오늘날 현실에 맞는 새로운 역사인식의 가능성 제시에 두었고, 그와 관련하여 주목한 것이 고려시대의 다원성에 관한 논의였다. 특히 지방세력의 대두와 후삼국의 분열 등으로 확대된 다원적 상황에 대한 고려의 통합방식 및 개방성·역동성을 지향했던 역사전통에 주목하였다.

고려사회는 안으로 사상·문화·사회 등의 분야에서 다양한 요소들이 각각의 색깔을 띠면서 공존하면서, 밖으로 오대·송·거란[요]·여진[금] 등으로 구성되었던 다원적 국제환경이나 몽골[원] 세계제국의 간섭에 대응하여 자기 정체성을 유지하면서 동시에 개방성을 높였다. 다만 고려는 신분제 사회였기 때문에 '다원성' 또는 '다양성'이라는 용어만으로 그 계서적 성격을 드러내기가 어렵다는 문제가 있고, 또 다원적이다가 일원적으로 변화한 국제환경 속에서 고려의 위상을 어떻게 자리매김할 수 있을지도 문제가 된다.

이에 본 연구소에서는 '고려의 문화적 다원성·다층위성과 소통의 이중주─경쟁·자율·통합의 조건을 중심으로─'라는 담론적 문제의식을 제시하여 연구를 진행하였다. 고려 역사와 문화의 특징과 가치를 드러내는 여러 요소를 정리하면서, '또 다른 전통사회'가 오늘날까지 어떻게 존속하고 작용했는지를 추적하고, 오늘날 한국 사회 내부의 갈등과 국제환경의 위기를 극복할 수 있는 역사담론을 타진해 보려고 노력하였다.

이를 위해 3개년에 걸쳐 크게 '경쟁과 조절', '관계와 소통', '개방성과 정체성'이라는 관점으로 연차별 대주제를 정하고 이에 부합하는 개별 소주제를 개발하였다. 그리고 각 주제와 관련된 국내외 문헌자료 및 고고·미술사 관련 유물들에 대한 기초 정리를 수행하였으며, 그 분석을 통해 연구주제를 확산시키는 한편 학제적 접근을 통해 학문적 융합을 시도하였다.

1차년에서는 '경쟁과 조절－고려인의 다양한 삶의 양식과 통합 조절'이라는 주제를 설정하고 각 분야별로 연구를 진행하였다. 그 과정에서 고려사회의 다원성과 다양성 혹은 다층위성 사이에 어떠한 개념 차이가 있는지, 수평적인 다원성과 수직적인 계서성이 서로 구조적으로 연결될 수 있는 것인지, 중앙집권적 성격을 가진 고려사회에서 다원성이란 어떻게 발현되는 것인지 등에 대한 문제를 많이 논의하였다.

2차년에서는 '관계와 소통－고려왕조 중앙과 지방의 네트워크'라는 주제로 고려사회의 다원성·통합성에 대해 고찰하였다. 여기서는 중앙과 지방사회의 관계에서 나타나는 '다원성과 지역성' 및 '소통과 관계망'을 중심으로 살펴보는 데에 연구의 주안점을 두었다. 그 과정에서 다원성과 계서성을 중심으로 고려사회를 파악할 때 '공존과 조화', '대립과 갈등' 같은 문제들을 제대로 짚어내고 소화할 수 있어야 한다는 점들이 부각되기도 하였다.

3차년에는 '개방성과 정체성－고려의 국제적 개방성과 자기인식의 토대'라는 주제로 연구를 진행하였다. 이를 통해 고려전기의 다원적 국제관계에서 다중심성과 계서성이 작동하였으며, 고려가 자기 정체성을 유지하면서 보편문화를 수용하였고 타자 인식에서 개방적인 성격을 갖고 있다는 점을 지적할 수 있었다. 또한 유학·불교·도교 등 종교와 사상을 다원적으로 이용했던 양상과 함께 국가의례로 승화된 팔관회·연등회의 통합적이고 개방적인 성격을 재인식하였다.

그동안 연구과정에서 관련 분야 및 인접 분야의 전문가들을 모시고 콜로키움을 개최하여 주제의식을 심화시켰고, 학술발표대회를 통하여 연차별로 연구 성과를 대외적으로 발표하고 토론을 거쳐 고려사회의 다원성에 대한 논의를 확장시키고자 하였다. 학술발표대회에서 발표된 논문들은 토론과정에서 지적된 사항을 반영하여 수정한 뒤 한국중세사학회의 학술지 『한국중세사연구』 등에 게재하여 학술적 성과를 인정받았다. 이 학술총서는 본 연구소의 연구 성과를 수정·보완하고 연차별로 종합하여 묶은 것이다. 여기에 더하여 비록 학술발표대회에서 발표되지는 않았지만 각 연차별 주제와 관련하여 연구원들이 집필한 별도 논문들도 수록하여 총서의 내용을 보강하였다.

　본 연구소에서 연구를 진행하면서 많은 분들에게 도움을 받았다. 한국연구재단에서 재정 지원을 받았기 때문에 이 연구가 가능하였다. 그리고 16차례의 콜로키움에 모셨던 여러 선생님들의 발표와 토론은 연구원들에게 많은 자극이 되었다. 또한 세 차례의 학술발표대회를 공동으로 개최할 수 있도록 배려해 주신 한국중세사학회 임원진과 토론으로 질정을 해주신 여러 선생님들께 큰 은덕을 입었다. 총서 간행에 도움을 주신 가톨릭대학교 산학협력단과 도서출판 혜안의 오일주 사장님을 비롯한 편집부 여러분께도 고마움의 뜻을 전한다.

　이 학술총서가 앞으로 고려시대 역사·문화의 연구 지평을 넓히는 데 작으나마 도움이 될 수 있기를 기대하며, 지난 3년간 함께 연구하고 토론하면서 학문적 발전을 이루고자 노력한 연구원들 개개인에게도 한 단계 도약할 수 있는 계기가 되기를 바란다.

2019년 1월
연구원들을 대표하여 채웅석 씀

제1부 국제적 개방성

제2부 보편성과 자기인식

제3부 국가의례의 다원성

고려의 다양한 삶의 양식과 통합 조절

고려의 중앙과 지방의 네트워크

고려전기의 다원적 국제관계와 문화인식

채 웅 석

1. 다원적 국제관계를 어떻게 볼 것인가?

국제관계란 특정 시기의 국제환경 속에서 다른 나라들과 외교·경제·문화적으로 교류하는 질서와 태도를 나타낸다. 10~12세기 고려를 둘러싼 국제관계에 대해서는 그동안 대개 민족주의적이거나 기능주의적 시각에서 연구가 이루어졌다. 전자는 북방민족(국가)의 강성에 따른 전쟁과 외교 등을 다루면서 국가의 생존 조건과 극복 역량에 주목하였다. 후자는 책봉·조공을 둘러싼 실리와 명분에 주목하여 외교·교역 등을 다루면서 실리외교를 강조한 경향이 있다. 그런 시각에서는 국제질서를 동아시아 차원에서 연동된 네트워크 관계로 파악하기보다 나라 사이의 개별적 관계로 파악하기 쉬웠다. 또한 두 시각을 복합적으로 고려하여 연구하더라도 중앙정부의 주도, 중화문화 중심의 인식 등이 부각되는 경향이 있었다.

1990년대부터 그와 같은 한계를 인식하고 국제관계의 다원적 성격에 주목하는 연구들이 나타났다. 고려전기에 동아시아에서 강대국이 패권을 행사하지 못하고 고려·송·거란·서하 등이 각축을 벌이는 가운데 국제관계가 일국 대 일국의 관계가 아니라 다중적·다원적 관계로 이해되어야 한다고 보았다. 고려가 송·거란·금 등과 등거리 외교를 통하여 영토적·문화적 실리를 추구하였기 때문에, 다원적인 국제질서는 고려왕조의 발전과정과 역사적 특성을 이해하는 데 매우 중요한 요소가 된다고 파악하였다.[1]

서구학계의 조공체제이론을 비판하면서 다원적 국제관계에 주목한 연구도 있다. 고려·송·거란·금·서하 등으로 구성된 동아시아 전체를 하나의 통합된 단위로 보고 각국 사이에 지정학적 세력균형이 이루어져서 세력균형, 실리주의, 호혜성의 원칙에 따라 다원적 국제관계가 운영되었다고 파악하였다. 그리고 한족 중심적·문화론적 조공제도의 틀을 극복하기 위하여 다양한 연계망(네트워크)에 주목하는 '세계체제이론'과 문화 교류에서 불교문화권적 시각에서도 연구가 필요하다는 점 등을 제기하였다.[2]

이렇듯이 당시 국제관계의 다원성에 주목한 연구에서는 동아시아에서 특정국이 패권을 행사하지 못하고 여러 나라들 사이에 세력균형이 이루어졌으며 실리와 명분을 둘러싸고 다양한 차원에서 교섭, 교류하였다고 파악하였다. 그리고 일국 대 일국의 관계를 넘어서 동아시아 전체가 서로 연계된 과정으로 파악하였다. 이러한 선행연구들을 참고하여 다원적 국제관계의 의미를 다음과 같이 파악할 수 있을 것이다.

첫째, 다원적 국제관계는 국제질서 상으로 다중심성이 특징이다. 당시 여러 나라들이 황제를 칭하였는데[稱帝], 칭제가 유교이념에서 천하질서의 중심임을 주장하는 것이기는 하지만, 국제질서의 다중심성은 단순히 칭제한 나라가 많다는 것을 의미하는 것이 아니다. 고구려처럼 대왕을 칭하면서도 스스로 천하의 중심이라고 인식하거나, 금이 장방창(張邦昌)을 초(楚)의 황제로 세우고 유예(劉豫)를 대제(大齊) 황제로 삼았던 것처럼 강대국의

---

1) 박종기, 「高麗中期 對外政策의 變化에 대하여」『韓國學論叢』16, 1993 ; 「실리와 공존, 줄타기 외교전술」『5백년 고려사』, 푸른역사, 1999.

2) 윤영인, 「몽골 이전 동아시아의 다원적 국제관계」『만주연구』3, 2005 ; 「10~13세기 동북아시아 多元的 國際秩序에서의 冊封과 盟約」『東洋史學硏究』101, 2007 ; 「동아시아 다원적 국제질서의 범위와 성격에 대한 새로운 접근」『만주연구』20, 2015.

황제가 부용국의 군주를 황제로 책봉한 경우도 있기 때문이다. 국제질서의
다중심성은 국제질서를 규율하고 통합하는 힘 내지 중심이 일원적이지
않고 다원적으로 존재한다는 의미이다.

　다원적 국제관계 하에서 중심국들의 위상이 대등한 것만은 아니어서
계서성(階序性)이 존재할 수도 있었다. 그런 계서성이 작동하는 현실에
피해의식을 느낀 나라가 변화를 추구하게 되면 국제관계가 불안정해졌다.
그렇지만 중심국들이 극한적 대립·충돌을 회피하려고 하고, 또 대립하는
당사자가 아니면서도 역내(域內)의 안정을 깨는 충돌을 견제하고 중재하여
세력균형이 이루어질 수 있었다.

　둘째, 다원적 국제관계에서는 다양한 부문에서, 다양한 관계로써 교류가
이루어진 특징이 있다. 각국 사이에 책봉이나 그에 준하는 '사봉(賜封)'
또는 '인대(隣對)' 등 다양한 외교형식이 나타났다.3) 송의 빈례(賓禮)를 살펴
보면, 그런 상황을 반영하여 이전 당과 달리 국가나 지역별로 분리하여
예를 마련하였다.4) 그리고 고려는 거란의 책봉을 받으면서도, 문종 때에
외교 다변화를 모색하여 책봉은 아니지만 그에 준하는 형식으로 송과
외교관계를 수립하였다.

　또한 국가·지역 간에 관계를 맺는 목적과 행위자도 다양하여 다면적으로
이루어졌다. 연결채널이 다양하여 상인, 승려, 유교지식인, 의사, 기술자
등에 의한 공적·사적 교류가 이루어졌다. 그런 경제적·문화적 교류는 정부
간의 교섭에 의존하면서도 거기서 벗어날 수도 있었다. 예컨대 송상은 외교
교섭을 매개하고 또 외교가 중단된 상태에서도 교역을 지속하였다.5) 앞에서

---

3) 賜封과 隣對의 개념에 대해서는 각각 안병우, 「고려와 송의 상호인식과 교섭-11세기
　　후반~12세기 전반」『역사와 현실』43, 2002와 金成奎, 「3개의 트라이앵글-북송시대
　　동아시아 국제관계의 大勢와 그 특징에 관한 試論」『歷史學報』205, 2010 참조.
4) 金成奎, 「中國王朝에서 賓禮의 沿革」『中國史硏究』23, 2003 ; 「10~12세기 동아시아의
　　국제환경」『中國學報』59, 2009.
5) 李鎭漢, 『高麗時代 松商往來 硏究』, 경인문화사, 2011, 9~21쪽.

살핀 것처럼 민족주의에 매몰된 연구시각을 극복하거나 문화역량과 성취를 총체적으로 파악하기 위해서는, 그런 다양한 교류의 목적과 방식들에 주목해야 한다.

셋째, 다원적 국제관계 속에서 우수하고 보편적이라고 여긴 문화를 수용하는 한편 자기문화의 정체성을 강화하는 경향이 아울러 나타났다. 그리고 다원적 국제질서와 연결된 다원적 천하관에는[6] 여러 문화들을 동일한 잣대로 평가하지 않고 다양성을 인정하여 서로 다른 표준과 체계를 가진 것으로 보는 상대주의적 인식이 나타나는 경향이 있다. 그에 따라 외교관계에서 벗어난 지역·국가와의 사이에도 교역과 문화 교류가 이루어질 가능성이 높았다.

고려전기에 유교문화를 사회 발전에 필요한 보편문화로 받아들였다. 유교문화를 계승한 중화 국가가 패권을 행사할 경우에는 역내(域內)에 화이론적 문화인식이 상대적으로 강하게 파급될 수밖에 없었다. 그렇지만 고려전기에는 송이 패권을 잡지 못하였으며, 고려는 비록 유교문화를 수용하더라도 정체성과 공동체 유지의 기반이 된 문화에 대하여 자각하고 배려하였다.

더구나 고려는 유교만이 아니라 불교도 보편문화로 인정하였다. 중국을 통하여 불교를 수용하고 중국불교의 수준이 높다고 인정하였지만, 불교의 세계관에서는 중화와 이적(夷狄)을 구별하지 않았다.[7] 그렇기 때문에 불교

---

6) 盧明鎬, 「高麗時代의 多元的 天下觀과 海東天子」 『韓國史研究』 105, 1999 ; 박경안, 「고려전기 다원적 국제관계와 국가·문화 귀속감」 『東方學志』 129, 2005.

7) 1151년(의종 5)에 尹誧가 玄奘의 『西域記』를 근거로 만들어 왕에게 바친 「五天竺國圖」는 중국의 화이론에 기초한 지도와 달리 불교적 세계관을 표현하였을 것으로 추정된다(김철웅, 「고려의 五天竺國圖와 세계관」 『東洋學』 56, 2014). 「오천축국도」와 관련이 있을 것으로 추정되는 일본 法隆寺 소장 「五天竺圖」(1364)와 『拾芥抄』 수록 「天竺國圖」(14세기 전반)는 인도를 중심으로 하는 세계지도로서, 중국은 동쪽 모서리에 작게 표시하였다. 그리고 「천축국도」에는 고려를, 「오천축도」에는 일본을 각각 동북쪽에 표시하였다.

문화를 매개로 한 국제적 교류네트워크는 유교문화를 매개로 한 교류네트워크와 성격이 달랐다.

이 글은 "고려의 국제적 개방성과 자기인식의 토대"를 주제로 한 학술대회의 총론에 해당한다. 개별 발표주제들을 요약하기보다, 다원적 국제관계의 성격을 이상과 같이 파악한 데에 맞추어, 고려전기 국제질서의 다중심성과 계서성, 안보·교역·문화교류 등의 차원에서 이루어진 국제관계의 다양성과 규율, 문화의 보편성과 개별성에 대한 고려인들의 인식 등을 총괄적으로 검토하려 한다. 그리고 그런 다원적·개방적 국제관계가 고려문화에 끼친 영향을 살펴보겠다.

2. 국제질서의 다중심성과 계서성

중국에서 당말 이후 5대10국의 분열에 이어서 송이 통일을 이룩하고 거란이 차지한 연운16주의 실지를 회복하려고 하였다. 송이 동아시아에서 경제적, 문화적으로 우위에 있었지만, 군사적으로는 거란이 강성하여 장성 이남 지역을 계속 확보하려고 하였다. 그런 대결 구도가 이어졌음에도 불구하고, 양국은 1004년에 전연(澶淵)의 맹약을 체결한 뒤부터 12세기 초 금이 대두하기 전까지 서로를 남조(南朝)와 북조(北朝)라고 부르면서 대등하고 또 큰 충돌 없이 비교적 안정된 관계를 이루었다.

송과 거란이 그런 관계를 유지하는 데에는 잘 알려진 것처럼 서하와 고려가 중요한 역할을 하였다. 당시 고려·송·거란·서하 등은 국익을 위하여 주변국과 제휴하거나 대립하기를 반복하였다. 분쟁이 벌어지면 우위를 점하기 위해서 상대국의 배후에 있는 제3국과 제휴 동맹을 모색하였다. 만약 대결과정에서 약체성이 드러나면 상대국만이 아니라 주변국들에게도 국익을 위한 행동에 나서게 하는 자극제가 되었다. 그리하여 동아시아

각국 사이에 세력관계가 서로 연동되었다.[8]

서하는 송과 거란 사이에서 화평과 대립을 반복하면서 국익을 도모하였다. 예컨대 11세기 전반기의 상황을 보면, 경덕화의(1005) 이후 서하는 신속하는 조건으로 송으로부터 세폐를 받다가, 경종(景宗, 李元昊)이 황제를 칭하면서 송에 군사적 공세를 가한 결과 경력화의(1044)를 체결하였다. 이에 따라 서하가 다시 송으로부터 책봉을 받는 대신에 막대한 양의 세폐를 제공받게 되었다. 그 대결과정에서 거란이 송을 압박하여 세폐를 증액받고 대신 송과 서하의 관계를 중재하였다. 또 서하가 티베트의 곡시라(唃厮囉) 정권과 대립하였을 때는 송과 거란이 티베트와 우호관계를 강화하여 서하를 견제하였다. 당시 송이나 거란의 입장에서는 티베트와의 관계 강화가 상대국에 대한 견제가 되기 때문에 서로 더 적극적으로 나서려고 하였다.

10세기 말~11세기 초에 거란이 송과 대립하는 한편 여진을 복속시키려고 하면서 배후를 견제하기 위하여 고려에 군사적 공세를 가하였다. 고려가 송에 지원을 요청하자, 송은 전연의 맹을 고려하여 평화관계를 유지하는 것이 최선이라며 거절하였다. 고려는 거란과 전쟁을 치른 뒤 사대관계를 맺고 송과는 외교를 중단하였다. 그렇지만 군사적으로 거란에 굴복한 것은 아니었다. 고려는 거란의 일방적인 패권 행사를 수긍하지 않고 북방의 여진 사회에 대한 통제를 유지하였으며, 11세기 후반에는 송과 책봉을 수반하지 않는 형식으로 외교관계를 복구하였다. 송이 거란을 제압하려는 정책을 추진하면서는 고려에 협공을 제의하였으나 응하지 않았다. 또 송이 금과 제휴하여 거란을 공격하려고 하자, 고려는 송에 여러 경로로 우려를 전달하

---

8) 金成奎는 북송시대(960~1127년) 동아시아 국가들 사이에 연동적으로 존재했던 삼각관계, 즉 송−거란−서하, 송−거란−고려, 송−서하−티베트, 그 외에 송−고려−일본, 송−베트남−占城, 서하−티베트−위구르 간의 관계 등을 종합적으로 고찰하였다(김성규, 앞의 논문, 2010).

였다.

이처럼 10~12세기에 동아시아에서 특정국이 패권을 일원적으로 행사하지 못하는 상황 속에서 힘의 중심이 분산되고, 각국은 천하질서를 상대화하여 인식할 수 있었다. 화이관의 기준으로 볼 때 야만시되지만 군사력이 강한 거란에게 중화 국가인 송이 수모를 겪는 현실을 목도하였다. 그런 가운데 송·거란이 황제를 칭한 것은 물론 고려·서하·일본·베트남 등도 자기 나라 군주에게 천자(황제)의 권위를 부여하였다.9) 나아가 천자(황제)를 칭하는데 그치지 않고 세력권을 형성하여 각기 천하의 중심이라고 의식하였다.

고려는 독자적인 역사·문화공동체로서 해동(海東) 내지 삼한(三韓)을 의식하고, 군주가 천명을 받아 삼한을 '일통(一統)'한 해동천자(海東天子)로서 자임하였다. 해동천하에는 철리국(鐵利國)·탐라국·우산국 등과 동·서번(東·西蕃)으로 불린 여진이 속하였으며, 남만(南蠻)과 북적(北狄)으로 간주된 그 지역의 군장들에게 향직(鄕職)이나 무산계(武散階)를 수여하여 그 천하질서에 포섭하였다.10)

서하는 이원호가 칭제건원하면서 유교적인 화·이 분별을 채용하였다. 1039년 송에 칭제를 통보한 글을 보면 티베트[吐蕃]·타타[塔塔]·장예[張掖]·자오허[交河] 등이 자국에 복종하여 조근(朝勤)하였다고 하였다. 그는 국가체제를 정비하면서 중국의 문물을 수용하였지만, 한편으로 자기 민족

---

9) 박재우, 「고려 君主의 국제적 위상」 『韓國史學報』 20, 2005, 58~62쪽.

10) 『大覺國師文集』 권12, 鑄錢建議上疏, "伏□我國家 順天革命 一統三韓 … 以臨百官 以齊萬國 莫不戒懼而肅然." ; 『고려사』 권71, 樂2 俗樂 風入松, "海東天子當今帝 佛補天助敷化來 理世恩深 遐邇古今稀 外國躬趨盡歸依 四境寧淸罷槍旗 盛德堯湯難比 … 南蠻北狄自來朝 百寶獻我天墀 金階玉殿呼萬歲." 일통의식에 대해서는 박종기, 「고려 다원사회의 형성과 기원」 『한국중세사연구』 36, 2013, 125~129쪽 참조(본 연구총서 2권 수록). 그리고 해동천하·해동천자에 대해서는 盧明鎬, 앞의 논문, 1999 및 秋明燁, 「高麗時期 海東 인식과 海東天下」 『韓國史研究』 129, 2005 참조.

의 전통을 강조하고 한족 문화를 많이 채용하는 것에 반대하였다. 이후 서하의 군주들은 지속적으로 칭제하고 독자적인 연호를 제정하였다.[11]

베트남의 경우에는 딘[丁]왕조의 딘보린[丁部領]이 968년에 칭제건원을 재개하였다. 이후 리[李]왕조(1009~1225)에서도 칭제건원하였으며, 황제의 아들과 형제 등에게 왕작(王爵)을 사여하였다.[12] 11세기에는 과거제도를 수용하고 중국식 정치제도를 시행하는 등 유교 정치이념을 발전시켰다. 그리고 리왕조를 비롯하여 황제를 칭한 베트남의 장기왕조들은 라오스·참파·캄보디아 등 주변 나라의 군주들을 책봉하고 조공을 받는 관계를 유지하려고 했다.

독자적 천하의 중심이라고 주장하는 나라들 사이에 현실 외교상으로는 계서적인 질서가 존재할 수 있었다.[13] 힘의 차이에 따라 외교상 부자·숙질·형제관계 등으로 계서성을 인정하기도 하였다. 또는 자신이 중심이 된 천하를 구성하면서도 동시에 다른 나라로부터 책봉을 받고 그 나라 중심의 천하질서 속에 편입될 수도 있었다. 거란이 군사력을 바탕으로 국제정치에서 우위를 차지하려 하고, 송도 화이론에 바탕을 둔 국제질서를 유지하려고 하여, 주변 약소국들에 조공·책봉관계를 요구하였다. 고려는 해동천하의 중심국이라고 표방하는 한편으로 송−거란−금으로부터 책봉을 받아 그 천하질서에 속하였다. 서하의 경우도 송과 거란으로부터 책봉을 받다가 이원호 때 칭제건원하였지만 한편으로는 송으로부터 하국주(夏國主)로 책봉을 받았다. 베트남도 칭제하고 역내에서 지배력을 행사하는 한편으로

---

11) 박지훈, 「西夏의 자국인식과 중국관」, 『중국학연구』 56, 2011, 388~396쪽.

12) 崔鍾奭, 「베트남 外王內帝 체제와의 비교를 통해 본 고려전기 이중체제의 양상」, 『震檀學報』 125, 2015, 4~9쪽.

13) 박재우, 앞의 논문, 2005, 58~62쪽.
위진남북조 시기의 동아시아 국제질서도 다중심성이 특징이면서 그 중심을 표방한 국가들 사이에 누층적인 질서가 어느 정도 존재하였다. 朴漢濟는 이를 고려하여 복수의 세계가 나타났다는 多衆이 아니라 "多重的 세계"라고 지칭하였다(「中華의 分裂과 隣近 各國의 對應−多重的 中華世界의 성립」, 『中國學報』 54, 2006, 253쪽).

송과 조공·책봉관계의 틀 속에서 교지군왕(交趾郡王)·남평왕(南平王)·남월 국왕(南越國王) 등의 왕작을 받았다. 상대적으로 약한 나라로서는 황제국 체제를 유지하더라도 강대국과의 관계를 조공·책봉관계로써 안정시켜 충돌을 피하면서 국내 정치와 주변지역 통제에 힘을 기울일 수 있었다.

그런데 조공·책봉관계가 당사국간의 관계이지 역내(域內) 나라들 사이의 관계까지 규정하는 것은 아니었다. 예를 들어 설명하자면, 939년 고려는 후진(後晉)으로부터 책봉을 받았다. 그런데 후진을 건국한 석경당(石敬瑭) 은 원래 후당의 절도사였다가 거란의 지원을 받아 후당을 멸망시키고 936년에 나라를 세웠다. 그는 연운16주를 거란에 양도하고 세공을 바쳤으며, 아황제(兒皇帝)라 칭했다. 그렇다면 후진의 책봉을 받은 고려가 후진을 책봉한 거란에도 조공을 했는가? 그렇지 않아서, 그 무렵 양국 사이의 사신 왕래가 확인되지만 고려가 거란의 책봉을 받지는 않았다.[14] 고려가 후진에 조공한 목적은 중국왕조로부터 후삼국을 통일한 군주로서 인정받는 한편 후진과 동맹하여 거란을 견제하려는 의도가 컸다.[15]

요컨대 당시 국제질서가 다중심성과 함께 계서성을 보인다는 점이 특징 이면서, 조공·책봉관계를 맺었다고 하더라도 일방적으로 패권을 행사할 수 있는 것이 아니었다. 고려가 거란으로부터, 서하가 송으로부터, 베트남 이 송으로부터 책봉을 받았다고 하여 송이나 거란을 일원적인 패권국으로 서 인정한 것이 아니었다. 다중심적 국제질서 속에서 고려와 서하 등이 세력균형에 중요한 역할을 담당하였다. 각 나라들 사이의 세력관계가 서로 연동되었고, 세력균형을 깨뜨리는 행위를 서로 견제하였다.

---

14) 윤영인, 앞의 논문, 2015, 185~186쪽.
15) 고려가 후삼국을 통일하고 후진과 외교관계를 맺은 시기에 거란·오월·남당 등 여러 나라들과도 통교를 확대하였다. 그리고 중국측 사료에 고려 태조가 胡僧 襪囉를 통하여 후진에게 거란에 대한 협공을 제의하였다는 기록이 있다(『資治通鑑』권285, 後晉紀6 齊王下 開運 2년 10월 ; 장동익, 『고려사세가초기편보유-1』, 경인문화사, 2014, 436~437쪽).

그런 세력균형도 피해의식을 느끼고 상황을 변경하여 국익을 챙기려는 세력이 등장하면 불안정해질 수 있었다. 12세기를 전후하여 송에서 실지 회복을 염두에 둔 신법개혁을 진행하고, 거란·고려로부터 통제를 받던 여진족이 세력을 강화함에 따라 동아시아 국제관계의 안정이 깨졌다. 결과적으로 여진족의 금이 거란을 멸망시키고 북중국까지 진출하였으며, 고려에 칭신을 요구하여 해동천하의식을 훼손하였다. 그렇지만 고려와 서하가 중화국가(남송)와 북방국가(금) 사이에서 균형추 역할을 하는 관계가 곧 복원되었다.

3. 국제관계의 다양성과 규율

1) 안보와 교역 그리고 문화 교류

국제관계에서 핵심적으로 고려되는 사안이 국익·국가안보이며, 그것을 위한 전략은 현실주의 국제정치이론을 참고하여 대략 다음 네 가지 유형으로 나누어 볼 수 있다.[16] 첫째, 적극적인 팽창 전략으로서, 부국강병책을 시행하여 전쟁을 불사하고 국익과 국제적 위상 제고에 힘쓰는 방식이다. 둘째, 세력균형 전략으로서, 군비 확충이나 동맹과 같은 외교적 수단 등으로 힘의 균형을 이룩하여 국제체제의 안정과 전쟁 억지력을 높이는 방식이다. 셋째, 편승 전략으로서, 약소국이 강대국과 동맹·협력하여 위협을 피하고 안보와 국익을 도모하는 방식이다. 넷째, 국제관계상 모호성·불확실성을 견지하는 전략으로서, 불안한 국제정세에서 동맹에 대한 불확실성

---

16) 현실주의 국제정치이론에 대해서는 J. S. Goldstein(김연각·김진국·백창제 역), 『국제관계의 이해』, 인간사랑, 2002와 박재영, 『국제정치 패러다임(제3판)』, 법문사, 2009 참조.

을 높여서 위험을 회피하고 역내(域內)에서 전쟁이 일어나는 것을 억제하는 방식이다. 국익과 안보를 위해서는 국제적으로 이러한 전략들을 적절히 배합하여 정책을 시행하기 마련이다.

고려전기에 안보를 직접적으로 위협한 세력은 북방의 거란과 여진이었다. 국제질서가 다중심적인 상황에서 고려는 어떤 안보전략을 구사하였는가? 거란과 전쟁을 거쳐 화의를 맺은 뒤에도 여진문제나 국경분쟁 등에서 양보하지 않고 송과의 관계를 이용하여 안보를 도모한 것을 보면 균형전략이라고 말할 수 있다. 그렇지만 거란의 요구에 따라 책봉을 받아 외교적 성의를 보이는 가운데 강동6주를 확보하고 변경을 안정시킨 것은 편승전략으로도 볼 수 있다. 한편 11세기 후반에 압록강 보주지역을 둘러싸고 마찰이 생겨 거란을 견제할 필요가 커지게 되자, 고려는 다시 송과 외교 교섭을 재개하여 세력균형의 힘을 높였다. 그리고 12세기 초에 부국강병책을 실시하면서 탐라를 군현으로 편입하고 여진을 정벌하여 동북9성을 개척한 것은 팽창전략으로 볼 수 있으며, 송이 여진과 동맹하여 거란을 공격하려고 하였을 때는 외교경로를 통하여 우려를 전달하면서 균형전략을 유지하려고 하였다. 또 금의 압박을 받은 거란으로부터 군사적 지원을 요구받고 결정을 유예하면서 모호성을 보이는 전략을 쓰기도 하였다.[17]

여진과의 관계를 살펴보면, 고려는 여진이 거란의 영향권 하에 있더라도 해동천하에 속한 번(藩)으로 인식하고 어느 정도 자율성을 갖는 세력으로 간주하였다.[18] 여진족의 귀부를 적극적으로 받아들이고 기미주를 설치하기도 하였다. 여진족이 이전에 거란의 관작을 받았어도 귀부를 허용하고 고려의 관작을 주었으며 거란과 교통하는 것을 금지하였다. 그러다가

---

17) 채웅석, 「11세기 후반~12세기 전반 동북아시아 국제정세와 고려」, 『전쟁과 동북아의 국제질서』, 일조각, 2006.
18) 고려는 여진을 정벌하면서 거란의 허락을 받지 않고 통보에 가까운 조치를 하였고, 완안부가 아직 거란에 적대적이기 전에 통교하였다.

12세기 무렵에 여진의 힘이 커지고 동아시아의 세력관계가 변화하는 가운데 안보 위기가 초래되었다. 고려는 여진을 무력 정벌하고 기왕의 번속관계를 유지시키려고 하였다. 그렇지만 여진이 금을 건국하고 북방의 강자가 되어 국제질서를 새롭게 재편하려고 압박을 가하자 군사적 충돌을 회피하고 오히려 금에 칭신하는 조공·책봉관계를 맺었다.

이처럼 고려전기에 국경을 맞대고 있던 거란·금과의 관계가 안보외교의 중심이었고, 안보와 국익을 목적으로 한 외교정책은 전략적 고려에 따라 가변적 양태를 보였다. 특히 한국사에서 처음으로 상호 정기적인 사행이 거란과의 사이에서 생겼다. 그리고 양국 군주 사이의 외교, 고려 조정과 거란 동경(東京) 사이의 외교, 국경 인근 지방관부 사이의 외교 등 다층위적 교섭을 통하여 거란과 현안을 조율하였다. 그리고 이런 다층위적 교섭은 고려와 금 사이의 관계에서도 유사하게 이루어졌다.[19]

외교의 목적이 단지 안보차원에 그친 것은 아니었다. 조공·책봉관계의 공식 외교가 행해지면서 거란과 문물 교류가 이루어졌다. 비록 태조가 훈요에서 거란의 문화를 본받지 말라 하고 이후로도 사치의 상징으로 여겨 배격하기는 하였지만, 외교관계가 열린 이상 그 문화와 접촉하고 영향을 받는 것은 자연스러웠다.[20] 그리고 거란은 서역과 통상하고 있었기 때문에 고려는 거란을 매개로 서역의 교역권과도 연결되었다.[21] 각장(榷場) 무역의 경우에 고려가 각장 설치를 꺼려 반대하기도 하였지만, 이는 북방 지역에 거란의 영향력이 강해지는 것을 방지하려는 이유에서였다.

송과의 관계에서는 안보 목적과 함께 경제적·문화적 교류가 상대적으로 크게 부각되었다. 태조의 훈요에서 문물예악의 제도를 중국으로부터 수용

---

19) 정동훈, 「고려-거란 관계에서 세 층위의 소통 구조」 『역사와 현실』 107, 2018 ; 「1140년 외교문서로 본 고려-금 의사소통의 구조」 『東方學志』 82, 2018 참조.
20) 장남원 외, 『고려와 북방문화』, 양사재, 2011에 수록된 논문들 참조.
21) 金在滿, 「契丹絲考(下)」 『歷史敎育』 8, 1964, 155~161쪽 ; 이정희, 「고려전기 對遼貿易」 『지역과 역사』 4, 1997, 42~43쪽.

하지 않을 수 없다고 하였고, 최승로(崔承老)의 상서문에서는 예악(禮樂)·시
서(詩書)의 가르침과 군신·부자간의 도리는 중국을 본받지 않을 수 없다고
하였다. 최승로는 당시 대송외교에서 빙례(聘禮) 목적의 사신뿐만 아니라
교역을 목적으로 한 사신이 빈번하다는 점을 지적하였다. 그러면서 교역
목적의 사신 왕래가 잦으면 중국이 비루하게 여길 것이라거나 또 해난사고
의 위험성이 있다는 것 등을 이유로 들어, 앞으로 교빙을 위해 보내는
사신이 교역을 겸하게 하고 그밖에 수시로 매매하는 행위는 금지하자고
건의하였다. 그 글의 문맥상 당시 외교를 수단으로 송과 교역이 크게
확대되었던 사실을 알 수 있다.

그고려가 거란의 책봉을 받으면서 송과 외교를 중단하였지만 민간 차원의
교역은 허용하였다. 잘 알려져 있듯이, 당시 동아시아에서는 송상이 주도
하는 국제 해상교역체계가 가동되고 있었다. 고려와 송 사이에 외교가
중단된 기간에도 많은 상인들이 왕래하면서 교역하였다. 송 상인들은
고려왕에게 물품을 바치고 하사품과 교역의 편의를 제공받았다. 특히
해동천하관이 반영된 팔관회에서 외국 사절들과 함께 송 상인이 공물을
바치는 절차가 제도화되었다.

그 뒤 문종 때 대송외교를 복구한 목적에도 안보와 함께 경제적·문화적
고려가 크게 작용하였다. 사회변화에 따라 연기론(延基論)이 대두되는 상황
에서 문종은 왕조 중흥을 꿈꾸었다.[22] 그는 문화강국인 송과 공식 외교를
재개하려는 의지를 갖고 있었으며, 그가 중화를 사모하는 꿈을 꾸고 시를
지었다는 사실이 송의 조정에 알려지기도 하였다.[23] 1058년에 탐라와
영암에서 목재를 베어 큰 배를 만들어서 대송 사행에 사용하라고 지시하였

---

22) 채웅석, 앞의 논문, 2006, 134~140쪽.
23) 『蘇軾文集』 권72, 呂公弼招致高麗(이근명 외, 『송원시대의 고려사 자료 1』, 신서원,
   2010, 348쪽) ; 葉夢得, 『石林燕語』 권2(같은 책, 488쪽).
   『宋史』 권487, 外國3 高麗 熙寧 2년, "徽又自言 嘗夢至中華 作詩紀其事."

다. 그러자 송과 통교하면 거란을 자극할 수 있고 또 공역 때문에 민폐가 되며 문화와 경제가 이미 흥성하고 중국과는 상선들이 자주 왕래하여 값비싼 상품들이 몰려들기 때문에 굳이 통교할 필요가 없다는 반대론이 제기되었다.[24] 그럼에도 불구하고 송과 외교를 재개하여 관계를 개선하고 교류를 활성화하려는 문종의 의지가 컸다. 송도 고려와 연계하여 거란을 제압할 의도로 관계 개선에 적극적으로 나섰다. 문예군주(文藝君主)·구세군주(救世君主)를 표방한 예종 때에도 송의 문화 수용에 적극적이어서 양국 사이에 인적·물적 교류가 활발하게 이루어졌다.[25]

한편 다원적 국제관계는 사행외교에 의해서만 작동된 것이 아니라 공적·사적으로 다양한 형태로 교류가 이루어졌다. 송과 외교가 중단되었던 시기에도 외교관계와 무관하게 상인들이 왕래하면서 민간교역이 활성화되었다. 그리고 송 상인들이 국교 회복 정책을 적극적으로 도왔다. 그들은 교역활동을 정치적·제도적으로 확실하게 보장받을 수 있도록 국교가 회복되기를 희망하였으며, 양국 조정 사이에서 채널 역할을 하는 데에 적극적이었다.[26]

일본 조정의 회피적이고 소극적인 태도 때문에 일본과는 외교 사행이 드물었다. 그렇지만 일본 상인들이 와서 토물을 바치고 무역을 하였으며, 쓰시마·이키[壹岐]·사쓰마주[薩摩州] 등의 관(官)에서도 교역 목적으로 방물을 바쳤다. 일본의 지방 관인(官人)을 칭한 경우도, 정부 간의 공식 외교관계가 없는 가운데 외교사행이라기보다 교역 목적으로 온 것이었다.[27] 그리고 1263년(원종 4)의 기록에 따르면, 일본이 매년 1회, 배 2척으로

---

24) 『고려사』 권8, 문종 12년 8월 을사.

25) 蔡雄錫, 「고려 예종대 道家思想·道敎 흥기의 정치적 성격」 『韓國史硏究』 142, 2008, 107~117쪽.

26) 李鎭漢, 앞의 책, 2011, 101~129쪽.

27) 三浦圭一, 「10世紀~13世紀の東アジアと日本」 『講座日本史 2』, 東京大學出版會, 1980, 256~259쪽.

진봉(進奉)하도록 정해졌다고 하였다.[28] 그런 규정이 언제 정해졌는지는 정확하지 않지만, 문종 때부터 일본인들의 입국이 늘어나고 또 이제현이 쓴 문종 사찬(史贊)에서 "동쪽의 왜가 바다를 건너와 진기한 보물을 바쳤다"고 한 것 등으로 미루어 보아,[29] 11세기 중·후반에 진봉관계가 성립하였을 가능성이 있다.[30]

교역상인뿐만 아니라 의사들의 왕래도 국제관계상 역할을 하였다. 고려는 송과 국교를 재개하면서 왕의 신병 치료와 의술교육 목적을 내걸고 의사 파견을 요청하였으며, 송이 적극적으로 화답하였다. 완안부여진이 성장하던 초기에 이루어진 외교적 교섭도 고려 출신 의사의 활동이 계기가 되었다. 그리고 일본에도 의사 파견을 요청하였고, 비록 성사되지는 않았지만 그것은 외교교섭을 타진하는 의도가 있었다. 즉 외교교섭과정에서 의학·의술 교류는 선진문화의 교류뿐만 아니라 상대국과 우호를 증진하는 데 중요한 역할을 하였다. 또한 의사가 왕래하는 과정에서 상대국에 정보를 전달하는 통로로 이용하였다. 상인들이 그런 역할을 했다는 점은 잘 알려진 사실이지만, 의사를 통해서도 나라 사이에 정보를 은밀하게 전달하였다.[31]

불교승려들도 국제관계에서 역할을 하였다. 광종대 중국에 승려들을 파견하고 서적을 보내준 사례가 대표적이다. 중국에서 교적(敎籍)이 산일되었기 때문에 해외에서 구할 수밖에 없다는 천태종 승려 의적(義寂)의 말에 따라 오월(吳越)의 군주가 고려에 요청하자, 광종은 961년에 제관(諦觀)을 파견하여 교적을 보내주었다. 또 광종은 불교계 통합을 위한 사상적

---

28) 『고려사』 권25, 원종 4년 4월 갑인.

29) 『고려사』 권9, 문종 37년 7월.

30) 羅鐘宇, 『韓國中世對日交涉史硏究』, 원광대학교출판국, 1996, 48~69쪽.

31) Oongseok Chai, "Interstate Relations in East Asia and Medical Exchanges in the Late Eleventh Century and Early Twelfth Century." *Korean Studies* 41, The Center for Korean Studies at the University of Hawaii at Manoa, 2017.

모색을 하던 차에 법안종 승려 영명연수(永明延壽)의 저작을 보고 감명받아 사신을 보내어 제자의 예를 표하고 승려들을 파견하여 그의 문하에서 공부하도록 하였다.[32]

의천의 국제적 활동도 주목된다. 그는 중국 승려들과 서신을 교환하면서 송에 갈 계획을 세우다가 조정의 허락을 받지 못하자 1085년에 몰래 송상의 배를 타고 송에 갔다. 고려와 관계를 강화하려던 송에서는 그가 도착하자 황제가 인견하고 객례로써 대우하면서 활동에 편의를 제공하였다. 그리고 의천은 막대한 재화를 시주하여 송의 불교계에 크게 기여하였다. 그가 체류하는 동안 각종 종파의 승려와 사찰들을 방문하고 또 고창국·거란·일본 등의 승려들과도 교유하면서 폭넓은 국제적 활동을 벌였으며, 그런 활동이 고려와 송의 관계 증진에 도움이 되었다.[33]

이처럼 당시 국제적 교류 양상을 보면 다른 시대보다 다원성이 더 부각되었다. 상인·의사·승려 등이 사행과는 별도로 공식외교에 완전히 포섭되지는 않은 채 국제관계에서 역할을 하였다. 특히 송과 외교가 중단되었던 시기에도 교역이 활성화되었던 것을 본다면 정치·외교적 관계와 경제·문화적 관계가 어느 정도 분리되어 진행되었다고 볼 수 있다.

2) 관계와 규율 : 힘과 예(禮)

현실주의 국제정치이론에 따르면, 국제적으로 힘의 차이가 나라 사이의 관계 설정에 영향을 미쳤다. 힘의 역학관계에 따라 상대국에 대한 외교 형식과 의례가 달랐다. 그 힘은 군사력이나 경제력 또는 문화적 역량일

---

32) 崔柄憲, 「天台宗의 成立」『한국사 6』, 국사편찬위원회, 1981, 70~79쪽.
33) 崔柄憲, 「大覺國師 義天의 渡宋活動과 高麗·宋의 佛敎交流」『震檀學報』71·72, 1991 ; 김영미, 「11세기 후반~12세기 초 고려·요 외교관계와 불경 교류」『역사와 현실』43, 2002 ; 임혜경, 「義天의 新編諸宗敎藏總錄 편찬과 그 의미」『韓國史論』58, 2012.

수도 있으며, 때로는 중화의 정통성을 갖고 있다는 이념적 위상일 수도 있었다. 그리고 나라 사이의 관계가 공식화되었더라도 현실적 힘의 변화에 따라 필요성과 신뢰에 균열이 발생하기 마련이었다.

동아시아의 전통적인 외교 형식·의례에서 중심은 조공·책봉관계였다.[34] 그 관계는 힘의 역학관계를 고려하여 상호 안보와 교류 등에서 적대를 피하고자 하는 외교 형식이었다. 책봉국과 조공국으로서 계서성이 있지만, 긴장을 완화하고 교류를 유지하는 데 서로 납득할 수 있는 보편적 규범으로 받아들여졌다. 당사국 간에 외교의 규칙·절차를 규율하였고, 국가·민간 차원의 다양한 교류들을 뒷받침하는 토대가 되었다.

책봉국과 조공국 사이의 관계는 계서성에 따른 불안정성을 내포하였기 때문에, 유교이념과 예(禮)에 의해서 계서적 질서에 권위를 부여하고 정당화하였다. 유교이념에서는 윤리적인 '명덕(明德)'을 세상에 밝히는 것을 최고의 이상으로 삼고, 천명을 받은 황제가 천하를 '대일통(大一統)'한다고 인식하였다.[35] "소국이 대국을 섬기는 것은 신(信)이고 대국이 소국을 보호하는 것은 인(仁)이다. … 신과 인을 잃으면 위태롭게 되니, 어떻게 보존될 수 있겠는가"라고 하여[36] 그런 사대관계에 유교 도덕률의 외피를 입혔다. 그리고 이른바 '사대자소(事大字小)'의 관계로서 상호 동맹의 의미를 강조하였다. "예라는 것은 소국이 대국을 섬기고 대국이 소국을 돌보는 것을 말한다. 사대(事大)는 대국이 때때로 요구하는 것을 공급하는 데 있고 자소(字小)는 소국에 없는 것을 구휼하는 데 있다"고 하였다.[37] 그리고 "먼

---

34) 조공·책봉관계에 대한 검토는 여호규 외, 『한국 고대국가와 중국왕조의 조공·책봉관계』, 고구려연구재단, 2006에 수록된 논문들과 김한규, 『한중관계사』 1, 1999 ; 이익주, 「고려-몽골 관계사 연구 시각의 검토」 『한국중세사연구』 27, 2009 ; 김성규, 「미국 및 일본에서 傳統中國의 世界秩序에 관한 연구사와 그 특징 비교」 『역사문화연구』 32, 2009 등 참조.

35) 『前漢書』 권72, 王吉, "春秋所以大一統者 六合同風 九州共貫也."

36) 『春秋左傳』 哀公 7년, "小所以事大 信也 大所以保小 仁也 … 失二德者 危 將焉保."

37) 『春秋左傳』 昭公 30년 8월, "禮也者 小事大 大字小之謂 事大在共其時命 字小在恤其所無."

곳의 사람들이 복종하지 않으면 문덕(文德)을 닦아 그들이 다가오게 만들고 이미 다가오면 그들을 편안하게 해주어라"라고 하였듯이,[38] 문덕 즉 왕도 (王道)를 내세워 계서적 질서 속에서 호혜적 관계를 부각시켰다. 다시 말하여 조공·책봉관계는 당사국 간의 계서성과 호혜성·책임성을 인정하고 유교이념으로써 정당성을 부여한 외교형식이었다.

책봉국의 입장에서는 황제가 조공을 받고 책봉을 함으로써 천명의 귀속에 대한 국제적 인정을 과시할 수 있었다. 당에서 확대된 '대일통' 이념은 천명을 받은 천자(황제)의 통치를 통한 정치적·문화적 통합 범위가 사방의 이적(夷狄)을 포함하였다. 그에 따라 주변지역 군주들의 조공은 천자(황제)의 명분과 정통성을 선양하는 징표로 인식되었다.

조공국 군주는 책봉을 받아 공식화된 계서성에도 불구하고 정치적 자율성이 인정되었다. 그리고 책봉국 황제의 권위를 빌어 정치권력의 정통성을 확보하고 국제적 인정을 받을 수 있었다. 조공국의 군주가 비정상적으로 교체되었을 경우에 책봉국에서 책봉을 미루고 이유를 추궁함으로써 우호적인 정권으로 길들이려고 하기도 하였는데, 이는 조공국 군주의 입장에서는 책봉국에 기대어 지위를 보호받는 효과가 있다는 것을 보여주는 것이기도 하였다. 따라서 조공·책봉관계를 통한 안보는 변경의 안정과 평화공존 즉 국제문제이면서 동시에 국제적 인정을 통한 국내 정치권력의 안정이라는 국내문제이기도 하였다.

고려는 조공·책봉관계를 외교의 기축형식으로 받아들이고 책봉국의 연호를 사용하여 그 나라가 중심이 된 국제질서를 인정하였다.[39] 고려초기에 오대의 왕조들과 통교하고 그 연호를 사용하다가, 962년(광종 13) 송과

---

38) 『論語』 季氏, "遠人不服 則脩文德以來之 旣來之 則安之."
39) 김창현, 「고려시대 묘지명에 보이는 연대와 호칭 표기방식」『韓國史學報』 48, 2012 ; 한정수, 「10~12세기 초 국제질서와 고려의 年號紀年」『한국중세사연구』 49, 2016 ; 본서에 수록된 홍영의, 「고려시대 금속제 기물 및 기와의 '연호'명 검토」 참조.

통교하기 시작하고 그 이듬해부터 송의 연호를 사용하였다. 그 뒤 거란과 대결하면서 송에 원병을 요청하였으나 거절당하고 외교를 중단하였다가, 1071년(문종 25)에 복구하였다. 거란과는 1019년(현종 10)에 화의를 맺은 뒤 1022년에 책봉을 받고 그 연호를 사용하였다. 1101년(숙종 6)에 왕은 안보상황에 대하여 다음과 같이 설명하였다. "내가 왕위에 오른 뒤에 항상 조심하여 북쪽으로 대요(大遼)와 사귀고[交], 남쪽으로는 대송(大宋)을 섬겼으며[事], 또 여진이 동쪽에서 완강[傾强]하다. 그러니 군국(軍國)의 업무에서 백성을 안정시키는 것이 중요하다."[40] 교(交)와 사(事)는 외교형식으로 본다면 교린과 사대에 대응하지만, 실제로는 거란에 사대하고 송과는 사대에 준하는 외교관계를 유지하였다. 고려가 거란의 책봉을 받는 상황에서 숙종~인종 때에 송이 세 차례에 걸쳐 고려에 책봉을 받도록 제의하였다. 그렇지만 고려는 송의 책봉 제의에 응하지 않고 사태를 관망하였다. 그 이유는 거란이 강성한 상황에서 거란을 안보 외교의 최우선 대상으로 다루었으며, 거란이 약화되자 그 연호 사용을 중지한 뒤에도 여진이 북방에서 강성한 정세를 고려하였기 때문이었다.[41]

그렇지만 책봉국 중심의 일원적 국제질서만을 인정한 것은 아니어서, 고려도 해동천하 곧 고려가 중심이 되는 국제질서를 구성하였다. 해동천하를 통치하는 고려 천자는 남만과 북적의 내조(來朝)와 방물 진헌을 받는다고 인식하였다.[42] 고려에 조공하는 남만·북적에는 철리국·탐라국·우산국 등과 동·서번으로 불린 여진 등이 속하였다. 발해유민들이 세운 흥요국(興遼國)도 고려에 사신을 보내어 표(表)를 올리고 병력 지원을 요청하였다.[43] 특히 철리국 국주가 방물을 바치고 역일(曆日)을 청하자 허락하였던 사례는

---

40) 『고려사』 권11, 숙종 6년 8월 을사.
41) 김보광, 「12세기 초 송의 책봉 제의와 고려의 대응」 『동국사학』 60, 2016, 47~76쪽.
42) 주10)과 같음.
43) 『고려사』 권4, 현종 21년 정월 병인 ; 7월 을축.

고려가 책봉국의 연호를 쓰면서도 독자적인 고려력(高麗曆)을 편찬하고 번(蕃)에 반포하였던 사실을 보여주어 주목된다.[44] 그리고 팔관회의 의례에서 번국들의 조공이 포함되었다. 1034년(정종 즉위)에 정해진 규정을 보면, 팔관회의 대회일에 송의 강수(綱首)와 동·서 번인, 탐라인 등이 조하하고 예물을 진상하는 의례절차가 있었고, 그들은 고려 천자의 덕화를 받는 조공국의 사신으로 예우되었다.[45]

당시 동아시아 국제질서가 다중심적인 상황에서 송은 중화국가이면서도 당처럼 자기를 중심으로 일원적인 국제질서를 구축할 수 없었다. 군주가 외국사신을 맞아 의례를 통해 서로 위상을 확인하는 형식이 빈례(賓禮)인데, 당의 빈례는 주변 나라들을 원칙적으로 동일한 예로 응대하는 일원적인 것이었다. 그에 비하여 송의 빈례는 국가와 지역별로 구별되는 다원적인 성격을 보였다. 거란에 대한 빈례가 수평적이 되고, 그 밖의 외국사절들도 서하·고려·교주(交州)·의주(宜州, 西南蕃)·해외진봉번객(海外進奉蕃客) 등으로 구별되어 각각 입조 의례가 별도로 설정되고 영빈기관도 개별화되어 집행되었다. 그리고 거란과 금도 그런 송의 빈례를 수용하였다.[46]

한편 국제관계가 조공·책봉형식으로 질서화 되어 규범적이었기는 하더라도 다분히 현실주의적 인식에 따라 운영되었다. 다중심적인 국제질서 속에서, 특히 국제정세가 변화하는 시기에는 안보·국익을 위한 전략적 사고와 현실주의적 대응이 두드러졌다. 고려는 스스로 해동천하의 중심이라고 인식하면서도, 국제적 역학관계를 고려하여 태조가 훈요에서 '금수

---

44) 『고려사』 권5, 현종 21년 4월 기해. 이에 대해서는 한정수, 앞의 논문, 2016, 135쪽 참조.

45) 盧明鎬, 앞의 논문, 1999 ; 奧村周司, 「高麗における八關會的秩序と國際環境」『朝鮮史研究會論文集』16, 1979 ; 안지원, 『고려의 국가 불교의례와 문화』, 서울대학교출판부, 2005.

46) 金成奎, 「宋代 東아시아에서 賓禮의 成立과 그 性格」『東洋史學研究』72, 2000, 67~73쪽 ; 77~83쪽.

(禽獸)의 나라'라고 치부했던 거란에 이른바 "칭번납공(稱蕃納貢)"하였다.[47] 관료들은 형세 상 강대국을 섬기는 것은 유교이념에서 제시하는 이치에도 맞는 일이며 예(禮)와 믿음으로써 대하는 것이 안보를 위한 방책이라고 인식하였다. 심지어 오랑캐[蠻胡]의 나라에 굴복하여 사대하더라도 그것은 성인(聖人)이 권도(權道)로써 나라를 온전히 보존하는 좋은 계책이라고 보았다.[48] 해동천하에 속했던 여진이 강성해져서 금을 세우고 칭신을 요구했을 때, 국가적 수치로 여기고 금국정벌론까지 대두하였지만, 조정의 논의를 거쳐 1126년(인종 4)에 상표(上表) 칭신하였다.

책봉국이 조공 외에 군사적 지원을 요구하는 경우도 있었지만 그렇게 전략적으로 사고하였기 때문에, 그에 응하는 것을 의무로 여기지 않았다. 국제관계가 다중심적인 상황에서 조공·책봉관계는 힘의 행사가 일방적이지 않고 견제력을 가진 상호 안보협정으로서의 성격을 갖고 있었다. 성종~현종대 고려가 거란의 위협에 직면하여 송에 지원을 요청하였다가 거절당하자 조공·책봉관계를 중단하였고, 뒤에 거란과 국경분쟁이 악화되자 그와 조공·책봉관계를 유지하면서도 송과 외교를 재개하여 견제하였다. 송도 고려가 북방국가를 제어하는 데 동참해주기를 기대하고 우호관계를 증진시키려고 노력하였다. 12세기 초에는 금의 공격을 받은 거란이 고려에 지원을 요청하였지만 응하지 않았고, 거란의 멸망이 임박한 것을 알자 조공·책봉관계를 단절하였다. 그리고 송이 금과 동맹하여 거란을 공격하자 고려는 거란이 국제적 세력균형의 한 축이라고 만류하였으며, 또 뒤에 송이 금과 대결하는 데도 도움을 주지 않았다. 그에 따라 공식적인 관계가 소원해지다가 남송의 고종대 이후 외교가 단절되었다.

---

47) 『고려사』 권4, 현종 11년 2월.
48) 『고려사』 권97, 金富佾 附 金富儀 ; 같은 책 권102, 兪升旦.

4. 문화의 보편성과 개별성 인식

문화에 대한 보편주의적 관점은 민족과 지역에 구애되지 않고 공통적으로 추구해야 할 규범·가치 등을 인정하고 따른다. 그리고 문화의 개별성을 중시하는 관점은 특정한 민족이나 지역 기반의 공동체가 발전시켜 왔고 그 특징이 발현되는 규범·습속 등을 강조한다. 고려시대에 전자의 관점을 지킨 사람들은 유교문화 수용을 사회 발전의 수단으로 인식한 경향이 있고, 후자를 강조한 사람들은 문화의 지역성과 역사적 맥락을 중시하고 유교문화를 상대화하여 본 경향이 있다. 역사 현실에서는 그런 보편주의적 관점과 공동체주의적 관점이 서로 연관적으로 공존하였으며, 유교문화를 수용하여 문화를 개변하려는 정책을 위로부터 적극적으로 추진할 때 관점의 차이가 부각되고 갈등이 증폭되었다.

993년(성종 12) 거란의 침략을 막기 위한 대책을 강구할 때, 이지백(李知白)은 할지론(割地論)에 맞서 선대부터 내려오던 연등회·팔관회·선랑(仙郎) 등의 행사를 복구하고 다른 나라의 색다른 문화를 행하지 않는 것이 나라를 보전하는 길이라고 주장하였다.[49] 그에 앞서 화풍(華風) 즉 중국의 정치제도·문화 등을 수용하는 정책을 위로부터 강하게 추진한 결과 사회 갈등이 생겨 외침을 막는 데 필수적인 사회통합이 어렵게 되었다는 현실 진단에 따른 것이었다. 연등회와 팔관회는 비유교의례로서 통합과 결속을 강화하는 국가의례이자 해동천하의식을 발현하는 국제적 의례로서의 성격을 지녔다.[50] 성종대 전반기에 왕과 일부 관료들이 위로부터 체제 개혁을 시도하였다. 그들이 유교문화가 사회를 발전시키는 데 필요한 보편문화라고 인식하고 팔관회와 같은 전통문화를 비야하다 여겨 폐지하는 등 화풍 추구 정책을 밀어붙이자, 전통문화 영위층이 반발하였다.[51] 이지백은 그런

---

49) 『고려사절요』 권2, 성종 12년 10월.
50) 본서에 수록된 한준수, 「고려전기 연등회·팔관회의 기능과 의례적 특징」 참조.

상황을 인식하고 우선 전통문화를 복구하여 민심을 통합하고 그런 다음에 방어책을 강구하자고 건의하였던 것이다. 그는 유교문화를 수용하는 것이 필요하더라도 고유문화를 배제하거나 일부 정치세력이 일방적으로 추진하는 것이 아니라 전통문화를 신뢰하는 바탕 위에서 이루어져야 한다고 주장하였다.

이른바 토풍(土風)이라고 불린 전통문화는 토착신앙·문화만 아니라 불교, 풍수지리설 등을 포함하였다. 전통문화는 지역성이 반영되고 역사적 맥락 속에서 정착되어 이미 생활화된 것이고 자주의식의 기반이 되는 것이었다.

전통문화의 그런 특성에 대한 인식은 이미 초기부터 있었다. 태조의 훈요에서 문물예악의 제도는 중국으로부터 수용하지 않을 수 없지만 지역이 다르고 사람들의 성품도 다르기 때문에 구태여 꼭 같게 할 필요는 없다고 강조하였다. 그리고 유교정치사상을 따르도록 강조하는 한편 부처와 천령(天靈)·산천신(山川神) 등의 도움을 받아 왕업이 유지·발전할 수 있다고 천명하고, 국가 차원에서 연등회와 팔관회를 개최하며 풍수지리설도 준용하도록 강조하였다.[52] 또한 성종 초기에 최승로(崔承老)도 "화하(華夏, 중국)의 제도는 따르지 않을 수 없다. 그렇지만 사방의 습속이 각기 토성(土性)에 따르니 다 변화시키기는 어렵다. 예악(禮樂)·시서(詩書)의 가르침과 군신·부자의 도리 등은 중화를 따라서 비루함을 개혁하고 그 나머지 거마(車馬)·의복(衣服)의 제도는 토풍을 따르게 하여, 사치와 검약을 적절하게 하고 똑같게 할 필요는 없다"고 건의하였다.[53]

결과적으로는 이지백과 같은 생각을 갖고 있던 서희(徐熙)의 활약에

51) 구산우, 「고려시기 제도와 정책의 수용과 배제-成宗代 華風과 土風의 공존과 갈등을 중심으로」 『한국중세사연구』 42, 2015, 109~131쪽.
52) 『고려사』 권2, 태조 26년 4월.
53) 『고려사절요』 권2, 성종 원년 6월.

의하여 거란의 침략을 물리치고 강동 6주의 영유권까지 인정받을 수 있었으며, 화풍 수용에 역점을 두었던 기존의 정책방향은 수정되지 않을 수 없었다. 그 뒤에도 화풍과 토풍을 둘러싼 문화인식 상의 긴장관계가 재현되었다. 인종 때 일어난 서경반란은 그 긴장관계가 정치적 대결로까지 번진 것이다. 고려중기의 사회 변화에 대응하여 유교이념을 토대로 지배질서를 강화하자고 주장한 김부식세력과 전통사상에 기반을 두고 대외적 자주성을 높이자고 주장한 묘청세력이 대립하였다. 김부식처럼 문화인식의 보편주의를 강조한 입장에서 북방국가에 대한 사대외교를 긍정적으로 받아들인 데 비하여, 개별주의적·공동체주의적 관점에서는 상대적으로 자존적 입장을 강하게 보인 경향이 있었던 점은 주목할 만하다.[54]

고려전기에 지배층 사이에 공동체주의적 문화인식의 비중이 작지 않고 사상·문화를 다원적으로 인식한 데에는 국제질서가 다중심적이었던 것이 중요한 배경의 하나로서 작용하였다. 만약 유교문화의 종주국이 패권을 발휘하고 특히 그 사상·문화의 기조가 다른 것들을 배타적으로 대하는 것이었다면 고려도 그 영향에서 벗어나기 어려웠을 것이다. 그렇지만 다중심적 국제질서에 대응한 다원적 천하관에서는 보편적 문화의식을 갖더라도 획일적 보편성이 아닌 복수의 보편성으로 인식할 가능성이 컸다. 해동천하를 통치하는 해동천자를 부처와 하늘[천(天)]이 돕는다고 인식하였다. 그리고 하늘의 주재자로 인식되는 지고신(至高神)에 대하여, 유가(儒家) 의고주의(擬古主義), 유가 의리론(義理論), 도교의 천문 우주론, 불천사상(佛天思想) 등 다양한 종교·사상의 맥락에서 이해하고 신앙하였다.[55]

한편 국제적으로 문화의 보편성과 개별성을 인식하는 데 있어서 대상

54) 蔡雄錫, 「고려 인종대 '惟新'정국과 정치갈등」 『韓國史研究』 161, 2013, 10~31쪽.
55) 金一權, 「고려시대의 다원적 至高神 관념과 그 의례사상사적 배경」 『韓國文化』 29, 2002 ; 「고려시대 국가 제천의례의 다원성 연구」 『고려시대의 종교문화─그 역사적 상황과 복합성』, 서울대학교출판부, 2002 ; 본서에 수록된 박종기, 「고려시기 지고신의 존재와 신격의 다층위성」 참조.

국가·지역에 따라 차별성이 나타났다. 유교이념에 토대를 둔 중국의 법도·의례 등은 수용해야 할 보편문화로 인정한 반면에, 거란에 대해서는 금수의 나라라고 간주하던지 그 문화를 단적(丹狄)의 풍속이라 하여 배제 대상으로 삼았다.[56] 여진에 대해서도 모습은 사람이지만 마음은 짐승과 같은 부류[人面獸心]라고 간주하였다. 그들은 이익을 보면 부끄러움을 모르고 복종하더라도 향배가 일정하지 않다고 여겼다.[57] 이렇게 북방국가·민족의 문화를 차별하여 비하하는 인식은 문화에 대한 공동체주의적 관점이 아니라 보편주의적 관점으로부터 나온 것이다. 즉 보편문화를 중화 유교문화라는 일원성으로 파악하고 그것과 다른 문화에 대하여 배타적으로 인식한 것이다. 중국에서는 화이관(華夷觀)이 생긴 고대부터 이적(夷狄)을 탐욕스럽고 이익을 좋아하며 인면수심이라고 보는 적대 관념이 존재하였다.[58]

그런데 보편주의적 관점에 따르더라도 한편으로는 이른바 '용하변이(用夏變夷)' 즉 유교문화 수용을 통한 '야만'의 변화 가능성을 인정하였다.[59] 이렇듯이 화이론은 이적에 대하여 배타성과 함께 포용성을 내포한 이중적 성격이 있었다. 고려는 종족상 이(夷)로 분류되더라도 일찍부터 유교문화를 받아들여 문명화되었다고 자부하였다.[60] 특히 성종·예종처럼 유교문화를 적극 수용하여 개혁하려던 국왕에 대하여 유학을 숭상하고 화풍(華風)을 사모하였다고 평가하였다.[61] 이처럼 '용하변이' 가능성을 인정하면 이적이라 하더라도 인의도덕(仁義道德)으로 포용해야 할 대상이 된다.

고려전기에 이적을 인면수심으로 대하는 입장과 '용하변이'의 가능성으

---

56) 『고려사』 권2, 태조 26년 4월 ; 같은 책 권16, 인종 7년 5월 갑진 ; 같은 책 권79, 식화2 화폐 예종 원년 7월.
57) 『고려사』 권2, 태조 14년 11월 ; 같은 책 권6, 정종 9년 4월 무술.
58) 『漢書』 권94, 匈奴傳 下, "是以春秋內諸夏而外夷狄 夷狄之人貪而好利 被髮左袵 人面獸心."
59) 『孟子』 滕文公 上, "吾聞用夏變夷者 未聞變於夷者也."
60) 『고려사』 권14, 예종 10년 7월.
61) 『고려사절요』 권2, 성종 12년 윤10월 ; 『고려사』 권96, 金仁存 淸讌閣記.

로 대하는 입장이 이처럼 공존하였다. 이와 유사한 논리로 북방 번인(蕃人)에 대한 정책 결정에서 인면수심의 이류(異類)로 취급하는 입장과 그들이 내투하면 교화가 가능한 존재로 취급하는 입장 사이에 논쟁이 벌어지기도 하였다.[62] 후자의 입장에서는 번인에 대한 적극적인 수용과 동화정책이 가능하였지만, 전자의 입장에는 번인이 내투하여 군현 설치를 희망하면 판적(版籍)에 편적하고 기미주를 설치하더라도 화외인(化外人)으로서 본속법(本俗法)에 따르게 하는 것이 옳다고 여겼다.

5. 맺음말 : 다원적·개방적 국제관계와 고려문화의 성격

이상의 검토를 통하여 고려전기 국제관계의 다원성에 대하여 살펴보았다. 다원적 국제질서 속에서 고려는 국제교류 상으로 개방성을 보였다.

당시 동아시아에서 일원적인 패권국이 등장하지 못하고 다중심적 상황에서 세력 균형을 유지하였다. 고려가 안보 목적으로 거란 및 금과 맺은 조공·책봉관계는 일방적인 지배·종속 관계가 아니라 상호 인정하고 예측이 가능한 외교방식이었으며, 이후 교류가 증가하는 효과가 있었다. 또한 다중심적 국제질서 속에서 고려와 송, 일본 등은 외교와 문물 교류를 분리해서 취급하는 정책을 시행하기도 하였다. 특히 상인들이 공식외교관계에 상관없이 활발하게 교역활동을 하였다. 그런 상황에서 고려는 거란·금에 안보 목적으로 사대외교를 하더라도 경제·문화 등의 측면에서 국제관계를 다원적으로 운영하였다. 송과는 외교가 중단된 시기에도 경제·문화적 교류가 활성화되었고, 일본과의 관계도 마찬가지였다.

이와 같은 다원적·개방적 국제관계는 고려문화의 성격에 어떤 영향을

---

62) 『고려사절요』 권3, 현종 20년 5월 ; 같은 책 권4, 정종 4년 5월.

미쳤을까?

첫째, 동아시아세계에서 패권을 휘두르는 절대 강국이 없는 가운데 주체적이고 활발한 문화 수용이 용이하였다. 성종대의 경우에 화풍을 추구한 나머지 연등회·팔관회 등을 비야한 풍습이라고 폐지하는 등 중국 문화에 경도된 느낌이 들기도 한다. 그렇지만 성종 자신을 짐(朕)이라고 부르고 3성 6부·중추원 등 황제국의 격에 해당하는 정치제도를 시행한 것 등을 보면 주체적으로 그 문화를 수용하였다고 평가할 수 있다.[63] 또한 예를 들어 중국의 청자제조기술을 받아들이면서 순청자·상감청자 등 고유한 양상으로 발전시켰고, 송의 의술을 적극적으로 수용하면서 향약학(鄕藥學)을 발전시켰다. 그처럼 다른 나라와 교류하면서 문화를 주체적으로 받아들이고 자기화에 성공하였다.

고려는 외교, 유학, 교역, 이주와 거류 등 다양한 방식으로 다른 나라·지역들과 연결되어 물자·정보·기술 등을 활발하게 교류하였다. 특히 송과의 교류가 돋보였다. 1058년(문종 12)에 왕이 송과 외교를 재개하기 위하여 선박을 건조시키려고 하자, 일부 관료들은 "우리나라는 문물 예악이 흥행한 지 이미 오래되었으며 상선의 왕래가 끊이지 않고 진귀한 보물들이 날마다 들어오기 때문에, 중국에 대하여 도움 받을 것이 사실 없다"고 반대하였다.[64] 거란을 의식하여 대송외교 복구를 반대하는 입장에서 과장되게 표현하였다고도 볼 수 있지만, 당시 송과 문물 교류가 활성화되었던 것은 사실이었다. 거란·금과는 문물 교류의 수준이 상대적으로 그만 못하였지만, 외교관계가 열린 가운데 그 문화와 접촉하였다. 거란과 여진은 자기 문화 기반에서 중국문화를 수용하여 새로운 문화를 만들어냈고, 고려의 불교문화, 도자기와 금속공예, 철제 가위·청동수저의 부장 등에서 그 영향을 받은 사실들을 확인할 수 있다.[65]

---

63) 박재우, 앞의 논문, 2005, 53~54쪽.
64) 주 24)와 같음.

교류방식 가운데 외국인들의 거류와 귀화를 적극적으로 허용하여 그들의 문화를 능동적으로 수용한 점이 돋보였다.[66] 그런 정책에 따라 송의 문사(文士)·의사·악사(樂士)·화소공(畵塑工)·점술가 등이 고려에 와서 활동하고 일부는 귀화하였다. 개경에 거주하던 중국인들이 수백 명이었고, 고려는 그들의 재능을 몰래 시험하여 벼슬[祿仕]를 권유하거나 혹은 억지로 종신토록 머물게 하였다고 하였다.[67] 거란과 여진의 포로와 투화인들도 상당히 많았으며 장인들이 포함되었다.[68] 그들은 기술과 노동력을 제공하여 고려의 사회적 분업의 확장과 심화에 기여하였다.

그런데 귀화는 국가 주권문제와 관련된 문제였다. 고려가 강제로 정착시킨 송인 중에는 송 사신이 왔을 때 호소하여 귀국하는 사람들도 있었고, 귀국하지 않는 자국민의 송환을 송의 관부에서 독촉하기도 하였다.[69] 그리고 고려는 귀화주(歸化州)의 여진족이 거란과 관계를 맺는 것을 금지하였다. 이미 거란의 관작을 받은 여진족도 귀부를 허락하고 관작을 수여하였으며, 이후 그들이 거란과 교통하는 것을 막았다.[70] 이처럼 외교적 마찰

---

65) 장남원 외, 앞의 책, 2011 ; 정의도, 「송·요·금·원묘 수저 및 가위 출토경향 - 고려묘 부장품과 관련하여」 『한국 고대 숟가락 연구』, 경인문화사, 2014.

66) 朴玉杰, 『高麗時代의 歸化人 硏究』, 國學資料院, 1996 ; 南仁國, 「高麗前期의 投化人과 그 同化政策」 『歷史敎育論集』 8, 1986 ; 李鎭漢, 「高麗時代 外國人의 居留와 投化」 『한국중세사연구』 42, 2015 ; 박경안, 「고려전기 外來人의 문화적 특성과 정착과정」 『한국중세사연구』 42, 2015 ; 본서에 수록된 한정수, 「고려전기 이방인·귀화인의 입국과 해동천하」 참조.

67) 『宋史』 권487, 外國3 高麗, "王城有華人數百 多閩人因賈舶至者 密試其所能 誘以祿仕 或强留之終身 朝廷使至 有陳牒來訴者 則取以歸."

68) 관련 사례로서 예컨대 다음 사료들을 들 수 있다. 『고려사』 권11, 숙종 6년 4월 무오, "女眞甁工古舍毛等六人來投 賜田廬以充編戶" ;『고려도경』 권19, 民庶 工技, "高麗工技至巧 其絶藝悉歸于公 … 亦聞契丹降虜數萬人 其工技十有一 擇其精巧者 留於王府 比年器服益工 弟浮僞頗多 不復前日純質耳."

69) 주 67)과 같음 ;『고려사』 권15, 인종 2년 5월 경자, "初明州杜道濟祝延祚隨商船到本國 不還 明州再移文取索 國家上表請留."

70) 위의 『고려도경』 기록 ;『고려사』 권6, 정종 3년 2월 을미 ; 같은 책 권7, 문종 원년 2월 정묘 ; 같은 책 권9, 문종 27년 5월 정미.

가능성에도 불구하고 적극적인 귀화정책을 써서 문화적·기술적 능력을 갖춘 사람들과 노동력을 확보하였다. 그렇게 다양한 외국인들에 대한 적극적인 수용이 가능하였던 배경에는 해동천하라는 확대된 경계의식이 작용하였다.[71]

둘째, 교류가 개방적이고 활발하게 이루어진 가운데 문화의 다원성이 부각되었다. 유교이념과 그에 수반한 문화는 초기부터 나라를 다스리는 근본으로 인정되었다. 태조의 훈요에서 우리 동방이 오래전부터 문물 예악의 제도를 모두 준수해왔다고 밝혔다. 이후 중국왕조와 활발하게 교류하면서 유교문화의 새로운 경향에 관심을 갖고 수용하려 하였다. 예종 때 권적(權適)이 송 태학에 입학하려고 입송하는 도중에 쓴 글에 "한이부(韓吏部, 韓愈)가 처음으로 고학(古學)을 부르짖자 당의 문물이 찬연하게 빛나고, 왕승상(王丞相, 王安石)이 쇠퇴한 풍조를 크게 변화시키자 송의 유술(儒術)이 일어났으니, 천 년을 망라하여 일시를 밝혔다"고 하여,[72] 송의 신유학을 배우려는 의지를 밝혔다. 고려는 송 유학의 새로운 경향에 대하여 거의 동시적으로 알았고 또 이해의 폭을 넓히려고 노력하였다. 인종이 송 사신에게 양시(楊時)라는 유학자에 대해서 질문했는데, 양시는 북송 신유학과 남송 성리학을 이어주는 역할을 한 인물로서, 당시 송 조정에 잘 알려지지 않았다가 그 일을 계기로 송에서도 주목을 받게 되었다고 전한다. 이 일화는 유학의 새로운 경향에 대하여 고려가 기울인 관심의 정도를 단적으로 말해준다.[73]

한편 유학과 함께 불교·도교 등의 보편성도 인정하였다. 그에 따라 유학을 유일한 사회 지도이념으로 삼지 않았다. 태조의 훈요에서 유학·불교·풍수지리사상 등을 지도이념으로 제시하였다. 중기에도 예종·의종이

---

71) 본서에 수록된 신안식,「고려전기의 북방 영토의식과 이민족 인식」참조.
72)『동문선』권45, 入宋船次上朴學士啓.
73) 문철영,『고려 유학사상의 새로운 모색』, 경세원, 2005, 35~36쪽.

서경에 행차하여 국정 쇄신을 밝히면서 민을 보살피고 형벌과 출척을 잘 해야 한다는 유교 정치이념을 강조하는 한편, 음양(陰陽)에 순응하여 받들고, 불교를 보호하고 존숭하며, 선풍(仙風)과 사선(四仙)의 자취를 준수하고 영광을 더하라고 지시하였다.[74] 당시 유학자들도 유·불·도교는 각자 업(業)을 행하여 혼일해서는 안되는 것으로서 유학은 치국의 근원이고 불교는 수신의 근본이라고 인식하든지, 삼교공존론(三敎共存論)의 관점을 갖고 있어서 다른 종교·사상에 대하여 배타성이 적었다.[75] 도교의 경우에는 국가 차원에서 초기부터 재초(齋醮)를 설행하였고, 특히 예종 때에 송으로부터 교단도교를 수용하여 육성하였다.

　문화 수용에 개방적이고 다원성을 인정하였다고 하여 극단적인 상대주의적 관점으로 대한 것은 아니었다. 상대주의가 지나치면 모든 문화요소들을 긍정하여 개혁에 장애가 될 수 있었다. 사회 개혁이나 문화 혁신 등이 요구되는 시점에서는 그에 적합한 내용의 문화를 수용하고 발전시키는 것이 필요하였다. 예컨대 고려초기 집권적 지배체제의 정비가 시급하였을 때는 유교 이념·문화와 불교 법안종에 주목하여 수용하였으며, 중기 문벌사회의 개혁이 필요했을 때는 북송 신유학과 도교에 주목하고 또 천태종이나 간화선(看話禪) 등을 수용하여 해결하려고 하였다.

　셋째, 문화에 대한 보편주의적 관점과 개별주의적·공동체주의적 관점 사이에 긴장을 유지하였다. 유교문화를 선진문화로 받아들여서 사회를 발전시켜야 한다는 인식이 있는 한편, 중국과는 토성과 인성이 상이하고 독자적인 전통을 지닌 문명국이라는 인식이 그에 못지않게 강하였다. 그리고 화이론의 관점을 지지하더라도 이적(夷狄)에 대해서는 배타성과 포용성 중 어느 쪽으로 대할 것인가의 문제를 둘러싸고 관료들 간에 견해

74)『고려사』권14, 예종 11년 4월 경진 ; 같은 책 권18, 의종 22년 3월 무자.
75) 崔英成,「高麗前期의 儒佛關係」『韓國儒學思想史』1, 1994 ; 李仁在,「高麗前期 弘慶寺 創建과 三敎共存論」『韓國史學報』23, 2006.

차이가 있었다. 이적을 어떤 입장으로 대하든지 간에 그들의 문화에 대해서는 그리 호의적이지는 않아서, 화려하고 사치스러운 풍조를 단적(丹狄)의 풍속이라고 간주하여 금지하기도 하였다.[76]

이러한 문화에 대한 관점의 차이는 성종대 화풍과 토풍을 둘러싼 논의, 인종대 유교정치론과 풍수도참적 혁신론 사이의 갈등, 고려전기 내내 투화여진에 대한 대우를 둘러싸고 이어진 논쟁 등에서 볼 수 있듯이 정치적 대립·갈등으로 번지기도 하였다. 그렇지만 그런 긴장을 유지했기 때문에, 외래 문물을 수용하여 자기화에 성공할 수 있었던 것이다.[77]

이상 고려전기 국제관계의 특징과 그와 연관된 문화의 성격에 대하여 총론적으로 살펴보았다. 이번 공동연구에서는 고려전기 국제관계를 다원적이라고 파악하고 그와 관련하여 개방성과 정체성을 키워드로 삼아 사회·문화의 성격을 고찰하려고 하였다. 각 연구주제들을 "국제적 개방성", "보편성과 자기인식", "국가의례의 다원성"의 세 영역으로 분류하여 배치하였다. 그에 따라 첫째, 영토와 이민족에 대한 인식, 외국과의 인적 교류 양상과 그 의미 등을 검토하여 다원적 국제환경 및 그와 연관된 개방성이 국내 사회·문화의 다원성과 연결된 양상을 검토하였다. 둘째, 역사계승의식을 소재로 삼아 보편문화를 지향하면서도 다원적 문화전통에 기반을 두고 자기정체성을 인식한 양상에 대하여 살피고, 또 유물 명문상의 연호와 그 변화양상을 고찰하여 국제관계를 어떻게 인식하였는지 고찰하였다. 셋째, 도교·유교·불교 등에서 지고신 관념을 수용하고 토착 신격들을 사전(祀典)체계 속에 편제하여 종교와 신앙이 다원성·다층위성을 지녔던 양상과 함께, 종교의례에서 국가의례로 승화된 팔관회·연등회가 지녔던 통합성과 개방성 등을 검토하려고 하였다.

---

76) 『고려사』 권16, 인종 7년 5월 갑진 ; 같은 책 권79, 식화2 화폐 예종 원년 7월.
77) 본서에 실린 최봉준, 「고려전기 역사계승의식과 이중적 자아인식」 참조.

고려시대 사회 성격론과 다원적 성격의 구조적 이해

최 봉 준

1. 머리말

지금까지 고려시대 연구는 많은 부분에서 발전이 있었다. 최근까지 고려시대 연구는 다양한 주제와 소재를 통해 사회의 구조는 물론 알려지지 않은 많은 부분에까지 연구가 진행되었다. 그 결과 고려시대가 단순하게 신라와 조선을 잇는 중간적 성격의 가교가 아니라 나름의 시대격(時代格)을 갖고 있다는 것을 많은 연구자들이 인식하게 되었다.

최근의 한 연구에 따르면 2015~2016년도 고려시대사 연구는 양적으로 전체 한국사의 7.1%를 차지한다고 한다. 2.6%를 차지한 선사시대에 이어 전체 5위에 해당하며, 역사시대 중에서는 가장 적은 양이다.[1] 앞으로 연구와 대중화의 지평을 넓혀나가기 위해서는 지금까지의 고려시대 연구를 비판적으로 되짚어보고 과거의 연구에서 앞으로의 새로운 패러다임으로 발전할 가능성이 있는 부분을 확인해야 할 것이다.

이미 잘 알려진 바와 같이 고려사회의 성격에 대해서는 이미 1970~1980

---

[1] 정연식, 「양적 성장의 벽과 질적 전환의 길」『歷史學報』235, 2017, 8쪽 <표 2>.

년대 문벌귀족사회론과 관료제론 사이의 논쟁이 있었다.[2] 제대로 된 결말을 맺은 것은 아니지만 문벌귀족사회론이 우세한 것은 기정의 사실이다. 아래에서 따로 설명을 하겠지만, 호족연합정권설도 1970~1990년대까지 많은 연구자들이 따르고 있었지만, 2000년대 이후에 이를 따르는 연구자는 거의 없다.

최근의 시대성격론은 '다원성'과 '통합성'을 키워드로 설명하고 있다. 고려사회는 천자의 위상을 지닌 국왕 중심의 정치구조와 본관제, 계서적인 향촌사회 구조를 기반으로 이루어져 있으며, 유불선 등 서로 다른 사상이 공존과 조화를 이루는 사회였다는 것이다.[3] 이를 철학과 종교학, 사회학 등 주변학문의 도움을 받아 이론적 수준에서 성찰하였으며,[4] 고려사회의 성립 역시 호족의 서로 다른 요구사항을 수용하는 과정이었다고 설명하였다.[5] 이에 따르면, 고려사회의 다원성은 적어도 통일신라에서 기원을 찾을 수 있게 된다.

결국 최근의 고려사회의 성격에 관해서는 '다원성'과 '통합성'을 중심으로 설명하는 이론이 주도하는 것 같으나, 그렇다고 해서 대다수의 연구자들이 이에 동의하지는 않는다. 더욱이 많은 연구자들이 '다원성'의 구조, 그리고 고려적인 다원성이 무엇인가? 하는 의문을 갖고 있는 것도 사실이다. 일찍이 다원사회의 구조를 벌집구조로 설명하였으나,[6] 이 역시 많은

---

2) 논쟁에서 드러난 주요 쟁점은 金毅圭, 『高麗社會의 貴族制說과 官僚制論』, 지식산업사, 1985에 정리되어 있다.

3) 박종기, 「민족사에서 차지하는 고려의 위치」 『역사비평』 45, 1998 ; 『5백년 고려사』, 푸른역사, 1999 ; 『새로 쓴 5백년 고려사』, 푸른역사, 2008 ; 『고려사의 재발견』, 휴머니스트, 2015.

4) 박종기, 「고려 다원사회론의 과제와 전망」 『한국중세사연구』 45, 2016(본 연구총서 1권 참조) ; 「고려왕조와 다원사회」 『내일을 여는 역사』 71·72, 2018.

5) 박종기, 「고려 다원사회의 형성과 기원」 『한국중세사연구』 39, 2013(본 연구총서 2권 참조).

6) 박종기, 앞의 책, 1999.

연구자들이 동의하고 있는 것도 아니다. 따라서 고려사회의 다원성에 관한 논의가 진행될수록 그 구조에 대해서 본격적으로 논의해볼 필요성은 더욱 높아지고 있는 것이다. 2018년은 고려가 건국된 지 1100주년이 되었으며, 멸망한 지도 이미 600년이 훌쩍 지났다. 그렇지만, 우리 시대에 해결의 기미가 보이지 않고 극한으로 치닫고 있는 계층간, 지역간의 갈등 양상을 지켜보면서, 고려사회에서 이질적인 요소가 공존과 조화를 이루고 있는 모습을 통해, 갈등의 해결책까지는 아니더라도 일정한 시사점은 기대할 수 있지 않을까 한다

아래서는 우선 지금까지 고려사회를 규정하는 이론들, 즉 앞서 거론한 문벌귀족사회론과 관료제론, 그리고 호족연합정권설 등에 대해 비판적으로 검토해보고 이와 관련되는 연구사를 짧게나마 언급해봄으로써 고려사회의 성격을 다원성으로 설명할 수 있는지 그 가능성을 점검해보도록 하겠다. 그리고 이를 바탕으로 고려적 다원성과 통합성을 내적, 외적 두 계통으로 나누어 살펴보도록 하겠다.

2. 고려사회 성격론에 대한 비판적 이해와 새로운 가능성

고려는 건국을 전후하여 여러 호족세력을 중심으로 공신세력을 형성하였다. 이들은 태조 사후에 왕권을 위협하였으나, 이를 일시에 정리하고 왕권을 반석 위에 올려놓은 이가 바로 광종이다. 광종대 이전의 정치적 불안정은 2000년대 이전까지 일반적으로 호족연합정권설로 설명하였다. 그에 따르면 고려초기 국왕은 호족세력의 대표자에 불과하기 때문에 정권은 여러 호족이 연합을 이루고 있는 구조 속에서 만들어졌다는 것이다.[7]

---

7) 李基白, 『韓國史新論』, 일조각, 1967 ; 河炫綱, 『韓國中世史研究』, 일조각, 1988.

그 안에서 왕권은 공신과 호족의 틈바구니에서 왜소한 존재로 남아있을 수밖에 없으며, 태조 사후 혜종과 정종대 필연적으로 왕권의 불안정성이 크게 증가하고 왕권이 약해질 수밖에 없다는 논리구조라고 할 수 있다.

이와 같은 논리구조 하에서 중앙집권력은 조선에 비해 훨씬 못 미치는 수준이라고 할 수 있다. 이는 궁예 집권기와 비교해도 큰 차이가 난다. 궁예는 강력한 신정정치를 실시하는 등 그를 지지했던 호족의 요구를 무시한 극단적인 왕권강화책으로 패망하고 말았다. 왕건은 그 반작용으로 호족통합정책을 실시하였으며, 이는 호족과 개국공신세력의 기득권과도 연결되는 측면이 있었다는 결론에 도달하게 된다. 즉, 태조대부터 왕권은 공신세력의 이익을 대변하는 존재가 되는 것이다. 그리고 문벌귀족사회 성립 이후 국왕은 귀족의 대표자로서 귀족사회의 이익에 매우 충실한 존재가 된다. 이는 무신정권의 집정자조차도 무신세력의 대표자에 불과하다는 논리로 이어질 수 있다.[8] 결국 고려의 권력구조는 신권 위주로 이루어진 것으로 볼 수밖에 없다.

이러한 호족연합정권설에 대해 고려초기 왕조질서는 호족들 사이의 조약이나 기타 협약에 의해 창출된 것이 아니기 때문에, '연합정권'이라는 용어는 문제가 있다는 지적이 있다. 태조 왕건의 정치력을 고려할 때, 그는 폭압적으로 지방사회를 통제한 궁예와는 달리 유화적인 수단과 함께 때로는 군현의 명호와 관할을 조정하기도 하였다고 한다.[9] 이를 통해 태조 당시에는 왕권과 호족·공신 세력 사이의 세력균형을 이루었다고 평가할 수 있겠다.

고려사회의 성격에 대해서는 일찍이 문벌귀족사회론[10]과 관료제론[11]

---

8) 李基白, 『改訂版 韓國史新論』, 일조각, 1976, 454~455쪽.

9) 박종기, 앞의 책, 2002 ; 김갑동, 「고려초기 정치권력과 왕권」, 『역사비평』 45, 1998.

10) 朴龍雲, 앞의 책, 1987 ; 金龍善, 『高麗 蔭敍制度研究』, 한국연구원, 1987 ; 朴龍雲, 『高麗時代의 科擧制와 蔭敍制 研究』, 일지사, 1990.

11) 朴菖熙, 『韓國史의 視角』, 영언문화사, 1984.

이 대립하였다. 이와 관련된 글들이 한 권의 책으로 종합 정리[12]될 정도로 논쟁은 많은 연구자들의 관심을 모았다. 이 논쟁의 관건은 최상위지배층의 귀족적 지위 유지와 관련하여 과거제와 음서제의 중요도를 어떻게 평가할 것인가에 있다. 결론적으로 고려는 음서[13]가 과거[14]보다 월등하게 많이 실시되었으며, 기본적으로 관직을 수여받아야만 귀족으로서의 대우를 받을 수 있었다는 점에서, 시험이라는 관문을 거치지 않고 관직을 얻을 수 있는 음서가 귀족적 지위를 유지하는 데 매우 유리하였다. 이는 여러 문벌귀족 가문들에 대한 사례연구를 통해서도 입증되었다.[15]

음서는 정치세력 결집의 중요한 매개체가 되기도 하였다. 고려의 정치세력은 족당(族黨)이라는 형태로 결집하였는데, 이는 총계적 친속관계를 기반으로 이루어진 친족관념과 구조에서 기인한다.[16] 부계친족 중심의 조선과 달리 고려는 부계와 모계, 그리고 처계가 함께 중요시되는 총계적 친속을 이루고 있었으며, 친족관계는 매우 복잡한 구조라고 할 수 있다. 기득권 획득의 수단인 음서가 총계적 친속 모두가 수여 대상이었다고 한다면, 음서는 정치세력 결집의 중요한 매개체 역할을 한다고 할 수 있다.

1990년대 이후 지방사회의 구조에 대한 일련의 연구성과에서는 호족연합정권설과 문벌귀족사회론의 변화를 어느 정도 시사하는 부분이 있었다. 본관제를 비롯한 중앙과 지방사회와의 관계에서 고려초기 본관제는 왕권

---

12) 金毅圭, 앞의 책, 1985.
13) 盧明鎬,「高麗時代의 承蔭血族과 貴族層의 蔭敍機會」『金哲埈博士華甲紀念 史學論叢』, 지식산업사, 1983 ; 朴龍雲, 앞의 책, 1990 ; 金龍善, 앞의 책, 1991.
14) 許興植,『高麗科擧制度史硏究』, 일조각, 1981 ; 朴龍雲, 위의 책, 1990.
15) 朴龍雲,「高麗 家産官僚制說과 貴族制說에 대한 檢討」『史叢』21·22, 1977(『高麗時代臺諫制度硏究』, 일지사, 1980에 재수록) ; 朴龍雲,「高麗時代의 定安任氏·鐵原崔氏·孔岩許氏 家門 分析」『韓國學論叢』3, 1978 ; 李萬烈,「高麗 慶原李氏家門의 展開過程」『韓國學報』21, 1980 ; 朴龍雲,「高麗時代 水州崔氏家門 分析」『史叢』26, 1982.
16) 盧明鎬,「李資謙 一派와 韓安仁 一派의 族黨勢力」『韓國史論』17, 1987.

과 지방호족들 사이의 이해관계를 조정하는 가운데 시행되었다고 하였다.[17] 왕권은 본관제를 시행함으로써 지방호족의 기득권을 인정해주었으며, 호족은 왕권의 통제 아래에 들어감으로써 양자 간의 타협을 이루게 되었다는 것이다. 게다가 태조대에는 귀부한 호족의 근거지에 군현을 설치하거나 관내를 새로 조정하는가 하면, 군현의 명호(名號)를 개정하기도 하였다.[18] 이는 후삼국 통일 이전부터 왕권이 어느 정도 자리를 잡고 있었다는 근거로 볼 수 있다. 특히 호족의 이익과 결부되어 있는 관내와 군현의 명호가 국왕의 의지로 조정되고 바뀐다는 것은 왕권에 의한 호족 제어가 가능했다는 것으로 이해할 수 있다. 그리고 본관제는 결과적으로 호족을 중앙집권의 범위 안으로 편입시키는 효과를 기대할 수 있는데, 만약 그렇다면 본관제는 왕권과 지방세력의 타협의 결과이기는 하지만, 형태만 놓고 보면 지방세력이 중앙의 집권력에 포섭되어 있는 구조라고 할 수 있는 것이다.[19]

그러나, 이 경우 태조 사후 갑작스럽게 불안정해진 왕권과 호족, 공신세력 사이의 관계에 대한 설명이 필요해진다. 이는 단순히 태조의 개인적 역량에 의한 지배력이 사라진 결과라고 할 수도 있겠으나, 근본적으로는 태조 당시 중앙과 지방의 관계, 중앙 내부의 권력 구조의 한계로 보는 것이 타당하지 않을까 생각된다. 즉, 혜종의 경우 세력이 약한 나주 오씨 소생이라는 점 때문에 왕규의 핍박을 받았다고 할 수 있겠지만, 비교적 세력이 강한 충주 유씨 소생이면서 서경 왕식렴의 군사력을 이용하여 왕규를 제거하고 즉위한 정종의 경우 공신세력의 압박은 정황적, 논리적 근거가 약하다고 할 수 있다. 949년(정종 4) 정월 정종의 군사적 기반이

17) 蔡雄錫, 『高麗時代의 國家와 地方社會—本貫制의 施行과 地方支配秩序』, 서울대학교출판부, 2000.
18) 박종기, 『지배와 자율의 공간—고려의 지방사회』, 푸른역사, 2002.
19) 박종기, 「중세사회의 성립과 전개」 『한국역사입문②』, 풀빛, 1995.

되었던 왕식렴이 죽었다는 점[20], 도참설을 믿고 서경으로 무리한 천도 추진으로 민이 괴로워하였다는 점[21] 등은 정치적으로 정종에게 왕식렴이 얼마나 비중있는 인물이었는지, 그리고 구조적으로 취약한 국왕의 위상을 강화하기 위해 정종이 얼마나 고심하였는지 짐작케 한다. 그러나 보다 만족스러운 설명을 위해서는 태조 사후 갑작스런 왕권의 약화를 구조적으로 설명해야만 할 것이다. 따라서, 태조~광종대 초반까지의 국정운영의 구조를 보다 면밀하게 검토해볼 필요가 있을 것이다.

그 연장선에서 문벌귀족사회의 왕권의 위상에 대한 본격적인 접근도 필요하다. 이제까지 고려의 국왕은 문벌귀족사회의 대표에 불과하다고 보았다. 즉, 문벌귀족사회론은 호족연합정권설과 함께 고려초기 왕권의 약화를 논리적 근거로 삼고 있었던 셈이다.[22] 그러나, 최근까지 이루어진 정치제도사 연구에서 국정은 국왕을 중심으로 운영되는 것으로 보고 있다.[23] 이는 기존의 문벌귀족사회론과 호족연합정권설이 갖고 있는 왕권에 대한 입장을 수정할 필요가 있다는 의미로 받아들여진다. 여기에 사상적으로 고려의 국왕은 유교와 불교의 수장으로서 사상정책도 국왕을 중심으로 행해졌으며,[24] 팔관회 등 각종 국가적 의례가 국왕을 중심으로 행해진다는 점에서도 국왕은 단순한 이념적 표상에 그치지 않고 고려사회의 실질적인 구심점 역할을 했다고 할 수 있다.

이에 따라 기존의 이론적 틀을 재검토하는 가운데 고려사회의 성립기의 문제에서부터 재고찰할 필요가 있다. 최근 고려시대사 연구의 주제가

---

20) 『고려사』 권2, 정종 4년 정월 신해.
21) 『고려사』 권2, 정종 4년 3월 병신.
22) 박용운, 앞의 책, 1987.
23) 박재우, 『고려 국정운영의 체계와 왕권』, 신구문화사, 2005 ; 李貞薰, 『高麗前期 政治制度 研究』, 혜안, 2007.
24) 최봉준, 「고려 태조~현종대 다원적 사상지형과 국왕 중심의 사상정책」 『한국중세사 연구』 45, 2016(본 연구총서 1권 참조).

점차 다양화하고 있다.[25] 이는 고려시대를 '중세성'과 '미숙성'을 지닌 문벌귀족사회 정도로 여기던 전통적 관점에서 벗어나 새로운 관점과 주제, 시각으로 보아야만 한다는 연구자들의 의식적인 노력의 결과이며, 연구의 지평 확대와 심화라는 점에서 긍정적이라고 할 수 있으나, 자칫 한 주제로 치우치게 되는 불균형을 초래할 위험도 있다.[26] 최근에는 고려사회의 성립론을 다원성과 통합성에 맞추어 해석하려는 시각과 함께[27] 이를 이론적으로 정리하고 확산, 심화하려는 움직임이 나타나고 있다.[28] 그러나 고려사회의 다원적 구조와 형태에 대해서는 '벌집구조'[29] 외에는 이렇다 할 대안을 제시하지는 못하고 있다. 그렇지만 사회사와 사상사 등 일부 분야에서의 확인작업을 통해 기초를 다지는 가운데 그 구조를 찾아나가려는 것이 최근의 분위기라고 할 수 있다. 결국 많은 부분에서 확인을 거쳐야 하겠지만, 고려사회의 성격에 대한 논의가 활성화되어야 함에도 불구하고 일부 연구자들을 제외하고는 직접적인 관심을 드러내지 않고 있다.

여기서 과거 연구사를 돌이켜보면, 여러 연구에서 고려사회를 다원적 성격으로 설명할 수 있는 여러 가능성은 이미 제기되었던 것으로 파악된다. 본관제나 부곡제 연구에서 중앙과 지방의 관계를 살펴보는 과정에서 나타난 지방사회의 다원적 지배구조와 계층적 구성은 고려국가의 성립기에서부터 호족들 간의 다양한 세력을 국가적으로 포용하면서 대호족을 중심으로 하는 지방행정 체계를 만들어나갈 수 있는 가능성을 열었다.[30] 이는 지방이 여러 세력의 단순한 공존과 조화를 이루는 사회가 아니라 중심세력

25) 최종석, 「대안 모색을 넘어서 '새로움'의 구현 가능성」, 『歷史學報』 227, 2014.
26) 박진훈, 「지평의 확대와 깊이의 심화, 그러나 치우침」, 『歷史學報』 211, 2011.
27) 한국중세사학회 편, 『고려시대사강의』, 늘함께, 1997, 15~28쪽 ; 박용운, 『수정·증보판 고려시대사』, 일지사, 2008 ; 박종기, 「고려 다원사회의 형성과 기원」, 『한국중세사연구』 39, 2013.
28) 한정수, 「고려 역사 다시 읽기와 건국 1100주년」, 『歷史學報』 235, 2017.
29) 박종기, 앞의 책, 1999.
30) 蔡雄錫, 앞의 책, 2000 ; 박종기, 앞의 책, 2002.

과 그에 예속된 또 다른 세력이 존재하는 광역을 단위로 하는 일정한 구심점을 지닌 사회라는 것을 암시한다.

고려의 군사제도가 군반씨족과 부병제의 두 요소가 결합되어 있는 이원적 구성을 하고 있다는 연구도 있었다.[31] 이 역시 하나의 제도 내에 서로 다른 성격의 존재들이 공존하고 있으며, 사회구조를 어느 하나의 기준으로 보지 않고 모든 요소들의 공존으로 본다는 것은 결국 고려사회의 다원성의 가능성이 이미 오래전부터 제기되고 있었던 것으로 볼 수 있지 않을까 생각된다.

사상사의 영역에서는 다원적 사상지형에 관한 논의가 있었다. 이는 대체로 조선시대와 비교할 때 고려사회가 어느 하나의 사상이 일이관지(一以貫之)하는 사회가 아닌 유불도, 풍수도참, 민간신앙 등이 공존과 조화를 이루는 다원적 사상지형이라고 하였다.[32] 최근에는 팔관회를 비롯한 국가적 의례를 통해 다원적 사상지형을 수용하였으며,[33] 하나의 기준으로 정리될 수 없는 이중적 자아인식을 갖고 있다고 하였다.[34]

그리고 다원적 외교관계[35] 속에는 해동천자,[36] 즉 국왕이 다원적 천하의 하나인 고려를 중심으로 하는 해동천하의 실질적인 중심 역할을 하고

31) 張東翼, 「高麗前期의 選軍」『高麗史의 諸問題』, 삼영사, 1986 ; 鄭景鉉, 「高麗前期 武職體系의 成立」『韓國史論』19, 1988 ; 洪元基, 앞의 논문, 1990 ; 馬宗樂, 「高麗時代의 軍人과 軍人田」『白山學報』36, 1990 ; 鄭景鉉, 앞의 논문, 1990 ; 오영선, 「고려전기 군인층의 구성과 圍宿軍의 성격」『韓國史論』28, 1992 ; 이혜옥, 「고려전기의 軍役制」『國史館論叢』46, 1993 ; 권영국, 「고려전기 軍役制의 성격과 운영」『國史館論叢』87, 1999.

32) 박종기, 앞의 책, 1999 ; 최봉준, 앞의 논문, 2016(본 연구총서 1권 참조).

33) 안지원, 『고려의 국가불교의례와 문화』, 서울대학교 출판부, 2011.

34) 최봉준, 「고려전기 역사계승의식과 이중적 자아인식」『한국중세사연구』50, 2017. (본 연구총서 3권 참조)

35) 박종기, 앞의 책, 1999 ; 박종기, 『고려사의 재발견』, 휴머니스트, 2015.

36) 盧明鎬, 「高麗時代의 多元的 天下觀과 海東天子」『韓國史研究』105, 1999 ; 秋明燁, 「高麗時期 '海東'인식과 海東天子」『韓國史研究』129, 2005 ; 박경안, 「고려전기 다원적 국제관계와 국가·문화 귀속감」『고려시대 사람들의 삶과 생각』, 혜안, 2007.

있다고 하였다. 이는 고려사회가 어느 하나의 기준으로 하는 사회가 아니라 다양한 모습을 지닌 역동성과 개방성을 지니고 있으며, 이는 다원성으로 해석될 수 있는 것이라고 할 수 있다.

이렇게 기존의 연구성과들을 기반으로 다원적 구조의 얼개를 대강이나마 추론할 수 있다면, 고려사회의 성격에 관한 논의를 다시 한번 해볼수 있지 않을까 생각한다. 더욱이 다원성은 사회의 건강성을 보여주는 지표라는 점에서 지구상에 존재하는 어느 사회에나 존재한다고 말할 수 있다. 다만, 다원성 지향의 이념과 구조성은 각기 사회가 처한 상황에 좌우된다고 할 수 있기 때문에, 이는 그 사회만의 고유한 개별성과도 직결되는 문제라고 할 수 있다. 즉, 여러 가지 조건들과 특수성을 참고해야 고려사회만의 다원성을 규명할 수 있지 않을까 한다.

3. 다원적 사상지형과 국왕 중심의 통합 지향

1) 고려사회의 성립과 다원적 사상지형

고려는 유교와 불교, 도교, 풍수지리와 민간신앙이 공존과 조화를 이루었으며, 고려국가의 테두리 안에 통합되어 있는 다원적 사상지형을 지향하였다. 이와 같은 고려의 다원적 사상지형은 통일신라부터 그 기원을 찾을수 있다. 최치원은 「난랑비서」에서, 나라에는 현묘한 도(道)가 있는데, 이를 풍류(風流)라고 일컬었으며, 이는 공자의 가르침과 노자의 종지(宗旨), 부처의 교화가 결합된 형태였다고 하였다.[37] 풍류가 정확하게 어떤 형태를 가지고 있었는지 가늠할 수 없지만, 적어도 이는 신라말까지만 해도 유불

---

37) 『삼국사기』 권4, 진흥왕 37년 봄.

도 삼교가 별다른 충돌 없이 공존과 조화를 이루고 있었다는 것을 의미한다.[38]

이와 같은 경향은 고려초에 들어서 국가적 지향성을 띠기 시작하였다. 태조는 훈요10조에서 고려는 부처의 가호로 건국과 삼한통일의 과업을 달성하였으나, 불교가 모든 사상의 우위에 서게 되면 반드시 간신과 영합하는 폐단을 초래하게 될 것이니, 반드시 불교의 지나친 세력 확장을 경계할 것이며, 풍수지리와 유교 등과 함께 국정을 운영해나갈 것을 당부하였다.[39] 성종대 최승로는 시무 28조에서 태조의 유훈을 보다 구체화시켰다.[40] 이는 나말여초 승려의 칭신(稱臣) 등 불교에서 교권과 왕권의 관계를 왕권 위주로 설정해나가는 방향[41]과도 궤를 같이하는 것으로서, 국왕은 충(忠)을 매개로 신권과 불교계와 결합하면서 유교와 불교의 수장으로서의 자리를 점차 확보해나갈 수 있었다.

이와 같은 유불의 수장으로서 국왕의 지위를 제도적으로 확립한 것이 바로 과거제이다. 고려의 과거제는 주지하다시피 제술과, 명경과, 잡과, 승과로 이루어졌다. 이 중 문벌귀족과 향리층을 대상으로 유학을 시험하는 것이 바로 제술과와 명경과이다. 이들 시험은 국왕이 임명한 지공거(知貢擧)와 동지공거(同知貢擧)가 주관하는 가운데 치러졌다. 그로부터 배출된 인재는 국가로부터 등과전(登科田)을 지급받았으며 차후에 주어진 관직에 따라 전시과를 차등적으로 지급받았다.[42] 관료의 경우 전시과는 물론 녹봉이 관직에 따라 차등적으로 주어졌다는 것은 이들이 국왕에 제도적으로나 이념적으로 예속되어 있는 존재라는 의미로 해석할 수 있다.

승과 역시 일반 과거시험과 마찬가지로 향리층 이상을 대상으로 치러지

---

38) 최봉준, 앞의 논문, 2016, 70쪽.
39) 『고려사』 권2, 태조 26년 4월.
40) 『고려사』 권93, 崔承老.
41) 남동신, 「나말려초 국왕과 불교의 관계」 『역사와 현실』 56, 2005.
42) 『고려사』 권78, 食貨1 田制 田柴科 文宗 30년.

며, 합격자에게는 대덕(大德) 승계는 물론 일정량의 별사전(別賜田)이 주어 진다는 점에서 승과는 일반 과거와 큰 차이가 없었다.[43] 승려는 승록사(僧錄司)라고 하는 승정(僧政) 조직에 의해 통제를 받았다. 승록사 역시 일반 관료조직에 편입되었을 것으로 생각되며,[44] 국왕에 의해 국사와 왕사는 물론 하급 승직이 임명되고 있었다. 이는 불교가 국왕의 실질적인 통제를 받고 있으며 그에 따라 승려도 국왕에 예속된 존재로 볼 수 있는 근거가 된다. 그리고 잡과 중의 복업(卜業)이나 지리업 등은 유교와 불교 이외에 여러 사상을 국가적 제도 안으로 포섭한 것으로 이해할 수 있다. 잡과도 광종대에 설치된 것으로 이해한다면, 결국 광종대는 사상간 균형을 국왕이 주도하는 국왕 중심의 사상정책의 제도적 기초를 마련한 시기였다고 평가 할 수 있을 것이다.[45]

고려사회에 존재하는 여러 종교와 사상은 국가적 의례의 형태로 통합되어 있었다. 즉, 국왕이 예식을 주관하는 형식을 띤다고 할 수 있다. 고려국가는 팔관회를 통해 불교의례와 산천제와 같은 민간신앙을 하나의 국가제례로 통합하였다.[46] 그런데, 팔관회는 국왕과 민이 함께 즐기는 국중대회의 형태를 띠었으며, 심지어 송의 상인을 비롯하여 여진과 일본, 탐라의 사신들이 국왕에게 공물을 바치는 것이 정례화되어 있었다.[47] 이는 고려의 해동천하에 속한 모든 신민이 함께 즐기는 의례라는 의미를 지니고 있는 것으로서 고려의 국왕은 해동천자의 위상을 통해 스스로가 정한 지배영역 아래에 있는 모든 다원적 요소를 통합하는 존재였다고 할 수 있다.

조선초기 성리학자들은 일정한 분류체계에 넣을 수 없는 성황제와 산천

---

43) 許興植, 『高麗佛教史研究』, 일조각, 1986, 382~383쪽.
44) 許興植, 「佛教界의 組織과 行政制度」 『高麗佛教史研究』, 일조각, 1986.
45) 許興植, 「僧科制度와 그 機能」 『高麗佛教史研究』, 일조각, 1986 및 최봉준, 앞의 논문, 2016, 88~89쪽 참조.
46) 안지원, 앞의 책, 2011.
47) 『고려사』 권6, 정종 즉위년 11월 경자.

제, 초례 등을 잡사(雜祀)로 분류하였다.[48] 매우 많은 의례가 이 분류에 포함되어 있다는 점에서 고려국가의 의례에 대한 입장이 조선과 많이 다르다는 점을 확인할 수 있다. 더욱이 의례가 종교적 실천에 해당한다는 점에서 고려가 국가적 의례로 많은 부분을 포용한다는 것은 다원적 사상지형이 국가적 지향으로서 실질적인 의미를 지니는 것으로 이해할 수 있다.

2) 다원적 사회구조와 국왕 중심의 통합 지향

고려는 당송의 제도를 수용하면서도 실정에 맞지 않는 부분은 변용해나 갔다.[49] 변용의 폭은 중앙정치제도를 2성6부로 보는가,[50] 3성6부로 보는가[51]에 따라 다르게 해석할 수 있다. 『고려사』 백관지의 기록에 나타나 있는 바와 같이, 982년(성종 1) 내의성을 내사문하성이라고 고치고, 이것을 1061년(문종 15)에 중서문하성으로 고쳤으며, 중서성과 문하성은 중서문하성의 약칭으로 볼 수 있다고 하는 것이 정설이다.[52] 그렇지만 서긍의 『고려도경』에서는 중서성과 문하성이 각각 단독 건물을 가지고 있는 것으로 나온다.[53] 문하시중이나 중서령 등과 같이 중서성과 문하성의 고유 관직명이 그대로 사용되고 있으며, 『고려사』 세가 기록에는 중서성과 문하성이 각각 독립적인 용어로 사용되고 있었다. 그런 점에서, 중서성, 문하성, 상서성의 3성은 분립되어 있었다고도 볼 수 있다.[54]

---

48) 金澈雄, 『韓國中世 國家祭祀의 體制와 雜祀』, 韓國研究院, 2003 ; 김철웅, 『한국중세의 吉禮와 雜祀』, 경인문화사, 2007.

49) 邊太燮, 「高麗의 政治體制와 權力構造」 『韓國學報』 4, 1976.

50) 邊太燮, 『高麗政治制度史研究』, 일조각, 1971 ; 李基白, 「貴族的 政治機構의 成立」 『한국사 5』, 국사편찬위원회, 1974.

51) 李貞薰, 앞의 책, 2007.

52) 邊太燮, 앞의 책, 1971, 36~81쪽.

53) 『高麗圖經』 권16, 官府 省監.

54) 이정훈, 앞의 책, 2007, 97~105쪽.

그런데, 고려의 중앙정치제도의 운영방식에 대해서는 대체로 왕권 중심이라는 점에는 많은 연구자들이 동의하고 있는 것으로 보인다. 다만, 행정체계를 3성-6부-각사로 이어지는 일원적인 체계로 보는가?[55] 그렇지 않은가?[56] 하는 점에서 차이가 있을 뿐이다. 어쨌든 고려는 중추원을 비롯하여 당송의 제도를 실정에 맞게 적용하였으며, 6부에는 재추 출신의 판사가 각 관청의 업무를 조정하였다. 더욱이 조정의 의사결정은 국왕이 주관하는 가운데, 각 부서가 국왕의 직접적인 명령을 수행하기도 하며, 국왕에게 직보(直報)하는 등 국왕과 각사가 직접적으로 연결되어 있었다.[57] 그 결과 6부와 각사의 연결고리가 약해져서 이들을 관리 감독할 장치가 필요해졌다. 이를 위해 판사(判事)를 재추가 겸직하도록 하였다.[58]

대간은 국왕과 신료 모두에 대한 비판 기능을 하였다. 이는 유교정치이념의 실현이기도 하지만, 국왕과 신료 모두를 비판대상으로 하기 때문에 결과적으로 왕권의 확대에 기여할 가능성이 있다.[59] 앞서 문벌귀족사회론에 따르면, 국왕은 문벌귀족의 대표자로서 그들의 이익을 대변하는 존재에 불과하다. 그러나, 재추중심의 국정운영과 광범한 겸직제 등에서 문벌이 유지되는 측면이 있지만, 오히려 왕권을 뒷받침하는 부분도 강하다고 볼 수 있다.

지방행정에서는 널리 알려져 있다시피 주현제를 통해 건국 당시 호족들 사이의 지배와 피지배 관계, 세력의 불균형을 제도에 반영하였다. 그러나 국왕은 지방의 군현들에 직접 명령을 내릴 수 있으며, 지방 군현 역시 국왕에게 직접 보고 또는 상주(上奏)가 가능하였다.[60] 게다가, 속현과 향·소

---

55) 李貞薰, 앞의 책, 2007.
56) 박재우, 앞의 책, 2005.
57) 박재우, 위의 책, 2005.
58) 李貞薰, 앞의 책, 2007, 288~303쪽.
59) 박재우, 『고려전기 대간제도 연구』, 새문사, 2014.
60) 박재우, 앞의 책, 2005, 126쪽.

·부곡 등 주현의 임내(任內)가 일반 군현제 영역과 부곡제 영역으로 구분되고 있었다. 이는 영역 간의 구분을 넘어 양인의 내부적 다양성과도 상관관계를 갖는 것이었다. 즉, 지방사회의 신분구조는 직역에 따른 구분 외에도 거주지에 따른 계층적 구분이 이루어지는 것으로서 어느 하나의 기준으로 개인 또는 집단의 지위를 나눌 수 없다고 할 수 있다. 이와 같이 복잡하고 계서적인 지배체제[61]는 나말여초의 다양한 지방세력의 존재 양태를 하나의 제도로 포용하였기 때문이었다고 할 수 있다.[62]

그런데, 여기서 한 가지 짚고 넘어가야 할 것은 향리 등 지방 유력층과 중앙의 관계가 갖는 성격이다. 고려전기 향촌사회에는 향도조직을 향리가 주도하면서 향촌 자치를 일부 확보하고 있었다. 이는 속현과 부곡 지역에 대한 향리의 자율적 통치와 함께 향촌사회의 자율성을 가늠하는 기준이라고 할 수 있다.[63] 그러나, 이러한 자율성은 한편으로는 지방관의 군현 지배에서 자유로울 수는 없었다. 더욱이 성종대 향리직제가 마련되었던 것은[64] 이들 지방세력이 중앙의 통제와 행정체계에 포섭되었다는 것을 의미한다. 나아가 조선시대와 같은 수직적 행정체계라고 할 수는 없으나 어쨌든 명목상 국왕권 아래에 포섭된 모양새를 갖추었다고 할 수 있다.

이들 향리는 과거와 기인(其人), 군인 등 기득권을 통하여 기반을 더욱 공고히 하였다. 이것은 토성(土姓) 등 국가에서 파악하는 유력 성씨를 통해서도 확인할 수 있다.[65] 하지만 중앙의 입장에서 보았을 때 거점지배와 간접지배는 크게 지방관과 향리 두 축을 통해 이루어진다고 할 수 있다. 또한 국왕이 지방관에 대해 직접 명령을 내릴 수 있다는 점에서,[66] 속현과

---

61) 채웅석, 앞의 책, 2000.

62) 박종기, 앞의 책, 2002 ; 채웅석, 「고려전기 지방지배체제의 다원성과 계서성」『한국중세사연구』 47, 2016(본 연구총서 2권 참조).

63) 채웅석, 앞의 책, 2000.

64) 『고려사』 권75, 選擧3 銓注, 鄕職 成宗 2년.

65) 강은경, 『高麗時代 戶長層 硏究』, 혜안, 2002.

부곡이 지방관의 임내로 묶여 있으며 이들 지방민의 거주와 이전의 자유가 제한되어 있는 본관제에 결박되어 있다는 점에서[67] 국왕과 지방관의 지배권을 전혀 무시할 수는 없다. 따라서, 지방사회에 허용된 광범위한 자율성은 바로 중앙권력의 제한을 받는 것으로서, 바로 여기서 지방사회의 자체적인 다원성과 중앙에 의한 통합성이 작용하고 있는 것으로 파악할 수 있다.

결국 앞서 언급한 해동천자로서의 위상을 지닌 국왕에 의해 유불도, 풍수지리, 민간신앙 등이 통합되어 있으며, 실제 국정운영, 중앙과 지방의 관계 등이 국왕에 의해 장악되어 있었다고 볼 수 있다. 그런 점에서 비록 중앙의 집권력과 지배의 일원성은 조선시대에 비해 약하기는 하지만, 국왕이 이들 모두를 주관하고 통합함으로써 다원성을 유지하고 있는 구조라고 할 수 있을 것이다.

4. 이중적 자아인식과 다원적 대외관계

고려가 존속했던 10~14세기는 중국에서 거란·여진·몽골·위구르 등 북방민족이 강성했던 시기로서, 종족적으로는 북방민족-한족-고려의 삼각관계가 형성되었다. 이에 따라 고려는 형세를 냉정하게 판단하는 가운데 유연한 외교전술을 구사할 필요가 있었다.[68] 지금까지의 고려시대 대외관계사 연구는 고려와 오대십국·송·요·금·원·명 등 여러 중국 왕조와의 관계를 중심으로 이루어져 왔으며 고려와 거란, 고려와 여진, 고려와 중국 왕조 등 각각의 외교상대를 중심으로 단편적으로 이루어졌다.[69]

---

66) 박재우, 앞의 책, 2005.

67) 채웅석, 앞의 책, 2000.

68) 朴漢男, 「10~12세기 동아시아 정세」『한국사(15)』, 국사편찬위원회, 2002.

이밖에 일본에 대해서는 대체로 소원하였으나, 아라비아와 서역과도 무역을 했다는 점이 부각되었다.[70]

고려전기의 대외관계는 대체로 고려-송-거란의 삼각구도가 안정적으로 유지되었던 것으로 보았다. 고려는 거란과의 전쟁의 결과 송과의 외교관계를 단절하였으나, 문화적·경제적 관계는 유지하였다.[71] 고려는 거란과는 사대관계를 맺는 등 정식 외교관계를 유지하였다. 그러나, 거란을 공격하기 위한 송의 청병(請兵)을 거절하는 등 세력균형을 깨뜨리는 것을 자제하였다.[72] 이는 고려가 송과 거란의 관계를 완충시키는 역할을 하였다는 것으로 이해할 수 있으며, 북방민족과 한족 사이의 균형을 추구하였던 정책적 방향도 아울러 확인할 수 있다.

그런데 12세기 들어 금의 건국과 거란의 멸망으로 고려-남송-금의 새로운 삼각관계가 형성되었다. 그러나 고려에 사대를 하던 여진이 중원을 차지하게 됨에 따라 사대를 바치던 존재가 사라지게 되었으며, 그 결과 해동천하 관념을 비롯한 전통적 세계관은 서서히 해체되지 않을 수 없었다.[73] 특히 의종대 내시의 좌·우번이 국왕에게 진귀한 물건을 바치며 외국인이 방물을 바치는 흉내를 내었던 것은 해동천하를 실현할 대상이 사라져버린 상황에서 나타날 수 있는 심리적 방어기제의 성격을 띤다고 할 수 있다.[74]

지금까지의 연구성과를 통해 확인할 수 있는 것은 고려의 대외관계가 외부의 객관적인 조건을 포함한 여러 요인들로 인하여 다원적인 양상을

---

69) 羅鍾宇,「대외관계」『한국사 15』, 국사편찬위원회, 2002 ; 박용운,「전기 귀족사회의 대외교섭」『고려시대사(수정 증보판)』, 2008.

70) 국사편찬위원회,『한국사 15』, 2002 ; 박용운, 위의 책, 2008.

71) 羅鍾宇,「5대 및 송과의 관계」『한국사 15』, 국사편찬위원회, 2002.

72)『고려사』권3, 성종 4년 5월.

73) 박경안, 앞의 논문, 2007, 398~400쪽.

74) 최봉준, 앞의 논문, 2017, 74~75쪽.

띠고 있다는 점이다. 고려는 북방민족이나 한족을 가리지 않고 사대관계를 맺었다. 이러한 능동적 외교전술은 고려가 종족적 화이관에 매몰되지 않았기 때문이라고 할 수 있다.[75]

성리학 수용 이전의 화이관은 대체로 형세-문화적 화이관으로 볼 수 있다.[76] 이는 고려가 주변의 정세를 이념적으로 판단하지 않고 오로지 형세를 중심으로 판단하여 중화를 결정하였으며, 이민족이라고 하더라도 중국문화를 계승하면 중화로 인정하는 가치관이라고 할 수 있다.[77] 그 논리에 따르면 문화적으로 주변민족을 압도하더라도 천하를 차지하지 못하면, 중화가 될 수 없을뿐더러 천하를 차지하더라도 고유의 습속으로 인하여 중국문화를 계승하지 못하면 중화의 자격이 주어지지 않는다. 반대로 통일왕조가 나타나지 않고 저마다 중국문화의 계승자로 자처하게 되면 둘 이상의 중화가 존재할 수도 있다.

이는 결국 다원적 천하관[78]과 연결시킬 수 있다. 고려는 팔관회를 통해 여진, 일본, 탐라의 사신으로부터 방물을 받았으며 이를 정례화하였다.[79] 팔관회가 고려의 모든 백성이 국왕, 신료와 함께 즐기는 국중대회의 성격을 갖고 있으며 송의 상인과 여진과 일본, 탐라의 사신이 국왕에게 방물을 바치는 예식이 포함되었다는 것은, 팔관회가 고려를 중심으로 하는 해동천하[80]에 속한 모든 이들이 함께 즐기는 예식이라고 할 수 있는 근거가 된다. 즉 팔관회는 해동천하 관념을 단적으로 표현해주는 것이라 할 수 있는 것이다.[81]

---

75) 박종기, 앞의 책, 1999 ; 앞의 책, 2015.

76) 도현철, 「원명교체기 고려 사대부의 소중화 의식」『역사와 현실』37, 2000.

77) 郝經, 『陵川集』 권37, 與宋國兩淮制置使書.

78) 盧明鎬, 앞의 논문, 1999 ; 노명호, 앞의 책, 2009.

79) 『고려사』 권69, 禮11 嘉禮雜儀 中冬八關會.

80) 秋明燁, 앞의 논문, 2005 ; 박재우, 「고려 君主의 위상」『한국사학보』20, 2005 ; 박경안, 앞의 논문, 2007 ; 노명호, 『고려국가와 집단의식』, 서울대학교 출판문화원, 2009.

81) 奧村周司, 「高麗における八關會的秩序と國際環境」『朝鮮史研究會論文集』16, 1979 ; 박

이와 관련하여 주목할 것은 외래문화에 대한 고려인의 전통문화에 대한
인식이다. 이는 단순한 수용과 저항의 문제를 넘어서 역사인식, 자아인식
과 맞닿아 있다. 고려는 단군과 기자 두 존재로부터 역사적 시원을 찾았다.
단군이 역사·문화적 독립성과 개별성을 의미한다면, 기자는 중국문화의
영향, 즉 문화적 보편성을 의미한다고 할 수 있다.[82] 이때 중요한 것은
누구로부터 역사가 시작되었으며 고려의 문화적 전통이 누구로부터 이어
져 왔다고 보는가에 있다. 즉, 현재의 '우리'는 누구의 자손이며, 누구로부
터 문화적 전통을 이어받았는가 하는 원초적인 문제의식과 연결된다.

이는 대외적 자세와 세계관과도 연관성을 갖는다. 이를테면 단군을
시조로 인식한다면 중국 중심의 동아시아 보편문화를 최대한 배제하는
가운데 고유한 문화전통을 중심으로 국가와 사회를 운영하고 문화를 개혁
해나간다는 함의를 지닌다. 반면에, 기자를 시조로 인식한다는 것은 중국
의 문화적 영향력을 긍정하고 중국 중심의 동아시아 보편문화에 스스로
참여하는 가운데 국가운영과 문화를 개혁해나간다는 함의를 지닌다.[83]
이때 고려는 단군과 기자 중 어느 하나만을 선택하지는 않았다. 단군은
일연에 의해 기록에 옮겨지기 전까지는 평양과 구월산, 강화 등에서 지역
신앙적 존재로 여겨졌다.[84] 이에 비해 기자는 중국에서 일찍부터 기록화된
존재로서 유학자의 입장에서 민간신앙의 숭배의 대상인 단군보다는 기자
에게서 문화적 전통을 찾을 수밖에 없었다.

기자는 유교적 교화를 실천한 인물이기는 하지만, 그때 이후로 중국의
지배를 받은 적이 없다고 하여,[85] 역사적·문화적 독립성의 의미도 부여하

경안, 위의 논문, 2007 ; 안지원, 앞의 책, 2011 ; 노명호, 위의 책, 2009.

82) 최봉준, 앞의 논문, 2013, 16~17쪽.

83) 최봉준, 「'조선' 국호로 본 여말선초의 역사인식과 이상국가론」 『역사와 현실』
108, 2018, 23쪽.

84) 金成煥, 『高麗時代의 檀君傳承과 認識』, 경인문화사, 2002, 99~128쪽.

85) 『삼국사기』 권22, 寶藏王, "玄菟樂浪 本朝鮮之地 箕子所封 箕子敎其民 以禮義田蠶織作

였다. 이때 유교적 교화를 동아시아 보편이라고 한다면, 중국의 지배를 받지 않았다는 것은 역사적 독립성, 즉 개별성을 의미한다. 따라서 기자는 단군이 역사화되기 전까지 두 가지 의미 모두를 지니고 있었다고 봐야 한다. 그러던 것이 일연에 의해『삼국유사』에 단군신화가 기록됨으로써 이미 중국 사서에 전하고 있는 기자와 함께 문헌기록으로서 단군은 역사화 되었고, 단군과 기자 사이의 균형이 어느 정도는 갖추어졌다고 볼 수 있다.

그런데 고려는 중국 중심의 동아시아 보편문화, 즉 문화적 보편성과 고유한 문화적 전통 모두의 공존을 추구하였다. 태조 왕건은 「훈요십조」 제4조에서 고려가 당풍(唐風)을 수용하기는 하였으나, 실정에 맞지 않으면 반드시 따를 필요는 없으며, 거란의 의관과 제도는 따르지 말라고 하였 다.[86] 이는 982년(성종 1) 최승로가 올린 시무 28조에도 계승되었다.[87] 이는 고려가 중국 중심의 동아시아 보편문화를 선택적으로 수용하는 주체 로서 보편을 당위가 아닌 선택의 문제로 바라보았다는 것을 의미한다.

여기서 지금까지 언급한 것을 정체성, 즉 문화적 일체감의 측면에서 보면 두 가지 문화적 지향성을 확인할 수 있다. 보편을 따른다는 것은 위의 훈요10조에 나타나는 당풍을 수용한다는 것으로 이해할 수 있다. 반면에 역사적 독립성은 곧 문화적 개별성으로 고려의 실정에 맞지 않으면 거부하거나 선택하지 않는 고려적 전통의 보전을 지향하는 것으로 해석할 수 있다. 따라서 고려는 국초 이래로 서로 다른 두 가지 문화적 지향성을

設禁八條 是以其民不相盜 無門戶之閉 婦人貞信不淫 飮食以籩豆 此仁賢之化也 而又天性柔 順 異於三方 故孔子悼道不行 欲浮桴於海以居之 有以也夫 … 而無謙巽之意 侵其封場以讎之 入其郡縣以居之 是故兵連禍結 略無寧歲 及其東遷 値隋唐之一統 而猶拒詔命以不順 囚王人 於土 其頑然不畏如此 故屢致問罪之師 雖或有時設奇以陷大軍 而終於王降國滅而後止 然觀 始末 當其上下和 衆庶睦 雖大國不能以取之 及其不義於國 不仁於民 以興衆怨 則崩潰而不自 振."

86) 『고려사』 권2, 태조 26년 4월.
87) 『고려사』 권93, 崔承老.

66

갖고 있으며, 정체성 역시 보편지향과 개별성 지향 두 가지가 공존하고 있는 것으로 볼 수 있다.

이를 자아인식의 측면에서 보면 고려는 해동천하의 주인으로서 여진과 일본의 조공을 받는 동아시아의 보편질서에 편입되어 있는 존재였다고 할 수 있다. 이는 당풍을 따르고 문화적 보편성을 지향하는 자아와 반대로 자기 전통 안에서 문화적 보편성을 지향하는 자아 두 가지가 존재하는 것으로 이해할 수 있다. 이러한 보편지향과 개별지향의 이중성을 지닌 자아는 이중적 자아인식이라 할 수 있다.

이를 기반으로 고려는 중국 중심의 동아시아 보편질서에 편입되어 있으면서도 해동천하를 유지하였다. 이는 흔히 '외왕내제(外王內帝)'라고 부르기도 하는데 안으로는 황제국 체제를 유지하면서 밖으로는 중국에 대한 사대를 해나가는 이중적 체제라 할 수 있다.[88] 이러한 외부세력과 국내정치에 대한 이중적 대응은 단순히 강력한 중국 왕조로부터 스스로를 지키기 위한 전략으로 이해할 수 있는 부분이 있겠으나, 그보다는 문화적−역사적 개별성을 오랫동안 견지해온 의식구조와 세계관의 시각으로 이해해야 한다.

그에 따라 고려는 중국의 문화적 영향력 아래에 있으면서도 이를 실정에 맞게 변용하고자 하였다. 그리고 이는 고려뿐만 아니라 다른 여러 나라의 사례에서도 찾을 수 있다. 앞서 언급한 3성6부를 기반으로 하는 중앙정치 제도는 당제를 비교적 원형에 가깝게 적용한 것이지만, 송제와 고려의 제도를 적용한 것으로 실정에 맞춘 변용에 해당한다.[89] 이밖에도 고려는 사회제도와 풍습에서 중국의 것을 크게 의식하면서도 기존의 전통을 함께 유지해나간 부분도 존재한다. 고려는 귀족과 왕실 내부에서 근친혼이

---

88) 金基德, 「高麗의 諸王制와 皇帝國體制」『國史館論叢』 78, 1997.
89) 박재우, 앞의 책, 2005 ; 이정훈, 앞의 책, 2007 ; 김대식, 『고려전기 중앙관제의 성립』, 경인문화사, 2012.

광범위하게 행해졌으면서도 국가적으로 근친혼에 대해 비판적인 입장을 취하였다.[90] 그러면서도 총계적 친속관계 속에서 16세기까지 남녀균분상속과 일부일처제 관습이 남아있었다. 이는 중국의 종법을 기반으로 한 보편제도와 풍습 아래서도 문화적 개별성을 유지하고자 하는 관성으로 이해할 수 있다.

5. 고려후기 정치사회적 모순과 사회적 다원성의 변화

수조권적 지배를 중심으로 하는 토지제도가 전국적인 규모로 짜여져 있다는 것은 다원성과 통합성의 구조적 한계가 노출될 경우 국가적 향배에 큰 영향을 줄 가능성이 있다. 전시과제도의 효율적인 운영과 수취 원칙의 준수를 위해서는 반드시 국가의 통제력이 전국의 모든 영역에 골고루 미쳐야 할 것이다. 그러나 고려는 주현-속현-부곡으로 이어지는 계서적인 지배형태를 띠고 있으면서 속현과 부곡에는 향리의 자율성을 어느 정도 인정하였다. 그렇지만, 양반의 사전이 만약 주현이 아닌 속현이나 부곡에 존재할 경우, 이들이 규정된 전조(田租)만을 수취해간다고 보장할 수 없었다. 게다가 주현과 속현-부곡 사이의 지배와 피지배 관계는 주현을 단위로 부세가 부과되는 구조에서는 주현의 지배를 받는 속현과 부곡이 분배에서 매우 불리한 위치에 놓일 가능성이 컸다. 향리와 군인들에게 족정(足丁)에 해당하는 17결 이상의 전시과를 지급하였으나, 보다 많은 전시과를 지급받고 신분적으로도 우위에 있는 양반들에게서 향리와 군인의 작은 기득권이 침해받을 가능성도 있었다.

---

90) 『고려사』 권75, 選擧3 銓注 限職, 文宗 12년 5월 ; 『고려사절요』 권5, 문종 35년 6월 등 자세한 사례는 권순형, 『고려의 혼인제와 여성의 삶』, 혜안, 2006, 135~137쪽 표2-2 참조.

이러한 구조적 취약성으로 인하여 향후 지방사회에서는 양극화와 불만이 증폭될 수 있었다. 결국 중앙이 이 문제를 어떻게 해결하는가에 따라 고려국가의 향배가 결정될 수밖에 없었다. 통합성의 주체인 국왕이 문제 해결을 하거나 최소한 이해관계를 조정해 주어야 할 필요가 있었던 것이다. 이질적 요소들을 감시하고 통제하는 역할 또한 왕권에게 주어진 임무였다. 즉 다원성이 살아 움직이는 사회구조에서 가장 중요한 것은 바로 통합성의 주체인 왕권의 향배였던 것이다.

고려는 11세기 후반 인주이씨와 그 주변의 문벌 가문에 의해 기득권이 과점되어 있는 상태였다고 할 수 있다. 11세기 중반 문종대 이후 전시과 등 토지분급제와 지방사회, 주현제 등 각종 제도적인 위기현상이 이어지고 있는 가운데, 민의 유망은 가속화되었다. 권력은 외척 세력으로 급격하게 기울어져 있었다. 이러한 모순구조는 숙종대 이자의의 난과 인종대 이자겸의 난으로 비화되었다. 그리고 이는 묘청의 난에 이르러서는 개경파와 서경파 등 지역을 기반으로 하는 귀족세력 사이의 다툼으로 이어졌다. 이와 같은 상황에서 왕권은 무신들의 불만을 오히려 방치하였으며, 의종은 최종적인 승리를 거둔 김부식 일파 등 일부 문신과 내시들에게 의지하였다. 그러한 상황에서 발생한 무신정권은 왕권의 약화를 가속화하였고 무신집정이 자주 바뀌는 혼란이 지속되었다.[91]

11세기 후반 이후 드러난 모순은 쉽게 해결되지 않았다. 무신정권기에 본격적으로 시작된 지방민 사이의 대립은 주현을 중심으로 이루어진 계서적 구조와 관련이 있는 것으로 보인다. 즉, 조세, 역역, 공납이 주현을 통해서 부과되는 구조 아래 부곡제 영역에 과도한 부담이 가해지는 구조였

---

91) 서성호, 「숙종대 정국의 추이와 정치세력」『역사와 현실』9, 1993 ; 박종기, 「예종대 정치개혁과 정치세력의 변동」『역사와 현실』9, 1993 ; 오영선, 「인종대 정치세력의 변동과 정책의 성격」『역사와 현실』9, 1993 ; 채웅석, 「의종대 정국의 추이와 정치운영」『역사와 현실』9, 1993 ; 「고려중기 외척의 위상과 정치적 역할」『한국중세사연구』38, 2014 ; 「고려 인종대 '維新' 정국과 정치갈등」『韓國史研究』161, 2013 등 참조.

던 것이다.92) 이는 근본적으로는 다원성 지향의 사회구조 아래 하부구조에서의 자율성을 인정하고 지방호족 사이의 지배-피지배관계를 용인하였던 고려사회의 한계에서 비롯된 것이라고 할 수 있었다. 따라서, 정부의 입장에서는 유력층에 대한 감시를 강화하면 문제가 해결될 것으로 보았으며, 이러한 방향에서 문제 해결을 도모하였다. 이는 예종대 이후에 지방에 파견되는 감무(監務)로 나타났다. 이는 부곡제 영역을 중심으로 진행되는 것이기 때문에, 장기적으로 볼 때 도제(道制)의 개혁, 부곡제의 점진적 해체와도 병행해야 하는 문제였다.93)

감무 파견으로 구조적 모순이 완전히 해결될 수는 없었다. 그러나 지방관의 파견은 속현과 부곡제 영역에 대한 과도한 수탈에서 조금이마나 벗어날 수 있게 해주었다는 점에서 어느 정도 의미가 있는 조치라고 할 수 있다. 특히 14세기 이후 전개된 군현간의 영역 재조정과 새로운 군현으로 개편하는 작업은 국가의 집권력을 향상시키는 한편, 12세기 이후 고려사회의 모순 해결에 어느 정도의 효과가 있었다고 할 수 있다. 그런 점에서 이는 장기지속적 측면에서 고려적 체제의 모순을 해결하는 큰 흐름으로 자리잡게 되었다고 할 수 있다.

한편, 14세기 성리학 수용은 고려인의 가치관과 세계관의 변화를 초래하였다. 무엇보다도 성리학은 자신을 정학(正學)으로 하고 불교와 도교 등 성리학 이외의 사상과 종교를 이단으로 보았다. 그렇기 때문에 성리학은 다원성보다는 일원성을 추구하였다. 성리학은 정치적으로는 왕권보다는 신권위주의 정치운영을 추구한다. 만약 성리학이 추구하는 질서가 관철된다면 다원성과 통합성을 기반으로 하는 사회는 내부적 변화가 불가피하게 된다. 더욱이 수용 초기의 성리학은 이기론과 같은 철학적 이론보다는

---

92) 박종기, 「12, 13세기 農民抗爭의 原因에 대한 고찰」『東方學志』69, 1991.
93) 이인재, 「고려 중·후기 지방제 개혁과 감무」『外大史學』3, 1990 ; 박종기, 「14세기 군현구조의 변동과 향촌사회」『14세기 고려의 정치와 사회』, 민음사, 1994.

실천 위주의 사회사상의 성격이 강하다는 점[94])에서 내면화가 진행되면 풍속과 제도에 변화가 나타날 가능성이 컸다.

성리학의 수용은 고려사회의 문화적 지향성 또한 변화시켰다. 성리학은 문화적 개별성보다는 보편성을 지향한다. 때문에 14세기 전반기에는 중국과의 구분이나 역사적·문화적 독립성보다는 원 제국과의 문화적 일치를 지향하게 되었다. 그러나 성리학자들은 고려의 문화적 전통에 대해 이중적 입장을 취하였다. 고려의 전통은 비루하다고 여겨 반드시 개혁해야 할 대상이었으나, 반대로 입성론 등 고려의 국가질서를 저해하고 원 제국과의 극단적 일치를 지향하는 움직임에 대해서는 저항하였다.[95]) 그렇지만, 성리학자들은 원 제국을 중심으로 하는 문화적 보편성과 고려의 전통에 해당하는 개별성 사이의 절충을 지향하였으나,[96]) 문화적 보편성은 이제 선택의 문제가 아닌 당위의 문제로 인식하기 시작하였던 것이다.[97])

고려말 이색과 정도전의 대립은 고려적 전통과 고려 국가의 유지를 놓고 벌인 대립의 성격을 잘 보여준다. 이색은 고려의 제도와 질서를 유지하고자 하였다. 이에 비해 정도전은 고려를 부정하고 신국가 건설을 지향하였다. 이 두 사람이 성리학자라는 점에서 이색과 정도전의 궁극적 목표는 왕도의 실현에 있었다고 할 수 있다. 다만, 이색이 고려왕조와 고려적 전통 안에서 왕도가 가능하다고 보았던 반면, 정도전은 불가능하다고 보았던 것으로 해석할 수 있다. 따라서, 이색은 점진적 개혁을, 정도전은 급진적 개혁을 지향하였던 것으로 볼 수 있다. 따라서, 이는 같은 목표를 가진 두 사람이 방법과 속도를 놓고 벌인 대립으로 이해할 수 있는 것이다.[98])

---

94) 都賢喆, 『高麗末 士大夫의 政治思想硏究』, 일조각, 1999 ; 金仁昊, 『高麗後期 士大夫의 經世論 硏究』, 혜안, 1999 ; 高惠玲, 『高麗後期 士大夫와 性理學 受容』, 일조각, 2001.
95) 채웅석, 「원간섭기 성리학자들의 화이관과 국가관」 『역사와 현실』 49, 2003.
96) 『稼亭集』 권9, 送揭理問序.
97) 최봉준, 앞의 논문, 2018.

이는 고려후기에 나타난 정치사회적 모순의 해결방안과도 연결된다. 잘 알려져 있다시피 고려사회는 수조권분급제의 붕괴, 토지 탈점과 광범위한 민의 유망을 해결하지 못한 채 몽골과의 장기적인 전란을 겪었으며, 원 제국과의 강화가 이루어진 결과 관제격하와 함께 국왕이 원 황실의 부마로서 정치적으로 원에 예속되었다. 부원세력에 의한 토지의 탈점이나 국왕 측근 세력의 권력 독점은 국가질서의 해이로 볼 문제이나, 한편으로는 12세기 중반 이래로 지속적으로 약화되기 시작한 왕권의 문제이기도 하다. 국왕의 중조(重祚)와 같이 고려의 의지가 아닌 원 황실에 의한 고려 국내의 정치세력 재편은 결국 국왕의 지위 하락과도 일정 부분 연결성을 갖는다고 할 수 있다. 따라서, 다원적 사회구조가 지속되는 가운데 그로 인한 모순이 오랫동안 해결되지 않고 축적되는 것은 결국 왕권이 제대로 된 통합성을 발휘하지 못하는 데서 출발하는 것이라고 할 수 있을 것이다. 따라서, 새로운 사상적 지향 속에서 정치사회구조에 대한 일정 부분의 개혁은 필요했다고 볼 수 있다.

더욱이 고려말 공민왕의 개혁정치를 거친 이후 모순이 격화되는 가운데 이색과 정도전은 앞서 언급한 바와 같이 정치사회 문제에 대한 서로 다른 방향의 개혁안을 제시하였다.[99] 이는 앞서 언급한 바와 같이 성리학 중심의 일원적 사회로 변화해나가는 데 고려의 다원적 질서와 구조를 점진적으로 개혁할 것인가? 아니면 한꺼번에 일소할 것인가? 하는 방법과 속도의 차이에서 발생하는 문제라고 할 수 있다. 또한 이는 성리학 이해와도 밀접하게 관련된다. 이미 성리학 이해는 오랜 시간을 두고 점진적이면서도 단계적 과정을 밟아나갔기 때문에,[100] 현실적으로 일시에 모든 것이 개혁되기는 힘들었다고 할 수 있을 것이다.

---

98) 최봉준, 앞의 논문, 2013.
99) 都賢喆, 앞의 책, 1999.
100) 최봉준, 앞의 논문, 2013.

그런 점에서 세종의 「훈민정음」 창제는 눈여겨볼만하다. 이는 조선어를 이용한 교화를 시도한 것으로, 오로지 한자를 이용하여 교화를 실시해야 한다는 최만리의 주장과 대비된다. 이러한 세종의 의도는 『향약집성방』에서도 확인된다. 이는 고려 고종 때 만들어진 『향약구급방』을 계승한 것으로 중국의 약재를 손쉽게 구할 수 없는 현실에서 조선에서 생산한 약재로 유사한 효능을 내고자 하였다.[101] 이는 중국 중심의 한의학 체계를 부정한 것은 아니지만, 조선의 약재로도 한의학을 구현할 수 있다는 낙관적 전망이 반영된 것이라 할 수 있다. 즉, 문화적 보편과 개별성의 공존과 조화를 넘어서, 성리학이 지향하는 보편을 조선의 것으로도 구현할 수 있다는 매우 현실적인 논리였다고 할 수 있다.

따라서 당분간은 문화적 보편지향과 개별성 지향은 공존할 수밖에 없을 것이다. 숭유억불과 지방사회에 대한 집권력 강화 등 성리학 중심의 일원적 질서를 추구하는 국가적 의지가 관철되는 과정 속에서 고려적 질서는 물론 이중적 자아인식과 역사인식을 기반으로 하는 고려적 사고방식과 사회질서는 적어도 15~16세기까지는 어느 정도의 영향력을 유지하면서 점진적 변화를 맞이하게 될 것이었다.[102]

6. 맺음말

지금까지 고려사회 성격론에서 시작하여 고려전기 다원적 사회구조의 특성을 내적 구조와 외적 구조 두 방향에서 살펴보았다. 그리고 마지막으로 고려후기 사회적 다원성의 변화를 다원사회의 내적 모순과 고려말

---

101) 『세종실록』 권60, 세종 15년 6월 임신.
102) 최봉준, 앞의 논문, 2018 ; 「14~15세기 성리학 수용과 조선적 문명교화론의 탄생」 『역사비평』 124, 2018.

성리학 수용과 내면화로 바뀌어 나가는 외래문화에 대한 입장과 정치사회 개혁론과 그 의미를 통해 간략하게 살펴보았다.

고려사회 성격에 대해서는 이미 1970~1980년대 논쟁을 거쳐 문벌귀족 사회론이 우세한 상황에서 일단락되었다. 그리고 고려사회의 성립에 관해서는 호족연합정권설이 이미 90년대부터 부정되기 시작하였다. 최근까지 문벌귀족제사회론에 여전히 많은 연구자들이 동의하는 가운데 다양한 주제와 소재를 통해 이제까지 살펴보지 못했던 많은 부분들이 밝혀지게 되었다. 그러나, 기존에 고려사회의 구조를 설명하고 성격을 규정하는 틀 역시 문제가 없는 것은 아니다. 근본적으로 고려초기 왕권이 어느 정도 기능을 하고 있었다는 점에서 보면, 미약한 왕권이 존재하고 성종과 현종대에 이르러 고려사회의 구조와 왕권이 확립되었다는 설명은 어느 정도의 수정이 필요하게 되었다.

최근 고려사회를 다원성과 통합성을 키워드로 설명하려는 일련의 연구들이 있었다. 그 이론에 따르게 되면 고려사회는 성립기에서부터 호족의 다양한 요구를 수용하였으며, 본관제를 중심으로 향촌사회는 계서적 구조를 띠지만 그 안에서는 다원성과 자율성을 지니고 있었다고 한다. 사상적으로는 유불선과 기타 여러 종교와 사상이 공존과 조화를 이루었으며, 대외적으로도 한족만을 고집하지 않고 송·요·금·원·명 등 종족을 가리지 않고 다양한 외교관계를 맺었다고 하였다. 이는 분명 고려사회를 설명하는 데 매우 유용한 틀이라고 할 수 있다.

그렇지만 이 이론은 현재 진행형인 만큼 그 내적·외적 구조가 말끔하게 설명되거나 규정되지는 않았다. 최근 고려사회의 구조와 성격을 직접적으로 천착하는 연구들이 많지 않은 상황에서, 그리고 여전히 많은 연구자들이 다원성과 통합성의 개념에 대해 의구심을 품고 있다. 그런 상황에서 이 글은 고려국가의 성립기 훈요10조에 나타난 불교에 대한 통제를 다원성을 지향하려는 국가적 의지로 설명하고자 하였다. 그리고 이는 최승로의 시무 28조를 거쳐 구체화되었으며, 대외적으로도 문화적 보편성과 개별성의 조화를 추구하였다고 설명하였다. 이는 고려가 종족을 가리지 않는 다원적 외교관계와 해동천하를 중심으로 하는 다원적 천하관으로 연결된다고 설명하였다.

전반적으로 살펴볼 때, 고려사회의 다원성은 통합성을 지향하는 왕권을 통해 유지되며, 유능한 왕권은 다원적 사회구조 유지에 중심적 역할을 한다고 할 수 있을 것이다. 그러나 거점지배와 계서적 구조와 지배형태를 통해 문벌귀족과 지방세력을 통제하고 이해관계를 조정하는 문제는 향후의 과제가 될 수밖에 없었다. 이를테면 앞서 잠시 언급한 전시과제도를 시행하면서 사전을 매개체로 하는 문벌귀족의 토지탈점을 지배 시스템이 얼마나 효과적으로 통제할 수 있는지는 다원성과 통합성을 유지하는 데 매우 중요한 문제였던 것이다. 12세기 이후 문벌귀족간의 역학관계 변화와 주현제의 모순 해결이 다르지 못하였다는 것은 결국 다원성과 통합성의 부조화로 볼 수 있다.

고려후기 성리학이 수용되고 원 제국에 의해 중국이 통일되면서 대외관계는 물론 고려사회의 다원성과 통합성은 변화가 불가피하였다. 그렇지만, 다원성을 중심으로 하는 고려적 질서와 사고는 조선건국 이후 15세기까지 일정 정도 유지되었다. 이는 고려적 전통의 문화적 관성 때문이기도 하지만, 성리학이 내재화하는 데 200년 가까운 시간이 걸리게 되면서 나타나는 매우 느린 속도의 의식적, 제도적 변화라고 할 수 있을 것이다. 결국 신라 하대부터 형성되기 시작한 다원적 사상지형은 이후 고려사회의 성립과 다원성과 통합성의 구조화에 큰 영향을 끼쳤으며, 성리학 수용 이후까지 한동안 문화적 지향과 국가질서에도 일정정도의 영향은 불가피하였다고 할 수 있다.

제1부
국제적 개방성

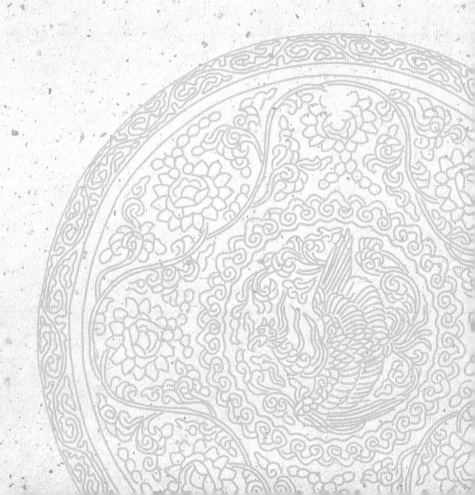

제1장

고려전기 이방인·귀화인의 입국과 해동천하

한 정 수

1. 머리말

13세기 전반까지 고려와 연접한 국제사회는 오대-송, 거란(요)-금의 체제로 이어졌다. 이 기간 고려왕조는 국제질서 면에서 조공-책봉과 맹약의 형식으로 각 왕조의 정통성과 자주성을 보장하는 상호 호혜적 원칙의 다원적 국제관계[1]를 활용하여 명분과 실리를 추구하였다. 나아가서는 여진, 탐라, 철리국 등에 대해 종번질서[2]를 구축해가면서 그 이념적 바탕으로 다원적 천하관(세계관)[3]과 해동천자의식을 세웠다.[4]

이 같은 논의가 이루어지는 속에서 고려사회를 다원사회로 보려는 시각이 나왔다. 이는 고려가 대일통 의식을 토대로 다원사회와 천자국 체제를

---

1) 관련 정리는 윤영인, 「10~13세기 동북아시아 多元的 國際秩序에서의 冊封과 盟約」 『동양사학연구』 101, 2007 참조.

2) 秋明燁, 「고려전기 '번(蕃)' 인식과 '동·서번'의 형성」 『역사와 현실』 43, 2002.

3) 奧村周司, 「高麗の圜丘祀天禮と世界觀」 『朝鮮社會の史的展開と東アジア』, 山川出版社, 1997 ; 노명호, 「東明王篇과 李奎報의 多元的 天下觀」 『震檀學報』 83, 1997 ; 秋明燁, 「高麗時期 '海東' 인식과 海東天下」 『한국사연구』 129, 2005 ; 박종기, 「고려 다원사회의 형성과 기원」 『한국중세사연구』 36, 2013 ; 본 연구총서 2권 참조.

4) 노명호, 「高麗時代의 多元的 天下觀과 海東天子」 『한국사연구』 105, 1999.

지향했으며, 그 과정에서 다원적 요소가 형성되었음을 지적한 것이었다. 사상과 문화에서의 다양성과 통일성, 사회와 경제분야에서의 개방성과 역동성 등을 특성으로 보면서 대내적 대외적 조건을 정리하였다. 대외적으로는 고려중심의 화이관(천하관)을 토대로 다양한 종족과 주민을 수용하였고, 대내적으로는 본관제와 군현제를 통해 다원적 신분구조를 구성하였으며 군사 구성에도 다양한 종족과 주민 구성을 반영하였음을 역설하였다.[5]

다원적 국제질서와 다원사회론을 논의하는 데 있어 중요한 요소로 주목된 것이 주민구성과 다양한 사상 및 문화의 병존이기도 하였다.[6] 고려는 삼한일통을 넘은 대일통 의식을 토대로[7] 건국 초부터 발해 및 흑수말갈·여진·거란·일본·탐라 등의 주민을 받아들였으며, 책봉—조공 등의 이유로 사신을 주고받거나 송과 대식국 등 상인의 왕래를 허락하였다. 또한 많은 전쟁포로가 수용되었으며, 학사나 승려 및 역관이 오갔다. 송의 의술 및 음악, 의례의 수용과 관련하여 관련인물이 입국하였다가 돌아갔다. 때문에 이들을 귀화인 혹은 투화인, 외국인 등으로 지칭하면서 그들의 거주와

---

5) 박종기, 앞의 논문, 2013. 최근의 연구에서는 고려 다원사회론 연구 과정 속에서 나온 과제와 전망에 대하여 정리하기도 하였는데, 정치학에서의 位階性·階序性·層位性을 주목하면서도 사회 내부에서 이 세 가지 면에 대한 기술 부족, 다원사회의 구조와 원리에 대한 규명, 다원성과 통합성의 균형 여부 등에 대한 지적이 이에 해당한다. 박종기, 「고려 다원사회론의 과제와 전망」, 『한국중세사연구』 45, 2016(본 연구총서 1권 참조).

6) 고려의 주민구성과 관련해 박종기는 宗藩意識 속에서 다양한 주변 종족과 국가의 주민을 다양한 층위로 편제하여 고려의 臣民과 藩屏으로 삼았다 보았다(박종기, 「고려 전기 주민 구성과 국가체제—來投 문제를 중심으로」, 『동북아역사논총』 23, 2009). 박경안은 고려를 중심으로 한 주변국들과의 타자인식을 통해 다원적 국제관계의 실상과 고려인들의 국가 문화적 정체성 인식을 土風과 華風에서 國風으로 귀속되어 감을 다룬 바 있다(「고려전기 다원적 국제관계와 국가·문화 귀속감」, 『東方學志』 129, 2005).

7) 박종기는 고려왕조가 천자국 체제를 갖게 된 이념적 기반으로 '대일통'의식을 들었다. 이는 고려적 천하관을 뜻하며 그 위에서 고려는 삼한의 인적 문화적 자원 및 지역과 주민을 하나로 통합해 천자국 체제를 확립했음을 주장한 바 있다(위의 논문, 2009, 129쪽).

문화적 특성, 정착과정 등에 대한 연구가 이루어질 수 있었다.[8] 구체적으로는 거란과 금 등이 향유했던 북방문화 중 내직제(內職制)·불교·불탑·불교조각·금속공예의 내용이 고려사회와 어떻게 영향을 주고받았는지에 대한 정리도 이루어졌다.[9]

특히 고려전기 사회에서의 다양한 인적 교류 속에서 각자의 사상과 문화, 종교 신앙이 어떻게 교섭되었는가는 고려의 다원성 차원과 함께 고려가 형성해간 해동천하를 이해하는 데 중요한 부분이다. 이에 대한 지적이 앞서 정리했듯이 선행 연구에서 이루어져 왔지만 이러한 교류와 귀화인 수용 등을 겪으면서 고려가 이를 어떻게 고려사회의 정체성으로 연결했으며 그 내용이 무엇이었는가에 대한 논의가 미흡하였다. 즉 고려의 다원성을 넘어 다원의 요소들이 어떻게 결합되어 해동천하라는 정체성을 가지게 되었는가에 대한 정리가 필요하다 여겨지는 것이다.

이에 본 연구에서는 다음의 세 가지 논점을 갖고 이를 밝혀보고자 한다. 첫째, 이방인의 입국과 귀화를 중심으로 한 인적 교류 양상과 그들의

---

8) 고려시대 귀화인 문제는 그들의 계통이나 관련 정책, 그들의 문화와 고려사회에서의 역할 등과 관련하여 다방면으로 연구가 축적되어 고려에 대한 귀화 및 거류 양상, 그들의 문화와 역할이 어떠하였는가에 대한 이해가 가능해졌다. 대표적 귀화정책에 대한 종합 연구로는 다음을 참조. 朴玉杰, 『高麗時代의 歸化人 硏究』, 국학자료원, 1996 ; 「高麗의 歸化人 同化策」『江原史學』17·18, 2002. 이외 귀화인의 역할과 영향에 대해서는 權兌遠, 「高麗初期社會에 미친 귀화인의 영향에 관한 소고」『충남대인문과학논문집』19, 1981 ; 南仁國, 「高麗前期의 投化人과 그 同化政策」『역사교육논집』8, 1986 ; 박옥걸, 「고려시대 귀화인의 역할과 영향」『白山學報』70, 백산학회, 2004 ; 박경안, 「고려전기 外來人의 문화적 특성과 정착과정—왕조의 인식과 대응을 중심으로」 『한국중세사연구』42, 2015. 국인 또는 고려인에 대한 상대칭으로서 '외국인'과 그들의 投化 과정과 정착을 다룬 논고로는 다음을 참조. 李鎭漢, 「高麗時代 外國人의 居留와 投化」『한국중세사연구』42, 2015. 거란 및 송, 여진과의 관계와 문화교류에 대해서는 김위현이 종합 정리한 바 있어 참고가 된다. 金渭顯, 『高麗時代 對外關係史 硏究』, 景仁文化社, 2004. 귀화와 관련해서는 異國人의 入境의 유형과 실상을 다룬 연구가 있어 참고가 되었다. 李美智, 「고려 전기 異國人 入境의 유형과 실상—來獻·來朝·來投·來附를 중심으로」『한국중세사연구』43, 2015.
9) 장남원 외, 『고려와 북방문화』, 양사재, 2011.

활동이 어떠하였는가를 정리하는 것이다.[10] 지금까지 이에 대해 많은 연구가 있어왔지만 그것은 다원성이라는 측면에서 주목되었던 것이므로 여기서는 그들의 문화가 고려사회와 어떻게 소통했는가, 그리고 그것이 고려사회의 정체성을 형성하는 데 어떻게 기여했는가라는 차원에서 다시 검토하고자 한다. 둘째, 다양한 인적 교류가 이루어지는 가운데 그들이 어떠한 형태로 고려에 거류하였고 투화할 때 어떠한 정착과정 등을 거쳤으며, 이들에 대해 고려가 어떠한 인식을 가졌는가를 살펴보고자 한다. 이는 모화(慕華)와 동문(同文), 동류(同類), 이류(異類)라는 인식과 거류 및 투화 과정에 대한 선행 연구를 참조하면서 고려가 그들을 어떠한 인식 하에서 수용하고 소통했는가를 중심으로 정리하려는 것이라 할 수 있다. 셋째, 해동천하와 해동천자에 대한 지금까지의 논의는 고려의 천하관과 정체성 이해에 가장 중요한 키워드였다. 이는 사실 고려가 스스로의 것 즉 토풍(국풍)을 바탕으로 하면서도 다양한 교류를 통해 형성한 것이라 할 수 있다. 때문에 여기서는 각각의 문화와 정체성 등이 고려사회와 어떻게 결합되었고, 이들을 수용하면서 해동천하라는 정체성을 어떻게 규정하게 되었는가에 대해 살펴보고자 한다. 이는 내투한 투화인과 이방인의 역할, 이들과 관련한 고려의 대우 등이 또 다른 고려사회의 모습을 만들어냈음을 확인하는 데 도움이 되리라 본다.

2. 사신과 교류

태조 16년(933) 3월 태조를 책봉하기 위해 후당의 정사 태복경 왕경(王瓊)

---

10) 본 논문의 제목에서 이방인과 귀화인의 용어를 쓴 데에는 다양한 이들의 입국과 고려인이 되는 과정을 표현하기 위해서이다. 특히 내투의 경우 목적에 따라 여러 표현이 등장하고 있어 이를 묶어 정리하려는 데서 시도된 것이다.

과 부사 대부소경겸통사사인 양소업(楊昭業) 등이 왔다. 고려로서는 공식적으로 처음 후당 명종의 사신이 입국한 것이었으므로 관련 의례의 제정에 상당한 공을 들이고, 또 많은 진공물을 준비함과 함께 그들 사신단과 교류를 했으리라 여겨진다. 이때 후당의 장흥(長興) 역일(曆日)이 반사되어 고려는 천수 연호를 제하고 장흥 연호 사용을 시행하였다.[11] 다만 왕경과 양소업이 당시 고려에 입국하여 책봉 외 어떠한 활동을 하였는가는 알 수 없다. 이어 후주 및 송의 사신단 입국과 관련하여 다음의 내용을 보자.

가-① 쌍기(雙冀)는 후주인으로, 그 나라에서 벼슬하여 무승군절도순관(武勝軍節道巡官)·장임랑(將任郞)·시대리평사(試大理評事)를 지냈다. 광종 7년에 봉책사(封冊使) 설문우(薛文遇)를 따라 고려로 왔다가 병 때문에 그대로 머물렀다. 병이 낫자 왕이 접견하고는 매우 흡족히 여겼다. 광종이 그의 재주를 아껴 후주 황제에게 표를 올려 그를 관료로 삼겠다고 요청한 후 발탁하여 관직에 임용하였다(『고려사』 권93, 쌍기).

가-② 성종 9년(990) 6월 송에서 광록경(光祿卿) 시성무(柴成務)·태상소경(太常小卿) 조화성(趙化成) 등이 와서 왕을 책봉하였다. 국속(國俗)에 음양을 구기(拘忌)하였으므로 매번 중국 사신이 올 때마다 반드시 월일을 택길하여 조서를 받았다. 시성무가 객관에 있으면서 한 달을 넘기게 되자 이를 힐책하므로, 다음날 국왕이 나와 배명(拜命)하였다. 이로부터 택일하여 사신을 맞는 것을 중지하였다(『고려사』 권65, 예7 빈례).

가-③ 사신이 관사에 들어가면 왕은 관원을 보내 연회를 여는데, 이를 불진회(拂塵會)라 한다. 이때부터는 5일에 한 번씩 연회를 차리는데, 절서

---

11) 『고려사』 권2, 태조 16년 3월 신사.

(節序)를 만나면 예가 더해진다. 정사·부사가 그 가운데 있어 자리를 좌우로 나누고, 국관(國官)·반연(伴筵) 및 관반(館伴)은 동서로 나뉘어 객위(客位)에 있고 도할관·제할관 이하는 동서로 나뉘어 앉으며, 중절과 하절은 차례대로 양쪽 행랑에 앉는다. 술은 15차례 '돌리다 그치며, 밤중에 마친다(『고려도경』권26, 연례 관회).

가-①의 사료는 쌍기가 후주 사신단의 일원으로 왔다가 광종의 발탁에 따라 후주 세종의 허락 하에 고려의 관원이 되는 과정을 기록한 부분이다. 가-②의 사료는 고려가 초기에 음양구기를 한 국속에 따라 송의 사신단이 한 달 이상을 객관에 머물러야 했던 상황을 보여준다.[12] 가-③의『고려도경』의 기록은 송의 사신단이 고려에 입국하여 조서 전달이 끝난 후에 불진회를 포함하여 5일 간격으로 연례(燕禮)를 행하고 중양이나 한식 등 절서를 만나는 경우 예가 더해지고 있음을 보여주는 사례이다.[13] 송의 사신단은 책봉 및 조서를 전달하고 가-③에서처럼 불진회와 연례를 행하면서 고려의 태자, 그리고 연반 및 관반 등과의 교류를 행하였다.[14]

12) 『宋史』권487, 外國3 高麗편을 보면 순화 4년(993)조에 비서승 직사관 직서승 陳靖 등이 고려에 70여 일 동안이나 머물렀으며, 귀국할 때 襲衣·金帶 등과 布 3만여 필을 주고 表를 주어 사례하였다는 내용이 보인다. 다만 『고려사』에서는 진정 등이 사신으로 온 시기에 대해 성종 11년(순화 3년) 6월로 기록하고 있어 차이가 있다. 그렇지만 당시 진정 등이 고려 개경에서 70여 일이나 머물렀다는 것은 사신단과 고려와의 구체적이고 직접적인 교류가 있었음을 보여주는 사례라 하겠다.

13) 송에서 고려에 파견한 사신단의 횟수는 30회 안팎으로 파악된다. 이들 사신은 대체로 과거급제자로서 문한직을 거친 인물들이 많아 학식과 인품, 청렴도 및 가문 배경 등이 고려되었다 할 수 있다. 이에 대해서는 朴龍雲, 「高麗·宋 交聘의 목적과 使節에 대한 考察(下)」『한국학보』82, 1996 참조. 김위현은 송의 개국 이후 흠종 정강연간까지 정식 통교로서 고려가 송에 보낸 사행 횟수는 34회, 송에서 고려에 보낸 사행은 27회에 이르렀다 보고 있다(김위현, 앞의 책, 2004, 180쪽).

14) 고려에서 송이나 거란 사신을 맞이하는 객관으로는 현종 2년 4월 기록에 보이는 迎賓·會仙 두 객관을 주목할 수 있다(『고려사』권4, 현종 2년 4월 정묘).『고려도경』에서 송 사신은 순천관에 머물렀다 하였는데, 순천관은 영빈관의 다른 이름이었다. 이에 대해서는 다음을 참조. 한정수, 「고려전기 '迎契丹使臣儀'의 내용과 의미」『사학

또 한편으로 송의 사신단은 불경과 의서, 경전, 문집 등 서적 등을 고려에 전하였으며, 때로는 의술이나 악무 등에 능한 이를 보내 관련 문화 교류를 시도하였다. 사신행 때에는 고려의 청에 따라 의관을 보내기도 하였다. 문종이 풍비를 앓자 원풍 2년(문종 33, 1079)에 왕순봉(王舜封)을 보내 의원을 데리고 가 치료토록 한 사례가 있다.[15] 또한 숙종 8년 6월 국신사 일행과 함께 의관(醫官) 모개(牟介)·여병(呂昞)·진이유(陳爾猷)·범지재(范之才) 등 네 명이 왔으며 모개는 특히 흥성궁(興盛宮)에서 고려의생을 가르쳤다.[16]

사신단으로 온 것인지 명확치 않으나 문종 26년(1072) 6월 의관 왕유(王愉)와 서선(徐先)이 와서 문종의 풍비증을 고치는데 노력하다 익년 8월에 돌아간 것이 확인된다.[17] 1년 넘게 체류했던 이들과 의술 교류가 있었음은 당연한 것이라 하겠다. 문종 28년에도 양주의조교(楊州醫助教) 마세안(馬世安) 등 8명이 와서 문종 치료에 기여하였다.[18]

고려에서는 송이나 거란, 금과의 관계 설정에 대해 형세에 따라 차이는 있지만 이소사대의 원리를 바탕으로 '북교남사(北交南事)'를 행하였다.[19]

연구』 118, 2015 ; 김규록, 「고려중기의 宋 使節 迎送과 伴使의 운용」『역사교육』 134, 2015.

15) 『宋史』 권487, 外國3 高麗 元豐 2년.

16) 『고려사』 권12, 숙종 8년 6월 갑인 및 7월 신묘. 예종 13년에도 고려에서 약재·진맥·창종 등 전문의를 요청하자 송에서는 합문지후 曹誼를 통해 조서를 내리면서 翰林醫官太醫局教授賜紫 楊宗立·翰林醫諭太醫局教授賜紫 杜舜擧·翰林醫候太醫局教學 成湘·迪功郎試大醫學錄 陳宗仁·藍茁 등을 보내와 고려의 의술 발달에 기여토록 하였다(『고려사』 권14, 예종 13년 7월 신사).

17) 『고려사』 권9, 문종 26년 6월 경술 ; 문종 27년 8월 정해.

18) 『고려사』 권9, 문종 28년 6월 병자. 이때 왔던 마세안은 문종 34년 다시 고려에 오기도 하였다(같은 책, 문종 34년 7월 정묘). 이와 함께 송에 다녀온 박사 任老成이 『태묘당도』 및 『七十二賢贊記』 등을 바쳐 예제 정비에 기여하였다(『고려사』 권3, 성종 2년 5월 갑자).

19) 특히 이 표현은 숙종 6년 8월 여진이 강성해짐을 우려하면서 백성의 안정을 꾀하고자 내린 조서에 나오고 있다. 구체적 표현으로는 '北交大遼 南事大宋'이라 하고 있다(『고려사』 권11, 숙종 6년 8월 을사). 동시에 이는 숙종이 두 강대국 사이에서 안정적인 대외관계를 맺고 있음에 대한 긍정적 자평이기도 하였다. 이에 대해서는 李美智,

반대로 거란이나 금에서도 고려에 하생신(賀生辰)·횡선(橫宣)·책왕(冊王)·책태자(冊太子)·하조(下詔)·제전(祭奠)·기복고칙(起復告勅) 등의 일로 사신을 보내었다. 이들에 대한 영접과 연례 등은 이미 고려가 시행하고 있던 송 사신단을 맞이하는 예를 준용하여 이루어졌으리라 생각된다.[20] 송의 사신이 이르렀었다는 소식을 들으면 거란이 반드시 다른 일을 핑계 삼아 와서 정탐하고 하사품을 나누어 가져갔다는 내용[21]은 거란 사신단이 송 사신을 맞이하는 예에 대해서도 관심을 가졌음을 보여준다.

선종 7년(1090) 9월의 기록을 보면 요에서 국왕의 생일을 축하하러 온데 대해 건덕전에서 사신과 삼절인(三節人)에게까지 두 번의 연례를 베푼데 대한 비판 기사가 보인다. 즉, "사신에게 두 번씩이나 연회를 베푸는 것은 전례가 없는 일인데다 삼절인까지 궁전 안에 앉힌 일 또한 전대미문의 일입니다."라 하였던 것이다. 이에 대한 명분으로 선종은 "천자가 사신을 보내 친히 찬한 천경사(天慶寺) 비문을 주었으니, 평상시와 달리 크게 예우해야 마땅하다."라 하였다.[22] 금나라 사신에 대해서는 관료가 사적으로도 접대한 사례가 보인다. 명종 11년(1181) 6월 금의 전중성에서 보낸 사신에 대해 상장군으로 치사한 송경보가 자택에서 주과(酒果)를 내고 있다.[23]

이와 함께 고려가 상대국 사신의 언행을 관찰하고 이용한 기사가 있다. 선종 9년 하생신사로 고려에 온 왕정(王鼎)은 객관에서 홀로 황제에게

　　『고려시기 對거란 외교의 전개와 특징』, 고려대학교 박사학위논문, 2012 참조.
20) 거란에서 고려에 파견한 사행은 賀生辰 73회, 橫宣 16회, 冊王 12회, 回禮 11회 등 모두 180회가 있었다. 출사한 인물들은 어느 한 부서를 중심으로 이루어진 것이 아니었으며 중앙관원과 동경도의 관찰사 등으로 섞여 있었다. 고려에서 거란에 파견한 사행은 이보다 적은 142회로 집계된다. 이에 대해서는 김위현, 앞의 책, 2004, 153~154쪽 참조. 거란 사신을 맞이하는 의례에 대해서는 한정수, 「고려전기 '迎契丹使臣儀'의 내용과 의미」『사학연구』118, 2015 참조.
21) 『宋史』 권487, 外國3 高麗 "聞我使至 必假他事來覘 分取賜物."
22) 『고려사』 권65, 예7 빈례 선종 7년 9월.
23) 『고려사』 권20, 명종 11년 6월.

올리는 간소(諫疏)를 작성하였다. 당시 관반 최사추가 계책을 써서 이 글을 취해 선종에게 올렸었다.24) 글의 내용이 거란이 군비를 갖추어야 하고 송의 남하(南夏) 정벌에 대한 것이어서 기밀 사항이었다. 그럼에도 불구하고 최사추가 이를 파악하였다는 점은 사신단의 동정에 고려가 지대한 관심을 가졌음을 보여준다. 숙종 7년(1102) 하생신사로 온 거란의 중서사인 맹초(孟初)와 그를 대접한 접반 김인존은 교외로 나아가 시문을 주고받았으며, 맹초는 떠날 때 정표로 금대를 풀어 선물하기도 하였다.25)

고려는 사신을 통해 거란 황제가 보낸 대장경을 받았다. 이미 고려에서는 송의 개보판대장경 등을 받은 바 있었는데, 거란대장경을 받음으로써 거란과도 불교 교류가 이루어졌다. 문종 17년(1063) 3월의 기록을 보면 거란에서 대장경을 보내자 왕이 법가를 갖추고 서교에서 맞이하였다는 기사가 있으며,26) 이후 문종 26년(1072), 숙종 4년(1099), 예종 2년(1107)에도 대장경이 보내졌다. 이를 가져온 사신단과 고려 측과의 교류 내용은 단지 전달 내용만 실려져 있어 파악하기 어렵다.

이외 금 사신과의 교류 내용도 참고할 수 있다. 명종 16년(1186) 6월 금의 횡선사로 고려에 온 대리경 이반(李磐)이 문장을 잘 짓고 용모와 행동이 볼만한 면이 있다[선문장 용지가관(善文章 容止可觀)]라 하거나 그가 객관에서 머무르거나 사행하는 동안 관련 관원 및 굶주린 이들을 도왔다라 하고 있는 것이다.27) 시문 교류의 사례이기는 하나 금의 사신 한방(韓昉)과 당시 그와 관련한 관반으로 활동한 김부의가 서로 창화(唱和)하면서 감복하였다는 기사 등이 확인된다.28) 인종 20년 2월에는 금의 사신이 연등회

---

24) 『고려사』 권96, 崔思諏.

25) 『고려사』 권96, 金仁存.

26) 『고려사』 권8, 문종 17년 3월 병오.

27) 『고려사』 권20, 명종 16년 6월 경신.

28) 『고려사』 권97, 金富佾 附 金富儀. 『고려도경』에 따르면 당시 선화봉사단을 맞이하고 보내는 데에 많은 고려 관원이 참여하였음이 보인다. 기록된 것만 본다면 州牧

보기를 청하자 관반 김단이 이를 청하여 허락하였다라 하였다.[29] 또한 금 사신은 김부식의 아들인 김돈중의 학문과 그 됨됨이를 알아차려 식견을 드러냈고 의종이 수명에 대해 묻자 그 천수를 언급한 바 있었다.[30] 이를 고려하면 사신과 관반이 개인적 교류에 그치지 않고 연등회의 연원이나 규모, 의미 등과 관련해 서로 비교하고 문장과 관상, 사주 등에 이르기까지 폭넓게 교류하였을 상황을 짐작할 수 있겠다.

이처럼 송 및 거란, 금의 사신단과 고려는 여러 가지 면에서 문물예악 관련 문화 교류를 행하고 있었다.[31] 또한 그 일원으로 온 이들 가운데에는 쌍기의 경우처럼 국왕이 직접 등용하거나 혹은 그렇지 않더라도 벼슬하지 않은 사인(士人)과 예술공기(藝術工技)가 와서 그 능력으로 등용되기도 하였다. 거란이나 금의 경우에는 그러한 사례가 보이지 않지만 여러 가지로 고려의 접반사 등과 교류하였음이 확인된다. 고려 스스로가 가진 문명의식을 확인하고 이를 송이나 거란, 금의 관원이자 지식인과 끊임없이 비교하였던 것이다.

이와 달리 고려가 일본에 대해 가진 태도도 주목된다. 태조 20년 무렵

3인, 迎勞餞送에는 朴昇中 등 6명, 私覿에 梁鱗 등 27명, 傳命贊導에는 金富佾을 비롯해 21명, 接伴 尹彦植, 同接伴 金富軾, 館伴 金仁揆, 同館伴 李之美 등이 동원되었다(『고려도경』 권8, 인물). 따라서 사신단이 올 경우 이 같은 규모는 아니더라도 그 역할을 구분하여 여러 가지 측면에서 교류가 시도되었다 여겨진다. 이에 대해서는 김규록, 앞의 논문, 2015 참조.

29) 『고려사절요』 권10, 인종 20년 2월.

30) 『고려사』 권19, 명종 3년 10월 경신삭.

31) 성종 2년 3월 송에서 성종 책왕 관련 副使로 왔던 孔維의 경우 성종의 問禮에 대해 君父·臣子의 도와 升降 等威의 序로 대답하니 성종이 금일에 다시 중국의 夫子를 보는 듯하다라는 내용이 확인된다(『宋史』 권431, 孔維). 당시의 성종과 공유의 대화는 성종대 유교 예악문물의 정비에 어느 정도 기여했으리라 여겨진다. 또한 선종 원년 8월 송의 제전사와 조위사 등이 승려를 모아 문종 魂殿에서 3주야간 도량을 열었다는 것도 불교의례의 면에서 이루어진 교류였다 하겠다(『고려사』 권10, 선종 원년 8월 신묘). 그 교류의 결과의 하나로도 볼 수 있는 것이 이듬해 2월 비로소 어가 행차 앞에 『인왕반야경』을 前道에 두도록 하였는데 이는 송나라 제도를 따른 것이라 한 내용이 확인된다(『고려사』 권10, 선종 2년 2월 을해).

고려는 일본에 국첩(國牒)을 보내 일본과 수호관계를 맺으려 하였으나 일본은 그에 대해 살펴보았다는 정도의 기록만을 남기고 있다. 그렇지만 문종 34년(1080)에 보내진 문서로 볼 때 고려 측의 수호 의지를 읽을 수 있다. 실제로도 문종 10년(1056)에는 일본국 사신 정상위권례(正上位權隸) 등원(藤原)과 조신(朝臣) 뇌충(賴忠) 등 30인이 금주에 숙박하였다는 기사나[32] 문종 27년(1073) 7월 이끼섬[壹歧島] 구당관(勾當官)이 등정안국(藤井安國) 등을 보내 동궁과 제 대신에게 토산물을 바치려 하자 바닷길로 개경에 이르기를 허락한 것은 이 같은 분위기 짐작에 도움이 된다.[33] 문종 34년에 이르면 윤9월 경자일에 사쓰마주[薩摩州]에서 그리고 36년 11월 병술일에는 대마도에서 방물을 바친 것이 확인된다.[34]

이를 고려하면 수교에 대해 일본 측이 보다 적극성을 띠고 있었던 것이다. 일본 사신이 방물만 올리고 돌아간 것이 아니었다는 점을 고려하면 이들 사신을 접대하는 속에서 고려가 일본의 여러 상황에 대한 이해와 함께 고려가 편 역서나 여러 문물을 비교 전수하는 과정을 밟았지 않았을까 한다.

3. 상인과 교역

요동 및 만주 쪽이 아닌 송 및 기타 상인들은 주로 상선을 통해 고려에 들어왔다. 성종 12년(993) 2월 비서승직사관 진정과 비서승 유식을 보내 성종에 대한 가작(加爵)을 행하였는데, 이때의 고려 입국로와 관련한 내용

---

32) 『고려사』 권7, 문종 10년 10월 기유삭.

33) 『고려사』 권9, 문종 27년 7월 병오.

34) 이 같은 일본과의 대외관계에 대해서는 나종우, 「대외관계」 『신편한국사 15 - 고려 전기의 사회와 대외관계』, 국사편찬위원회, 2002 참조.

이 남아 있다. 『송사』 고려전에 그 내용이 실려 있으며, 또 한편으로 『고려도경』에서도 그 항로에 대해 자세하게 정리하고 있다. 이때 보이는 옹진-등주로의 경우는 대체로 사행로로 이용되었고, 흑산-정해로는 상선의 항로로 이용되다가 사행로도 이 길을 이용하였다.35) 이들 항로를 이용한 이들은 누구였고, 그들은 고려에서 어떠한 일들을 하며 거류하였는가를 보자.

먼저 주목되는 이들은 송상(宋商)이다. 이들은 흑산-정해로의 항로를 주로 이용하였다. 계절풍을 이용한 항행을 하였는데, 11월과 12월에는 북풍을 이용하고 5월과 6월에는 남풍을 이용하였다.36) 따라서 송상은 자연스레 예성항으로 들어와 개경의 객관에 머무르며 방물의 헌상과 교역, 회사 등에 참여할 수 있었다. 나아가 정종(靖宗) 즉위년(1034) 11월에 열린 팔관회 때에는 송의 상객과 동서번, 탐라국 등이 방물을 올리고 팔관회를 보는 것이 관행이 되었다.37) 계절풍을 이용한 항행을 하였다면 체류기간은 최소 100일 이상 혹은 1년을 넘기기도 하였을 것이다.

『고려사』에서 찾아지는 송상의 출신지를 보면 대체로 출신관련 지명표기 없이 송상으로만 표현한 것이 대부분이다. 송상 일부의 경우는 객관인 당상관(唐商館)에 있으면서 고려에 처를 두기까지 하였다.38) 또 송상 중에는 고려 여성을 강제로 취하고자 하는 이들도 나타났다. 바둑을 잘 둔 하두강(賀頭剛)이란 인물은 바둑내기를 통해 예성강 쪽에 있던 아름다운

---

35) 항로명과 항로에 대한 이해로는 김위현, 앞의 책, 2004, 참조.

36) 朱彧, 『萍洲可談』 권2, "舶船去以十一月十二月就北風來 以五月六月就南風." 이 같은 계절풍의 이용은 『고려도경』에서도 언급하고 있다. "比者 使人之行 去日以南風 歸日以北." (『고려도경』 권39, 해도6 예성항).

37) 『고려사』 권6, 정종 즉위년 11월 경자.

38) 『補閑集』 권上, 金右丞敦時. 관련 기록은 宋有仁전에서도 확인된다. 그는 宋商 徐德彦의 처와 혼인하였는데 처는 미천한데도 불구하고 큰 재산을 갖고 있어 백금 40근을 뇌물로 써 3품 벼슬을 얻을 수 있었다 한다(『고려사』 권128, 鄭仲夫 附 宋有仁). 또한 희종 원년의 기록을 보면 송 都綱에게 나라에서 포를 주고 水牛角을 사오게 했는데 송나라의 매매금지로 인해 채단을 사가지고 오자 최이가 도강 등의 처를 가두었다는 내용이 확인된다(『고려사』 권129, 崔忠獻 附 崔怡).

부인을 취하려 하다가 부인이 정절을 지켜 결국 돌려보내게 되었다는 내용이 속악으로 지어진 것도 이를 알려준다.[39]

장기체류를 하는 과정에서 송의 도강은 그 체류를 허락받거나 고려로 내투하였다. 문종 9년(1055) 9월 예빈성에서 아뢴 글을 보면 송 도강 황흔(黃忻)이 자식 포안과 세안을 데리고 내투하였는데, 82세의 노모를 봉양하기 위해 큰 아들 포안을 돌려보내 줄 것을 청한 내용이 있다.[40] 문종 13년(1059) 8월에는 천주 상인 황문경(黃文景)·소종명(蕭宗明)과 의인(醫人) 강조동(江朝東)이 돌아가려 하자 소종명과 강조동 3인의 체류를 허락하는 제서(制書)를 내린 바 있다.[41] 따라서 『송사』고려전에서는 이러한 송상 등과 같은 이들이 모여 사는 모습에 대해 왕성에 화인(華人) 수백 명이 있다고 기록하였다. 특히 고려에서는 이들 가운데 재능이 있는 경우 시험하여 벼슬을 주어 등용하기도 하였다.[42]

송의 상인들은 외국인으로서 고려에 체류하는 것이기 때문에 정해진 숙소와 교역장이 있었을 것이다. 예컨대 문종 9년 2월의 기록을 보더라도 오빈관(娛賓館)·영빈관(迎賓館)·청하관(淸河館)이 보이며,[43] 『고려도경』에서 송의 상여(商旅)를 접대하는 곳이 소개되고 있는데, 청주관(淸州館)·충주관(忠州館)·사점관(四店館)·이빈관(利賓館) 등 네 곳이다.[44]

송상은 대체로 상단을 만들었고 이를 도강(都綱)이 대표하였다. 송상은 동시에 온 것으로 판단할 수는 없지만 몇 개의 상단이 고려에 머물렀던 것이 확인된다. 예컨대 문종 9년 2월의 기록에 보면 한식(寒食)의 세서(歲序)가 있자 오빈관에서 송상 엽덕총(葉德寵) 등 87인에게, 영빈관(迎賓館)에서

---

39) 『고려사』권71, 악2 속악 예성강.
40) 『고려사』권7, 문종 9년 9월 신미.
41) 『고려사』권8, 문종 13년 8월 무진.
42) 『宋史』권487, 外國3 高麗.
43) 『고려사』권7, 문종 9년 2월 무신.
44) 『고려도경』권27, 館舍 客館.

황승(黃拯) 등 105인에게, 청하관(淸河館)에서 황조(黃助) 등 48인에게 연향을 베풀었다 하였다.[45] 의종 2년(1148) 8월에도 도강 곽영(郭英)·장화(莊華)·황세영(黃世英)·진성(陳誠)·임대유(林大有) 등 330명이 왔다고 기록하고 있다.[46]

송의 상인 혹은 그들을 따라 온 송의 진사는 고려인의 관상에 대해 알려주기도 하였다. 어려서 방탕하고 여색을 좋아하던 김경용에게 송상인이, "관상을 보건대 골격이 빼어나고 특이하여 반드시 부귀와 장수를 누릴 것이니 자중 자애하시오."라 하였다. 김경용은 실제 이로 말미암아 자못 자부심을 가졌으며 문하시중으로서 치사하기에 이르렀다 한다.[47] 이와 유사한 예는 송의 상인을 따라 왔던 진사 소상달(簫上達)이 코끼리의 눈을 가진 왕세경의 관상을 보고는 귀하게 될 것을 말해 준 데에서도 나타난다.[48] 이처럼 송의 상인 등이 고려인의 모습에 대해 관심을 가질 정도였다는 것은 그들이 적극적으로 고려와의 접촉을 시도하였음을 보여준다. 때문에 고려에서는 송 상인들에 대해 우호적 면을 많이 가졌을 것이다.

송상은 고려와 송의 관계에 있어서 여러 가지 중요한 역할을 맡았다. 선행 연구에서는 <송상왕래표(宋商往來表)>를 만들어 그 유형을 분석한 바 있다.[49] 이보다 앞서 고려에 온 송상 관련 사례와 확인 가능한 인원 수 및 추산치까지 제시된 바가 있다. 여기서는 135건의 사례와 확인 가능 인원 4,976명, 추산 7천명이 산출되었다.[50]

배를 이용하여 고려에 입국한 이들로 서역 대식국 상인도 확인된다.

45) 『고려사』 권7, 문종 9년 2월 무신.
46) 『고려사』 권17, 의종 2년 8월.
47) 『고려사』 권97, 金景庸.
48) 『고려사』 권99, 王世慶.
49) 李鎭漢, 『高麗時代 宋商往來 硏究』, 景仁文化社, 2011.
50) 朴玉杰, 「高麗來航 宋商人과 麗宋의 貿易政策」 『大東文化硏究』 32, 1997, 36~42쪽. 이 연구에 앞서서는 현종~충렬왕 초까지 260년 동안 120여 회 5,000명이 왔다고 추산된 바 있다(金庠基, 「麗宋貿易小考」 『震檀學報』 7, 1937).

『고려사』에서 이들은 세 차례 방문하였다. 현종 15년(1024) 9월 열라자(悅羅慈) 등 100인,[51] 현종 16년 9월 신사 만하(蠻夏)와 선라자(詵羅慈) 등 100인이 와서[52] 방물을 바쳤다. 그리고 정종 6년(1040) 11월 병인일에는 대식국 객상 보나합(保那盍) 등이 와서 수은·용치(龍齒)·점성향(占城香)·몰약·대소목 등을 바쳤고 이에 정종은 유사에 명하여 객관에서 후대하고 돌아갈 때 금백(金帛)을 하사하였다.[53] 정종 6년 11월 보나합 등 객상이 실제 온 것은 앞의 두 경우와 마찬가지로 9월일 가능성이 높으며, 이들은 객관에 묵다가 11월 보름인 팔관회에 참석하였을 것이다.[54] 대식국의 존재와 그 상인들의 이국적 모습 등은 고려사회에서 충분히 이목을 모았으며, 천하에 대한 인식이 넓어지는 계기도 제공했을 것이다.[55]

바닷길은 탐라도 이용하였다. 탐라에서는 태조 8년(925) 때부터 방물을 바쳤고, 태조 21년(938)에는 탐라국 태자 말로(末老)가 내조(來朝)하여 성주 왕자(星主王子)의 작위를 내린 바 있었다.[56] 이를 보면 탐라는 독립적 지위를 유지하면서 고려의 번국이 되었다 여겨진다. 그렇지만 현종 2년(1011) 9월 기록을 보면 탐라에서 주군례(州郡例)에 따라 주기(朱記)를 내려줄 것을 청하자 이를 허락하였다는 기사[57]를 고려하건대 탐라는 고려의 부속 도서

---

51) 『고려사』 권5, 현종 15년 9월.
52) 『고려사』 권5, 현종 16년 9월 신사.
53) 『고려사』 권6, 정종 6년 11월 병인.
54) 팔관회 때 송상과 동여진, 탐라 등이 참여하여 방물을 바치기 시작한 것은 정종 2년 11월부터였는데(『고려사』 권6, 정종 2년 11월 기축), 대식국 상인이 다양하고 많은 물품을 가지고 와 바친 것은 이러한 팔관회를 의식한 때문이었을 것이다.
55) 풍입송에서 '남만북적이 스스로 내조한다'라 한 것이 보인다. 물론 이때 표현된 남만과 이규보가 예성강 누각에서 아침에 배를 타고 나가면 한낮이 못되어 남만에 이른다라 한 내용에서의 남만은 다르다(『동국이상국전집』 권16, 고율시 又樓上觀潮 贈同寮金君). 이규보의 시에서 보이는 남만은 말 그대로 경상도나 전라도 남부 해안쪽으로 보아야 할 것이나 남만인은 얼굴이 검고 귀밑이 누렇다 한 용모 표기를 볼 때 남만에 대한 인식이 있었음을 알 수 있다(『동국이상국집』 권6, 고율시 十月二日 自江南入洛有作 示諸友生).
56) 『고려사』 권2, 태조 21년 12월.

가 되었다 할 수 있다. 이후 현종 10년 9월 중양절 때 송 및 탐라·흑수 여러 나라 사람이 저관(邸館)에서 연회를 즐겼다는 내용58)은 탐라가 해상 무역 등에 종사하고 있었고, 고려와는 다르다는 인식이 있었던 것임을 보여준다. 예컨대 문종 7년(1053) 2월에는 탐라국 왕자 수운나(殊雲那)가 그 아들 배융교위(陪戎校尉) 고물(古物) 등을 보내와서 우황·우각·우피·나육 (螺肉)·비자(榧子)·해조(海藻)·귀갑(龜甲) 등 물품을 바쳤으며 왕자를 중호장 군(中虎將軍)으로 삼고 공복(公服)·은대(銀帶)·채단(彩段)·약물(藥物)을 내렸 다.59) 또한 문종 9년 2월 기록을 보면 탐라국 수령 고한(高漢) 등 158인이 조종관(朝宗館)에서 한식날 연향을 받았다 하고 있다. 상단의 성격도 보이 고 있는 것이다.60)

이외에도 고려와 교역한 이들로는 흑수 및 일본 등도 있다. 이들은 송상이나 탐라 등과 더불어 팔관회 대회 때 예물과 명마를 바치고 있었 다.61) 다만 그들 역시도 객관 등에 머물면서 송상 등과 교역하거나 고려인 들과 여러 차원에서 교류 관계를 유지했으리라 여겨진다.

일본 상단은 수십 명에 달하였던 듯하다. 문종 27년(1073) 7월 동남해도 부서에서 아뢴 바를 보면 일본국인 왕칙정(王則貞)·송영년(松永年) 등 42인 이 와서 나전(螺鈿)과 안교(鞍橋) 및 수은, 나갑(螺甲) 등을 진상하려 한다고 보고하였다.62) 또 문종 29년(1075) 윤4월의 기록을 보면 일본상인 대강(大 江) 등 18인이 와 토물을 바쳤다 하고 있고, 선종 4년(1087) 3월과 7월 기록에서는 각기 32인, 40인 등이 확인된다. 특히 7월의 기록에서는 동남도 도부서가 이들 일본 대마도 원평 등이 와서 진주·수은·보도(寶刀)·우마를

---

57) 『고려사』 권4, 현종 2년 9월 을유.
58) 『고려사』 권4, 현종 10년 9월 임술.
59) 『고려사』 권7, 문종 7년 2월 정축.
60) 『고려사』 권7, 문종 9년 2월 무신.
61) 『고려사』 권9, 문종 27년 11월 신해.
62) 『고려사』 권9, 문종 27년 7월 병오.

바쳤다 하였다. 의종 원년(1147) 8월에는 일본 도강(都綱) 황중문(黃仲文) 등 21인이 왔다 하였다. 이처럼 진봉무역의 성격을 띤 일본 상인의 경우 그 인원은 많지 않았던 듯한데, 여기에는 양국 간의 협의가 반영되었다. 약간 뒷 시기의 기록이기는 하지만 원종 4년 4월의 기사에서 해적금지를 요청하는 첩문에 매년 진봉 1회에 선박은 2척을 넘지 않도록 하고 있기 때문이다.[63]

이들은 방물을 올리는 외에 불상을 조성하여 개경에 와서 문종의 만수무강을 빌었고,[64] 법나(法螺)와 해조(海藻) 등을 흥왕사에 시주하고 장수를 빌었다. 이 내용을 보면 일정 기간 객관 체류와 교역이 이루어졌음을 짐작할 수 있다.[65] 특히 일본국인이 팔관회에 참석하여 예물 등을 바쳤다는 내용은 이를 확인케 해준다. 의종은 송상 및 일본에서 진공한 완물(玩物)을 봉향리 이궁에 행차하여 연회를 베풀다가 하사한 바 있다.[66] 이 완물과 관련해『고려도경』에 일본에서 바친 것으로 금은으로 칠하여 장식하고 다시 그 나라의 산림·인마(人馬)·여자의 형상을 그린 화탑선(畵榻扇)이 소개되고 있어 참고할 수 있겠다.[67]

한편 동여진, 서여진, 동북여진, 흑수말갈에서도 고려에 방물을 바치고 의복이나 은명(銀皿), 필단(匹段) 등을 받아가 진봉무역의 성격을 보여준다. 내조와 그에 따른 사물(賜物)이 이를 뜻하였다. 이들의 인원 역시도 수십 인에 달하고 있는데, 현종 9년(1018) 3월에는 동여진의 아리고(阿梨古)와 서여진의 진릉거(眞淩渠) 등 백여 인이 와 방물을 바쳤고, 현종 11년 5월에는 흑수말갈 오두나(烏頭那) 등 70여 인이 왔다고 기록하고 있다. 문종 27년 7월 임인삭에는 유사에서 동북면병마사가 아뢴 바를 전하였는데, 지즐촌

---

63)『고려사』권25, 원종 4년 4월 갑인.
64)『고려사』권9, 문종 30년 10월 무술.
65)『고려사』권9, 문종 33년 11월 기사.
66)『고려사』권19, 의종 23년 정월 정해.
67)『고려도경』권29, 供帳2, 畵榻扇.

(支櫛村)·나발촌(那發村)·뇨와입촌(褭臥立村)·대신촌(大信村)·서호촌(西好村)·무주기촌(無主其村) 등 부락번장(部落蕃長)이 방물과 명마를 바치기를 요청한다 하자 이를 허락한 바 있다.[68]

여진인들이 들어올 때는 대체로 화주관(和州館)을 경유하였던 듯하다. 현종 원년 5월 갑신에 여진족 95인이 내조하고자 화주관에 이르렀다 한 것에서 짐작할 수 있다. 이들에 대해 고려는 교역을 인정하였고, 개경에 들어올 경우 역시 객관에 체류토록 허락하였다. 현종 10년 9월 임술일에 중양절을 맞아 저관(邸館)에 있는 송 및 탐라, 흑수 등 여러 나라 사람들에게 연향을 베풀었다는 기사가 있다.[69] 명칭은 다를 수 있으나 문종 5년(1051) 4월에 동여진 적수(賊首) 아골(阿骨) 등 77인이 광인관(廣仁館)에 구류되고 있었는데 이들을 방환토록 한 기록 속에서 광인관을 주목할 수 있다.[70] 예종 원년(1106) 2월의 기록에는 북로(北虜) 사팔(沙八) 등이 내조하자 이들을 신흥관(新興館)에 머무르게 하고 감시하게 한 데서도 신흥관이 나오고 있다.[71]

이들의 개경 체류 기간은 송상이나 탐라, 일본, 대식국 상인들보다 짧았다 여겨진다. 거리상으로나 안전을 위해서나 고려는 이들에 대해 예우해준다는 인식을 줄 정도만 허락했던 것이다. 체류 기간은 문종 35년(1081) 5월에 영식(永式)으로 정해졌다. 번인 내조자의 개경 체류를 15일로 제한하여 관에서 떠나도록 한 것이다.[72]

동번, 서번, 북번으로도 칭해지는 흑수와 여진 등과의 교역은 고려가 이들을 번으로 규정하고 관리하였으므로 진헌과 회사의 성격이 강하였다. 또 때로는 고려에 피해를 줄 수 있는 위험이 있으므로 이들에 대해서는

68) 『고려사』 권9, 문종 27년 7월 임인삭.
69) 『고려사』 권4, 현종 10년 9월 임술.
70) 『고려사』 권7, 문종 5년 4월 을미.
71) 『고려사』 권12, 예종 원년 2월 병자.
72) 『고려사』 권9, 문종 35년 5월 기축.

군관들로 하여금 그들을 지키게 하거나 감시하게 하였다. 그렇더라도
이들 추장은 수십 명의 인원과 함께 개경에 와서 고려 조정에 진헌하고
그에 따라 회사와 작위 등을 받아 돌아가거나 강제 혹은 자발적으로 체류할
수 있었다. 체류 시 그들과 고려의 교류 내용은 기록의 부족으로 분명히
알 수 없으나 적어도 고려인들이 그들에 대해 위덕(威德)과 혜화(惠和)를
베풂으로써 그들을 대하고자 하였으며, 그것은 이들의 내투로 이어져
고려의 정체성 형성에 일정부분 기여했을 것이라 여겨진다.

4. 내투와 정착

『고려사』의 기록에는 내투 용어가 자주 등장한다. 내부(來附), 내부(內附),
내조(來朝), 내헌(來獻), 내항(來降), 내(來), 내분(來奔), 귀부(歸附), 귀조(歸朝),
귀의(歸依), 귀화(歸化), 향국지인(向國之人) 등으로 표기되고도 있다. '귀화'
가 쓰이지 않은 데 대해 중국의 전통적인 화이사상과 덕치주의에 입각하여
덕화와 교화의 의미를 강하게 내포하고 있어 유교적 관념에 충실했던
역사서술자로서는 의식적으로 회피하였을 것이라 본 바 있다.[73] 사실
고려에 있어서 '내투(來投)'란 새로이 고려에 의해 거주지가 결정되고 고려
의 일반백성으로 편호(編戶)되는 과정 전반을 말한다. 고려에 의해 결정되
는 거주지란 고려 내지(內地)일 수도 또 별도의 기미주(羈縻州)일 수도 있었
다. 즉 내투란 이민족의 단순한 지리적 이동 이상에서의 고려 국적에

---

73) 전해종, 「歸化에 대한 小考」『白山學報』 13, 1972. 최근 李美智는 異國人 入境과 관련하여
  來獻·來朝·來投·來附를 중심으로 그 유형을 나누고 실상에 대해 파악한 바 있다.
  이를 통해 來獻·來朝·來投·來附에 대해 정의를 내리면서 고려가 입경에 대해 관용적
  태도를 취한 것이 왕조의 유지 존속에 기여할 수 있었고, 또 결과적으로 왕조의
  장기지속을 가능케 한 원동력이 되었을 것이라 결론을 맺은 바 있다(앞의 논문,
  2015).

편호되는 절차 전반에 이르는 행위로 귀화의 고려적 표현이라 할 수 있다.[74] 또한 내투는 기본적으로 이국인 혹은 국적이 없는 야인이 고려국왕의 덕화(德化)에 투탁하는 행위이기도 하였다.[75]

고려국적이 아닌 이의 내투 사례는 고려초부터 나타난다. 태조 2년(919)의 추언규(酋彦規)나 태조 6년의 박암 등 오월국 문사가 내투하여 정착한 것이나 광종 7년의 쌍기를 비롯해 천주 출신 채인범, 현종대 살았던 송 양주인인 유지성, 예종 7년에 온 송 동주(潼州) 출신의 임완, 송 복주 출신의 호종단, 송 개봉부인인 신안지 등 많은 한계(漢系)인이 고려로 내투하였다.[76] 의종 2년(1148) 장철을 비롯해 전반적으로 본다면 기록을 토대로 할 때 42회 155명이 확인된다. 이러한 현상은 중국 출신의 인재를 등용하여 활용할 수 있다는 점에서 긍정적이었다. 동시에 선진문물을 가져 흠모와 동경의 대상이 되었던 이들이 관직 등을 구하고자 고려로 내투하여 활동한 다는 것은 고려의 입장에서 성대(盛代)가 이루어짐을 보여주는 것으로 인식될 수 있었다.[77]

---

74) 박이순, 「高麗·唐·日本에 있어서의 '歸化(人)' 관련의 법 연구-일본의 養老律令을 중심으로」『한국민족문화』43, 2012.

75) 이미지, 앞의 논문, 2015, 82쪽.

76) 漢系 귀화인이라 칭하면서 이들 출신 관료의 仕官歷을 분석한 연구가 있다. 문한직, 빈객, 연향, 조회, 제향, 학교, 과거, 자문 등과 관련한 관력이 찾아져 고려의 예악문물 제도의 정비와 외교의례, 관계 정립에 큰 도움이 되었으리라 여겨진다. 이에 대한 연구로는 박옥걸, 앞의 책, 1996, 211~219쪽 참조. 박순우는 고려전기를 중심으로 漢人 인식과 내투 한인들의 행적에 대해 살펴보았는데, 그들에 대해 흠모 및 경모의식이 있는 한편으로 견제의식이 존재했지만 결국 이들은 다양한 관직으로 진출하여 고려중기 개혁정국과도 관련이 있었을 것이라 보았다(박순우, 「고려전기 정부의 한인(漢人)인식과 내투(來投) 한인들의 행적」『역사와 현실』84, 2012). 한편 이미 쌍기보다 앞서 고려에 투화하여 역할을 했던 이로 왕융을 주목할 수 있다. 그는 이미 광종 6년 후주에 大相의 지위를 띠고 진헌사로 간 바 있으며, 광종대부터 성종대까지 12차례나 지공거를 역임하였다. 그의 출신과 관련하여 '閩川에서 분연히 일어나 온 왕융'이라 한 비문 내용을 보건대 그 역시도 福建 출신 투화인이라 여겨진다(한국역사연구회 편, 『譯註 羅末麗初金石文』, 혜안, 1996, 「智谷寺眞觀禪師悟空塔碑」).

실제 다음 자료를 통해 확인해 보자.

나-① 유사에게 명하여 송의 투화인 장완(張琬)의 둔갑삼기법(遁甲三奇法)·
　　육임점(六壬占)을 시험하고 태사감후(太史監候)로 임명토록 하였다(『고
　　려사』 권8, 문종 11년 7월 임진).

나-② 초명은 완(完)이며 서송(西宋) 장주(漳州)인이다. 선화(宣和)·임진년에
　　상선을 따라 개경에 와 벼슬을 구하던 중 갑오년 과거에서 별사을과(別賜
　　乙科)로 급제하여 감문위록사(監門衛錄事)가 되었다(『고려묘지명집성』,
　　임광묘지명).

나-③ 본국의 문물예악은 한결같이 화제(華制)를 따랐으니 송국(宋國)으로
　　부터 내투하는 자는 대성(臺省), 정조(政曹)의 청요직(淸要職)에 허락하되
　　재주에 따라 탁용(擢用)하소서(『고려사절요』 권15, 고종 12년 12월).

나-①에 보이는 장완은 태사감후의 직책을 받았다. 이는 태사국의 종9품
벼슬로 풍운수한(風雲水旱)의 징후뿐만 아니라 풍수지리와 관련한 상지(相
地)에 대한 일 등을 맡는 직무였다. 나-②는 임광 즉 임완이 고려에 와서
과거를 보고 별사을과(別賜乙科)로 입격하였음을 보여주는 사례이다. 이와
같이 송 진사의 경우에는 대체로 시험을 거쳐 관직을 내렸음이 확인된다.
예종 원년(1106) 7월에는 중광전 서루에서 송인인 낭장 진양과 역관 진고·
유탄을 불러 무예를 시험하여 물품을 내린 사례가 보인다.[78]
　나-③은 고종 12년(1225) 최우가 고종에게 송에서 투화해오는 이들에

---

77) 박옥걸, 앞의 책, 1996, 33~36쪽 참조. 다만 王融의 사례나 鄭臣保의 사례 등이
　　있음을 본다면 그 회수나 인원은 더욱 늘어난다.
78) 『고려사』 권12, 예종 원년 7월 계축.

대한 탁용을 건의한 사례인데, 그 대상직을 대성과 정조의 청요직으로
제한하고 있다. 앞서의 인물들이 배치된 예빈성이나 태사국, 비서성과는
차이가 있다. 고려는 이처럼 시험과 탁용이라는 과정을 거쳤지만 송의
문물예악에 대한 존중의 입장을 가졌다.

송인들은 그 재예 등에 따라 벼슬과 직전, 저택 등을 받았으나 범죄를
저지를 경우 그 경중에 따라 고려 조정에서는 과감하게 그들을 귀국시키는
조치를 취하였다. 문종 25년(1071) 5월 헌사에서 예빈성주부 주항이 범장
(犯贓)하였다 하여 직전을 회수하고 돌려보낼 것을 아뢰자 이를 허락한
사례가 보인다.[79]

이처럼 고려의 예빈성에서는 내투자에 대한 심사를 진행하고 송의 문사
나 진사 등에 대한 시험을 주관하기도 하였다. 또한 내투한 송 출신인들은
상대적으로 고려의 우대를 받아 재예에 따라 예빈성이나 태사국, 비서성,
한림원 등에 주로 배치되었다. 다만 이들 송나라에서 내투하여 정착한
이들의 경우는 개성(改姓)하지 않은 채 이름만 바꾸고 있어 정체성을 유지
하고자 한 면을 읽을 수 있다.[80]

발해계는 태조 8년(925) 처음으로 내투한 사례가 보인다. 발해장군 신덕
등 5백인이 내투하였다는 것이다.[81] 이처럼 태조 8년부터 내투하기 시작한
발해계인들은 예종 12년(1117) 정월 발해인 52인 등이 해(奚)·한(漢)·거란·
숙여진 사람들과 함께 온 사례[82]에 이르기까지 최소 5만에서 최대 12만
명 이상이 되었다.[83] 이들의 정착지를 보면 일차적으로는 대광현이 지키게

---

79) 『고려사』 권8, 문종 25년 5월 무술.
80) 예컨대 鄭仁卿의 父인 鄭臣保는 남송 말 형부원외랑을 지내다 고려로 망명하였으며,
   본래 이름인 彪를 고쳤다. 그리고 그와 그의 후손들은 서산에 정착하였음이 확인된다.
   특히 고려의 서남해안은 송과의 사행과 교역로였으므로 송 출신인들이 정착한
   경우는 더 많을 것이다. 이에 대해서는 다음을 참조. 윤용혁, 「鄭仁卿家의 고려
   정착과 서산―고려시대 외국인의 귀화 정착 사례」 『역사와 담론』 48, 2007.
81) 『고려사』 권1, 태조 8년 9월 병신.
82) 『고려사』 권14, 예종 12년 정월 임진.

된 백주(白州)가 있으며, 이외 구체적으로는 표현되고 있지 않으나 강남주현(江南州縣), 남지(南地) 등이 확인된다. 경종 4년 수만의 발해인이 내투하였을 때는 일시에 이들을 여러 지역에 분산 안착시키는 것이 어려우므로 백주의 사례처럼 처리했을 가능성이 크다.

발해계인들이 내투한 당대에 어떠한 활약을 보인 사례는 거의 찾아지지 않는다. 그 후손으로 여겨지는 이들이 장군으로 활약한 사례가 보이는 정도이다. 예컨대 태조 때 내투하였다가 거란으로 들어가 장수로 활약한 고모한(高模翰)이 있으며, 대도수(大道秀), 대회덕(大懷德) 등은 현종 때 거란과 싸우다 투항하거나 전사하였다. 신종 때 공부시랑으로서 금에 사신으로 다녀온 대수정(大守正), 영순(永順) 대씨의 시조가 된 고종 때 대집성 등이 있다. 종합하면 발해계의 경우 고려와 같은 종족의식과 친연관계가 있었을 것임에도 불구하고 한계(漢系)인 송 출신인들과는 그 출사에 있어 차이가 있다.

한편 태조는 번인 수용을 위해 최소한의 접대를 제시하였다. 그들에 대해 태조가 가졌던 인식과 이후의 번인에 대한 정책을 보자.

다-① 북번인(北蕃人)은 인면수심(人面獸心)이라 굶주리면 왔다가 배부르면 간다. 이익되는 것을 보면 수치도 잊으며 비록 귀복하여 섬기겠다고는 하지만 향배(向背)에 일정함이 없다. 마땅히 그들이 지나다니는 주진에서는 성 밖에 관(館)을 지어 그들을 접대하도록 하라(『고려사』 권2, 태조 14년).

다-② 동북로 병마사가 아뢰기를, "여진 유원장군(柔遠將軍) 사이라(沙伊羅)가 수륙을 횡행하는 적의 두목 나불(羅弗) 등 494인을 꾀어서 데려와

83) 발해계 인물의 내투에 대해서는 박옥길, 앞의 책, 1996 참조.

화주관(和州館)에 도착하여 입조하기를 청합니다."라고 하였다(『고려사』 권6, 정종 9년 4월 무술).

다-③ 동여진 영새장군(寧塞將軍) 동불로(冬弗老)와 유원장군(柔遠將軍) 사이라(沙伊羅) 등이 화외(化外) 여진인 80인을 거느리고 내조하여 아뢰기를, "화외인(化外人)이 함부로 이리와 같은 마음을 품고 일찍이 변경을 소란스럽게 하였지만, 큰 가르침을 받은 뒤로 점차 전의 잘못을 고쳤습니다. 지금 수륙번장(水陸蕃將)을 이끌고 궁궐에 이르러 정성을 표하고자 하니 바라건대 변민(邊民)이 되게 해주십시오. 지금부터 늘 인근 도적들의 동정을 살펴서 보고하겠습니다."라고 하자, 왕이 가상히 여겨 특별히 금백(金帛)을 하사하고 등급을 올려주었다(『고려사』 권6, 정종 9년 9월 경신).

다-①은 태조가 재위 14년(931)에 유사에게 내린 조서에 반영된 내용이다. 즉 태조는 이들의 내투를 유도하면서도 그들 종족에 대한 인식은 '인면수심'의 차원에 있어 내투 유도에는 한계가 있었다. 이는 이미 강성한 정복국가로 성장한 거란에 대해서도 마찬가지였다. 금수의 나라라 본 것이다.[84] 다-②의 기록에 나타난 화주관 관련 내용을 볼 때 태조가 번인에 대해 축관(築館)하여 접대토록 한 조치가 이루어지고 있음이 확인된다.

그런데 이미 다-②의 기록에 앞서 기미주가 있었음을 주목할 필요가 있다. 정종 4년(1038) 5월 동계병마사의 보고에 등장하는 위계주(威鷄州) 여진인 구둔(仇屯), 고도화(高刀化) 등이 그들의 도령장군(都領將軍) 개로(開老)를 때려 죽였다는 기사에서 위계주가 있다.[85]

위계주 여진인 등 제화외인(諸化外人)에 대한 조치가 본격적으로 전개되

84) 『고려사』 권2, 태조 26년 4월.
85) 『고려사』 권84, 형법1 살상.

는 계기는 덕종대부터 추진된 장성 축조로 인해서였다. 덕종은 유소로 하여금 북변장성을 축조케 하였고, 정종 10년과 문종 9년에 이르러 최종 정비되었다. 위원(威遠)·흥화·정주(靜州)·영해(寧海)·영덕(寧德)·영삭(寧朔)· 운주(雲州)·안수(安水)·청새(淸塞)·평로(平虜)·영원(寧遠)·정융(定戎)·맹주(孟州)·삭주 등 14성을 거쳐 화주에 연결되는 성이 만들어졌고, 이어 장주(長州) 와 정주(定州) 및 원흥진에도 축성케 하였으며, 최종적으로는 선덕진에 축성하여 이를 도련포까지 연장하였던 것이다.[86]

장성이라는 관방시설의 축조는 영토로서의 경계선의 의미를 넘어서 교화와 야만이라는 문화적 경계선으로서의 의미도 내포하고 있었다. 정종 4년 위계주 여진인 구둔, 고도화 사건을 둘러싼 서눌과 황주량의 인식과 법 적용의 충돌은 문화적 경계선에 대한 이해차이를 드러낸 것이었지만 동시에 여진인들 스스로도 영토와 문화적 경계선 구분에 이중적으로 접근 하여 실리를 찾는 방향으로만 이를 해석하고자 한 면이 있었다.

이처럼 태조 이후 고려의 북방 경영은 북진과 그에 따른 진수를 전개하여 변방을 안정시키고, 위덕(威德)을 통해 번인의 내투를 유도하여 내투 번인 에 대한 물품 및 관작의 하사 등과 함께 객관을 설치 운영함으로써 번인을 관리하는데 있었음을 알 수 있다. 이는 다-③의 기사를 통해 더욱 분명해진 다. 이후 여진 추장에게 장군직으로는 귀덕(歸德)·회화(懷化)·영새·유원·봉 국(奉國)·도령(都領) 등이 내려졌고, 대장군직으로는 봉국대장군(奉國大將 軍)·회화대장군(懷化大將軍)·유원대장군(柔遠大將軍)·귀덕대장군(歸德大將 軍) 등이 주어졌다. 이를 내린 목적은 다-③에서 언급되듯이 화외번인의 변민으로의 유도이자 변강인구(邊疆隣寇)를 회유 혹은 그 동정을 살펴 보고 하게 하는 것이었다.

이처럼 고려의 관방(關防)내외에 부적(附籍)된 여진인들은 화외인으로서

---

86) 『고려사』 권82, 병2 城堡. 이에 대한 정리는 최규성, 「북방민족과의 관계」 『신편한국사 15』, 국사편찬위원회, 2003, 317~318쪽 참조.

인면수심으로 분류되었었으나 화내번인으로서 관작을 받았고,[87] 이들이 살던 지역은 기미주가 되어 주기(朱記)를 받았다. 나아가 관작을 받았던 이들은 문종 27년(1073) 2월 기록을 참고하면 고려로부터 다시 기미주로서의 행정명칭과 함께 성명 및 작위까지도 받았다.[88] 동북변 15주 외번인의 귀부가 이루어진 후 같은 해 9월에는 동여진 대란(大蘭) 등 11개 촌이 내부(內附)하여 고려의 군현이 되길 바라는 일로 확대되었다. 당시의 조치를 보면, 이들 11개 촌을 각기 빈(濱)·리(利)·복(福)·항(恒)·서(舒)·습(濕)·민(閩)·대(戴)·경(敬)·부(付)·완(宛) 등 11개 주로 삼고 각각 주기를 내려주어 귀순주에 예속케 하였다.[89]

여진의 경우 이처럼 부락 단위로 고려에 내부하여 고려의 군현에 편입되길 원하였고, 고려는 이들에 대해 간접통치 방식인 기미주 체제로 포섭하였다. 나아가 문종은 이들의 내부와 기미주 설치 등과 관련해 종묘사직에 이를 고유하여 여진인들의 내부가 갖는 의의를 더욱 공고히 해 나갔다.[90] 이들을 종합하면 덕종 이후 관방설치를 계기로 더욱 정비된 여진 내투 정책은 기미주 편제를 원칙으로 번호 편적과 주 호칭 제정, 주기 사여 등을 통해 전개되었으며, 대규모 기미주 편제가 있던 문종 27년의 경우에는 종묘사직에 관련 사실을 고유함으로써 성대(盛代)를 이루었음을 알렸다.

---

87) 여기서 關防의 기준은 덕종 2년부터 정종 10년까지 구축된 장성이 그 중심이 되었을 것이다. 이와 관련한 기미주 설치와 관련한 연구로는 다음을 참조. 송용덕, 「고려의 一字名 羈縻州 편제와 尹瓘 축성」 『한국중세사연구』 32, 2012, 279~283쪽 ; 김유나, 「고려 전기 북계민(北界民)의 형성과 그 집단의식」 『역사와 현실』 96, 2015, 192~193쪽. 化內蕃人에 대해 박경안은 화내 및 화외의 구분은 關防을 기준으로 하며 자국의 관방내에 부적되면 화내번인이라고 보아 참조가 된다(앞의 논문, 2015, 252~253쪽).

88) 『고려사』 권9, 문종 27년 2월 을미.

89) 『고려사』 권9, 문종 27년 9월 갑진. 이 같은 一字名 기미주 편제에 대해 송용덕은 여진 부락의 동향에 따라 가변적이었지만 기본 방향은 고려 내지에 설치된 州의 명칭처럼 一字 州名을 적용하여 명목상 고려의 내지 군현처럼 대우하려 한 방안이라 해석한 바 있다(앞의 논문, 2012).

90) 최규성, 앞의 논문, 2003.

기미주 체제로 번을 두면서도 고려는 내투한 일부 여진인이나 거란인, 일본인 등을 여러 주현에 이주→ 편적→ 정착토록 하는 과정을 취하였다. 이는 귀화에 해당하는 것이었는데, 문종 35년(1081) 8월의 기록을 보면 이에 대한 중요한 기준이 보인다.

즉, 서여진의 만두(漫豆) 등 17인이 가족을 거느리고 내투하자, 예빈성에 서 구제(舊制)를 들어 고려 변방민으로서 번적에게 납치되었다가 스스로 돌아온 자, 송나라 사람으로서 재예가 있는 자가 자격 요건을 갖춘 경우 받아들이지만 흑수여진은 허락지 않았다 하였다.[91] 여기서 구제의 기준이 언제인지 확정하기는 어렵다. 그렇지만 이 같은 자격 요건이 있었다는 점과 함께 그 자격 조건을 지키고자 한 분위기를 알 수 있다. 반면 예빈성 수장이라 할 수 있는 예부상서 노단(盧旦)은 예빈성의 의견과는 달리 만두 등 서여진인들이 '모의(慕義)'하여 온 것을 높이 평가하였다. 이에 이들을 산남(山南) 주현에 거처하여 편호로 삼을 것을 아뢰어 행해졌다. 사실 이보 다 2년 앞서서도 문종 33년(1079) 4월에 동북면의 여진 야읍간(耶邑幹)이 문종 31년 정사년에 향화내투하여 영남에 살고 있는 부모친속을 따라 살길 원하자 이를 허락한 바 있었다.[92]

이러한 내용을 고려한다면 번-기미주로서가 아닌 가호 단위로 내투- 투화를 원하는 이들에 대해서는 귀화명분을 확인하는 절차가 있었던 듯하 다. 귀화명분과 관련하여 몇 가지 내용이 확인된다. 변방을 지키는데 공을 세우겠다[청효변공(請效邊功)],[93] 의를 사모하여 왔다[모의이래(慕義而

---

91) 『고려사』 권9, 문종 35년 8월 기미.

92) 『고려사』 권9, 문종 33년 4월 기유. 이미 목종 2년 10월 기록을 보면, 일본인 道要彌刀 등 20호가 내투하자 利川郡에 거처하도록 하고 編戶하였다 하였고(『고려사』 권3, 목종 2년 10월), 靖宗 6년 10월의 기록을 보더라도 서북여진 仍化老 등 13명이 내투하자 充兆에게 명해 課戶로 삼도록 한 바 있는 것(『고려사』 권6, 정종 6년 10월 갑신) 등을 보면, 예빈성에서의 구제 운운한 내용에 대해 단순 착오인지 혹은 종족에 따라 달리한 바가 있던 것인지를 감안해서 이해하여야 할 듯하다.

93) 『고려사』 권4, 현종 8년 8월 을유.

來)],94) 왕화(王化)를 흠모하여 귀화한 부모친속에 대한 효를 다하기 위해
[향화내투(向化來投)],95) 덕화를 흠모하여 신복이 된 지 여러 해가 되었다[모
화신복유년의(慕化臣服有年矣)]96) 등 대체로 모의와 향화를 언급하고 있
는 것이다.

동서여진인들이나 거란인 등이 가호 단위로 내투하는 경우 고려에서는
이들의 거처를 정해주었다. 그리고 편호 부적(附籍)하여 농업에 종사시키
거나 기타 잡희 혹은 공역 등에 힘쓰게 하였던 듯하다. 거처의 경우 선행
연구에서는 크게 개경이나, 살던 지역 혹은 원 거주지에서 멀리 떨어지지
않은 곳에 거처를 정하게 하였고, 마지막으로는 특정지역에 머무르게
한 유형으로 나눈 바 있다.97)

대체로 동계·동번 등 기미주가 아닌 경우 거란이나 여진, 일본인 등을
거처토록 한 곳은 강남(江南)·강남주현(江南州縣)·남계주현(南界州縣)·산남
주현(山南州縣)·산남원지(山南遠地)·영남(嶺南)·남경기내(南京圻內)·내지(內
地)·이천군(利川郡) 등이었다. 거란 투화인은 평상시 집단이 아닌 분산 거처
를 하였지만 그들의 가무와 잡희를 연희하면서 향수를 달랜 면도 확인된다.
예종 12년(1117) 8월 남경 행차 때 거란 투화인의 가무잡희 공연이 보이기
때문이다.98) 물론 이외에도 거란 포로들이 농사를 지으며 산 거란장(契丹場)
이 있기는 하나 이는 포로의 경우이므로 특수한 사례에 속한다.99)

이렇게 본다면 여진 혹은 거란인 등의 내투와 귀화에 대해 고려에서는
일차로 화주관(和州館)에서처럼 혹은 임시적 성격이 있기는 하나 순주 귀화

---

94) 『고려사』 권9, 문종 35년 8월 기미.
95) 『고려사』 권9, 문종 33년 4월 기유.
96) 『고려사』 권6, 정종 10년 11월 계미.
97) 박옥걸, 앞의 논문, 2002.
98) 『고려사』 권14, 예종 12년 8월 정묘.
99) 예컨대 趙冲은 강동성으로 들어왔던 거란 포로들을 각 주현에 나누어 보내 閑廣地에
   거처케 하면서 田土를 주어 농사를 짓는 백성으로 삼으니 속칭 이를 거란장이라
   부른다라고 한 기록이 보인다(『고려사』 권103, 金就礪).

소에서처럼 일차 머무르게 하였다. 그리고 변방에서 이를 요청하고 동계병마사 혹은 동북면병마사, 서북면병마사가 조정에 아뢰면 예빈성은 관련 내용을 검토하여 올리고 국왕은 예부상서를 중심으로 이에 대해 최종 결정을 내렸던 것으로 보인다. 이에 여진의 경우는 거란으로부터 받은 관작을 버리고 고려의 관작을 받으면서 충성을 맹세하였다. 동시에 집단 혹은 기미주로의 편입을 요구할 경우 이를 긍정적으로 수용하여 동계나 북계, 서계 등에 관련 시설 및 지역을 두었다. 특정 지역일 경우 개경이나 강남주현, 영남 등지에 나누어 거처하게 하였는데, 구체적인 행정지역명이 적시되지 않거나 거란장으로 표시된 것은 거란 혹은 금과의 관계에 있어 소환요구 및 조사에 대비한 차원도 있었지 않을까 한다. 반면 일본인의 경우는 이천군 등으로 비교적 구체적으로 기록하고 있다.

5. 혜화(惠和)와 해동천하

여기서는 앞서 살펴보았듯이 고려가 사신과 상인 등의 이방인, 그리고 내투해오는 귀화인 및 번인들을 받아들이면서 이를 어떻게 고려의 정체성 형성에 반영하였는가를 살펴보고자 한다. 고려는 기본적으로 여러 가지 목적으로 들어오려는 이들에 대해 '오는 사람들은 거부하지 않고 후하게 대우했다[내자부거 대지이후(來者不拒 待之以厚)]'. 이는 이방인과 귀화인 에 대해 태조가 언급한 '중폐비사(重幣卑辭)' 정책에서부터 그 단초를 찾을 수 있다. 태조가 즉위 초 단사(單使)를 분견(分遣)하여 중폐비사로서 혜화(惠 和)의 뜻을 보이고자 했고, 이로 인해 많은 귀부자가 나왔다는 기록이 이를 말해준다.[100]

---

100) 『고려사』 권1, 태조 원년 8월 기유.

태조는 혜화만이 아니라 위덕을 갖추어 주변국의 관심을 모았다.[101] 위덕은 구체적 내용 표현이라기보다는 추상적 면이 크다. 그렇기는 하나 상대적으로 지위가 높은 이가 가진 여러 위세나 덕행 등이 합쳐져 지칭할 수 있는 말에 해당한다. 때문에 국제관계에서 이해되는 위덕은 상국의 입장에서 베풀 수 있는 덕목에 해당한다 할 수 있다. 이처럼 위덕은 혜화와 더불어 내투를 바라는 이들이 모의(慕義)·모화(慕化)하여 올 수 있는 계기를 제공하는 것이었다. 예컨대 신라의 선필(善弼)이 태조의 위덕을 보고서 마침내 귀의하였다는 내용이 확인된다.[102]

이처럼 태조가 행한 혜화와 위덕의 덕목은 후대 왕들에 의해 폭넓게 베풀어졌다. 그것은 앞서 살펴본 바 내투인들에 대한 정책을 통해 확인된다. 이와 더불어 책봉과 절일축하, 횡선, 문물교류라는 성격 등으로 오는 송·요·금의 사신단과의 교류, 사방 상인단의 방문과 교역, 혜화와 위덕을 바탕으로 한 내투인의 다양화와 증가는 고려의 문화적 자신감을 높이고 나아가 영토 확대 및 안정이라는 면에 기여하였다. 이를 바탕으로 고려는 자국의 문화를 새롭게 정립해 나갔다.

먼저 고려 태조는 중국의 문물예악 등으로 상징되는 당풍과 다른 고려의 것이 있음을 언급하였고,[103] 최승로는 화하의 제도와 다른 토풍도 따를 필요가 있음을 상서하였다.[104] 이지백도 화풍을 즐겨 따른 성종의 정치에

---

101) 예컨대 태조 16년 후당에서는 權知高麗國王事 태조를 高麗國王으로 책봉하면서 五族의 강한 우두머리를 통합하고 삼한의 영토를 지배하고 있음을 언급하였다[統五族之強宗 控三韓之奧壤]. 또한 朱蒙을 계승하여 君長이 되고, 箕子가 蕃國을 열어 다스린 것처럼 惠和를 펼치고 있다 하였다. 이 같은 후당 책봉 조서에 나타난 태조 왕건의 군주상은 다소 수사적 성격이 있기는 하나 威德과 惠和, 禮義와 尙武 등이 열거된 점을 고려하면 태조와 고려의 위상에 대해 적극적인 평가를 한 위에서 나온 것이라 여겨진다(『고려사』 권2, 태조 16년 3월 신사).

102) 『고려사』 권92, 王順式 附 善弼.

103) 『고려사』 권2, 태조 26년 4월.

104) 『고려사』 권93, 崔承老.

대해 선왕(先王)이 정한 연등·팔관·선랑 등 행사를 다시 행할 것을 청하였다.[105] 나아가 임완은 인종이 재변에 따라 구언하는 조서를 내리자 요·순·우·탕·문·무·성·강의 정치를 언급하면서도 태조의 유훈과 문종의 구전(舊典)을 행하여 개혁하여야 함을 주장하였다.[106] 이 같은 언급은 고려의 문화에 대한 인식을 보여주는 면이 있다. 특히 태조와 문종의 정치 및 토풍은 고려가 어디에 정체성을 두어야 하는지에 대한 방향성을 제시해준다.

그에 대해 접근하기 위해 다른 나라가 본 혹은 스스로 인식한 정체성 이해와 관련한 내용을 검토할 필요가 있다. 먼저 당에서는 삼국을 '해동삼국(海東三國)'이라 하였고, 『신당서』에서는 발해에 대하여 '해동성국'이라 칭하여 그 발전상을 압축 표현하였다. 황해를 중심으로 한 해동 인식은 고려 건국 이후 천자가 다스리는 해동천하의식으로 보다 구체화되었다. 선행 연구에서는 이와 관련해 '천명(天命)'의식에 근거한 천자가 다스리는 나라로서 왕건의 삼한일통 과정에서 천명되었던 천하가 해동천하의 원형이 되었다 보았다.[107] 그리고 국왕은 「풍입송」에서 분명하게 나타나듯 '해동천자'로서 '당금제(當今帝)'라 지칭된 것이 확인된다.[108] 속악에서의 표현이기는 하나 고려=해동은 천자가 다스리는 천하로 제시된 것이다.[109]

이러한 해동천하의 다스림이 어떻게 표현되었는가를 보자. 같은 「풍입송」의 구절을 보면, "외국에서 친히 다투어 달려와 귀의하여 사방 변경이 평안하고 깨끗해져 전쟁이 없는", "사해가 태평하고 덕이 있으며", "변경과

---

105) 『고려사』 권94, 徐熙.
106) 『고려사』 권98, 林完.
107) 추명엽, 앞의 논문, 2005.
108) 『고려사』 권71, 악2 속악 風入松.
109) 해동천자론 혹은 해동천하는 심사자가 언급한 바 "고려의 해동천자론은 중국왕조에 대한 사대를 전제로 한, 상대적 중화론"임을 부인하기 어렵다. 그러나 송 중심 체제를 선택하고 유교정치문화를 선진문물로 수용하고 있던 사회에서 다른 이해를 제시하기 마땅치 않으므로 현재로서는 이 같은 관점을 유지하고자 한다.

조정에는 다툼이 없어", "남만북적이 스스로 내조하여 백보(百寶)를 우리 조정[천지(天墀)]에 바치네"라 하고 있다. 「해동금일사(海東今日詞)」에서는 "해동 금일은 태평천(太平天)"이라 하였고, 「북폭동완사(北暴東頑詞)」에서는 "북포(北暴)와 동완(東頑)이 성심으로 복종하고 모의(慕義)하여 다투어 찾아오네."라 하고 있다.110) 여기서 북포는 북쪽의 강포한 족속으로서 흑수말갈 등을, 동완은 동쪽의 완악한 백성으로 여진을 지칭한 것으로 여겨진다. 「수연장(壽延長)」에서는 "만방이 귀순하여 와서 공수(拱手)하고"라 하였다. 이들 가사를 본다면 신성과 성덕이 있는 천자가 다스리는 해동천하는 태평성대가 이루어져 외국과 남만북적이 다투어 내조하고, 북포·동완이 모의하여 성심으로 복종하는 천하라 할 수 있다. 만방의 귀순 등 표현을 본다면 다분히 왕조에 대한 찬가로서의 성격을 가지고는 있지만 그만큼 고려가 다스리는 천하에 대한 자긍심이 읽혀진다.

이와 연결된 이제현의 문종 시대에 대한 사평을 보자.

> 송은 매번 포상하는 글[명(命)]을 보냈으며, 요는 해마다 경수(慶壽)의 예를 행하였다. 동쪽 왜는 바다를 건너 보물을 헌상하였고, 북맥(北貊)은 관문을 두드려 토지를 받아 살았다. 그러한 까닭에 임완은 (문종을) 우리나라의 현성한 군주라고 하였다(『고려사』 권9, 이제현 찬).

위에 나타난 바처럼 문종대의 정치를 본 이제현은 송과 요, 동왜와 북맥이 다양한 방식으로 문종대의 태평성대를 축하하고 있음을 기록하였다. 이 사찬의 내용은 「풍입송」 및 「해동금일사」·「북포동완사」·「수연장」 등의 노래를 통해 태평천하를 이룬 문종대의 해동천하를 칭송하고 있다 보여질 정도이다.

---

110) 『고려사』 권71, 악2 당악 헌선도.

그렇다면 송이 포상하고 요가 경수의 예를 취하며, 남만북적 및 동왜가 모의하여 진헌·내투하는 해동천하의 내용은 무엇일까?

주지하듯이 북포·동완과 남만·북적의 내투의 명분은 상징적 면이 크기는 하지만 모의에 있었다. 상투적 표현이라고는 하나 '모의'의 '의'에는 의리명분, 대의, 교화 등의 의미가 담겨 있었다. 따라서 북포동완과 남만북적, 동완과 동왜가 찾는 고려는 현성한 군주에 의한 교화가 이루어져 내투하여 정착할 수 있는 곳이라는 의미를 가졌던 것이다.

이와 상대적으로 송에서는 어떻게 보았는가를 살펴보자. 먼저 송의 강남 천주 출신인 채인범 묘지명에서는 고려에 대해 백이(伯夷)의 옛 땅, 기자(箕子)의 옛 터, 공자가 살고자 한 곳, 서복이 와서 돌아가지 않은 곳으로서 철인군자(哲人君子)가 오르고자 하는 곳이라 표현하고 있다.[111] 송 태종은 성종 원년에 조서를 보내 고려에 대해 "예악과 시서의 도를 익히고 나라의 안위와 이난(理亂)의 틀을 잘 아는" 나라로 묘사하였다.[112] 성종 4년(985) 5월에 보낸 왕을 가책하는 조서에서는 고려를 '서계는 같은 문자를 사용하고, 의관(衣冠)은 추로(鄒魯)의 맵시를 따른다[서계동문 의관습추로지용(書契同文 衣冠襲鄒魯之容)]'고 하여 동문(同文)의 나라라 하였다.[113]

여기서의 '동문'이 무엇을 뜻하는 것인지에 대해서는 서긍의 『고려도경』에 잘 정리되어 있다. 서긍은 정삭(正朔)은 천하의 다스림을 통일하기 위한 것이며, 유학은 천하의 교화를 아름답게 하기 위한 것, 악률은 천하의

---

111) 金龍善 편, 『高麗墓誌銘集成(5판)』, 한림대학교출판부, 2012, 「蔡仁範 墓誌銘」.
112) 『고려사』 권3, 성종 원년.
113) 『고려사』 권3, 성종 4년 5월. 인종 8년 4월. 송에서 보낸 조서에서는 "생각하건대 왕은 면면히 이어온 왕업을 받은 이래 일찍부터 同文의 문물을 누리니 이에 사신을 보내 문후하고 바라건대 공손스럽게 공물을 보내 修交하려 한다."라 하였다(『고려사』 권16, 인종 8년 4월 갑술). 본래 同文은 『中庸』 28장에 "今天下 車同軌 書同文 行同倫"이라 한 데서 개념화되어 軌·文·倫 세 가지가 같음은 천하가 통일되었음을 뜻하는 것이었으나 여기서의 동문은 같은 예악문물을 누리고 있음을 뜻하는 것이라 여겨진다.

조화를 이끌기 위한 것, 도량형은 천하의 공정함을 보이기 위한 것이라 하면서 이 네 가지가 천하를 다스리는 절목이라 하였다. 나아가서는 고려가 정삭을 받고 유학을 받들며 음악은 조화롭고 도량형은 제도가 같다고 지적하였다. 때문에 서긍은 고려의 정삭·유학·악률·도량 가운데 중국과 같은 것을 조목으로 만들어 동문기(同文記)를 작성하고자 했음을 밝혔다.[114] 그리고 이어서는 고려의 정삭과 유학, 악률, 도량에 대해 같은 점과 차이점 등에 대해 지적하여 송과 고려의 동문 이해를 정리하였다.[115]

서긍이 지적한 4절목의 동문은 고려 스스로 당풍·화풍·화하지제(華夏之制)를 수용하는 한편 토풍을 유지한 결과였다. 때문에 이보다 앞서 고려 스스로 해동천하라는 의식을 가질 수 있었고, 그것은 달리 '군자의 나래[군자지방(君子之邦)]'로 자임하는 면으로 나타나기도 하였다. 문종 6년(1052) 6월 무인에 송 진사 장정을 비서교서랑으로 임명하고 내린 교서에 인재가 찾아온 기쁨을 표현하면서 문종 스스로 이를 언급하였던 것이다.[116] 이후 송의 신종 역시도 고려와 통하기 위한 차원에서 언급한 것이라 여겨지기는 하지만 고려를 '군자지국(君子之國)'이라 언급한 바 있다.[117] 문종 26년 6월 송나라에 사신으로 갔던 김제가 송의 신종이 보낸 5통의 칙서를 가지고 왔는데, 여기서도 고려를 '예의지국(禮義之國)'이라 지칭하였다. 김제가 칙서를 바치자 이에 대해 송이 고려를 특별히 대하는 정성을 기록으로 남긴 것이 보인다. 즉 송이 고려를 상문(尙文)하는 나라로 여겨 매번 조서를 내릴 때 반드시 사신(詞臣)을 선발하여 찬술하게 하여 잘 지은 것을 선택하고 사신과 서장관도 반드시 중서성으로 불러 문장을 시험하고서야 보냈다 한 것이다.[118]

---

114) 『고려도경』 권40, 同文.
115) 『고려도경』 권40, 同文 正朔, 儒學, 樂律, 權量.
116) 『고려사』 권7, 문종 6년 6월 무인.
117) 『고려사』 권8, 문종 22년 7월 신사.
118) 『고려사』 권9, 문종 26년 6월 갑술. 이처럼 송은 고려에 대해 후대하여 國信 관계를

고려로 온 이들에 대해서는 그 인식과 처우 등이 달랐다. 주지하듯이 동문의 인식에 반영된 것은 같은 예악문물을 가지고 있느냐는 면이었다. 때문에 예의의 나라, 군자의 나라 등의 표현이 나올 수 있었다. 다만 이에 따라 한계(漢系) 귀화인에 대한 처우는 선진문물을 가진 동문으로 보았고, 이들에 대해서는 "본국의 문물예악은 한결같이 화제(華制)를 따랐으니 송국(宋國)으로부터 내투하는 자는 대성, 장조의 청요직에 허락하되 재주에 따라 탁용하소서."라 한 데에서[119] 나타나듯 재주에 따라 탁용하되 청요직 등에 이르기까지 모두 허락되고 있었다.

그렇지 않은 경우 발해인은 동류,[120] 여진인 등은 이류(異類)로 취급하였다. 정종 4년(1038) 5월 시중 서눌이 위계주 여진인에 대해 이류라 칭하고 귀화하여 번병이 되었더라도 인면수심이라 사리를 알지 못한다는 내사시랑 황주량의 이해는 이를 뜻하였다.[121] 하지만 발해나 여진, 거란, 탐라

맺었다. 그러나 『文獻通考』를 찬한 馬端臨은 고려가 송을 사대한 것은 화풍을 흠모하고 조공과 回賜의 이익이 있어서이며, 송이 고려를 대한 것은 대개 태평성대였음을 꾸미기 위한 것으로 이해한바 있다(『文獻通考』 권325, 四裔考2 高句麗, "高麗之臣事中朝也 盖欲慕華風而利歲賜耳 中國之招來高麗也 盖欲柔遠人以飾太平耳").

119) 『고려사절요』 권15, 고종 12년 12월.

120) 태조는 후진 고조에게 胡僧 襪囉를 통해 발해와 고려가 혼인한 사이라 언급하면서 후진과 힘을 합쳐 거란을 쳐 발해왕을 구하고자 한다는 밀지를 전한 바 있다(『資治通鑑』 권285, 後晉紀 齊王 開運 2年 10월 ; 11월). 실제 혼인한 부분은 태조대 고려에 내투하였다가 거란으로 들어가 거란 태조 및 태종의 지우를 받아 명장이 된 高模翰으로 확인된다. "高模翰 一名松 渤海人 有膂力善騎射好兵談 初太祖平渤海 模翰避地高麗 王妻以女 因罪亡歸"(『遼史』 권76, 高模翰). 이를 보면 태조 왕건은 발해계와 혼인을 통해 동류 의식을 강화하고자 하였던 듯하나 고모한의 사태 이후 일정한 거리를 두어 발해계를 북방 군사 분야를 중심으로 그 역할을 맡긴 것이 아닌가 한다.

121) 『고려사』 권84, 형법1 殺傷. 발해에 대해 同類로 보고 거란과 여진에 대해서는 異類로 보아 차등화한 연구가 있어 주목된다. 이효형은 고려의 북방에 대한 인식을 연구하면서 발해·거란·여진에 대해 同類와 異類로 구분하였다. 다만 여진은 거란과는 달리 函普의 출자가 고려라는 것과 父母之國-女眞渤海本同一家 등을 토대로 볼 때 고려는 여진에 대해 발해와도 거란과도 다른 異類로 본 측면이 있다 하였다(「高麗前期의 北方認識」, 『지역과 역사』 19, 2006). 김순자는 거란에 대한 인식과 관련해 처음에는 금수론적 거란관이었지만 993년 고려-거란 강화 후 정교하고 화려했던 거란 문화

출신에 대해 차별은 고려의 영토 내에서 국왕의 교화를 통해 통합될 여지가 있는 것이었다. 그렇다면 고려는 어떠한 방식으로 이들에 대한 통합 노력을 기하였고 이를 상징화했을까?

주지하듯 태조는 천명의식을 표방하여 고려를 세웠고, 팔관회를 통해서는 천령(天靈) 및 오악·명산·대천·용신을 섬기면서 군신동락을 꾀하였다. 연등회를 통해서는 부처의 가호에 대해 등공양을 행하여 감사를 올렸다. 특히 태조가 팔관회에서 용신을 언급하고 이후 연등회 때 봉은사 태조 진전에서 태조를 섬기는 의례를 행하면서 태조의 혈통은 '용손(龍孫)'으로 신성화되었다.[122] 매 해 6월 15일 국왕의 보살계 수계가 이루어지면서 부처의 가호를 받는 데 대한 인식도 강화되었다.[123] 여기에 소중화라 일컬을 만큼 송과 같은 동문의 예악문물이 갖춰지고 탐라나 철리국과 같이 상표(上表)하는 제후국을 두었으며, 기미주로서 번 체제를 운영한 것이 확인된다. 이에 고려는 「풍입송」에서 노래하고 있듯이 "해동천자는 지금의 황제라 부처와 하늘이 도와 교화를 펴매 세상이 다스려지도다[해동천자당금제 불보천조부화래 이세(海東天子當今帝 佛補天助敷化來 理世)]"[124] 라 할 수 있었다. 그리고 해동천자로서 해동천하를 부처와 천령·용신 등의 도움으로 교화하는 내용이 중동팔관회에서 총체적으로 확인되었던

인식이 성립되었다 보았으며, 여진에 대해서는 금수론적 인식과 기미의 대상으로서 이적시 했지만 고려-금의 국교가 수립되면서는 금의 실체를 인정하였음을 정리하였다. 사대를 하면서도 고려는 거란과 금에 대해 中華라 하기 보다는 '遼主[契丹主]', '金主'라 하는 한편 송에 대해서는 중화라 인식하였지만 절대화하지 않았음을 주장한 바 있다(「고려전기의 거란[遼], 여진[金]에 대한 인식」, 『한국중세사연구』 26, 2009).

122) 이에 대해서는 다음을 참조. 한정수, 「高麗 太祖代 八關會 설행과 그 의미」 『대동문화연구』 86, 2014 ; 이정란, 「高麗 王家의 龍孫意識과 왕권의 변동」 『한국사학보』 55, 2014.

123) 한정수, 「고려시대 태조 追慕儀의 양상과 崇拜」 『사학연구』 107, 2012 ; 「고려시대 국왕 '菩薩戒'와 6월 15일 受戒의 의미」 『歷史學報』 220, 2013.

124) 문장의 끊어 읽기와 해석은 다음을 참조. 노명호, 「東明王篇과 李奎報의 多元的 天下觀」 『震檀學報』 83, 1997, 306~307쪽.

것이다. 나아가 팔관회 때는 고려에서 독자적으로 정리한 책력인 동지력(冬至曆)의 반사가 있었다. 이는 고려가 계산한 정삭에 해당하였고, 철리국이나 일본에서는 그 반사를 요청하기도 하였다.[125]

고려는 자신들의 천하를 이처럼 해동천하라 하면서 소중화라는 문명의식을 가졌다. 문종대에 과거에 급제한 뒤 문한으로 문장을 떨친 박인량의 시문은 김근의 시문과 함께 송에서 『소화집(小華集)』으로 묶여 간행되었다.[126] '소화'라는 제목도 그러하지만 박인량은 문종이 훙서하자 문종을 애도하는 '문종애책'을 지었는데, 여기서 송나라가 고려를 '소중화'라 칭했음을 소개하기도 하였다. 물론 애책문이 훙서한 국왕 주요 업적에 대해 칭송하는 글로 이루어지는 것이기는 하나 그가 정리한 문종시대는 그 이상의 의미가 있었다. 다음의 내용을 보자.

> 우리 신성(神聖)한 태조께서 천부(天符)의 명에 응하여 여러 나라를 일통하여 거듭 빛내고 경사(慶事)가 누차 일어나니 용손이 계승하여 일어나서 홍업(鴻業)이 길이 성하였다. … 황제의 편지가 친절하고 정녕(丁寧)하였으며, 화사(華使)는 끊어지지 않았다. 성명(聲名)이 빛나고 문물이 번화하니 융성한 것이 상국에 견줄 만하여 소중화라 일컬었다.[127]

여기에 보이듯이 문종대는 천명에 응한 태조와 삼한일통의 위업을 받들고, 용손으로서 홍업을 이룬 상태였다. 또한 송나라와의 문물교류를 통해 예악문물이 번성하여 '소중화'가 이루어졌음을 알 수 있다. 천명의식과

---

125) 이에 대해서는 다음을 참조. 장동익, 『日本古中世高麗資料硏究』, 서울대학교출판부, 2004 ; 한정수, 「고려 전기 冊曆 및 曆法의 이용과 의미」 『史學硏究』 100, 2010 ; 서금석, 『고려시대 曆法과 曆日 연구』, 전남대학교 박사학위논문, 2016 ; 한정수, 「10~12세기 초 국제 질서와 고려의 年號紀年」 『한국중세사연구』 49, 2017.

126) 『고려사』 권95, 朴寅亮.

127) 『동문선』 권28, 冊 文王哀冊.

용손의식이 분명히 표현되고 있고 이를 바탕으로 문종이 성대를 열 수 있었다는 내용에 해당한다. 예종대에 대한 평가에 있어서도 "문장(文章)은 백왕(百王)보다 뛰어나고 예악은 중국과 나란히 흥성하였다."라 한 내용이 있다.[128]

고려의 지식인사회에서는 박인량의 글에도 나타나지만 중국과 견줄만 하다는 소중화의식이 상당히 깊었다. 영토는 비록 작더라도 수많은 인재가 끊임없이 나타나 문물을 이루고 있음에 대한 자긍심이 느껴지는 대목이라 하겠다. 특히 고려에서는 「화이도(華夷圖)」를 그려 송과 고려를 같은 동문으로서의 '화(華)'로 구분하고 그 외를 '이(夷)'라 구분하기도 하였다. 이규보는 전하지 않지만 이 그림지도에 장단구를 제(題)하였다. 그 시구를 보면, "만국 삼라만상이 수 폭 종이에 펼쳐져 삼한은 모퉁이 한 작은 덩어리 같네 … 그대는 중화인이 우리를 소중화라 말한 것을 보지 못했는가 이 말은 진실로 채택할 만하네"라 한 내용이 나오고 있는 것이다.[129]

이렇게 본다면 고려의 해동천하의식은 해동천자가 다스리는 천하를 뜻하는 것이지만 그 바탕에는 이방인과 내투인에 대한 국왕의 혜화와 위덕을 통한 초유(招諭) 노력도 있었다. 해동천하를 다스리는 국왕은 천명을 받은 수명군주로서 신성한 용손 혈통의식을 토대로 부처와 천령의 가호를 받으며 성덕을 베풀어 교화를 이루어나갔다. 해동천하는 중국과 짝하는 정삭·유학·악률·도량의 동문 4절목을 형성하고 발전시켜 '예의지국'·'군자지국'이라 일컬을 만큼 예악문물이 정비된 사회였다. 이에 송이나 거란의 사신이 칭송하고 예를 갖추었으며, 송의 진사 등이 찾아와 벼슬을 구하고 흑수말갈, 여진, 탐라, 일본이 내투하여 정착하고자 하였다.

---

128)『동문선』권28, 冊 睿王諡冊文.

129)『동국이상국집 전집』권17, 고율시 題華夷圖長短句, "萬國森羅數幅牋 三韓隈若一微塊 觀者莫小之 我眼謂差大 今古才賢袞袞生 較之中夏毋多愧 有人曰國無則非 胡戎雖大猶如芥 君不見華人謂我小中華 此語眞堪採."

이어 내방한 상인과 내투인에 대해서는 군신동락의 자리인 팔관회를 통해 상징적이나마 통합의 자리를 마련했고 국왕은 지방 등에 큰 잔치[대포(大酺)]를 열어 위로하였다. 결국 고려는 해동천하의 틀 속에서 이방인에게 혜화-위덕-내투정착-다원-통합의 과정을 거치도록 하면서 연등회와 팔관회, 동문의 예악문물 등을 갖춰 부처와 천령 및 용신, 천명의 가호를 받는 천자가 다스린다는 자긍심을 형성해 나갔다 생각된다.

6. 맺음말

이상으로 고려전기 대외 개방을 토대로 이방인과 귀화의 입국에 따른 교류와 정착과정을 살피고 나아가 이러한 개방과 교류, 정착 과정을 통해 고려사회가 어떠한 자의식을 형성해 갔는가에 대해 '해동천하'라는 관점으로 접근해 보았다. 관련 내용을 요약 정리하면서 결론을 서술하면 다음과 같다.

먼저 고려는 후당으로부터의 책봉을 계기로 송으로 이어지는 사신 교류를 전개하였다. 고려에 입국한 송의 사신단은 한 달 내외의 체류기간을 거치면서 시문의 교류만이 아니라 송이 가진 예악문물에 대해 소개하였고, 책력·불경과 불교의례, 유교의례, 사신영송 관련 연향, 경전과 문집, 악기와 대성악, 의서와 의관 등을 보내 교류를 도모하였다. 사신단 가운데 일부는 고려의 요청에 따라 고려의 관원으로서 정착한 경우도 많았다. 거란과 금에서도 고려에 하생신·횡선·책왕·책태자·하조·제전·기복고칙 등의 일로 사신단을 파견하였다. 특히 거란의 경우는 대장경이나 천경사 비문을 보냈다. 거란이나 금의 사신단과는 국제 질서상 송보다 많은 교류가 있었으며, 이에 접반이나 관반 등의 개인적 교류 내용도 많이 확인된다.

고려에 온 상단은 다양했다. 송의 상단은 계절풍을 이용하였으며 고려에 체류하는 기간은 100일을 넘어섰던 것으로 파악된다. 때문에 그들을 위한 숙소와 교역장으로 오빈관·영빈관·청하관, 청주관·충주관·사점관·이빈관 등 당상관이 있었으며, 이들은 고려인 처를 두기도 하였다. 송의 상단에는 유학이나 잡학에 능한 이들이 동행하여 고려의 관원으로서 정착하고자 하였으며, 때로 이들 가운데는 사주나 관상에 능한 이가 있어 이를 토대로 고려인과의 문화적 친밀감을 높이기도 하였다. 때로는 고려왕실의 주문을 받거나 혹은 새로운 물품이나 서적 등에 대해 구매대행 및 소개를 하였음이 확인된다. 이외 외국인 상단으로는 송의 상단 외에도 대식국과 일본, 탐라, 흑수 상단 등도 있었다. 이국적 외모를 갖고 있던 대식국 상인들의 모습은 그들이 가지고 온 물품도 물론이거니와 고려인들에게 천하의 넓음을 인식케 하는 계기가 되었을 것이다. 일본 상단의 경우 송 상단보다는 규모가 20명 내외로서 많지는 않았으나 고려에 일본의 화탑선과 같은 여러 토산품과 불상과 법라, 해조 등을 바치기도 하였다. 여진 등에서도 명마나 방물을 바쳤는데 이러한 경우 내조 등의 표현으로 보아 조공의 성격을 가진 면이 있다. 대체로 이들이 개경에 머무는 기간은 15일 내외였으며, 개경의 저관에 체류하였다.

고려에는 다양하고도 많은 내투인들이 있었다. 특히 고려초의 경우 오월국이나 후주 등 문사와 관원이 내투하거나 정착하였으며, 송과의 관계가 정립된 후 송의 진사나 문사, 재예를 갖춘 자들이 와서 고려국왕과 예빈성·예부의 시험을 통한 후 관직에 나아갔으며, 이러한 경우 대체로 개경에서 거주하였던 듯하다. 대규모 내투는 주로 발해계인들이었다. 이들에 대해서는 동류로 인식하고 받아들였으며, 대체로 군사 활동에 종사하였음이 확인된다. 한편 번인으로서 흑수말갈과 번인들의 내투도 잦았다. 기미주를 설치하고 동·서번 체제로 편제하면서 종번 질서를 구축하기는 하였으나 모의나 모화, 효 등을 이유로 내투하였으며, 개경, 경기나 산남 등지에 이들을 편호부적하여 거처케 하였다. 이외에도 이천군 등 보다 구체적인 거처가 나오는 일본인의 내투도 확인되며, 거란 투화인의 경우 남경 주변에 거처하며, 가무잡희 등을 공연하였던 기록이 보인다.

고려가 이처럼 다양하고도 많은 이방인과 귀화인들의 입국을 허용하고 그들과 적극 교류할 수 있었던 데에는 태조대 이래의 혜화와 위덕을 행한다는 원칙이 자리잡았던 데에 있었다. 송에 대해서는 예악문물의 수용과 학문과 재예를 가진 인재 등용을 통해 송과 정삭·유학·악률·도량 등을 중심으로 동문의식을 가졌다. 발해와는 동류의식을 갖고는 있었으나 그들의 등용에는 결과적으로 제한이 있었다. 탐라출신의 경우에도 제후국 혹은 번체제적 인식이 있어 출사에 차등대우가 있었다. 거란이나 여진, 일본 출신 역시도 마찬가지였다. 이들의 경우는 고려와는 다른 이류라는 인식이 강했기 때문이었을 것이다.

결과적으로 볼 때 고려는 다양한 지역과 나라에서 오는 이들 이방인과 귀화인들을 맞고 교류하면서 왕조에 대한 자의식을 강화시킬 수 있었다. 그것은 해동천자가 신성과 성덕으로 다스리는 해동천하라는 의식이었다. 동문과 동류, 이류라는 차별인식이 있었으나 천명과 용손의식으로 형성된 군주관을 바탕으로 부처와 천령·용신 등이 가호하는 나라로서의 위상을 자신했던 것이다. 고려가 혜화를 토대로 관문을 개방하고 차별을 전제로 하면서도 해동천하라는 틀로 묶으려 했던 모습은 문종대에 절정에 이르게 되었는데 문종 사찬이나 문종애책, 임완의 문종에 대한 평 등이 이를 말해준다. 「풍입송」에서의 외국이 귀의하고 태평한 사해, 남만북적의 내조 등에 대한 언급, 「해동금일사」에서의 '태평천'이 확인되는 것이다. 이에 인종대 송 출신 귀화인이었던 임완은 문종을 특히 고려의 이상적 군주로 꼽았던 것이다.

고려 국상(國喪)에 대한 거란·금·송의 조문사행(弔問使行) 양상과 다층적 국제관계

이 승 민

1. 머리말

고려와 거란[1]·금·송의 사신 왕래를 살펴보는 것은 10~13세기 외교관계의 성격을 규명하는 데 상당히 중요하다. 사신 왕래는 비단 정치적 행위일 뿐 아니라 사신을 파견하는 주체의 권위를 내포한 상징적 행위이며, 이를 구현하는 외교 의례를 통해 국가 사이의 관계를 드러내기 때문이다. 특히 10~13세기 동아시아에서는 하생신사나 횡선사 등 이전에 보이지 않던 다양한 명목을 가진 사신들이 왕래하면서 새로운 외교 형식이 만들어졌다.[2] 그 가운데에서 고려의 국상에 거란·금·송의 사신이 조문하면서 의례를 시행한 것은 당시 동아시아 국제사회의 다각적·다층적 측면을 조명할 수 있는 주제이다.

국왕의 사망과 새로운 왕의 즉위는 왕위 교체라는 국내의 정치 문제일

---

1) 이 글에서는 서술에서 거란/요에 대한 명칭을 거란으로 통일하고, <표 1>에서는 사료에 따라 거란 혹은 요로 서술한다.

2) 이승민, 「10~12세기 하생신사(賀生辰使) 파견과 고려-거란 관계」『역사와 현실』 89, 2013.

뿐 아니라 국제사회에서도 중요한 사안이었다. 국왕은 정사를 보던 건물에서 사망하면서 사왕(嗣王)과 군신에게 고명(顧命)을 내렸고,[3] 왕이 사망한 날 새로운 국왕의 즉위가 이루어졌다.[4] 국왕이 즉위한 후 우선하여 처리해야 하는 업무는 국상이었다. 후계자로서 국상을 주관하는 것은 물론 국내 상장례 절차와는 별도로 주변국에 국상과 사위(嗣位)를 알리기 위한 고애사(告哀使)를 파견하고, 조문 사신을 맞이하는 등 국상을 둘러싼 의례는 국왕으로서 맡게 되는 첫 번째 의례이자 정치·외교 과제였다.

먼저 국상 절차는 세부 의례와 시행상의 변화에도 불구하고 고려후기까지 이일역월(以日易月) 혹은 기장제복(旣葬除服)의 단상제(短喪制)와 심상(心喪)이 결합한 삼년상으로 진행되었다.[5] 27개월을 전후로 부묘(祔廟)하는 삼년상 기간에는 거란·금·송의 조문 사신이 오갔다. 고려는 부고와 사위를 알리는 고애사를 보내고, 해당 국가에서는 사망한 국왕에 대한 제전사(祭奠使)와 새로운 국왕에 대한 조위사(弔慰使)를 파견했다.[6] 이와 함께 거란과

---

3) 고려의 국왕 총 34명 중 궁궐에서 사망한 경우는 19명이며 대부분 고려전기에 해당하고 정사를 보던 편전에서 사망하는 경우가 다수이다(김인호, 「고려시대 국왕의 장례절차와 특징」 『한국중세사연구』 29, 2010, 270~275쪽).

4) 고려국왕의 즉위는 廞所나 빈전에서 이루어지는 '柩前卽位'가 아니라 다른 편전에서 이루어졌고, 주로 의례는 고명(유명)-흥-즉위식-頒詔書-告卽位禮-大赦 등의 과정을 거친다(김철웅, 「고려시대 국왕의 즉위의례」 『정신문화연구』 38-2, 2015, 22~24쪽).

5) 고려의 국상은 국왕의 遺詔와 중국 왕조 및 고려의 전례를 전범으로 삼아 시행되었는데, 현종대 이후 以日易月 혹은 旣葬除服으로 짧게 복상을 마친 후, 소상·대상·경령전 봉안·부묘까지 心喪으로 삼년상을 치르는 국상 절차의 규범이 만들어졌고, 이것이 고려후기까지 시행된다(이승민, 「고려시대 國喪 절차와 삼년상」 『사학연구』 122, 2016). 이 같은 삼년상의 형식이 고려사회 전체의 상장 의례라고 할 수는 없다. 고려 신민의 상례는 개인의 종교·사상적 선호가 반영되었으며, 대개 고려 관인층은 불교식 상장례의 비중이 높았다(「고려 사람들의 죽음과 장례-관인가족을 중심으로」 『한국사연구』 135, 2006 ; 「고려시대 官人層의 火葬」 『역사학보』 229, 2016).

6) 국왕 치제를 위한 사신은 祭奠使 혹은 勅祭使로 불렸고, 즉위한 국왕에 대한 위로를 위한 사신은 慰問使 혹은 弔慰使로 명명했다. 거란에서는 주로 칙제사·위문사를, 송과 금은 제전사·조위사라는 이름을 사용했는데, 본 논문에서는 다수가 사용한 제전사·조위사라는 용어로 서술하며, <표 1>에 싣거나 직접 인용해 지칭하는

금에서는 국왕의 업무 복귀를 명령하는 기복사(起復使)도 보냈다. 그리고 삼년의 실질적인 국상 기간이 끝나는 때에 맞춰 낙기복사(落起復使)를 보내고 이어서 정식으로 국왕을 책봉했다. 이러한 조문 사행의 체계는 10세기 말부터 성립되어 13세기까지 이루어진 동아시아의 특징적인 외교 형식이었다.

이와 같은 고려국왕의 죽음을 둘러싼 사행과 의례를 정규적이고 의례적 (依例的) 정치행위로만 이해해서는 안 된다. 고려 국상 관련 사행에 대한 연구는 많지 않다.[7] 따라서 본 논문에서는 고려 국상에서 보이는 거란과 금·송의 조문사행을 검토함으로써 10~13세기 고려와 거란·금·송이 공존했던 동아시아의 외교적 성격을 살펴보고자 한다. 즉, 고려의 고애사 파견 양상과 상대국의 조문사행을 살펴보고 그 의미를 이해함으로써 시대적 성격을 파악하고 고려전·중기 외교의 역사적 특성을 확인할 수 있을 것이다.

2. 고려의 고애사(告哀使) 파견 양상과 성격

동아시아에서는 일찍부터 왕의 사망과 사왕(嗣王)의 즉위를 국외에 알리는 외교행위가 자리 잡았다. 고려 이전의 고구려·백제·신라와 발해의 고애

경우는 사료를 그대로 사용한다.

7) 국상과 사행에 대해서는 五禮의 흉례 연구에서 사행을 부분적으로 설명한 연구(李範稷, 「<高麗史> 禮志 五禮의 分析」『韓國中世禮思想研究』, 一潮閣, 1991), 고려의 대금 외교정책에 대한 연구에서 거란과 고려 사이에서 만들어진 상례 의전을 지적하는 연구(박한남, 「高麗의 對金外交政策 硏究」, 성균관대학교 박사학위논문, 1993, 151쪽), 기복사에 대해서 유교 정치사상에 대한 연구에서 부분적으로 설명한 연구(李熙德, 『高麗儒敎 政治思想의 硏究』, 一潮閣, 1984, 208~215쪽)가 있다. 최근 고려 국상과 사행에 대해 종합적으로 정리한 연구가 발표되었다(이승민, 「고려시대 國喪 儀禮와 弔問 使行 연구」, 가톨릭대학교 박사학위논문, 2018).

사 파견 기록은 총 여섯 건에 불과하지만 기록되지 않은 경우에도 대부분은 고애사를 보냈을 것으로 추정된다.[8]

고려 역시 국왕의 사망과 새로운 왕의 즉위를 알리기 위한 사신을 파견했다. 중국에서는 오대가 흥망을 거듭하고 있었고, 고려는 후삼국을 통일하고 외교관계를 정비해 가고 있었다. 고려는 건국 초부터 다각적인 국제 상황에서 후삼국 통일, 지배체제 정비 등 자국의 이해관계를 중심으로 외교노선을 정립해갔다.[9] 태조는 후당과 후진으로 사신을 보내고 책봉을 받았으며, 후삼국 통일 이후, 거란과는 외교관계를 단절하면서 중원 국가와의 관계를 외교의 중심을 두었다.

아래의 <표 1>은 태조부터 강종까지 고려의 고애사 파견과 외국의 조문사행을 정리한 것이다. 우선 고애사부터 살펴보면 태조와 혜종의 사망은 후진으로, 광종과 경종의 사망은 송으로 사신을 보내 알렸다.[10] 정종(定宗)은 『고려사』에는 고애사 파견 사실이 없으며, 중국 측 기록에는 사망과 왕위 승계 기록들을 확인할 수 있으나 사실 관계가 부정확하다.[11] 성종대 송과의 외교를 단절한 이후 성종부터 명의태후의 사망까지는 거란으로 고애사를 보냈으며, 이후 인종과 강종까지의 사망은 금으로 알렸다.

<표 1>을 통해 고려국왕의 사망 시기와 고애사 파견과 도착 시기를 확인할 수 있다. 고려가 사신파견에 대한 정확한 의례규정을 마련하고 이를 엄격히 시행했던 것으로 보이지는 않는다. 다만, 대개는 국왕 사망 이후 1개월 내외의 기간에 사신 파견이 이루어졌고, 고려 측 기록이 없는

8) 權惠永, 『古代韓中外交史』, 一潮閣, 1997, 158~160쪽.
9) 이승민, 「10세기 국제정세와 고려의 외교 자세」 『한국중세사연구』 51, 2017.
10) 국상을 알리는 사행은 대개 고애사로 통칭되지만 告哀와 稱嗣位로 외교 임무를 구분할 수 있다. 고려초 태종과 혜종의 경우 국상 관련 사행은 고애와 조문보다 칭사위와 책봉에 무게가 두어져 있었던 것으로 보인다(이승민, 앞의 논문, 2018, 135~136쪽).
11) 『宋史』 권487, 外國3 高麗.

〈표 1〉 거란·금의 조문 사행 기록*

연번	망자	사망일	고애국가	고애사 파견 시기	고애사 도착 시기	조문국가	조문 사행 시기	조문 사행 구분
1	태조	943. 05. 병오	후진	944.	-	후진	944.	혜종 책봉
2	혜종	945. 09. 무신	후진	-	945.10	후진	945.	정종 책봉
3	정종	949. 03. 병진	후한	-	949.	-	-	후한 멸망(950)
4	광종	975. 05. 갑오	송	-	976. 09. 정묘	송	976. 11. 을해	경종 책봉
5	경종	981. 07. 병오	송	-	982. 09. 계축	송	982. 12. 무인(遣)**	성종 책봉
6	성종	997. 10. 무오	거란	997. 11	997. 11.	거란	997. 12. 갑인(遣)**	祭高麗王治, 詔其姪權知國事
7	목종	1009. 02.	거란	1009. 02.	-	-	-	-
8	현종	1031. 05. 신미	-	-	-	-	-	-
9	덕종	1034. 09. 계묘	-	-	-	-	-	-
10	정종	1046. 05. 정유	거란	1046. 06. 갑인	1046. 08. 계축	거란	1047. 02.	祭靖宗于虞宮
11	문종	1083. 07. 신유	거란	1083.	1083. 08	거란	1084. 04.	문종·순종 勅祭 선종 慰問
							1085. 11. 병오	선종 落起復
						송	1084. 08.	문종·순종 祭奠 선종 弔慰
12	순종	1083. 10. 을미	거란	1083. 11.	1083. 12.			
13	인예태후	1092. 09. 임오	-	-	-	요	1093. 04. 을묘	선종 起復
14	선종	1094. 05. 임인	거란	-	1094. 夏	거란	1094. 12.	선종 勅祭 헌종 慰問 헌종 起復
15	헌종	1097.윤2.갑진	거란	1097. 03. 경신 (東京移牒)	1094. 春	거란	-	-
16	숙종	1105. 10. 병인	요	1105. 10. 무자	1105. 11. 병진	요	1106. 01. 병오	숙종 祭奠 예종 弔慰 예종 起復
			송	1108. 02. 병술	-		1108. 02. 신축	예종 落起復
17	명의태후	1112. 07. 기사	요	1112. 08. 정유	1112. 10. 신해	요	1113. 01.	명의태후 勅祭 예종 勅弔 예종 起復
							1114. 12.	예종 落起復

18	예종	1122. 04. 병신	-	-	-	송	1123. 06. 갑오	예종 祭奠
								인종 弔慰
19	인종	1146. 01. 정묘	금	-	1146. 5. 임신	금	1146. 10. 무술	인종 祭
								의종 弔慰
								의종 起復
							1148. 05. 갑자	의종 落起復
20	의종	1173. 10. 경신	-	-	-	-	-	-
21	공예태후	1183. 11. 계미	금	1 1 8 3 . 윤 11. 을미	1183. 12. 을유	금	1184. 05.	공예태후 祭奠
								명종 弔慰使
								명종 起復使
							1186. 02. 경신	명종 落起復
22	명종	1202. 11. 무오	-	-	-	-	-	-
23	신종	1204. 01. 정축	금	1204. 02. 경신	1204. 3. 경인	-	1204. 06.	신종 祭奠
								희종 慰問
								희종 起復
24	희종	1237. 08. 무자	-	-	-	-	-	-
25	강종	1213. 08. 정축	금	1213. 윤9.	-	-	-	몽골로 인해 사행 중단

* 고애사 도착 시기는 『구오대사』, 『신오대사』, 『송사』, 『요사』 등을 참고했으며, 그 외 고애사 파견, 조문 사행 시기는 『고려사』 기록에 따름.
** (遣)은 중국 측 기록에서 보낸 것을 말함.

경우에도 상대국에 사망 소식이 전해진 것이 2~4개월 내외였다는 것을 파악할 수 있다.

고려에서 파견된 고애사행의 특징은 크게 세 가지로 정리할 수 있다. 첫째, 고애사 파견은 기본적으로 책봉국을 우선했다는 것이다. 둘째, 고려 전·중기에는 태후 국상에 대한 고애사가 파견되었다는 것이다. 이는 명의 태후와 공예태후의 경우밖에 없지만 고려에서 태후 국상 사례가 몇 차례 없었다는 것을 감안한다면 이 역시 시기적 특성으로 설명해야 할 부분이다. 셋째, 정치 상황에 따라 고애를 알리지 않는 사례도 있다.

책봉국에 대한 고애사 파견을 살펴보면 후진, 송, 거란, 금으로서 각 시기마다 고려가 책봉을 받은 국가였다. 후진의 책봉을 받은 정종이 사망 했을 때, 후진-후한-후주로 이어지는 복잡한 중원의 정세로 인해 고애와 조문이 제대로 이루어지지 않은 것을 제외하면, 그 이후 고애는 기본적으로 책봉국을 중심으로 이루어졌다.

다만, 여기에는 예외적 사례가 있다. 숙종 국상의 경우 거란과 송으로 사신을 파견해 알렸다. 고려는 호부시랑 왕유를 송에 파견하여 고려의 여진 정벌을 알리는[12] 한편 숙종의 사망에 대한 '고부시부주표(告不時訃奏表)'를 올렸다.[13] 이것은 당시 고려가 여진을 정벌하고 있었던 정치적 상황에 기인한 것으로 보인다. 같은 해 7월 고려는 김상우와 한교여를 송으로 보내 방물을 올리는데,[14] 한 해에 송으로 사신을 두 차례 파견한 것은 고려-송 관계에서 이례적인 것이었다. 예종초 여진 정벌은 고려 내의 개혁 정치 시행과 맞닿아 있는 것으로 이 과정에서 고려는 송에 대한 외교를 강화했다.[15] 고주사도 이러한 맥락에서 파견된 것이다.

고려는 거란과 송에 숙종의 사망을 알리면서도 외교 형식에서는 거란과 송에 차등을 두었다. 고애사 파견 시기를 보면, 거란에게는 의례에 맞추어

---

12) 이석현, 「송 고려의 외교교섭과 인식, 대응—북송말 남송초를 중심으로」『中國史研究』 39, 2005, 128쪽.

13) 『동문선』 권39, 告不時訃奏表. 필자는 이 표문에 대해 고려에서 거란으로 보낸 것으로 서술한 바 있으나(이승민, 앞의 논문, 2016, 104쪽), 『同人之文四六』 권2, 告不時訃奏表 제목 아래에 세주로서 "睿宗戊子"가 기록되어 있고, 『고려사』 권12, 예종 3년(무자년) 2월 병술일에 고주사 왕유를 송으로 보낸 기록과 부합함으로 이 문서는 예종 3년의 것이다. 『同人之文四六』의 문서는 『동문선』과 내용의 차이는 없으나 문서의 작성 시점과 이를 가지고 간 사신에 대한 정보가 세주로 기록되어 있기 때문에 문서를 분석할 때 참고할 필요성이 있다(정동훈, 「高麗時代 外交文書 研究」, 서울대학교 박사학위논문, 2016, 133쪽).

14) 『고려사』 권12, 예종 3년 7월 을해.

15) 예종 초반의 여진 정벌을 비롯한 국내외적 정책은 숙종대의 공리주의적 개혁을 계승한 측면이 강하며, 이는 송의 혁신정책의 영향을 받아 추진되고 있었다(채웅석, 「12세기초 고려의 개혁 추진과 정치적 갈등」, 『韓國史研究』 122, 2001). 여진 정벌 실패 후 예종은 공리주의적 개혁을 대체하여 교육·문화부문의 혁신정책을 추진하면서 송과의 교류를 강화했으며, 이는 여진의 국제적 위상이 높아지는 것을 견제하기 위한 목적도 있었다(채웅석, 「고려 예종대 道家思想·道敎 흥기의 정치적 성격」 『韓國史研究』 142, 2008).

숙종 사망 후 22일 만에 고애사를 파견했으나, 송에게는 27개월이 지나 국상을 마친 이후 고주사(告奏使)를 파견했다.16) 왕유가 출발한 병술일 이후 신축일부터 거란의 낙기복사와 책봉사가 연이어 도착해 예종에 대한 낙기복과 책봉 의례, 거란 사신에 대한 연회가 시행되었던 것이17) 양국에 대한 고려의 차등을 보여주며, 기본적으로 책봉국을 우선시했다는 것을 확인할 수 있다.

둘째, 고려중기에는 국왕의 사망 외에도 태후 부고를 알리는 고애사도 파견되었다.18) 이것은 거란의 영향을 받았을 가능성이 크다. 거란은 태후에 대한 사행 및 의례를 규정할 만큼 그 예우가 높았고,19) 승천황태후나 흠애태후에 대한 고애사가 고려에 오기도 했다.20)

이러한 배경에서 고려 태후의 국상도 거란에 알려졌다. 인예태후는 1092년(선종 9) 9월 임오일에 서경에서 사망했는데,21) 그 3일 후에 거란의 하생신사 왕정이 도착했다.22) 고려에서는 고애사를 보내지 않았으나, 이듬해 거란의 기복사가 온 것으로23) 미루어 보아 하생신사 왕정을 통해 부고가

---

16) 『고려사』 권12, 예종 3년 2월 병술.

17) 『고려사』 권12, 예종 3년 2월 신축·계묘·병오·계축.

18) 태후는 국왕의 적처가 아닌 국왕의 모후가 되며, 즉위 후 모후를 태후로 책봉한다(이정란, 「고려전기 태후의 이념적 지위와 태후권의 근거」 『사학연구』 111, 2013, 216쪽). 고려 전·중기 생존 중에 태후로 책봉된 경우는 헌애왕태후, 인예태후, 사숙태후, 명의태후, 공예태후 5인이며, 그 중 아들의 재위 기간에 사망해 국왕의 모친상으로서 국상이 진행된 것은 인예태후, 명의태후, 공예태후 3인이다(이승민, 앞의 논문, 2016, 106~110쪽).

19) 거란에서는 고려에서 보내는 정기 사행에 대한 규정에서 春夏季問候使와 거란 황제의 생일 축하를 위한 賀千齡節·正旦使를 동행하게 하고, 秋冬季問候使는 賀太后生辰使와 동행하게 하였다(『고려사』 권4, 현종 13년 8월 경자). 이는 송과의 관계에서도 마찬가지였는데, 생신과 정단에 황태후·황제·황후를 알현하는 의례가 실려있는 등(『遼史』 권51, 예지3 빈례 ; 『遼史』 권52, 예지4 가례) 여러 의례에서 황태후에 대한 예우를 드러내고 있다.

20) 『遼史』 권115, 二國外記 高麗 ; 『고려사』 권8, 문종 12년 6월 임인.

21) 『고려사』 권10, 선종 9년 9월 임오.

22) 『고려사』 권10, 선종 9년 9월 을유.

전해졌을 것으로 추정할 수 있다.

1112년(예종 7) 명의태후가 사망하자, 고려는 거란으로 고애사를 파견해 부고를 전했다. 고려에서는 국상을 시행하는 것에 있어서 대개 전례를 따랐기 때문에, 거란이 인예태후의 국상에 대해 선종에게 기복사를 보냈던 것을 전범으로 삼았을 것이다. 명의태후의 상례는 태후 국상으로서는 처음으로 외국 사신의 조문 제의가 행해졌다는 평가를 받았다.[24] 이것은 명의태후의 정치·사회적 지위를 반영한 것 외에도[25] 태후 국상 의례에 외국의 사신을 맞이하여 왕실 상례의 규모를 확대하고 위상을 높이고자 하는 고려의 의도도 있었을 것이다. 그 이후 공예태후 사망에 대해서도 금으로 고애사를 보냈다. 공예태후의 상례는 인예태후의 예를 따랐다고 하는데[26] 전례로 삼을 만한 태후의 상례는 인예태후·명의태후밖에 없었으므로 고애사 파견 문제는 명의태후의 예를 따랐을 것이다.[27]

셋째, 고애사는 고려 국내의 정치 상황 혹은 국제관계의 변화에 따라 파견되지 않기도 했다. 전자는 헌종, 의종, 명종, 희종이다. 헌종은 숙종에 의해 폐위된 이후 사망하면서 거란에 고애하지 말 것을 유언으로 남겼으나, 안장 이후 거란 동경으로 이첩(移牒)하여 사망 사실을 알렸다.[28] 무신집권

---

23) 『고려사』 권10, 선종 10년 4월 을묘.
24) 『고려사』 권88, 明懿太后柳氏, "百官奏曰 本朝自祖宗以來 太后升遐 隣國未嘗遣使弔祭 今始見是禮."
25) 명의태후는 예종의 즉위와 함께 태후로 책봉되면서 상당히 높은 사회적·정치적 지위를 누렸으며, 이러한 명의태후의 모습을 고려전기 왕비·태후의 '전형적인' 것으로 보는 시각이 있다(이정란, 「고려 肅宗妃 明懿太后의 정치적 위상」 『한국인물사 연구』 6, 2006).
26) 『고려사』 권64, 흉례 국휼, 명종 13년 2월 임술.
27) 공예태후 이전에 태후 국상을 전례로 참고할 수 있는 것은 헌애왕태후, 인예태후, 사숙태후, 명의태후의 예가 있으나, 헌애왕태후와 사숙태후는 이미 아들인 목종과 헌종이 사망한 뒤에 국상이 치러졌을 것이므로 공예태후는 인예태후와 명의태후의 예를 참조했을 것이다.
28) 『고려사』 권11, 숙종 2년 3월 경신.

기 의종과 명종, 희종은 폐위 후 사망했으므로 금에 고애사를 보내지 않았다.

후자의 경우는 현종과 덕종이다. 현종은 5월 신미일에 사망했는데[29] 6월에 거란이 성종(聖宗)의 사망을 알리는 사신을 보냈고[30] 7월 기미일에 이들이 고려에 도착하자, 현종의 반혼당(返魂堂)에서 그 조서를 읽었다.[31] 10일 후인 7월 기사일에는 현종의 하생신사(賀生辰使)가 도착했기 때문에[32] 거란에서는 현종의 사망에 대해 몰랐던 것이 확인된다.[33] 현종이 사망하고 덕종이 즉위하던 시기는 압록강 성교(城橋) 문제로 양국 간의 마찰이 발생했고, 덕종은 그 대응으로 거란의 새 황제 연호를 사용하지 않고, 하정사 파견을 중단하는 외교적 강경책을 구사했다.[34] 즉, 현종과 덕종의 부고를 거란에 알리지 않은 것은 고려와 거란의 국경 갈등이라는 맥락에서 이해할 수 있다.

또한 앞서 말했듯이 고애사 파견은 책봉국을 우선으로 한다. 고려는 성종대 이후 송으로는 고애사를 거의 파견하지 않았다. 숙종의 고애가 여진정벌과 국내 개혁정치 상황으로 인해 이루어진 것을 제외하면 고려는

---

29) 『고려사』 권5, 현종 22년 5월 신미.

30) 『遼史』 권18, 天聖 9년 6월 갑신.

31) 『고려사』 권5, 덕종 즉위년 7월 기미.

32) 『고려사』 권5, 덕종 즉위년 7월 기사.

33) 『遼史』에는 현종과 덕종의 부고와 책봉 기록이 상당히 혼란스럽게 기록되었다. 현종은 1031년에 사망했으며 고애사를 보낸 기록은 『고려사』에도 『遼史』에도 보이지 않는다. 그러나 『遼史』 고려 열전에는 1021년에 현종이 사망하고 바로 덕종을 책봉한 것으로, 본기에는 이듬해 1022년 12월에 덕종을 책봉한 것으로 기록되어 있다. 1031년은 거란 성종이 사망한 해로 『遼史』 본기에는 송·서하·고려에 고애사를 보냈다고 했으나(『遼史』 권18, 흥종1 太平 11년 6월 갑신), 송의 조문 사행이 도착하고 (같은 책, 太平 11년 9월 신해), 서하의 조문 사신도 도착했지만(같은 책, 太平 11년 9월 경신) 고려의 기록은 보이지 않는다. 즉, 고려는 1031년 현종의 고애사도 보내지 않았고, 거란 성종의 사망에 대한 조문 사신도 보내지 않은 것으로 볼 수 있다.

34) 이미지, 「고려시기 對거란 외교관계의 전개와 특징」, 고려대학교 박사학위논문, 2012, 145~146쪽.

송과 외교를 단절한 기간은 물론이고, 문종대 외교관계 재개 후에도 고애사를 보내지 않았다. 그럼에도 불구하고 고려국왕의 사망은 여러 경로를 통해 송에 알려졌다. 송은 9월초, 문종이 사망한 지 4개월 만에 그 사실을 알게 된다.[35] 사망 소식의 전달 시기와 기록을 유추해 볼 때 고애사가 아닌 다른 외교 창구를 통해 이를 알았을 것으로 짐작할 수 있다. 순종의 사망에 대해서도 송은 거란을 통해 소식을 전해 들었다. 1083년 12월 거란에 사신으로 갔던 태복소경 오안지 등이 거란의 관반 야율의로부터 문종에 이어 순종이 사망했고, 현재 고려 사신이 거란 조정에 머무르고 있는 것을 전했다.[36] 이에 송은 문종의 조문사행에 추가적으로 순종의 조문까지 준비하게 되었다.

이러한 예는 예종의 국상에서도 확인할 수 있다. 『고려사』에는 예종의 고애사가 파견된 기록이 없으며, 조문 사신을 보낸 송이 부고를 들은 경로도 확인되지 않는다. 예종이 사망한 1122년은 거란과 금의 교체기에 해당하는데, 이미 그 전부터 고려와 송은 사신이 오가고 있었으며,[37] 1116년(예종 11) 4월 금의 완안아골타가 사절을 보냈고,[38] 곧바로 고려에서는 거란의 연호를 삭제하고 갑자를 사용하기 시작함으로써[39] 거란과 거리를 두었다. 이어서 이듬해 3월 내원·포주성을 고려가 차지하게 된다.[40] 즉, 거란이 이미 금에게 밀려났으나, 금은 아직 동아시아 내에서 확고한 지위를 차지하지 못한 상황이었다. 고려에서는 예종이 거란에게 책봉을 받았으나 연호사용까지 중지한 마당에 고애사를 보낼 이유가 없었으며, 금과도 사신만 왕래했을 뿐 외교관계가 확정되지 않았다. 이를 틈타 송은 고려와

---

35) 『宋史』 권487, 外國3 高麗 元豊 6년.
36) 『續資治通鑑長編』 권343, 신종 원풍 7년 2월 계유.
37) 『고려사』 권14, 예종 10년 4월 갑인.
38) 『고려사』 권14, 예종 11년 4월 경오.
39) 『고려사』 권14, 예종 11년 4월 신미.
40) 『고려사』 권14, 예종 12년 3월 신묘.

연합하고자 국신사로서 노윤적과 부사 부묵경을 보내기 위해 준비를 하고 있었고, 이들은 고려로 출발하려다 예종의 사망 소식을 듣고 제전·조위사를 겸하게 되었다.[41]

기본적으로 고려는 책봉관계에 따른 기준을 우선하여 고애사를 보냈다. 다만 고애사 파견은 다른 사행과 같이 정치적 목적에 의해 좌우될 수밖에 없었으므로 책봉국과의 관계가 악화된 때에는 고애사 파견이 중지되었고, 책봉국이 아닌 경우에라도 관계를 강화해야 할 경우, 책봉국과의 외교 형식과 의례를 벗어나지 않는 선에서 고애사를 보냈다.

한편, 고애사는 부고를 전하는 고애표와 즉위를 알리는 칭사표(稱嗣表)를 가지고 간다. 고애표는 사망 경위를 서술하고 슬픔을 담아 부고를 전하는 내용으로 작성되었다. 최유청이 쓴 인종 고애표를 보면, 인종이 오랫동안 병을 앓다가 사망했다는 것을 밝히고 슬픔을 표현하며 부고를 전하고 있다.[42] 또한 칭사표는 사자(嗣子)로서 부득이하게 왕위를 비울 수 없어 임시로 국사를 맡고 있다는 즉위 사실을 알리는 내용이다.[43] 즉, 고애사는 고애표와 칭사표를 전달하며, 때에 따라서 민감할 수 있는 국왕의 사망과 왕의 즉위를 전했다.

이러한 이유로 고애사는 때로는 외교적 갈등에 유연하게 대처하는 능력도 갖추고 있어야 했다. 선종이 문종의 국상 기간에 사망하자, 뒤이어 즉위한 선종은 이자인을 보내 고애를 알렸다.[44] 이미 거란은 강조의 목종 살해와 현종 즉위 과정을 빌미로 고려에 침입했었기 때문에 문종과 순종의 죽음도 문제 삼아 외교 쟁점으로 비화시킬 수 있었다. 게다가 순종은 거란이 삼한국공으로 책봉한[45] 후계자였다. 고애사 이자인 일행은 거란에

---

41) 『고려도경』 권25, 제전.
42) 『동문선』 권39, 표전 고애표.
43) 『동문선』 권39, 표전 칭사표.
44) 『고려사』 권10, 선종 즉위년 11월.
45) 『고려사』 권7, 문종 9년 9월.

도착해서도 경관(京館)에 들어가지 못한 채 국왕의 연이은 사망에 대해 힐문을 받았다. 사신단은 거란에 머무를 테니 다른 사신을 보내 전 왕들의 사망 경위를 알아보라며, 비정상적인 왕위 계승이 아니라는 것을 알렸다. 이자인의 해명을 받아들인 거란 황제는 성 밖으로 나와 사신단을 접견했다.[46] 순종의 사망에 문제가 없었던 것도 있지만 이자인의 대응이 외교 갈등을 풀어낸 사례라고 할 수 있다.

3. 조문사행(弔問使行)의 다층적 체계

1) 제전(祭奠)과 조위(弔慰)의 구분

고애사를 보내 국상을 알리면 상대국에서는 조문을 위한 사신을 준비했다. 앞의 <표 1>에 태조부터 강종까지 각국에서 보낸 조문사행을 정리했다. 정종(定宗)처럼 후한이 망하거나, 목종의 사망을 거란에게 알린 이후 전쟁이 발발한 경우 등 국제사회의 문제가 발생한 예를 제외하고는 대부분 국상에 대한 조문이 이루어졌다.

사실 고려시대 이전 조문사행의 역할은 다른 사행과 뚜렷하게 구분되지 않았다. 고애에 따른 상대국의 사행은 조문을 목적으로 한 경우도 있었지만, 조문과 책봉이 함께 이루어졌고, 이마저도 정해진 예는 없었다. 당은 신라의 고애를 받으면 부물(賻物)을 보내거나 새 왕을 책봉하는 사신을 보냈다.[47] 중국 오대 국가들만 하더라도 조문과 책봉이 구분되지 않았던 관행을 그대로 따랐다. 태조와 혜종의 고애에 대해 후진은 각각 혜종과 정종을 책봉하는 사신을 보냈고, 송도 광종과 경종의 국상에 대해서 경종

---

46) 『고려사』 권95, 이자인.
47) 권덕영, 앞의 책, 1997, 158~160쪽.

과 성종을 책봉했으며, 별도의 조문 사신을 보내지 않았다.

이러한 조문사행의 변화가 보이는 것은 성종의 국상이다. 성종대에는 태묘를 비롯한 국가의 의례 제도를 정비하면서 국상 절차를 정비했고,[48] 그 결과 성종 사망 7개월 뒤인 998년 4월 성종을 태묘에 부묘하면서 사망에서 부묘까지 국상 절차가 완전하게 시행된 첫 번째 사례가 되었다.[49] 목종은 즉위 후 거란에 고애사를 보냈고,[50] 이에 거란은 고려에 사신을 보내 왕치[성종]에 대한 제의를 시행하게 하고, 그 조카인 송[목종]을 권지국사라고 부르며 조서를 내렸다.[51] 기록만으로는 거란 조문사행의 구성을 확실히 알 수 없지만, 이전과는 달리 사망한 국왕에 대한 치제와 사왕에 대한 위문이 구분되고 있다는 것은 분명하다. 또한, 목종을 "권지국사(權知國事)"로 지칭하고, 그의 책봉을 성종이 사망한 지 13개월째 되는 이듬해 11월에 시행한 것은[52] 이전 시기와 달리 조문과 책봉을 상례에 맞추어 구분한 결과라 할 수 있다.

즉, 성종의 국상에서 조문과 책봉이 구분되고 나아가 조문에서도 치제와 위문이 나누어진 것이다. 이러한 사행 형식은 문종대 이후부터 더욱 구체적으로 드러난다. <표 1>의 '조문사행 구분'을 보면 문종의 국상 이후 신종까지 거란, 송, 금의 조문사행은 사망한 국왕에 대한 제전(祭奠 또는 勅祭), 즉위한 국왕에 대한 조위(弔慰 또는 慰問)와 기복(起復)으로 분명하게 구분되어 해당 사행마다 사신이 파견되었다.

조문사행의 구분을 구체적으로 확인하기 위해 조문 의례, 제문과 조위

---

48) 983년(성종 2)에 『太廟堂圖』 등을 들여와서(『고려사』 권3, 성종 2년 5월 갑자), 989년 태묘 건설을 시작했고 992년 11월에 완성하여 993년 3월 앞선 5대 국왕들을 부묘했다 (『고려사』 권61, 길례 제릉).
49) 이승민, 앞의 논문, 2016, 93~94쪽.
50) 『고려사』 권3, 목종 즉위년 11월.
51) 『遼史』 권115, 二國外記 高麗 統和 15년, "十二月 遣使致祭 詔其姪誦權知國事."
52) 『遼史』 권115, 二國外記 高麗 統和 16년. 목종의 1차 책봉은 『遼史』에 기록되어 있으며, 『고려사』에는 목종 2년과 목종 10년 가책만 기록되어 있다.

조서를 비롯한 관련 외교문서를 차례로 살펴보자. 현재 사료가 남아있는 것은 대표적으로 문종·순종의 국상, 선종 국상, 예종 국상 등이 있다. 구체적으로 거란이 보낸 문종·순종을 위한 제문, 송의 문종·순종 제문과 선종에게 보내는 조위 조서가 남아있으며, 『고려사』예지 흉례에 송 조문사가 행한 제전·조위 의례인 '상국사제전증부조위의(上國使祭奠贈賻弔慰義)'가 있어 조문 의례를 파악할 수 있다. 선종 국상에서는 거란의 칙제사·위문사·기복사가 함께 도착했으며, 선종을 위한 제문과 헌종에 대한 조위 조서, 기복 관고가 남아있다. 예종의 국상은 『고려사』 기록은 부족하지만 『고려도경』에 의례 절차와 내용, 조서 등이 남아있어 조문사행을 확인하는 것에 참고할 만하다. 사신의 도착부터 의례 시행과 문서의 전모가 남아있는 것은 아니므로 각각의 조문사행의 차이는 염두에 두면서 보완적으로 사료를 살펴보아야 한다.

먼저, 문종과 순종의 국상을 예로 보면, 문종은 1083년 7월 신유일(18)에 사망했고, 3개월 만에 순종이 사망한다. 이때 두 명의 선왕을 대상으로 거란과 송의 조문이 이루어졌다.

거란의 칙제사 익주관내관찰사 야율신과 위문사 광주관내관찰사 야율언 등은 1084년(선종 원) 4월 고려에 도착했다.[53] 기복사의 기록은 없지만 이듬해 11월 병오일에 기복을 그만두라는 명을 내리는 낙기복사가 도착한 것으로[54] 미루어보면, 낙기복사가 도착하기 이전에 기복사도 온 것으로 추정된다.

거란의 조문 시점은 문종이 사망한 1083년 7월에 비하면 조금 늦었는데, 순종의 제문에 따르면, 문종의 고애를 듣고 사신이 오는 도중 역참에서 순종의 부고를 듣고 되돌아가서 순종의 조문을 준비해 다시 출발했음을 알 수 있다.[55] 순종이 같은 해 10월 사망하고 11월에 고애사가 출발했으며

---

53) 『고려사』 권10, 선종 원년 4월.
54) 『고려사』 권10, 선종 2년 11월 병오.

거란에 도착한 것이 12월 신묘일이라는 것을 고려하면 거란 조문 사신단의 준비 기간이 대략 3~4개월 사이라는 것을 가늠할 수 있다.

한편, 송도 거란과 마찬가지로 제전사와 조위사로 조문 사신단을 구성했다. 송의 제전사 좌간의대부 양경략, 조위사 우간의대부 전협 등이 1084년 8월 갑신일 고려에 도착했다.[56]

거란과 송의 제전 의례는 모두 혼전에서 행해졌다. 거란 사신단은 4월 갑술일에 문종의 제전을 올렸고, 순종의 제전은 3일 후인 정축일에 이루어졌다. 송 역시 제전 의례를 먼저 올렸는데, 거란과 다른 점은 제전 의례 외에 승도를 모아 도량을 시행했다는 것이다. 먼저, 8월 신묘일에 문종의 혼전에서, 이튿날은 순종의 혼전에서 도량을 시작하여 3일간 진행했으며 3일째 날인 계사일에 문종의 제사를, 이튿날 순종의 제사를 올렸다.[57] 조위 의례는 제전을 마친 후 이루어졌는데, 송은 혼전에서 잠시 쉬었다가 이어서 진행했고,[58] 거란은 장소를 건덕전으로 옮겨 조위 의례를 행했다.

이때 송이 진행한 제전·조위 의례가 기록되어 있으며[59] 간략하게 서술하면 다음과 같다. 혼전에 제수를 진설한 뒤, 재배하고, 정사(正使)가 홀을 꽂고 향을 피우며 술을 땅에 뿌리고 축문을 읽는다. 고려에서 축문을 받으면 제전사와 부사는 재배하고 사왕이 궐을 향해 서면 칙서를 전달받고, 부의 조서를 받는 순으로 이어졌다. 연이어 조위 의례는 사왕이 궐 쪽으로 서고 칙서를 전달 받고 조위조서를 받는 순으로 진행되었다.

거란의 제전·조위 의례가 같은 방식으로 이루어졌는지는 확인이 어려우나, 제전의 요소들로서 향을 피우거나 술을 뿌리고 축문을 읽는 것에 큰 차이가 있지는 않았을 것이다.[60] 다만 송과 비교하면 장소의 차이가

---

55) 『고려사』 권10, 선종 원년 4월 정축.
56) 『고려사』 권10, 선종 원년 8월 갑신.
57) 『고려사』 권10, 선종 원년 8월 신묘·임신·계사·갑오.
58) 『고려도경』 권25, 조위.
59) 『고려사』 권64, 예6 흉례 上國使祭奠贈賻弔慰義.

눈에 띈다. 선종의 국상에서 거란의 칙제사 영주관내관찰사 소준렬은 선종의 반혼당에서 제례를 올렸고, 헌종은 제전 의례에 참석했다가 건덕전으로 돌아와서 위문사인 광주방어사 소치에게 위문 조서와 부의 물품을 받는 증부·조위 의례를 진행했다.[61]

그래서 거란의 위문 조서를 받는 의례는 빈례의 '영북조조사의(迎北朝詔使儀)'를 참고할 수 있지 않을까 생각한다.[62] 예지에서 흉례가 아닌 빈례에 속하지만 조서를 받는 의례이며, 건덕전에서 이루어졌고, 이어진 '영북조기복고칙사의(迎北朝起復告勅使儀)'도 기복 고칙을 맞이하는 조문사행에 포함되기 때문이다. 또한, '영북조기복고칙사의'는 조서와 함께 관고를 전달하는 것에서 차이가 있을 뿐 전체적인 의식 구도가 '영북조조사의'와 일치한다.[63] 다만 의례 말미에 기록된 것처럼 상중이기 때문에 현관소복을

---

60) 거란의 고려 제전조위의는 남아있지 않으나 송사의 경우와 『遼史』 권50, 흉의에 있는 宋使祭奠弔慰儀를 보면 세부 절차상 차이, 황태후의 참여라는 것 등은 분명하게 다르지만, 제전의례 뒤에 조문의례가 이어지는 것과 제문을 올리고, 향을 피우고, 술을 올리는 요소 기본 요소는 동일하기 때문에 거란의 고려 국상에 대한 제전·조문 의례가 송사가 행한 것과 크게 다르지 않았을 것으로 짐작할 수 있다.

61) 『고려사』 권10, 헌종 즉위년 12월 을유.

62) '迎北朝詔使儀'에 대한 연구는 상당히 축적되어 있다(奧村周司, 「使臣迎接儀禮より見た 高麗の外交姿勢－十一, 二世紀における對中關係の一面」『史觀』 110, 1984 ; 김성규, 「고려외교에서 의례와 국왕의 자세」『역사와 현실』 94, 2014 ; 한정수, 「고려전기 '영거란사신의'의 내용과 의미」『사학연구』 118, 2015 ; 박윤미, 「고려전기 외교의례에서 국왕 '서면'의 의미」『역사와 현실』 98, 2015). 오쿠무라 슈지가 고려국왕의 '西面'이 臣禮를 기피한 것이며 거란도 이를 인정했다는 빈례의 내용과 성격을 주장한 이래, 고려전·중기 고려의 다원적 국제질서로서 고려국왕의 '西面'은 상당히 중요한 연구 주제로 다루어져왔다. 최근 그 연구에 대한 비판적 견해가 등장했다. 김성규는 거란이 동서축을 근본적인 것으로 인식해 고려국왕의 서면은 거란 입장에서 신례였다고 보았고, 박윤미는 고려국왕의 受命位는 두 곳으로 주객의 관계로 동-서로 의례를 시작해 남-북의 군신 위치에서 조서를 받는 것으로 의례 내용을 재구성하여, 의례 주체 간의 입장 변화를 적용한 것으로 보았다. 한정수는 김성규와 박윤미의 연구성과를 두루 거론하면서도 북조조사를 맞을 때나 송사를 맞을 때 남면-서면으로 비대칭적 구도가 보인다고 지적했고, 이는 고려의 설의관을 통해 정리된 고려의 예제라고 보았다.

63) 박윤미, 앞의 논문, 2015, 76쪽.

입고 채붕과 악부, 꽃 장식을 하지 않는다고 했는데, 이는 위문 의례도
마찬가지였을 것이다. '영북조조사의'는 크게 사신이 왕에게 황제의 안부
를 전하고 조서를 수여하고, 고려식의 다례를 베푸는 의례로 구성되어
있다.[64] 거란의 조위 조서는 이 의식에 준하여 이루어졌을 가능성이 크다.
　다음으로 제문을 살펴보자. 제문은 거란과 송의 것이 남아있다. 양국의
제문은 고려의 국왕은 '번(藩)', '후(侯)'로서 충절을 갖추었고 백성을 잘
다스렸다는 것, 그의 죽음을 애도하는 내용, 제전을 진설한다는 것[왕신어
전례(往申於奠禮)] 등의 일반적인 제문의 형식과 내용을 갖추고 있다. 그중
예종 국상에 대한 송의 제문이 가장 완전한 형태이다. 송에서는 노윤적과
부묵경을 국신사 자격으로 고려로 보내려던 때 예종이 사망했다는 소식을
듣고 제전조위사를 겸하게 했다. 이들은 1123년 6월 도착해 제전·조위
의례를 올렸고, 이것이 『고려도경』에 실려 있다.

　가. 정사가 꿇어앉아 송 황제가 지은 제문을 읽었다. "① 유(維)선화 5년
　　세차(歲次) 계묘년 3월 갑인달 14일 정묘에 ② 황제는 사신 통의대부수상
　　서예부시랑 원성현개국남 식읍 3백호 노윤적과 태중대부중서사인 청하
　　현개국백 식읍 9백호 부묵경을 보내 ③ 고려국왕의 영전에 치제한다.
　　④ 생각하건대[惟] 고려왕은 한결같은 덕을 몸소 실천했고, 이 동쪽 땅의
　　왕위를 계승하였다. … ⑤ 상향(尚饗)[65]"

---

64)　송의 제전·조위 의례는 『고려사』 예지의 흉례와 『고려도경』의 제전·조위 부분에
　　기록되어 있다. 『고려사』의 제전·조위 의례는 조서를 받은 후의 기록이 없으나
　　『고려도경』에는 다례를 진행하는 기록이 있어서 『고려사』 빈례의 조사·기복고칙사
　　를 맞이하는 의례와 내용에서 다소의 차이가 있지만 구조는 거의 같다(한정수,
　　앞의 논문, 2015, 185~187쪽). 그러므로 제전·조위 의례를 확인하는 데에 거란의
　　빈례를 비교하는 것에는 무리가 없다고 생각한다.
65)　『고려도경』 권25, 제전, "使跪宣御製祭文曰 維宣和五年 歲次癸卯三月甲寅朔十四日丁卯
　　皇帝遣使通議大夫守尚書禮部侍郎元城縣開國男食邑三百戶 路允迪 太中大夫中書舍人淸河
　　縣開國伯食邑九百戶 傅墨卿 致祭于高麗國王之靈 惟王躬有一德 嗣玆東土 … 尚饗."

위의 내용을 구분해서 보면 가-①에서는 제문의 형식인 "유(維) … 세차(歲次) …"로 시작하여 가-②에서 황제가 노윤적과 부묵경을 보내 가-③ 고려국왕의 영령을 치제한다고 되어 있다. 가-④에서부터 본격적인 제문의 내용이다. 서두에 이어 왕(예종)이 덕이 있고, 동토를 이어받아 잘 다스렸는데, 죽었으니 참으로 슬프다는 내용이 서술되어 있고, 마지막 가-⑤는 제문의 형식에서 끝을 맺는 "상향(尙饗)"으로 마치고 있다. 그 외 『고려사』에 남아있는 제문은 가-①~③·⑤는 생략되어 있고, 주요 내용인 가-④만 기록되어 있다.

다음으로 사왕에 대한 조위 조서가 있다. 조서는 대개 선왕의 사망에 대해 애도를 표시하고 슬픔에도 나라를 잘 다스리라는 당부로 맺는다. 이 역시 『고려도경』에 있는 것이 가장 완전하게 남아있는 형태이다.

> 나. 조서에서 말하길 "① 고려국왕 왕해(高麗國王 王楷) ② 생각하건대[惟] 그대의 선왕은 … ③ 지금 국신사 통의대부 수상서 예부시랑 원성현 개국남 식읍 3백호 노윤적과 부사 태중대부 중서사인 청하현 개국백 식읍 9백호 부묵경을 제전과 조위를 겸하여 보내고, ④ 아울러 제전과 조위 예물 등을 별록과 같이 갖추었으니 받도록 하라. ⑤ 이를 조서로 알리니 잘 알아두도록 하라. 봄이 완연하니, 경도 평안하길 바라며, 글을 보내나 할 말이 두루 미치지 못한다."[66]

나-①에서는 고려의 인종을 "고려국왕 왕해"라고 지칭하면서 그 이름을 적었는데, 이 역시 노윤적의 언설을 고려하면 고려국왕에 대한 예우를

---

66) 『고려도경』 권25, 조위, "詔曰 高麗國王王楷 惟爾先王 … 今差國信使通議大夫守尚書禮部侍郎元城縣開國男食邑三百戶 路允迪 副使太中大夫中書舍人淸河縣開國伯食邑九百戶 傅墨卿 兼賜奠弔慰 幷賜祭奠弔慰禮物等 具如別錄 至可領也 故玆詔示 想宜知悉 春喧 卿比平安好 遣書 指不多及."

높인 것임을 짐작할 수 있다. 나-②에서는 예종의 사망에 대한 조위의 뜻과 함께 잘 다스리라는 내용이 담겨있다. 나-③에서는 국신사 노윤적과 부사 부묵경을 제전조위를 겸하여 보낸다고 밝히고, 이어서 나-④에서는 제전·조위 예물을 별록과 같이 하사하니 받으라는 것을 덧붙였다. 나-⑤는 조서를 끝맺는 양식이다.[67]

『고려사』에 실린 거란과 송의 선종 조위 조서, 거란의 헌종 조위 조서는 나-①과 ⑤부분이 빠진 채 사신과 내용만 기록되어 있다. 거란은 고려와의 관계에서 송의 문서식과 문서제도에 입각한 외교 문서를 사용했던 것을 고려하면 양국의 조서 양식도 크게 다르지 않았을 것이며,[68] 남아있는 위문 조서의 내용도 거란과 송이 크게 다르지 않다.

다만, 제문이나 조위 조서에서 형식상 구분은 보이지 않지만 내용의 차이는 찾을 수 있다. 거란의 순종 제문에서는 탈정을 의논하고 습작하도록[議以奪情, 俾其襲爵] 하면서[69] 곧 순종을 기복시키고 작위를 잇게 하려 했으나 부고를 들었다는 내용을 쓰고 있다. 이는 책봉과 왕위 계승에 대한 외교적 행동을 취할 수 있는 책봉국이 아니라면 쓸 수 없는 내용이다.

제문 가-③과 조서 나-①에서 보이는 고려국왕에 대한 명칭을 사용한 배경을 확인하면 거란과 송의 차이를 알 수 있다. 거란에서 남긴 문서에는 고려국왕에 대한 위호 부분이 없지만, 송이 이에 대해 이야기한 것을 토대로 보면 거란과 송의 제문 내용이 달랐을 것을 추정할 수 있다. 송 사신 노윤적 은 조위 의례가 끝나고 인종에게 고려국왕의 위호에 대해 이야기를 한다. 송의 연풍연간 조문은 상례에 그쳤으나, 대관(大觀)연간[70]에는 '권(權)'을 없애 '진왕의 예(眞王之禮)'를 보여줬고, 이번에도 특별한 은혜를 보여준

---

67) 정동훈, 앞의 논문, 2016, 136쪽.
68) 정동훈, 앞의 논문, 2016, 98~99쪽.
69) 『고려사』 권10, 선종 원년 4월 정축.
70) 『고려사』 권13, 예종 5년 6월 계미.

것이며, 다만 선왕이 이미 요의 책명을 받았기 때문에 '피휘(避諱)'한 것이니, 송에 책명을 청할 것을 권유했다.[71] 즉, 송은 고려국왕에 대한 지칭에 대해 송이 책봉하지 않은 것과 거란의 책봉을 받은 것을 고려하여 제문을 작성한 것이다. 바꾸어 말하면 거란은 이에 대해 자연스럽게 책봉국으로서 고려국왕에 대한 지칭을 썼을 것으로 생각할 수 있다.

정리하면 성종의 국상부터 고려에 대한 조문사행이 상례 절차에 따라 시행되었다. 먼저, 책봉과 조문사행이 구분되었으며 조문사행 안에서도 제전과 조위가 나누어졌다. 이는 문종과 순종의 상례에서 보다 명확하게 나타나는데, 사망한 국왕에 대한 제전사와 조위사를 따로 보냈다는 것, 사신이 각각 시행하는 의례는 물론이며 그에 해당하는 외교 문서도 구분되었다는 것에서 조문사행의 체계를 확인할 수 있었다. 나아가 송, 거란, 금의 조문사행이 같은 구성을 가지고 있었다는 점에서 이것이 10~13세기에 보이는 특징적인 외교 형식이라는 것을 알 수 있다.

다만 제문과 조서에서는 책봉국인 거란·금과 송의 차이가 나타난다는 점은 간과해서는 안 된다. 즉, 고려가 책봉국을 우선하여 고애사를 보낸 것처럼 상대국의 제전·조위 의례와 외교 문서에서도 책봉 여부의 차이는 있었다. 또한 거란과 금의 조문 사신단에는 기복사가 있지만 송에서는 기복사를 보내지 않았다. 기복사는 고려국왕에 대한 책봉과 밀접한 관련이 있는 사행으로 책봉국이 아닌 송에서는 기복사를 보낼 수 없었다. 이에 대해서는 다음 절에서 자세히 살펴볼 것이다.

2) 고려국왕에 대한 기복(起復)과 책봉(冊封)

기복사는 거란과 금에서만 보낸 것으로 사실상 책봉국의 권위에 의해

---

71) 『고려사』 권15, 인종 원년 6월 계묘.

파견되는 것이다.[72] 기복은 유교적 상례를 전제로 상중인 관원을 출사시켜 업무에 복귀하도록 만든 제도이다. 이는 북위대 관행으로 형성되었으며, 당대에 관인들에게 삼년상을 강제하는 과정에서, 상을 당한 관리를 해관(解官)시키고 기복을 통해 출사하도록 하는 제도를 만들었다.[73]

즉, 기복은 국가의 효율적인 운영을 위해 상을 당한 관리가 빨리 복귀하도록 마련된 제도다. 11세기 이전 국가 사이에 기복 사신을 보낸 예는 보이지 않는다. 동아시아에서 기복사가 처음 등장하는 것은 1007년 이덕명 모친의 사망에 대해 송과 거란이 하(夏)에 보낸 사례다.[74] 그러나 하에 대한 기복은 외교관계를 맺은 기간 동안 지속적으로 이루어지지 않았다는 점에서 고려와는 대조적이다.

먼저, 고려에 기복사가 파견되는 시점에 대해 살펴보겠다. 고려에 기복사가 처음으로 보이는 것은 1085년으로, 문종의 국상에 대해 선종에게 낙기복사를 보낸 것이다. 하에 대한 기복사가 1007년에 파견되는 것에 비하면 고려에 대한 기복사 파견은 상당히 늦었다. 1007년 전후 시기부터 문종의 국상 이전까지 고려에서는 성종부터 정종까지 총 5건의 국상이 치러졌다. 목종의 국상 시기는 거란과의 전쟁으로 이어졌고, 현종·덕

---

72) 조문사행은 국상 의례의 일종으로 엄밀히 말하자면 제전과 조위는 조문에 해당하지만, 기복은 조문의 범주와는 다른 예제로 구분될 수 있다. 기복사는 고려의 嗣王의 喪을 儀禮的으로 중단시키는 의미가 있으므로 상례 혹은 흉례라고 말하기 어렵다. 『고려사』 예지에서도 祭奠·弔慰에 대한 의례는 흉례에, 起復에 대한 의례는 빈례로 구분되어 있다. 다만, 기복을 했다 하더라도 아직 부묘하지 않고, 心喪의 喪期 중이므로 본 연구에서는 포괄적으로 국상-조문사행에 연결된 사행으로 볼 것이다.

73) 삼년상을 이해하는 수준이나 중시하는 정도에는 개별적 차이가 존재하기 때문에 解官은 親喪을 강제하는 장치이자 정치적 거세를 초래하는 요소로 인식될 수 있었으며, 이 경우 기복은 정계복귀의 수단으로 이용되어 정쟁의 소재가 되기도 했다(황향주, 「고려 기복제와 14세기말 기복논쟁」 『한국사론』 57, 2011, 7쪽).

74) 송과 거란의 夏에 대한 기복사는 대부분 이덕명에게 파견된 것이다. 이덕명의 모친이 1007년 사망하자 송에서 기복사를 보냈고(『續資治通鑑長編』 권65, 경덕 4년), 1009년에 낙기복시켰다(『續資治通鑑長編』 권71, 대중상부2). 거란도 같은 해인 1007년 弔祭와 起復했다는 기록이 있다(『遼史』 권115, 二外國記 西夏).

종은 고애사를 보내지 않았으니 이를 제외하면 성종과 정종의 조문사행이 남는다.

앞서 말했듯이 성종의 국상은 국내적으로나 국제적으로 이전 시기와는 다른 의례 절차가 마련되는 시점인데도 기복사가 오지 않은 것은 상례 및 기복의 성격과 관련이 있다. 기복은 삼년상으로 인한 해관(解官)이 선행하는 것으로, 다시 말하면 해관의 대상은 참최·제최 삼년상을 당한 관리가 된다.[75] 즉, 성종의 상례에서 거란은 왕위를 계승한 것이 "조카[기질(其姪)]"인 것을 알고 있었기 때문에 따로 기복사를 파견하지 않은 것이다. 이는 정종의 상례도 마찬가지인데 알다시피 정종과 문종은 현종의 아들들로 형제관계이다. 이 역시 삼년상의 대상이 아니기 때문에 해관과 기복이 되지 않는다. 즉, 동아시아 국제사회에서 기복사 파견은 상례의 삼년상 기준에 바탕을 두고 있었다.

이 때문에 거란에서 고려에 처음으로 기복사를 파견할 수 있었던 것은 문종의 국상이 될 수밖에 없었다. 기복을 받은 선종은 형인 순종의 뒤를 이었으나 문종과 순종의 상이 3개월 차이밖에 나지 않기 때문에 문종의 아들로서 기복이 이루어졌던 것이다.

또한, 고려국왕에 대한 기복은 흉례를 마치고 길례를 행해도 된다는 일종의 기준으로서 11세기 이후 고려의 의례 시행에 중요한 역할을 했다.[76] 예를 들어 강종이 사망한 때에[77] 공교롭게도 금에서 급작스러운 황위 교체가 있었고, 황제의 즉위 소식이 고려의 고애 파견보다 먼저 전해졌다.[78] 윤9월에 고려에서는 고애사를 보냈지만[79] 고애사가 도착을 한 것은 『금사』에서 확인하기 어렵다. 금 황제의 즉위와 고려의 국상이

---

75) 황향주, 앞의 논문, 2011, 5~6쪽.
76) 『고려사』 권64, 흉례 국휼.
77) 『고려사』 권22, 강종 2년 8월 정축.
78) 『고려사』 권22, 고종 즉위년 9월. "是月 金昇王珣 即皇帝位 改元貞祐 遣使來告."
79) 『고려사』 권22, 고종 즉위년 윤9월.

맞물린 상황에서 의례 시행에 대한 고려의 입장이 금으로 전달되었는데, 이것이 기복사의 역할을 반증해준다. 금의 변리(邊吏)를 통해 전달된 첩에는 고려국왕이 상중이며 기복을 하지 못해 길례를 행할 수 없다는 사실이 있었다. 이에 금에서는 사은(私恩)으로서 공의(公義)를 폐하는 일은 없다고 하면서도 고려의 고애사가 도착하면 치제, 위문, 책봉을 행하기로 했다.[80] 그러나 이후에 조문 사신을 보낸 기록은 보이지 않는다. 고려에서도 이후의 기록이 없으므로 금과의 관계는 더 진전되지 못한 것으로 보인다.[81] 그러나 이러한 고려 측의 내용은 국제사회 간 길례를 시행하는 데에 고려국왕의 기복이 중요시되었음을 확인해 준다.

그리고 기복은 조문사행 체계에서 조문과 책봉이 분리된 그 정치·외교적 틈새를 메우는 역할을 했다. 기복으로 관인의 직무를 복귀시킬 때는 해관 이후 기복을 통한 임명이 이루어져야 한다. 물론 고려 전·중기에 책봉국에 의한 일방적인 고려국왕의 임명은 이루어질 수 없는 일이었지만, 책봉을 근간으로 하는 외교 체제 안에서 책봉국에서 피책봉국의 왕위계승을 문제로 삼고 이를 외교적 사안으로 다룰 수 있는 여지는 충분했다. 거란이 현종의 즉위를 문제 삼고, 이를 빌미로 침입한 것이나 선종의 즉위에 의문을 표하는 것이 그 예이다. 그러므로 즉위 이후 책봉국으로부터 '고려국왕'으로 문제없이 인정되는 것은 고려 국내에서나 국제사회에서도 중요한 문제였다.

거란은 기복을 통해 고려국왕의 위호(位號)를 인정하고, 이후 삼년상이 끝나는 기간에 맞춰 책명을 전달해 정식으로 책봉 절차를 밟았다. 거란의 기복 내용을 완전히 확인할 수 있는 것은 선종의 국상에 대한 헌종의 기복이 유일하다.[82]

---

80) 『金史』 권135, 外國下 高麗.
81) 1219년 고려에서 奉表朝貢의 뜻을 요동행성을 통해 전했으나 길이 끊어져 더 이상 사신이 왕래하기 어렵다는 이유로 외교관계는 끊어졌다(『金史』 권135, 外國下 高麗).

그렇다면 헌종의 기복을 살펴보자. 선종은 1094년 10월 병인일에 사망했고, 조문사행은 12월에 도착한다. 을유일에 제전·조위 의례가 행해지고, 이튿날 건덕전에서 기복사 숭록경 곽인문에게 조서와 관고(官誥)를 받는 기복 의례가 이루어졌다.[83] 『고려사』 예지, 빈례에 '영북조기복고칙사의(迎北朝起復告勅使儀)'가 남아있는데, 빈례에 속해있지만 실제 의례는 국상 기간에 이루어지므로 현관소복을 입고 참여한다. 국왕이 건덕전에 앉으면 의례가 시작되고 사신은 칙령, 조서, 관고를 차례로 전달하며, '영북조조사의'와 마찬가지로 칙령에서 관고까지 받는 의례를 마친 이후 다례가 행해진다.[84]

헌종에 대한 칙령은 없으나 기복 조서와 관고[85]는 남아있어 기복에 대한 단서를 볼 수 있다. 조서는 간략하게 부친을 잃었으나 정무에 복귀하라는 것과 기복사를 보내 기복고칙을 내린다는 내용이 들어있다. 헌종의 기복 관고에서는 고려가 명봉(名封)이자 거병(鉅屛)이었다는 것, 고려국왕 사자(嗣子) 왕욱(王昱)이 계승할만한 인재라는 것, 차마 3년 동안 탈정하지 않을 수 없다는 것, 마지막으로 그를 '표기대장군검교태위겸중서령상주국 고려국왕 식읍칠천호식실봉칠백호(驃騎大將軍檢校太尉兼中書令上柱國高麗國王 食邑七千戶食實封七百戶)'로 기복시키며, 택일하여 책명할 것이라는 내용으로 구성되어 있다.[86]

---

82) 기복문서는 헌종의 기복 조서와 관고, 예종 기복 조서와 告身(『고려사』 권13, 예종 8년 정월), 명종의 기복 조서가 남아있으나(『고려사』 권20, 명종 14년 5월), 예종과 명종에 대한 문서는 앞뒤의 문장이 생략된 채 기록되어 있다.

83) 『고려사』 권10, 헌종 즉위년 12월 병술.

84) 『고려사』 권65, 빈례 迎北朝起復告勅使儀.

85) 官誥는 制書나 誥命을 서사하여 전달하는 문서로, 기복 관고는 제서를 가리킬 가능성이 높으며, 이 때 기복과 책봉은 임시적으로 관고를 통해 국왕으로 인정했다가 상기가 끝난 후에 정식으로 책을 내려 책봉하는 방식이었다고 지적했다(정동훈, 「冊과 誥命 - 고려시대 국왕 책봉문서」 『사학연구』 126, 2017, 178쪽).

86) 『고려사』 권10, 헌종 즉위년 12월 병술.

즉, 헌종은 책봉 이전에 '고려국왕'으로 기복되었던 것이다. 헌종이 기복한 이후, 책봉을 받지 못하고 숙종에 의해 폐위되기 때문에 기복과 책봉을 연결시켜 파악하기에는 어려운 점이 있다. 그러나 거란이 기복을 통해 '고려국왕'의 이름을 주는 것은 거란에게 기복과 책봉을 받은 국왕들의 책봉명으로 확인할 수 있다.

선종은 1085년 '특진검교태위겸중서령상주국 식읍일만호식실봉일천호(特進檢校太師兼中書令上柱國 食邑一萬戶食實封一千戶)'로 책봉되었다.[87] 여기에서 선종은 '고려국왕'의 위호를 받지 않았는데, 이미 그 이전의 기복[낙기복]을 통해 고려국왕으로 인정받았을 것으로 짐작된다. 이는 아래의 거란의 기복과 책봉 시기, 위호를 비교한 <표 2>를 보면 확인할 수 있다. 헌종 기복 관고와 숙종 책봉문·가책문에서 대상을 지칭하고 새 책봉명을 더할 때 그 위호를 명확하게 밝히고 있다. 선종은 기복을 받을 때 헌종과 같이 사자(嗣子[嗣王])로 혹은 숙종과 같이 '권지고려국사(權知高麗國事)'였을 것이고, 이후에 책봉을 받을 때는 상세히 쓰는 경우가 아니라면 이전의 기복 위호에 덧붙이는 것만 기록했을 것으로 보인다.

이는 예종도 마찬가지이다. 그는 태자시절 몇 차례에 걸쳐 책봉과 가책을 받았다. 마지막의 가책은 1104년(숙종 9) 4월 경오일에 이루어졌고, 위호는 '순의군절도삭무등주관찰처치등사특진검교태위겸시중사지절삭주제군사행삭주자사상주국삼한국공(順義軍節度朔武等州觀察處置等使特進檢校太尉兼侍中使持節朔州諸軍事行朔州刺史上柱國三韓國公)'이었다. 이듬해 10월 숙종이 사망하고, 1106년 정월에 조문 사신단이 온다.[88] 갑진일(11)에는 제전사 야율연과 좌기궁이, 병오일(13)에 조위사 야율충과 류기상, 기복사 류정신이 도착했다. 계축일(20)에 제전·조위 의례를 행했으니, 기록은 없지만 기복 의례는 다음날 시행했을 가능성이 크다. 1108년(예종 3) 2월

---

87) 『고려사』 권10, 선종 2년 11월 계축.
88) 『고려사』 권12, 예종 원년 정월 갑신 ; 병오.

〈표 2〉 거란의 고려국왕 기복과 책봉 위호*

왕	연월일		사행 목적 및 위호
선종	1085.11.병오	낙기복	
	1085.11.계축	책봉	확인 안 됨 ⇒ 特進 檢校太師 兼中書令 上柱國 食邑一萬戶 食實封一千戶
헌종	1094.12.병술	기복	高麗國王嗣子 王昱 ⇒ 驃騎大將軍 檢校太尉 兼中書令 上柱國 高麗國王 食邑七千戶 食實封七百戶
숙종	1097.12.계사	책봉	權知高麗國王熙 ⇒ 特進 檢校太尉 兼中書令 上柱國 高麗國王 食邑一千戶食實封七百戶
	1104.04.갑자	가책	特進 檢校太尉 兼中書令 上柱國 高麗國王 食邑七千戶 食實封七百戶 王顒 ⇒ 忠勤奉國功臣 開府儀同三司 守太尉 兼中書令 上柱國 高麗國王 食邑七千戶 食實封七百戶
예종	1106.01.	기복	—
	1108.02.신축	낙기복	—
	1108.02.병오	책봉	高麗國王俁 ⇒ 守太尉兼中書令, 加食邑
	1113.01.무인	기복	前推誠奉國功臣 開府儀同三司 檢校太師 守太尉兼中書令 上柱國 高麗國王 食邑三千戶 食實封一千五百戶 王俁 ⇒ 확인 안 됨.
	1114.06.	낙기복	—
의종	1146.10.무술	기복	—
	1148.05.갑자	낙기복	—
	1148.05.경오	책봉	開府儀同三司 上柱國 高麗國王
희종	1204.06.기해	기복	—
	1206.04.갑자	책봉	起復知高麗國事王韺 ⇒ 확인 안 됨.

* 『고려사』 세가

숭록경 장섬이 와서 예종을 낙기복시키고,[89] 5일 후 책봉 조서와 책봉문서를 받는다. 책봉문을 보면 이미 예종을 '고려국왕오(高麗國王俁)'라 말하면서 '수태위겸중서령 가식읍(守太尉兼中書令 加食邑)'으로 책봉하고 있다.[90] 앞의 경우와 비교해보면 예종을 권지국사 혹은 사자(嗣子)가 아닌 고려국왕으로 지칭하고 있는 것은 이미 기복을 통해 고려국왕의 위호를 받았다는 것을 의미한다. 이는 명의태후 사망으로 인해 예종이 재차 기복을 받을

---

89) 『고려사』 권12, 예종 3년 2월 신축.
90) 『고려사』 권12, 예종 3년 2월 병오. 이에 대해 심재석은 태자 책봉까지 포함해 세 번째 가책이기 때문에 식읍을 가한다고 표현했다고 보았다(심재석, 앞의 책, 140쪽). 정동훈은 예종 원년에 기복사가 온 직후 예종을 고려국왕에 책봉한 내용의 관고가 전해졌을 가능성이 있다고 보았다(정동훈, 앞의 논문, 2017, 180쪽).

때 고려국왕으로 지칭되고 있는 것에서도 확인할 수 있다.

다음으로 금의 기복은 어떤 방식이었는지 확인해보자. 앞서 말했듯이 기복은 부모상을 전제로 이루어지는 것이기 때문에 국왕의 기복과 책봉이 연결되는 것은 부자계승에 한해서 가능한 것이다. 금은 무신정변에도 불구하고 고려국왕들을 모두 책봉했으나 그 중 기복과 책봉을 받을 수 있었던 왕은 의종과 희종뿐이다.

의종은 1148년 5월 갑자일 낙기복의 명을 받고[91] 경오일에 개부의동삼 사상주국고려국왕(開府儀同三司上柱國高麗國王)으로 책봉을 받는다. 금의 외교 형식은 대개 거란의 것을 따랐다고 알려져 있다. 그러나 기복과 책봉 위호에 있어서는 차이를 보여준다. 의종이 책봉을 통해 고려국왕으로 인정받은 것은 기복을 통해서는 고려국왕으로 임명되지 않았다는 것을 의미한다.

이는 희종의 책봉문을 통해서도 확인할 수 있다. 희종의 책봉문은 조병문의 『부수집(滏水集)』에 '봉책고려왕영책문(封冊高麗王韺冊文)'으로 실려 있다.[92] 여기에서 희종의 책봉명호는 없으나 희종이 '기복지고려국사왕영(起復知高麗國事王韺)'으로 지칭되는 것을 확인할 수 있다. 즉 의종과 희종의 사례로 미루어보면 금은 기복을 통해서는 고려국왕으로 임명하지 않고,

---

91) 『고려사』 권17, 의종 2년 5월 갑자.

92) 『滏水集』 권10, 封冊高麗王韺冊文, "皇帝若曰 分封樹屛 實賴幹臣 繼世象賢 以崇有德 率由彝憲 懋明至公 惟我祖宗 經畧區夏 亦大啓于土宇 用綏懷于遠人 朕若昔大猷紹休 先緖乃睠東土 惟我世臣 宜加錫命之榮 庸展幹方之寵 咨爾起復知高麗國事王韺 受材明敏 賦性中庸 有肅恪以溫身 資忠信以行道 惟乃先世 荒于東埵 象輅介圭 啓封圻於大國 彤弓錫盾 作藩屛于皇朝 踐修厥猷 不顯亦世 爾曁汝父克成厥終 肇敏戎公嘉 召公之是似 女有良幹 命申伯以于宜 是用畀爾苴茅 續我祖考以永 爲我籓輔 用追配於前人 於戲 惟有德可以和人民 惟謹度可以保富貴 罔曰弗克惟旣厥心 罔曰孔艱惟敬厥事 愼乃服命律 乃有民徃畫 乃心典聽朕訓趙秉文"(장동익, 『元代麗史資料集錄』, 서울대학교출판부, 1997, 345~346쪽 재인용). 장동익은 이 문서를 희종 즉위년의 기복 조서로 보았으나, 정동훈은 『大金詔令釋注』에서 이 글을 희종 2년 문서로 본 점, 책문의 형식을 보전하고 있는 점을 들어 희종 2년 4월에 행해진 책봉 문서로 보았다(앞의 논문, 2017, 181쪽).

책봉을 통해서 고려국왕의 위호를 주었던 것이다.

정리하면 기복은 상중인 고려왕이 업무를 볼 수 있도록 탈정시키는 것이다. 10세기 말부터 조문사행과 책봉이 분리되었고, 책봉은 27개월 후 삼년상 기간이 끝날 때 이루어졌다. 기복은 고려국왕이 책봉을 통해 국제사회 내에서 공인받기 이전까지의 틈을 메우는 역할을 했다. 그러므로 기복은 책봉을 받는 것은 아니지만 그에 상응하는 정치·외교적 성격을 가지고 있었다.

다만 거란과 금 모두 고려국왕에 대한 기복과 책봉을 시행했지만 다소의 차이가 존재했다. 거란은 기복을 통해, 금은 책봉을 통해 '고려국왕'으로 불렀던 것이다. 그 차이가 가진 배경은 거란과 금이 처한 국제 환경의 차이에서 기인하는 것이 아닐까 생각한다. 거란은 송과의 의례적으로 대등한 위치에서 고려에 다양한 사행을 보내면서 송과의 경쟁에서 우위를 차지하고자 했다. 그것은 고려에 대한 공격적인 외교 정책으로 드러났는데, 거란은 송과의 본격적 전쟁 이전에 고려와 사대관계를 맺음으로서 후방을 안정시키고자 하고, 고려의 왕위 계승을 빌미삼아 전쟁을 시작했다. 반면, 금은 송을 완전히 제압하기 전까지 고려와 군신관계를 맺는 서표를 받았을 뿐 책봉을 미루고 송과 군신관계를 확정하자 서하, 고려를 책봉하며 동아시아 국제사회에서 금의 위치를 확인시켰다.[93] 그 안에서 고려는 거란과는 전쟁으로, 금과는 외교수단으로 사대를 맺음으로써 대응을 달리했다. 물론 금을 사대하는 배경에서는 거란과의 전쟁 경험이 영향을 미쳤다고 볼 수 있을 것이다. 결국 거란과 금이 형성한 동아시아 국제사회의 위상과 그에 대한 고려의 외교 방향의 차이가 고려국왕에 대한 기복과 책봉의 차이를 만들어낸 것으로 생각해 볼 수 있다.

---

93) 박윤미, 「12세기 전반기의 국제정세와 고려-금 관계 정립」『사학연구』104, 2011.

4. 맺음말

이제까지 10~13세기 조문사행의 양상을 분석해보았다. 고려국왕의 사망에 대해 고애사를 보내고, 조문사행을 맞이하는 것은 고대부터 형성되어 있었던 동아시아 국제사회의 모습이다. 그러나 10세기 후반 이전에는 고애에 대한 조문은 책봉과 함께 이루어지거나 별도의 조문 없이 책봉만 시행되기도 했다.

고려에서 국상 절차와 조문사행의 변화는 성종대를 기점으로 일어났다. 성종대 태묘를 만들면서 국상 절차를 정비했고, 그의 사망에 대한 거란의 조문사행에서 책봉과 조문이 분리되었으며, 조문 안에서도 치제와 조위가 나누어졌다.

이러한 외교 형식은 이후 사망한 국왕의 제사를 위한 제전사, 새로이 즉위한 왕에 대한 위문 목적의 조위사, 국왕이 탈정하기 위한 기복사가 파견되는 것으로 정례화 했고, 이는 각각 시행된 의례와 해당 외교 문서를 통해 확인할 수 있었다. 이는 13세기 전반 신종의 국상까지 하나의 외교 체계로서 자리 잡는다.

그 중 기복사는 상중인 관원을 출사시켜 업무에 복귀하도록 명하는 기복을 외교 형식에 반영한 것이다. 고려국왕에 대한 기복은 조문과 책봉이 분리된 조문사행 체계에서 책봉이 삼년상이 끝나는 27개월 이후에 이루어지면서 발생하는 정치·외교적 틈새를 메우는 역할을 했다. 기복은 책봉과 연동된 사행이었고, 이를 시행하는 거란과 금이 동아시아 국제사회에서 송에 대해 우위에 있음을 가시적으로 드러내는 것이었다. 나아가 거란과 금의 기복 문서에서 나타난 고려국왕에 대한 위호의 차이를 통해 거란과 금이 형성한 국제사회의 차이도 살펴볼 수 있었다.

고려의 고애사 파견과 거란·금·송의 조문사행은 고려가 거란·금에 대해 책봉 관계에 따라 사행을 보내고 의례를 시행하는 것, 거란·금이 고려국왕에 대해 책봉국으로서 행하는 의례 및 외교 언설, 그리고 그 사이에서 책봉 관계를 다분히 의식하면서도 고려에 대해 상위에 있다는 것을 피력하는 송의 위치 등 10~13세기 다층적 국제관계와 그 외교 양상을 보여준다.

즉, 책봉 체계 안에서 국상에 대한 조문사행은 국가 간 외교와 의례의 중요한 연결 고리가 되었다. 고려 국상 의례는 국내 의례의 의미뿐 아니라, 제전·조위·기복의 외교 형식 및 의례와 연동되면서, 책봉이라는 동아시아 외교 형식과 의례가 접합되는 것과 국제정세에 따른 외교 형식의 변화 등이 복합적으로 엮여 움직이는 모습을 보여준다. 고려 국상이 단상제와 심상의 삼년상으로 치러지고 이에 맞물린 외교 사행이 이루어졌다는 것은 국가 의례에 내포된 사상적·정치적 관념들과 예제 형식이 동아시아 국가 사이에서 일정한 보편성을 가지고 공유·통용되고 있었다는 것을 의미한다.

제3장

고려후기 도기통형호에 보이는 원의 영향

한 혜 선

1. 머리말

고려가 몽골[1]과 직접적으로 대면하게 된 것은 1218년(고종 5)이었고, 몽골이 본격적으로 군사적 침략을 단행한 것은 1231년(고종 18)이었다.[2] 몽골의 침략을 받은 고려는 당시 최고집권세력이었던 무신정권이 수도를 강화도로 옮기고 장기전에 임하게 되면서 상당기간 대치하였다. 고려는 강화도에서 무신정권을 중심으로 30여년에 걸쳐 대몽항쟁을 전개하였고, 무신정권이 몰락하면서 양국의 위상을 전통적인 사대 관계, 즉 천자와 제후의 관계로 비정함으로써 체제를 보전하고 왕권을 안정시키려고 하였다.[3] 1259년(고종 46) 고려와 원 사이의 강화가 성립되어 원간섭기라고 명명되는 시점부터 1356년(공민왕 5) 고려에서 반원운동이 어느 정도 성공할 때까지 고려는 원으로부터 정치·경제·사회·문화 전반에 걸쳐 많은

---

1) '元'이라는 국호를 정식으로 사용하기 시작한 1260년 이전은 몽골로 부르며, 그 이후는 원으로 지칭한다.
2) 이개석, 『고려-대원 관계 연구』, 지식산업사, 2013, 22쪽.
3) 도현철, 「원 간섭기를 어떻게 볼 것인가」 『쟁점 한국사-전근대편』, 창비, 2017, 158쪽.

영향을 받게 되었다.[4]

고려후기 원과 고려 사이의 영향관계와 교류 상황은 도자기를 통해서도 파악할 수 있으며, 이에 착안하여 다수의 연구들이 이루어진 바 있다.[5] 그러나 대부분 자기의 교류 상황이나 원의 자기가 고려청자에 미친 영향을 살펴보는 것으로 편중되어 있다.[6] 동시기 도기에도 충분히 외래 요소가 나타나거나 원과의 영향관계를 살펴볼 수 있음에도 불구하고 연구대상으로 여겨지지 못하였던 것이다. 이처럼 도기에 대한 연구가 미진했던 이유는 학계의 관심과 연구가 부족한 것과 더불어 중국 내에서 도기 연구가 부진한 점에도 원인이 있다. 중국은 자기가 본격적으로 생산되기 시작한 한대(漢代) 이후 도자사 연구가 대부분 자기에만 편중되어 있어 도기에 대한 정보가 매우 빈약한 상태이다. 중국에서 도기 연구가 제대로 이루어지지 않았기 때문에 이를 바탕으로 살펴보아야 할 고려와 중국 도기간의 상호 영향관계에 대해서는 접근이 매우 어려운 상황이다.

이러한 한계점에도 불구하고 고려후기 유적에서 원에서 유입되었거나 원 도기의 영향을 받아 고려에서 제작된 것으로 추정되는 도기가 확인되고 있다. 그것은 바로 소위 '몽고병'이라고 불리는 도기호이다. 이 도기호는 높이가 약 30㎝ 내외이고 편평한 바닥에 세장(細長)한 동체가 연결되며, 구연 중간부분이 단을 이루고 있으면서 어깨부분에 2~4개의 고리가 달려 있다. 이 기종은 원대(元代)에 중국 강소성(江蘇省) 의흥요(宜興窯)를 중심으

---

4) 이익주, 「高麗·元關係의 構造에 대한 硏究—소위 '世祖舊制'의 분석을 중심으로」『韓國史論』 36, 1996, 1~2쪽.

5) 이 글에서 말하는 도자기는 도기와 자기를 모두 지칭하는 것이며, 자기 또는 도기만을 지칭할 경우에는 용어를 구분하여 사용할 것이다.

6) 김윤정, 「高麗後期 象嵌靑磁에 보이는 元代 磁器의 영향」『美術史學硏究』 249, 2006 ; 장남원, 「쿠빌라이시대 고려·원 도자수용의 변화」『미술사와 시각문화』 8, 2009 ; 이종민, 「고려 후기 對元 陶磁交流의 유형과 성격」『震檀學報』 114, 2012 ; 김영원, 「新安船 磁器와 高麗 遺蹟 出土 元代 磁器」『美術資料』 90, 2016 ; 송동림, 「한반도 근해 출수 송원도자(宋元陶瓷)의 양상과 최종 수요처」『文物硏究』 29, 2016 ; 이강한, 『고려의 자기, 원제국과 만나다』, 한국학중앙연구원출판부, 2016.

로 한 남방지역에서 12세기 전반~15세기에 걸쳐 제작한 것으로[7] 주로
원의 무역선에서 확인되었다. 이 도기호는 중국 해역에서 확인되는 원대
침몰선을 비롯해 여몽연합군이 일본 출병시 정박했던 규슈지역과 대몽항
쟁이 벌어진 제주도해역, 원 무역선이 침몰한 전라도 신안 해저 등에서
주로 발견되고 있다. 이것에 대해서 기존 연구에서는 무역품이라기보다는
장거리 해양이동 과정에서 액체를 담는 용도로 활용된 것으로 추정되었으
며[8] 용도를 강조하여 '컨테이너 도자'의 하나로 불리기도 한다.[9] 그러나
아직까지 심도깊은 연구가 진행되지 못하고 있는데, 아마도 수량이 많지
않고 정식 상품이 아니라는 한계와 일정한 경향성을 보여주는 특징을
찾아내기 어렵다는 선입견도 작용하였던 것으로 생각된다.

우리나라에서도 이러한 형태의 도기호가 적은 양이지만 출토된 예가
있다. 현재까지 필자가 확인한 사례로는 태안 마도 해역, 진도 해역, 제주도
일대, 신안선, 개성 개풍군 고남리 토광묘 제1지구 38호 무덤, 화성 우음도
고려후기 11호 토광묘, 강화 창후리 등이 있다. 또한 동체는 동일한 형태이
지만 어깨부분에 고리가 부착되어 있지 않고 고려의 관사명(官司銘)이 새겨
진 도기호도 알려져 있는데, 일본 도쿄국립박물관 소장 <도기덕천고명호
(陶器德泉庫銘壺)>, 국립중앙박물관 소장 <도기보원고명병(陶器寶願庫銘
瓶)>과 <도기보원고명병(陶器寶源庫銘瓶)>이 그것이다.

이 도기의 명칭은 제작지로 알려진 중국에서는 도기호(陶器壺)·도병(陶

---

7) 田中克子·佐藤一郎, 「貿易陶磁器の推移」『中世都市博多を掘る』, 海鳥社, 2008, 121쪽.
8) 김영원, 「한반도 출토 중국 도자」『우리 문화 속의 中國陶磁器』, 국립대구박물관,
   2004, 146쪽 ; 이종민, 앞의 논문, 2012, 314쪽. 다만 언제부터, 누구에 의해 '몽고병'이
   라고 불렸는지는 명확하지 않다.
9) 컨테이너 도자란 그 자체가 무역품인 것이 아니라 무역상품을 넣는 용기, 항해
   중에 선상에서 사용하는 음식물을 담는 용기, 또는 조리구로 배에 실린 운반구를
   가리킨다. 다나카 가츠코, 「한국의 태안 마도해역에서 출토된 중국도자기로 본
   동아시아해역 해상무역의 양상-하카타유적군에서 출토된 중국도자기와이 비교를
   통해」『태안 마도 출수 중국도자기』, 국립해양문화재연구소, 2013, 243쪽.

瓶·한병(韓瓶)·소태병(素胎瓶) 등으로 부른다. 한국에서는 흑갈유도기병(黑褐釉陶器瓶)·도기사이호(陶器四耳壺)·사이호(四耳壺)·갈유사이병(褐釉四耳瓶)·흑갈유양이병(黑褐釉兩耳瓶)·사이부병(四耳部瓶)·단지 등으로 지칭하며, 일본에서는 장유사이호(醬釉四耳壺)·갈유장동사이호(褐釉長胴四耳壺) 등으로 부르고 있다. 이와 같이 제작지와 형태가 동일함에도 불구하고 이것을 각국에서 여러 명칭으로 부르기 때문에 혼동의 여지가 많다. 따라서 필자는 이 도기의 형태적 특징에 주목하여 구연지름이 동체와 거의 비슷하고 동체의 형태가 원통형을 이루므로, 이 글에서는 '도기통형호'로 통일하여 부르기로 하겠다.[10]

이러한 원대 도기통형호는 고려후기 원대 도기의 유입과 고려도기 제작에 미친 영향관계를 살펴 볼 수 있는 중요한 자료라고 할 수 있다. 적은 양이긴 하지만 고려후기에 원의 도기가 고려로 유입된 사례가 구체적으로 확인되고 있고, 비슷한 형태이지만 고려의 관사명이 새겨진 것은 고려 자체에서 제작되었을 가능성이 높은 만큼 그 의미가 무엇인지 살펴볼 필요가 있다고 본다. 따라서 여기에서는 한반도에서 확인된 도기통형호의 현황과 그것이 원에서 유입된 배경을 용도의 측면에서 고찰하고, 관사명 도기통형호가 고려에서 제작된 의미를 알아보고자 한다.

2. 고려후기 원과의 관계와 도자기 교류

고려는 원과 전쟁을 치른 후 원의 부마국(駙馬國)이 되면서 관계가 더욱 공고해졌고 양국간의 인적·물적 교류가 활발해졌다.[11] 원 황실과 고려가

---

10) 높이가 30㎝ 이하이고 동체가 둥글면서 어깨부분에 고리가 달린 형태의 통형호도 있으나 그 양은 전형적인 세장한 형태의 통형호에 비해 적은 편이다. 따라서 이 글에서는 전형적인 세장한 스타일의 도기통형호를 중심으로 살펴보도록 하겠다.

혈연관계로 연결된 점은 이전 송·요·금의 책봉관계가 형식적이었던 것과 비교해서 원이 실질적으로 매우 강한 영향력을 행사할 수 있음을 의미한다.[12] 이러한 양국의 정치적 관계는 원의 문화가 고려로 빠르고 강하게 유입될 수 있었던 토대가 되었고, 원 문화 가운데 상당부분이 고려사회에 전방위적으로 침투할 수 있었다.

고려왕은 세자 시절 원의 대도(大都)에 가서 생활해야 했으며, 왕이 된 이후에 원나라 태생의 공주와 함께 고려로 귀국하였다. 이때 원의 문화가 공식적인 방법으로 고려에 전해질 수 있었다. 대표적인 예로 충선왕과 혼인한 계국대장공주가 고려로 귀국할 때 몽골의 생활용품을 고려왕실로 대거 반입하였던 사실이 확인된다.[13] 여기에는 명칭조차 생소한 기물을 비롯하여 각종 의복까지 나열되어 있는데, 전례없이 많은 양이다. 또한 적극적으로 원의 문화가 고려로 유입되었던 사례로 의관개변령(衣冠改變令)을 통해 복식문화가 변화했다는 사실을 들 수 있다. 의관개변령은 1278년(충렬왕 4) 2월에 관인을 대상으로 원의 의관을 착용하라는 令으로, 공식적이고 가시적으로 원 문화를 적극적으로 수용한다는 의미로서 매우 중요한 사건이었다.[14] 또한 금속공예품에 '황제만만세(皇帝萬萬歲)', '대원(大元)' 등과 같이 원과 깊은 관련이 있는 명문이 새겨지거나,[15] 불상의 착의법·정상계주·대좌형식

---

11) 도현철, 앞의 논문, 2017, 169쪽.

12) 이익주, 「고려-몽골관계에서 보이는 책봉-조공관계 요소의 탐색」 『13~14세기 고려 -몽골관계 탐구』, 동북아역사재단, 2011, 64쪽.

13) 『고려사』 권89, 薊國大長公主, "王復位二年 元封爲韓國長公主 五年 與王還國 王使順妃·淑妃迎于金巖驛 覿用幣 宰樞亦如之 僧徒亦迎拜獻幣 公主所乘車二兩 飾以金銀錦綺 後車五十兩 氈帳有大小 大者 可載十四車 金瓮一 鍾二 大鍾子六 只里麻鍾子·孛欒只鍾子·及盞兒各十 銀札思麻十四 番瓶二 大鍾子·只里麻鍾子各十 孛欒只鍾子十四 察刺盞兒·察渾盞兒各六 灌子二 猪觜子及胡蘆各一撮 金四十錠二十九兩 銀六十八錠三十四兩 諸器名 皆蒙古語也 車服斷送之盛 前世所未有."

14) 김윤정, 「고려·원 관계 추이와 복식문화의 변천」, 연세대학교 사학과 박사학위논문, 2017, 56쪽.

15) 최응천, 「고려후기의 금속공예」 『강좌미술사』 22, 2004, 126쪽.

등에서 부분적으로 원의 영향이 감지되기도 한다.[16)

한편 고려와 원은 정치적으로 밀접한 관계를 형성하면서 이를 바탕으로 인적 교류도 확대되었다. 원 정부의 관료들과 중국·서역 출신 외국상인들이 13세기 후반 이래 14세기 중반에 이르기까지 꾸준히 고려를 방문하였다.[17) 원의 상인들은 고려에 들어와 활동했을 뿐만 아니라 고려 조정에 진출하기도 하였다.[18) 또한 고려가 원의 부마국이 되면서 왕이 공주와 같이 귀국할 때 동반한 배종(陪從)과 배신(陪臣)들은 원 문화를 고려로 유입하는 데 중요한 역할을 하였고, 이후 원의 귀화인이 다수 고려로 이주하였다.[19) 반대로 고려인이 원에 방문하거나 원나라 사람들과 다양한 방법으로 교류하였다. 이렇게 고려와 원 사이에 인적 교류가 활발했다는 점은 다른 사용 계층의 차이를 염두에 둔 한어(漢語) 교재가 있었다는 사실에서도 확인할 수 있다. 상거래를 목적으로 하는 상인 계층을 위한 『노걸대(老乞大)』와 원의 대도에서 생활하는 황실 관련 인사를 포함한 상위 계층을 위한 『박통사(朴通事)』가 그 예이다.[20) 특히 『노걸대』는 민간 차원에서 육·해로를 이용하여 고려-원 사이의 교역을 보여준다는 점에서 주목된다.[21) 이것은 편찬 목적이 다른 한어교재가 있을 정도로 원에 가거나 거주하는 고려인이 많았음을 반증하며, 이를 토대로 원의 문화가 다양한 층위로 고려에 유입되었을 것으로 생각된다.

이렇게 고려와 원이 다방면에서 교류를 확대하는 가운데 도자기 역시 원에서 유입되었고 고려청자 제작에도 일정정도 영향을 끼쳤던 것으로

---

16) 정은우, 「고려후기 불교조각과 원의 영향」 『震檀學報』 114, 2012, 361쪽.
17) 이강한, 「원제국인들의 방문 양상과 고려인들의 인식 변화」 『한국중세사연구』 43, 2015, 130쪽.
18) 이강한, 『고려와 원제국의 교역의 역사』, 창비, 2013, 226쪽.
19) 배숙희, 「13~14세기 歸化人의 유형과 고려로 이주」 『歷史學報』 233, 2017, 30~32쪽.
20) 장향실, 「高麗시기 『朴通事』의 편찬 목적과 학습 대상―『박통사』의 衣食住 문화 반영 양상과 史料 분석을 바탕으로」 『국어사연구』 25, 2017, 289쪽.
21) 이강한, 위의 책, 2013, 195쪽.

알려져 있다. 그리고 일부이긴 하지만 고려청자가 개경과 요동을 잇는 북방루트를 통해 원에 전해지기도 하였다.[22] 이러한 교류의 배경에는 원 정부가 적극적으로 도자기를 상품으로 인식한 것에서 비롯되었다. 원의 세조 쿠빌라이는 도자기 수출이 재정 수입을 늘릴 수 있는 원동력이라고 판단하고 생산을 관리하기 시작했고, 그의 계승자들은 도공에게 자유를 허용함으로써 도자기의 비약적인 발전에 기여했다.[23] 원 제국의 도자기 정책은 14세기 전반에 들어서면서 더욱 강화되었고 자기의 생산과 조달도 매우 활발해졌다.[24] 원의 도자기는 남방을 중심으로 수출을 염두에 두고 대규모 생산이 이루어졌으며 무역항을 통해 전 세계로 수출되었다. 대표적으로 강서성 경덕진을 중심으로 한 백자와 절강성 용천요의 청자, 하북성의 자주요의 자기를 꼽을 수 있다. 이 과정에서 일본과의 교역거점으로 절강성의 경원(慶元, 현 영파)지역이 부상하였다.

특히 원은 일본에 많은 양의 도자기를 수출하였다. 전남 신안 앞바다에서 발견된 원나라 침몰선 '신안선'이 당시 중국 도자기의 해상교역 상황을 보여주는 가장 대표적인 예이다. 신안선은 중국 절강성 영파에서 출발하여 일본 규슈 하카다로 가는 도중 전남 신안 앞바다에 침몰한 원나라의 무역선으로, 절강성·복건성·강서성 일대의 도자기와 향료 등 다양한 물품이 실려 있었다.[25] '지치삼년(至治三年)'이 새겨진 목간이 확인되어 1323년경에 침몰한 것으로 밝혀졌다.[26]

한편 원에서 일본으로 가는 해상루트의 중간 기착지였던 고려에도 일부

---

22) 장남원, 「중국 元代유적 출토 고려청자의 제작시기 검토―內蒙古 集寧路 窖藏 출토 龜龍形靑瓷硯滴을 중심으로」『湖西史學』48, 2007, 314~316쪽 ; 앞의 논문, 2009, 205~207쪽 ; 이종민, 앞의 논문, 2012, 318쪽.
23) 모리스 로사비 저·강창훈 역,『수성의 전략가 쿠빌라이 칸』, 사회평론, 2015, 282쪽.
24) 이강한, 앞의 책, 2016, 126쪽.
25) 김영미,『신안선과 도자기 길』, 국립중앙박물관, 2005, 11쪽.
26) 국립해양유물전시관,『신안선―본문』, 2006, 391쪽.

이긴 하지만 원의 도자기가 유입되었다. 서해안의 보령 삽시도와 불모도 해저 인양품, 충남 아산 온양동을 비롯해 제주도 법화사지와 항파두리성에서 용천요계의 청자가 출토되었다.[27] 고려시대 유적에서 출토되는 원대 도자기는 주로 용천요계 청자와 복건지역 건요계 자기들로 해로를 이용하기 쉬운 남방지역 생산품이다.[28] 그러나 고려의 경우 대규모로 중국 도자기를 수입했던 일본과 비교했을 때 확인되는 양이 현저하게 적기 때문에 적극적으로 무역상품으로 인식되었다고 보기는 어렵고, 어떤 필요에 의해 소량만 유입되었던 것으로 추정된다. 당시 일본에서는 자기를 생산하지 못하였기 때문에 중국 도자기에 대한 수요가 많았지만 고려는 자체적으로 청자를 생산하고 있었으므로 원으로부터 특별히 자기를 수입할 필요가 그다지 크지 않았다.

이러한 배경에서 고려에서는 원의 도자기가 직접적으로 유입된 양은 적었지만 청자 제작에는 원의 영향이 상당히 반영되었다. 구체적으로 구연외반식발·고족배·귀대접·옥호춘병·대반·원호 등의 기형이 새롭게 등장하였고, 용문·쌍어문·연화당초문·고사인물문·돌기문에서 원의 영향이 강하게 나타난다.[29] 이렇게 본격적으로 원 문물이 들어와 고려청자의 조형과 문양에 변화가 일어나는 것은 정치적으로 고려와 원 관계가 안정되는 1300년 이후일 가능성이 높다.[30]

지금까지 살펴본 바와 같이 원과 고려는 밀접한 정치적 관계를 토대로 여러 경로를 통해 인적·물적으로 광범위하게 교류할 수 있었고, 원의 문화가 상당부분 고려로 전해졌다. 원에서 생산한 도자기의 경우는 고려가 적극적으로 수입했다고는 보기 어려우나 고려에서도 일부 확인되고 있고,

---

27) 김영원, 앞의 논문, 2016, 78~83쪽.
28) 이종민, 앞의 논문, 2012, 315쪽.
29) 김윤정, 앞의 논문, 2006, 175~194쪽 ; 이종민, 위의 논문, 2012, 322~326쪽.
30) 장남원, 앞의 논문, 2009, 212쪽.

고려청자 제작에도 일정정도 영향을 미쳤다. 이와 같이 원의 자기가 고려에 유입되고 그 일부가 고려청자의 기형이나 문양에 영향을 미쳤다면, 원의 도기 또한 고려와의 교류과정에서 전해졌을 개연성이 충분하다. 그리고 실제로 이러한 사례들이 원과 고려가 교류했던 해상루트 상에서 확인되고 있어 주목되며, 원의 도기가 어떤 연유로 고려에 유입되었던 것인지 궁금하다. 이에 대해서는 다음 장에서 구체적으로 살펴보도록 하겠다.

3. 한반도 출토 원대 도기통형호의 현황과 유입배경

1) 원대 도기통형호의 현황

고려에 전해진 원대 도기통형호는 제주도 일대, 진도 해역, 태안 마도 해역, 강화도와 같이 한반도 서남해안 일대와 개성과 경기도 화성의 분묘에서 출토되었다. 이외에도 박물관 소장품으로도 일부 알려져 있는데, 이를 정리하면 다음의 <표 1>과 같다.[31]

먼저 서남해안 일대에서 확인된 것을 살펴보자. 원-고려-일본 사이의 중간 기착지 역할을 했던 제주도에서 다수의 통형호가 출토되었다.[32](<사진 1>) 제주도는 중국 남방지역에서 일본으로 가는 길목에 위치한 곳으로[33] 원은 제주도를 일종의 교통요충지 또는 교역거점으로 운영하였다.[34]

---

31) 표에서 유물의 개체수는 보고서에서 제시한 것은 비교적 명확하지만 일부 확인이 불가능한 것은 필자가 알려진 사진을 보고 추정한 것이어서 앞으로 조사를 거쳐 보다 정확하게 파악할 필요가 있다.

32) 金慶柱, 「고고자료로 살펴 본 元과 耽羅」 『耽羅文化』 52, 2016, 142쪽.

33) 배숙희, 「元代 慶元지역과 南方航路-탐라지역의 부상과 관련하여」 『中國學報』 65, 2012, 185쪽.

〈표 1〉 한반도 출토 원대 도기통형호의 현황

번호	출토지/소장처	유물명 (보고자기준)	개체수	출전
1	태안 마도 해역	도기사이호	4점	국립해양문화재연구소, 『태안 마도 출수 중국도자기』, 2013.
2	진도 해역	갈유사이장신호	1점	국립해양문화재연구소, 『진도 명량대첩로 해역 수중발굴조사 보고서』, 2015.
3	제주도 일대 (항파두리성 포함)	사이호	9점 이상	국립제주박물관, 『齊州의 歷史와 文化』, 통천문화사, 2001.
4	신안선	갈유사이호	72점	국립해양유물전시관, 『신안선-청자·흑유』, 2006.
5	개성 고남리 제1지구 38호 토광묘	단지	1점	김인철, 『고려무덤 발굴보고』, 백산자료원, 2003.
6	화성 우음도 11호 토광묘	갈유사이병	1점	한국문화유산연구원, 『華城 牛音島 高麗 墳墓群(Ⅰ)』, 2018.
7	강화 창후리	녹유병	1점	中央文化財研究院, 『江華 倉後里遺蹟』, 2008.
8	쾰른 동아시아 박물관	흑갈유양이병	1점	국립문화재연구소, 『쾰른 동아시아 박물관 소장 한국문화재』, 2007.

특히 원 세조가 일본을 정벌하기 위해 제주도에 주목하고 고려와 연합하여 삼별초를 평정한 이후에는 본격적으로 원의 다양한 세력이 이주하여 생활하였다.[35] 이와 같이 원나라 사람들의 유입은 기존에 형성되어 있던 제주도 문화에 변화를 가져와 많은 영향을 끼쳤으며[36] 여기에서 구체적인 예로 주목되는 것이 바로 도기통형호이다.

일찍부터 제주도에서는 원대 도기통형호가 다수 출토된 것으로 알려져 있다. 출토지의 위치가 명확하게 제시되지는 않았지만 제주도 인근 해역이나 고려후기 관련 유적에서 출토된 것으로 추정된다. 출토지가 알려진 사례로는 항파두리성이 있는데, 국립제주박물관 상설전시와 발굴조사에

---

34) 이강한, 「13~14세기 고려와 원제국의 '탐라(제주)' 정책」 『한국학논총』 48, 2017, 89쪽.
35) 배숙희, 「元나라의 耽羅 통치와 移住, 그리고 자취」 『中國史硏究』 76, 2012, 118쪽.
36) 윤은숙, 「元末 토곤 테무르 카안의 耽羅宮殿」 『耽羅文化』 53, 2016, 210쪽.

〈사진 1〉 제주도 출토 원대 도기통형호, 국립제주박물관 소장

서 확인되었다.[37] 알려진 사진을 참고하면 세장한 동체에 구연은 아래 부분에 단이 져 있고 어깨부분에는 4개의 고리가 달려 있는 것이 많다. 대부분 갈유 또는 흑갈유 유약이 시유되었다. 일부 고리가 없거나 시유되지 않은 것도 포함되어 있으며, 일부는 철제뚜껑이 덮인 채로 발견된 예도 있었다고 한다.[38]

한편 발굴조사에서 확인된 명문기와를 통해 1269년(원종 10)부터 중창이 이루어져 1279년(충렬왕 5)에 공사를 종료한 법화사(法華寺)의 경우[39] 13세기 말~14세기 전반에 해당하는 고려청자와 중국자기가 확인되었지만 도기통형호가 출토되었는지는 알려지지 않았다. 이는 출토되지 않았다기 보다는 완형으로 출토된 예가 없어서 보고서 집필 과정에서 누락되었을 가능성이 높은 것으로 생각된다. 또한 최근 발굴조사가 이루어진 강정동

---

37) 강창화, 「제주도 고고학의 발굴조사와 성과」 『흙 속에서 발견한 역사의 조각들』, 국립광주박물관, 2017, 220쪽.

38) 국립제주박물관, 『濟州의 歷史와 文化』, 통천문화사, 2001, 106쪽.

39) 김일우, 「고려후기 濟州·몽골의 만남과 제주사회의 변화」 『韓國史學報』 15, 2003, 62쪽.

대궐터는 원나라 이주민과 관련된 건물지였을 것으로 추정되고 있어 앞으로의 발굴결과에 따라 도기통형호가 출토될 수도 있다.[40] 이러한 점을 고려하여 향후 제주도의 고려후기 유적에 대한 발굴조사 결과에 주의를 기울일 필요가 있다.

전남 진도해역에서는 도기통형호가 1점 인양되었다.(<사진 2>) 전체적으로 세장한 통형으로 어깨부분에 4개의 고리가 달려 있고, 갈유가 얇게 시유되었다.[41] 또한 충남 태안 마도 해역에서도 다양한 종류의 중국 자기와 함께 도기통형호가 인양되었다. 안흥량(安興梁)으로 불리는 이 지역은 서해안에서 손꼽히는 조난지대로, 암초가 많고 수로가 좁아 조류가 빠르며 간만의 차가 커서 선박 운항이 매우 어려웠던 곳이다.[42] 이 때문에 마도 해역 곳곳에 침몰선들이 흩어져 있으며, 현재 4호선까지 발굴조사가 이루어졌다. 보고서에 실린 도기통형호는 모두 4점으로, 구연부와 4개의 고리가 달린 것은 동일하지만 동체가 세장한 것과 높이가 낮고 통통한 것이 섞여 있다.[43](<사진 3>) 이 도기통형호는 다수의 중국도자기와 같이 인양되어 중국에서 제작한 것으로 보인다.

고려와 직접 교역했다고 볼 수는 없으나 원에서 일본으로 향하다가 침몰한 상태로 확인된 신안선에도 도기통형호가 실려 있었다. 신안선 보고자는 고리가 2개 또는 4개 달린 이호(耳壺)로 명명했으며, 흑갈유 또는 갈유가 얇게 시유되어 있다.[44](<사진 4>) 신안선은 14세기 전반을 대표하는 도자기 무역선으로 약 20,000점 이상의 도자기 중 중국 용천요 청자가 전체의 56%를 점하고, 경덕진요 백자가 21%를 차지하고 있다.[45] 그러나

40) 金慶柱, 앞의 논문, 2016, 142쪽.
41) 국립해양문화재연구소,『진도 명량대첩로 해역 수중발굴조사 보고서』, 2015, 387쪽.
42) 한정훈,『고려시대 교통운수사 연구』, 혜안, 2013, 58쪽.
43) 국립해양문화재연구소,『태안 마도 출수 중국도자기』, 2013, 144~146쪽.
44) 국립해양유물전시관,『신안선-청자·흑유』, 2006, 295~297쪽.
45) 모리 다쓰야,「新安船에서 發見된 中國 陶瓷器의 組成 硏究-中國, 日本, 東南아시아,

〈사진 2〉 진도해역 인양 도기 통형호, 국립해양문화재연 구소 발굴 　〈사진 3〉 마도해역 인양 도기 통형호, 국립해양문화재연 구소 발굴 　〈사진 4〉 신안선 인양 도기통 형호, 문화재관리국 발굴

도기통형호는 전체에서 차지하는 비중이 0.5% 미만으로[46] 수량도 매우 적은 편이고, 품질면에서도 무역품으로 보기는 어렵다. 왜냐하면 당시 고려와 일본 모두 각국의 실정에 맞게 다양한 형태의 도기를 자체적으로 생산하여 널리 사용하고 있었기 때문에 굳이 원의 도기통형호와 같이 조질품을 상품으로 수입할 필요는 그다지 높지 않았을 것이다. 실제로 신안선에 실린 도기 중 일본에서 차 보관용으로 사용되었던 흑갈유호와 암갈유입호는 전체의 10% 정도인 2,000여 점에 육박하는 많은 양이라는 점을 상기하면[47] 매우 소량인 도기통형호는 그 자체로 상품이었다고 보기 는 어려운 것이 사실이다.

이처럼 한반도 서남해안 일대에서 드물지만 원대 도기통형병이 확인되 는 것은 이 일대가 원과의 교류에서 중요한 입지조건을 갖추고 있었기

西아시아에서 출토된 元代 陶瓷器와의 比較를 통해」『美術資料』90, 2016, 113쪽.
46) 국립해양유물전시관, 앞의 책, 2006, 152쪽.
47) 국립해양유물전시관, 위의 책, 2006, 152쪽.

때문이다. 1293년(충렬왕 19) 2월 원 세조의 지시로 한반도 서해안, 즉 탐라에서 압록강 입구에 이르는 연안 지역에 수역(水驛) 11곳이 설치되었다.[48] 이를 계기로 강남을 출발해 요동으로 가던 미곡의 일부 또는 대부분이 고려를 거쳐 갔을 가능성이 높고, 결국 고려의 서해안 일대가 해상교역의 중간거점 역할을 했던 것으로 추정된다.[49] 이러한 경로를 통해 원의 물자가 고려로 들어왔을 것이며 이 과정에서 도기통형호가 일부이긴 하지만 서남해안 일대에 전해졌을 것으로 생각된다.

〈사진 5〉 화성 우음도 11호 토광묘 출토 도기통형호와 청자발, 한국문화유산연구원 발굴

한편 도기통형호가 분묘 부장품으로 사용된 사례가 2건이 확인되어 주목된다. 개성 개풍군 고남리 토광묘 가운데 제1지구 38호 고려후기 무덤에서 고리가 달린 통형호가 출토된 바 있다.[50] 유물설명에 따르면 갈색 유약이 시유되어 있고 어깨에 4개의 고리가 달려 있다. 이 무덤에서는 양식상 고려후기에 해당하는 청자발·청자접시·청동칼·청동숟가락이 공반출토되었다. 또한 경기도 화성 우음도에서 조사된 고려후기 분묘 중 11호 토광묘에서 청자발과 함께 도기통형호가 출토되었다.[51](〈사진 5〉) 이 유적에서는 14세기 전반에 해당하는 간지명 청자가 출토되어 도기통형호의 시기를 추정할 수 있다. 이외에도 강화도 창후리유적의 토광묘 인근 지표에서

48) 이강한, 「1293~1303년 高麗 서해안 '元 水驛'의 置廢와 그 의미」『한국중세사연구』 33, 2012, 115쪽.
49) 이강한, 위의 논문, 2012, 134~135쪽.
50) 김인철, 『고려무덤 발굴보고』, 백산자료원, 2003, 191쪽.
51) 한국문화유산연구원, 『華城 牛音島 高麗 墳墓群(Ⅰ)』, 2018, 171쪽.

도기통형호가 출토되었다.[52] 이 도기통형호는 보고서에 따르면 어깨에 2개의 고리가 달려 있고, 얇게 녹갈색 유약이 시유된 것으로 확인된다. 보고자는 이것의 생산지에 대해서는 따로 언급하지 않았다.

도기통형호는 박물관의 소장품으로 확인된 것도 있다. 국립문화재연구소에서 조사한 독일 쾰른동아시아박물관 소장 한국문화재 중에 도기통형호가 포함되어 있는데, 흑갈유가 시유되었고 고리가 2개 달린 특징을 바탕으로 보고자는 흑갈유양이병(黑褐釉兩耳瓶)으로 지칭하였다. 보고자는 이 도기를 중국의 영향을 받아 고려후기에 일정기간 고려에서 제작되었던 것으로 파악하였으며, 술이나 간장 등 액체를 담는데 사용한 것으로 보았다.[53] 그러나 다른 유적에서 출토된 것들과 비교했을 때 원의 도기통형호와 유사점이 더 많은 것으로 생각된다.

지금까지 살펴본 것처럼 고려에 유입된 원대 도기통형호는 서남해안을 중심으로 주로 확인된다. 그리고 중심시기는 대체로 원이 제주도와 서해안 일대에서 고려와 연관되었던 사실과 화성 우음도에서 간지명 청자와 공반된 점을 통해 13세기 말에서 14세기 전반에 해당하는 것으로 추정된다. 한반도에서 발견되는 양이 그다지 많지 않고 당시 고려에서 직접 제작하여 사용한 도기와 비교했을 때 품질이 뛰어난 것도 아니어서 그 자체가 상품으로써 중국에서 한반도로 유입된 것으로 보기는 어렵다. 그러나 고려에서 원의 도기통형호가 출토되고 있으므로 이것이 어떤 이유로 고려로 유입되었는지 용도의 측면에서 살펴볼 필요가 있다. 도기통형호가 어떤 용도로 사용되었는지를 대강이라도 파악한다면 그것이 고려에 수용되었던 근거를 찾을 수 있을 것이기 때문이다.

---

52) 中央文化財硏究院, 『江華 倉後里遺蹟』, 2008.
53) 국립문화재연구소, 『쾰른 동아시아 박물관 소장 한국문화재』, 2007, 205쪽.

2) 용도를 통해 본 도기통형호의 유입배경

원에서 고려로 유입된 여러 문화 가운데 자기나 금속공예품 등은 사치품 또는 선진문물을 대표하는 것으로 볼 수 있다. 하지만 일상생활에서 널리 사용된 도기는 원의 선진적인 문화를 보여주는 것도 아니고 그 자체가 상품으로 기능하기도 적절하지 않다. 왜냐하면 도기가 재질의 특성과 기능을 고려했을 때 굳이 수입품을 사용할 필요성이 별로 없었고 당시 고려에서 다양한 형태의 도기를 광범위하게 제작하여 사용하고 있었기 때문이다. 따라서 원의 도기가 고려에 유입되었던 배경에 대해서는 그것이 가진 용도와 관련하여 살펴볼 필요가 있다. 즉 도기통형호가 제작된 원에서 어떤 용도로 활용되었는지 그리고 그것이 고려로 유입되었을 때 그 용도가 무엇이었는지 추정해본다면 유입배경에 대해 한걸음 더 접근할 수 있을 것이다.

도기통형호의 용도에 관해서는 지금까지 알려진 조사결과와 문헌기록을 통해 두 가지 정도로 추정해볼 수 있다. 첫째 선상생활에 필요한 물·술·장(醬)과 같은 액체로 된 식품을 보관하는 용도였을 가능성으로, 이미 기존 연구에서 지적된 바와 같이 소위 '컨테이너 도자'가 갖고 있는 기능이다. 이와 관련해서는 중국과 일본의 출토사례를 참고할 만하다.

2010년 산동성 하택시(菏澤市)에서 발견된 원대 침몰선에서 해당 시기의 청화백자·용천요 청자와 함께 도기통형호가 소량 출토된 바 있다.[54] 또한 발해만에 위치한 요녕성 수중현(綏中縣) 삼도강(三道崗) 해역에서 발견된 원대 침몰선에서도 많은 수량의 자주요계 자기들과 함께 소량의 도기통형호가 공반되었다.[55] 이 침몰선은 원대에 자주요계 자기들을 동북지방과

---

54) 山東省文物考古硏究所·菏澤市文物事業管理處, 「山東菏澤元代沉船發掘簡報」 『文物』 2016-2. 보고문에는 통형호가 실리지는 않았으나 산동박물관에서 개최한 전시에 나온 바 있다.

요동일대로 유통하는 선박이었던 것으로 추정되는데[56] 이러한 사례는 요동성 대련시의 북해에서도 확인된 바 있다.[57] 북해의 침몰선에는 용천요계 청자와 함께 도기통형호 몇 점이 실려 있었다. 중국해역에서 발견되는 원대 침몰선의 도기통형호는 시유되지 않았거나 혹은 잡유가 시유되어 품질이 좋지 못하며, 어깨부분에 고리가 부착되어 있다. 기본적으로 수량이 많지 않은 점으로 보아 상품으로 유통된 것이 아니라 선상생활에 필요한 용구였던 것으로 추정된다.

또한 일본 규슈 나가사키 북부 이마리만 다카시마[鷹島] 해저에서 발견된 도기통형호의 사례도 이러한 추정을 뒷받침한다. 이 유적에서 인양된 도기통형호는 원군(元軍)의 배에서 사용한 것이다.[58] 이 침몰선은 1281년(충렬왕 7) 원이 일본을 정벌하기 위해 2차 원정을 왔을 때 태풍을 만나 좌초한 것으로 밝혀졌다.[59] 여기에서 인양된 도기통형호는 군수품을 담은 용기로, 장이나 기름과 같은 액체로 된 식품이나 곡물이 들어 있었을 가능성이 높다고 보았다.[60](<사진 6>) 이러한 형태의 도기통형호는 13세기 후반~14세기 전반에 해당되는 일본의 유적에서도 일부 확인되는데[61] 다자이후 천만궁과 영선사(靈仙寺)에서 출토된 바 있다.[62] 그러나 일본에서도 한반도의 출토사례와 마찬가지로 발견되는 수량이 매우 적은 편이어서 여타 원대 용천요계 청자나 경덕진계 백자처럼 대량으로 수입된 물품은

55) 張威主 編, 『綏中三道崗元代沉船』, 科學出版社, 2011, 123쪽.
56) 張威主 編, 위의 책, 2011, 138쪽.
57) 劉俊勇, 「黃海海域出水元代瓷器」 『大連文物』 1992-1.
58) 長岐縣松浦市敎育委員會, 『松浦市鷹島海底遺蹟』, 2008, 35~45쪽.
59) 국립제주박물관, 『삼별초와 동아시아』, 2017, 176쪽.
60) 池田榮史, 『中世東アジアの交流・交易に關する新研究戰略の開發・檢討』, 平成19年科學研究費補助金特別研究促進費研究成果報告書, 2008, 95쪽.
61) 森達也, 「日本出土の中國宋元代の陶磁」 『陶磁器流通の考古學－日本出土の海外陶磁』, 高志書院, 2013, 118~120쪽.
62) 이명옥, 「泰安 馬島 II지구 海底 出土 中國陶磁 硏究」, 충북대학교 고고미술사학과 석사학위논문, 2013, 57쪽.

아니었고, 항해과정 중 사용한 선상생활용 용구로 판단된다.

선박에서 항해 중 필요한 액체로 된 식품 등을 보관하는 용도 이외에도 고려와 원과 교류하는 과정에서 확인되는 다수의 술 전래 기록을 주목한다면 도기통형호의 또 다른 유입배경을 생각해볼 수 있다. 원은 고려의 음식문화에도 상당히 영향을 미쳤던 것으로 알려져 있는데, 대표적인 예로 술을 들 수 있다. 원 황제

〈사진 6〉 다카시마 해저 인양 원대 도기통형호, 나가사키현 마쓰우라시교육위원회 발굴(국립제주박물관, 『삼별초와 동아시아』, 2017, 187쪽 전재)

는 고려와 정치적으로 밀접한 관계를 맺고 난 후 여러 차례 고려왕에게 포도주를 하사하였다.[63] 이때 포도주를 담았던 용기가 무엇이었는지 확실하지는 않지만 도기통형호가 활용되었을 가능성은 충분하며, 이를 통해 고려가 일부나마 원의 도기를 직접 접했을 것으로 추정된다.

원과의 교류관계에서 고려에 새롭게 전래되었던 증류주의 존재도 도기통형호의 용도를 추정하는 데 도움을 준다.[64] 증류주는 고려후기에 중국으

---

63) 『고려사』 권30, 충렬왕 11년 8月 戊辰 ; 같은 책 권31, 충렬왕 23년 3월 무진 ; 같은 책 권32, 충렬왕 28년 2월 경인 ; 같은 책 권32, 충렬왕 34년 2월 정사.

64) 일부 연구에서는 소주가 고려시대 몽골인들이 일본 원정을 위해 한반도에 진출했을

로부터 유입된 주류로 소주(燒酒)가 대표적이다. 소주는 증류주의 일종으로 몽골의 영향 하에 있었던 중국과 한반도를 포함한 지역에서 교역품으로 또는 인적 교류를 통해 보급되었던 술이다.[65] 당시 몽골과 깊은 관계를 맺고 있으면서 교류가 활발했던 고려에 소주가 전해진 것은 어쩌면 당연한 일이라 할 수 있다. 소주는 14세기 전반인 충숙왕대 이후에 본격적으로 고려에 유입되었으며[66] 아자길주(阿刺吉酒)라고도 불렸다.[67] 몽골인들이 자신들이 즐겨마시던 술을 들여오면서 자연스럽게 그것을 담아서 보관하던 용기까지도 고려에 알려졌을 것이며, 한반도에서 발견되는 원의 도기통형호가 그러한 용도로 활용되었을 가능성이 있다.

도기는 그 자체가 국가간에 무역품으로 사용되기는 쉽지 않다. 특히 동아시아에서 품질이 좋은 자기의 수출과 수입이 활발하던 시기에 일상적으로 상용되는 도기는 상품 자체로 기능하기는 어려웠을 것이다. 이러한 관점에서 도기통형호는 무역선이나 군선에서 활용되었던 저장용 또는 운반용기이거나 원에서 고려로 유입된 술과 연관된 용기였을 것으로 추정된다.

4. 고려후기 관사명(官司銘) 도기통형호 제작과 그 의미

앞에서 고려에서 확인된 원대 도기통형호의 사례를 살펴보았다. 그런데 이러한 형태의 도기통형호 가운데 고려후기에 존재했던 관사명이 새겨진

때 개성, 안동, 제주도 등에서 빚기 시작했다고 주장하기도 한다. 이종수, 「13세기 탐라와 원제국의 음식문화 변동 분석」『亞細亞硏究』59-1, 2016, 161쪽.

65) 박현희, 「燒酒의 흥기-몽골 시기(1206~1368) '중국'에서 한반도에로 증류기술의 전파」『中央아시아硏究』21-1, 2016, 88쪽.

66) 張智鉉, 『韓國外來主流入史硏究』, 修學社, 1987, 99쪽.

67) 『牧隱詩藁』 권33, 西隣趙判事以阿剌吉來 名天吉.

것이 있어서 관심을 끈다. 이 '관사명(官司銘)' 도기통형호는 제작하는 과정 중에 명문을 새겨 넣은 것이어서 원으로부터 전래된 것이 아니라 고려에서 직접 제작했을 가능성이 매우 높다.[68] 왜냐하면 도기통형호에 새겨진 관사가 원에는 존재하지 않고 고려에서만 확인되고 있기 때문이다.[69]

관사명이 있는 도기통형호는 모두 3점이 알려져 있다. 도쿄국립박물관 소장 <도기덕천고명호>는 고려의 관사였던 덕천고(德泉庫)가 시문되어 있다.[70] 이 도기는 높이가 약 25㎝ 정도로 외면에 격자문이 타날되어 있고, 저부쪽을 제외하고는 녹갈색의 유약을 시유하였다. 전체적으로 세장한 형태로, 구연부가 단이 져 있고 고리는 없다. 이 도기통형호는 동체에 명확하게 격자로 된 타날문이 남아 있는데, 이렇게 동체 외면에 타날문이 남아 있는 것은 고려도기의 대표적인 특징이어서 주목된다. 고려후기에 주로 제작된 도기호 가운데 통형호와 비슷한 크기의 호로 장신호와 2면편호를 들 수 있는데, 이 기종의 외면에도 대부분 격자문이 타날되어 있다.[71] 같은 시기 원의 도기나 일본의 도기에서는 이러한 타날 흔적을 찾아보기 어렵기 때문에 호의 동체 외면에 격자문이 타날된 것은 고려도기의 특징이라고 보아도 무방하다.

한편 보원고(寶源庫)가 새겨진 도기통형호 2점은 국립중앙박물관에 소장되어 있다.[72] 국립중앙박물관에서는 이 통형호를 각각 <토기보원고명병

---

68) 한반도에서 발견된 도기통형호 가운데 명문이 새겨지지는 않았지만 고려에서 제작된 것도 있을 수 있다. 그러나 아직까지 정밀한 분석이 시행되지 않았으므로 여기에서는 우선 고려에서 제작한 것이 확실시되는 도기통형호만을 연구대상으로 삼았다. 향후 더 많은 조사와 연구가 필요하다.

69) 『元史』와 『新元史』 등 원대 사료에서는 이 관사명을 찾을 수 없었다.

70) 東京國立博物館, 『東京國立博物館圖版目錄 ─ 朝鮮陶磁篇(土器·綠釉陶器)』, 2004, 161· 207쪽.

71) 한혜선, 「高麗時代 陶器 硏究」, 이화여자대학교 미술사학과 박사학위논문, 2014, 164~167쪽.

72) 보원고명 도기통형호는 다른 통형호와 달리 동체의 지름에 비해 구연지름이 상당히 좁아서 엄밀히 보면 호보다는 병이라고 할 수 있다. 하지만 여기에서는 동체 형태를

(土器寶願庫銘瓶)>과 <잡유
보원고명병(雜釉寶源庫銘瓶)>
이라고 명명하였다.73)(<사
진 7·8>) 두 점의 보원고명
통형호는 세장한 동체는 동
일하지만 구연부는 수평의
전을 이루는 것과 돌출된 단
이 있는 것으로 나누어진다.
여기에는 각각 음각기법을
사용하여 세로방향으로 명

〈사진 7〉 도기보원고명통형호, 〈사진 8〉 도기보원고명통형호,
국립중앙박물관 소장　　　　국립중앙박물관 소장

문을 새겼으며, 고리는 부착되어 있지 않다. 이 유물은 1990년대 초반
국립중앙박물관에서 고려명문도자를 정리하는 과정에서 기형과 유약이
14세기 원대에 동일한 도기가 있다는 점에 비추어 원에서 제작하여 유입된
것으로 파악한 바 있다.74) 그러나 이 두 점의 보원고명 도기는 이미 일제강
점기부터 조선총독부박물관에 소장되어 있었던 것으로, 이를 조사한 노모
리 켄[野守健]은 관사명을 근거로 공민왕대에 고려에서 제작한 것으로
추정하였다.75)

덕천고는 충선왕때 있었던 덕천창(德泉倉)을 1325년(충숙왕 12)에 덕천
고로 명칭을 변경한 관사이다.76) 본래 덕천창은 충선왕의 어머니인 제국대

기준으로 기종의 명칭을 정한 것이므로 통형호로 통칭하겠다.

73) 國立中央博物館, 『高麗陶瓷銘文』, 1992, 142쪽.
74) 鄭良謨, 「高麗 陶磁 銘文의 性格」『高麗靑磁, 康津으로의 歸鄕－銘文·符號 特別展』, 강진청
　　자자료박물관, 2000, 59쪽.
75) 野守健, 『高麗陶磁の硏究』, 淸閑舍, 1994, 104쪽. 노모리 켄은 寶願庫를 寶源庫의 오기로
　　보았다.
76) 『고려사』 권77, 백관2, "德泉庫 忠宣王時 有德泉倉使秩從五品 副使從六品 丞從七品 忠肅王
　　十二年 改爲德泉庫 罷員吏 十七年 復置員吏 委糾正監之 恭愍王四年 罷祿官及糾正 置提擧別
　　監."

장공주의 탕목읍(湯沐邑)[77]이었던 계림(鷄林)·복주(福州)·경산(京山)과 밀접한 관련이 있으며, 충선왕이 자신의 모후(母后)가 세상을 떠난 1297년(충렬왕 23) 이후 이곳을 자신의 식읍(食邑)으로 삼은 것에서 기원한 것이다.[78] 덕천창은 의성창(義成倉)과 함께 왕실 재정과 관련된 관청으로, 덕천고로 이름이 바뀐 것은 충숙왕이 이 창고를 사적(私的)으로 운영하려는 의지의 표현이었다.[79] 또한 충혜왕 때는 왕이 직접 이 창고에서 출원하여 시전에 점포를 차렸다는 사실을 통해 사적 성격이 강한 관사였음이 뒷받침된다.[80] 이러한 사실을 통해 덕천고명 도기통형호는 빨라도 덕천고가 설치되었던 1325년 이후에 고려에서 제작 사용한 기명이었고, 더 좁혀본다면 덕천고가 왕실의 사적 재정기구로써의 역할이 강화되었던 14세기 중반 이후에 제작되었을 가능성이 보다 높다.[81] 보원고는 1369년(공민왕 18)에 먼저 설치되었고 1년 뒤인 1370년(공민왕 19)에 별도로 해전고를 설치하였다.[82] 이 관사는 공민왕 사후에 현릉에서 장례를 치르고 여기에서 반혼(返魂) 의식을 했다는 점을 통해서 공민왕의 사장고(私藏庫)로서 중요한 역할을 했던 것으로 추정된다.[83] 이후에도 보원고는 여전히 우왕대에도 왕실 사장고로서의 역할을 계속했다. 따라서 보원고명 도기는 관사의 연혁을 통해 14세기 중반 이후에 제작되었음을 알 수 있다. 도기 이외에도 청자매병에 덕천고와 보원고가 새겨진 예가 있는데,[84] 청자 역시 14세기 중반 이후에 제작된

---

77) 왕을 비롯한 일가들이 부세를 거두어 관할하는 지역을 말한다.

78) 박용운, 『『고려사』百官志 譯註』, 신서원, 2009, 437쪽.

79) 박종진, 『고려시기 재정운영과 조세제도』, 서울대학교출판부, 2000, 182~191쪽.

80) 『고려사』권36, 충혜왕(후) 3년 2월 무오, "王發義成德泉寶興布四萬八千匹 開鋪於市."

81) 金允貞, 「高麗末·朝鮮初 銘文靑瓷 硏究」, 고려대학교 문화재학협동과정 박사학위논문, 2011, 174쪽.

82) 『고려사』권77, 백관2, "寶源廨典庫 恭愍王十八年 置使秩從五品 副使從六品 丞從七品 注簿從八品 錄事從九品 恭讓王三年 倂供辦署濟用庫於本庫"; 같은 책 권89, 徽懿魯國大長公主, "… 立千手道場 又以德泉庫寶源庫延德宮永和宮永福宮永興宮屬之 以備供用 又於寶源庫 別置解典庫 …."

83) 金允貞, 앞의 논문, 2011, 82쪽.

것으로 보고 있다.[85]

이렇게 왕실의 사적 재정기구였던 덕천고와 보원고명을 새긴 원대 도기 통형호와 유사한 형태의 도기가 고려에서 제작된 것은 원 문화의 영향이 도기에도 미쳤다는 점을 그대로 증명하는 것이다. 고려에서 제작된 관사명 도기통형호가 정확하게 어떤 용도로 사용되었는지는 알 수 없지만 14세기 이후 원으로부터 유입된 소주와 같은 음식문화의 영향을 반영하는 것으로 추정할 수 있다. 앞에서 살펴보았듯이 증류주인 소주가 원에서 들어오게 되는데, 이때 그것을 담았던 용기까지도 고려에 전해지게 되었던 것으로 생각된다. 이후 자체적으로 소주를 만들게 되면서 자연스럽게 기존에 사용한 용기와 유사한 형태의 도기통형호를 직접 만들어서 활용했을 가능성이 높다고 본다. 당시 소주와 같은 증류주가 상류층을 중심으로 소비된 원의 음식이었다는 점에서 왕실에서 이러한 형태의 저장용구를 사용하는 것이 낯선 일은 아니었을 것이다.

이와 같이 고려에서 확인되는 원대 도기통형호는 양이 많은 것은 아니지만 고려와 원이 다양한 층위에서 교류했음을 보여주는 구체적인 증거로써 중요한 의미를 지닌다. 또한 고려에서 직접 제작한 관사명 도기통형호의 존재는 원 문화가 고려로 유입되었고 그것이 다시 고려화되어 자체적으로 제작되었던 사실을 보여주고 있다.[86]

---

84) 김윤정, 「고려말·조선초 官司銘梅瓶의 製作時期와 性格」『흙으로 빚은 우리 역사』, 용인대학교 박물관, 2004, 151쪽.

85) 金允貞, 앞의 논문, 2011, 78쪽.

86) 이러한 현상은 일찍부터 중국 수입도자를 모방하여 도기를 생산하였던 일본에서는 흔히 찾아볼 수 있는 일로, 어떤 특정 기종의 모델인 수입도자가 더 이상 유입되지 않게 된 뒤에도 계속해서 제작되었던 사례로 입증된 바 있다. 후지사와 료스케, 「일본 고세토(古瀨戶)에 보이는 수입도자의 수용」『美術資料』 83, 2013, 125쪽.

5. 맺음말

지금까지 고려시대 후기인 13세기 중반~14세기 말에 해당하는 유적에서 확인되는 도기 가운데 편평한 바닥에 세장한 동체가 연결되고, 구연의 중간부분에 단이 져 있으면서 어깨부분에 2~4개의 고리가 달린 도기통형호에 대해서 살펴보았다. 이러한 형태의 도기통형호는 처음에는 고려 자체에서 제작된 것이 아니라 원에서 제작 사용하던 것이 교류를 통해 고려로 유입되었으며, 동시기 일본에서도 비슷한 양상을 보이며 출토되어 동아시아 삼국에서 모두 확인되는 도기 가운데 하나이다.

도기통형호는 동아시아 각국에서 원대에 해당하는 침몰선이나 원과 관련이 있는 유적에서 확인된 사례가 많다. 그리고 이 도기통형호는 그 자체가 무역품으로 볼 수 있을 만큼 많은 양이 출토되는 것이 아니어서 선박에서 선상생활용으로 사용된 용구였을 가능성이 매우 높다. 이 기종은 장거리 해양이동 과정에서 필요한 물·술·간장 등 액체로 된 식료품을 담는 용도로 사용되었던 것으로 추정된다. 이러한 용도에 걸맞게 고려에서도 원과의 해상루트로 연결되는 지점인 제주도와 서남해안 일대에서 주로 확인되고 있다. 이렇게 고려에서 원대 도기통형호가 출토되는 것은 당시 고려와 원이 정치적으로 밀접한 관계에 있었고 이를 토대로 많은 인적·물적 교류가 이루어졌기 때문이다. 원의 문물이 다양한 방식과 루트를 통해 고려에 전해졌는데, 도기통형호의 사례를 통해 도기에도 나타나는 현상임이 확인된다.

원과의 교류를 통해 고려로 유입된 도기통형호는 비슷한 형태를 유지한 채 14세기 중반 이후 고려에서도 자체적으로 제작되었다. 한반도에서 확인되는 도기통형호 가운데 '덕천고'·'보원고'와 같이 고려에서만 확인되는 기구의 명칭이 새겨져 있다는 점과 제작기법상 고려도기의 특징인 동체 외면에 격자타날문이 남아 있다는 점을 통해서 그러한 추정이 가능하다. 고려에서 제작한 도기통형호는 당시 동아시아에서 공통적으로 사용되었던 원대 도기를 수용하고 이것을 모방한 예로써 중요한 의미를 지닌다. 고려에서 제작한 관사명 도기통형호는 이질적인 문화요소가 교류를 통해 고려에 유입되었고 그것을 수용한 후 모방하여 제작까지 했던 과정을 보여주는 하나의 구체적인 사례라고 할 수 있다.

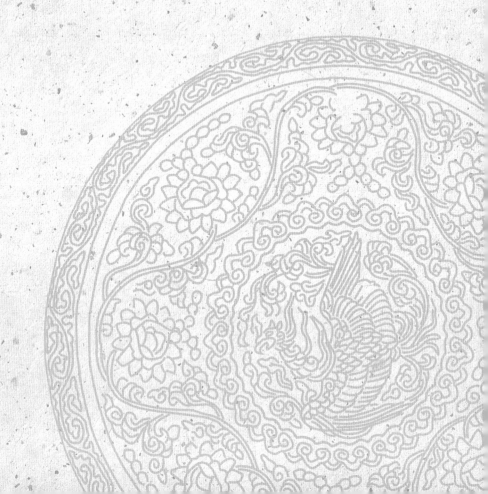

제2부

보편성과 자기인식

제1장

고려전기 역사계승의식과 이중적 자아인식

최 봉 준

1. 머리말

고려는 신라말 농민반란과 후삼국의 혼란을 수습하고, 각 계층의 치열한 요구와 열망을 수용하였다. 그 과정에서 중앙과 지방의 관계는 다원적이면서도 계서적인 형태를 띠게 되었다. 이는 공존과 조화를 해치지 않으면서도, 고려의 테두리 안으로 수렴하면서 구성원 각각의 요구사항과 독립성을 인정하는 것이었다. 이는 대립적 관계에 있는 요소라 해도 존재 자체를 부정하지 않는 사회통합의 의미를 지니는 것이었다.

세계관과 자아인식은 역사인식에 기초한다. 역사적 유산을 인식하고 규정하는 것은 정체성으로 연결되며, 이는 다시 현실인식과도 연결된다. 그리고 현실인식은 주변세계를 인식하는 밑바탕으로서 자기 정체성과도 밀접하게 관련된다. 이는 공통적으로 자아인식을 연결고리로 하고 있다. 자신이 누구로부터 계승되어 형성되었으며, 현재 자신의 위치를 어떻게 인식하는가 하는 문제는 결국 크게 보면 자기 정체성의 문제이며, 세계관, 나아가 의식구조의 문제이기도 한 것이다. 따라서, '우리' 안에 어떤 자아가 있는가 여부에 따라서 내적으로는 국가운영이, 외적으로는 외래문화의 충격과 자극에 대처하는 자세가 달라질 수 있을 것이다.

고려시대는 신라, 조선과 달리 북방민족이 강성해짐에 따라 다수의 북방민족과 한족 사이의 복잡한 역학관계가 형성되었다. 이에 따라 우리가 상식적으로 생각하고 있는 조공책봉체제와 다른 세계가 펼쳐졌으며, 때로는 그에 역행하는 결과를 낳았다. 명목상 중국이 한반도나 다른 민족과 국가에 우위에 섰으나, 실질적으로는 북방민족이 한족 왕조에 대해 막대한 양의 세폐(歲幣)를 받기도 하였으며, 몽골은 남송을 정복하여 기존의 사대관계의 틀을 뒤흔들었다. 특히 중국은 북방민족과 한족으로 다원화되어 있었기 때문에, 고려를 기준으로 보면 한반도와 중국은 1 : 1의 관계가 아닌 1 : 다(多)의 관계를 형성하게 되었다. 즉, 고려를 중심으로 하는 다원적 외교관계가 만들어지게 된 것이다.[1] 이 사이에서 극단적 대립을 회피하기 위해서는 반드시 세력균형이 이루어져야 하며, 이는 고려로서도 군사력과 외교적 수완을 필요조건으로 삼아야만 하였다.

이와 같은 대외적 배경 아래서 고려인의 세계관과 의식구조를 어떻게 밝혀낼 수 있을까? 고려인의 세계관과 의식구조에 관해서는 일찍이 여러 연구자들에 의해 다각적인 연구가 있었다. 세계관은 해동천자(海東天子)와 해동천하(海東天下)를 중심으로 한 '다원적 천하관'으로 정리되었으며,[2] 현재 많은 연구자들의 지지를 받고 있다. 그러나, 그 밑바탕에는 삼국유민의식이 있었을 것으로 보인다. 즉, 신라계승의식과 백제계승의식, 고구려계승의식 등 대립적이면서도 갈등을 일으킬 소지가 있는 의식들이 공존한다는 것[3]은 이들의 자아인식과 의식구조가 한마디로 정의내리기 어렵다는 것을 의미한다.

---

1) 박종기, 『새로 쓴 5백년 고려사』, 푸른역사, 2008.
2) 盧明鎬, 「高麗時代의 多元的 天下觀과 海東天子」 『韓國史研究』 105, 1999 ; 『고려국가의 집단의식』, 서울대학교 출판문화원, 2009.
3) 河炫綱, 「高麗時代의 歷史繼承意識」 『韓國의 歷史認識(상)』, 창작과 비평사, 1976 ; 노명호, 위의 책, 2009.

멘탈리티의 측면에서는 여진과 탐라, 송과 요, 금 등 주변의 타자에 대한 인식과 해동천하와 번토의식 등 국가, 문화적 정체성과 귀속감에 대해 접근한 연구[4]와 중국에서 고려를 이르는 명칭, 즉 '해동(海東)'과 그와 유사한 용어들에 대한 사례분석을 통해 거란, 여진과의 외교관계를 중심으로 고려가 스스로의 영향력이 미치는 범위를 '해동천하(海東天下)' 라고 일컬었으며, 고려는 여진과 탐라를 '번(藩)'으로 인식하였다는 연구가 있었다.[5] 천하관과 자아의식은 집단심성과 의식으로 볼 소지가 당연히 있으며,[6] 용어와 사례 분석을 통해 개념을 추적해 들어가는 연구방법도 매우 유용해 보인다.

그렇지만, 한편으로 생각해보면 정체성은 역사인식에서 비롯되는 것이 며, 이는 앞서 언급한 바와 같이 세계관으로 이어진다. 즉, 의식구조를 밝혀내기 위해서는 역사인식의 측면에서 작업을 시작하는 것이 가장 손쉬 운 연구방법이라는 것을 알 수 있다.

아래서는 이와 같은 연구성과들을 토대로 중국을 중심으로 하는 문화적 보편성과 고려의 전통을 지켜나가려는 문화적 개별성의 관계에 대해 살펴 보려고 한다. 그리고 이를 위해 고려가 갖고 있었던 국조에 대한 인식과 삼국유민의식 등 역사인식에 대해 우선 살펴보기로 한다. 이는 고려가 성립한 이후 여러 대립적 요소가 어떻게 공존과 조화를 추구하며, 신라말, 후삼국시기, 고려사회 성립기에서 무신란 이전까지 고려사회에서 어떤 의미를 지니는가 하는 점을 살펴보기 위한 작업이다. 나아가 이를 통해 고려전기에 자아를 어떻게 형성화했으며, 시각을 조금 넓혀서 동아시아 보편 속에서 고려의 위상과 역할, 보편 참여의 의미를 어떻게 생각하고

4) 박경안, 「다원적 국제관계와 국가·문화 귀속감」『고려시대 사람들의 삶과 생각』, 혜안, 2007.
5) 추명엽, 「고려전기 '번(藩)' 인식과 '동·서번'의 형성」『역사와 현실』, 43, 2002 ; 「高麗時期 '海東' 인식과 海東天下」『韓國史硏究』129, 2005.
6) 노명호, 앞의 책, 2009.

있었는지 살펴볼 것이다. 이를 통해 고려전기의 주변과 대비되는 자아에 대한 인식과 세계관, 국가운영론에 대한 이해에 접근할 수 있었으면 한다.

2. 역사계승의식과 국조 인식의 성격

1) 후삼국 통일과 이원적 역사계승의식의 형성

668년 신라는 백제와 고구려를 차례로 무너뜨리고 당을 한반도에서 몰아내어 삼한통일의 위업을 달성하였다. 이후 신라는 통일전쟁 과정에서 나타난 여러 갈등 요소를 봉합하는 한편, 사회통합을 이루어 나가야만 하는 과제를 안게 되었다. 그러나, 9세기말 농민반란을 시작으로 반신라적 호족세력이 할거하는 한편, 이미 2세기 반 이전에 멸망한 나라의 국호가 다시 등장하여 크게는 신라, 견훤의 후백제, 궁예의 고려 등 세 세력으로 다시 분열하였다.

견훤은 900년에 완산에 도읍을 정하고 백제왕을 자칭하며, "의자왕의 오랜 분을 풀어야 한다"고 하면서 신라에 대한 적대감을 드러내었다.[7] 이는 당시 완산주 지방의 신라에 대한 감정을 충분히 활용하면서 건국의 정당성을 주장하는 한편 국가적 목표를 제시한 것이었다. 견훤은 백제계승 의식을 명확히 하고 이를 구체적으로 실현하기 위해 정개(正開)라는 연호를 사용함으로써[8] 신라와 대등한 위치에 있음을 선포하였다.[9]

이와 관련하여 지렁이와 관련된 견훤의 탄생설화가 전해내려 온다.

---

7) 『삼국사기』 권50, 견훤.

8) 韓國古代社會研究所 編, 『譯註 韓國古代金石文(3)』, 가락국사적개발연구원, 1992, 172쪽.

9) 韓國古代社會研究所 編, 위의 책, 1992, 「實相寺 片雲和尙浮圖」; 김수태, 「후백제의 대신라·고려 관계」 『한국중세사연구』 41, 2015, 133~134쪽.

『삼국유사』에는 이 설화의 배경이 광주(光州) 북촌(北村)으로 나오는데, 이는 견훤에 대한 민의 지지가 단순히 완산주만의 문제가 아니었다는 것을 의미한다.[10] 이는 옛 백제가 지배했던 대부분의 지역에서 견훤이 마한과 백제를 계승하고 신라를 무너뜨릴 만한 인물로 여겨졌음을 의미하며, 역사계승의식에서도 다른 지역과 일정정도의 차별성을 갖고 있다는 근거가 될 수 있다.[11]

궁예도 고구려의 구도(舊都) 평양이 폐허가 되었으니, 반드시 그 원수를 갚을 것이라고 하면서 지역 정서, 즉 고구려계승의식을 이용하여 건국의 정당성을 내세우고, 신라에 대한 적개심을 드러내었다.[12] 이는 신라 왕자 출신으로 왕위계승쟁탈전에 희생되었다는 궁예의 개인적인 원한을 넘어서 당시 신라의 북쪽 변경에 살고 있었던 호족과 민의 의식을 대변한다고 할 수 있다. 신라 북부를 세력기반으로 두고 있었던 호족들 중 일부도 궁예와 유사한 방법으로 지지기반을 확보하고 있었다.[13] 그 중에서 박직윤(朴直胤)은 신라의 중앙귀족 출신으로 평산에 이주한 이후 반독립적 세력으로 성장하면서 고구려의 장군에 해당하는 대모달(大毛達)을 칭하였다.[14] 이는 평산 지방의 지역 정서를 이용한 것으로 기득권 유지를 위한 것이었다.[15] 즉 신라의 북부 옛 고구려 지역에서도 후백제의 경우와 마찬가지로 다른 지역과 차별화된 역사계승의식을 갖고 있었던 것으로 볼 수 있다.

---

10) 『삼국유사』권2, 견훤.

11) 신호철, 「후백제의 역사적 성격」『한국고대사연구』74, 2014, 15~17쪽 참조.

12) 『삼국사기』권50, 궁예.

13) 이와 관련하여 태조 왕건이 즉위 이전 궁예에게 올린 '安邊拓境策'의 내용과 태조 왕건과 궁예의 신라에 대한 성향을 분석하여, 왕건이 궁예의 수하에 있을 때부터 즉위한 이후 920년대 이전까지 신라에 대한 적대정책을 취했다고 보는 견해도 있다(曹凡煥, 「高麗 太祖 王建의 對新羅政策」『고문화』55, 2000 ; 丁善溶, 「高麗 太祖의 對新羅政策의 樹立과 그 性格」『한국중세사연구』27, 2009).

14) 鄭淸柱, 「新羅末·高麗初 豪族의 形成과 變化에 대한 一考察」『歷史學報』118, 1988, 9~11쪽.

15) 趙仁成, 「弓裔의 勢力形成과 建國」『震檀學報』75, 1993, 27~29쪽.

그러나, 궁예는 태봉(泰封)과 마진(摩震) 등으로 국호를 바꾸었다. 이들 국호가 고구려계승과 큰 관계가 없다는 점에서 보면, 궁예는 궁극적으로 고구려계승을 유지할 의도가 없었던 것으로 보인다. 즉, 궁예가 신라 북부 지역의 역사적 문화적 정체성을 제대로 흡수하지 못한 것으로 이해할 수 있는 것이다. 이 때문에 궁예는 건국한 지 17년 만에 태조 왕건에게 정권을 내주어야만 하였다.[16)

이러한 견훤과 궁예정권의 모습은 신라가 역사적 문화적 일체감을 형성 하지 못하였기 때문인 것으로 파악된다. 문화적으로 신라의 서부지역은 11세기 초까지만 해도 익산 미륵사지 석탑이나 부여 정림사지 석탑의 형식을 모방하고 있었다고 한다. 이는 신라 중앙의 권위가 약화되는 9세기 말 이후 불식되지 않고 수면 아래로 가라앉아 있었던 백제계승의식이 떠올랐기 때문인 것으로 이해된다. 그 결과 외지인으로 완산주에 자리잡은 견훤은 그 지방의 역사적 문화적 정체성을 이용한 정권유지가 가능할 수 있었다.[17) 신라 북부지역에서는 동명숭배가 민간신앙과 설화의 형태로 전승되었다.[18) 왕건 동상을 나체로 조성하고 여기에 옷을 입히는 풍습과 동명에 대한 숭배를 국가적 제사로 승격하는 행위들은 이 지역에 오랫동안 고구려계승의식이 존재하였으며, 고려가 후삼국을 통일한 이후까지 상당 한 기간 동안 이어져오고 있었다는 것을 의미한다.[19)

이와 같은 삼국유민의식은 고려가 후삼국을 통일하면서 고구려계승과 신라계승 두 계열로 정리되었다. 고려는 국호에서 나타난 바와 같이 고구 려계승의식을 표방하였으나, 신라계승의 의지도 있었다. 이는 지금까지

---

16) 신호철, 「弓裔의 對外政策과 對外認識」『湖西史學』45, 2006, 20~21쪽 ; 노명호, 앞의 책, 2009, 73쪽.
17) 金正基, 「百濟系石塔의 特徵」『馬韓百濟文化』10, 1987, 210~211쪽 ; 노명호, 앞의 책, 2009, 54~55쪽 참조.
18) 『동국이상국집』 권3, 동명왕편.
19) 노명호, 앞의 책, 2009, 55~60쪽.

신라를 무력을 이용한 적대적 통합 대상으로만 여겼던 견훤, 궁예와는 상당히 차별화된 방향이었다.

> 짐이 들건대 기회를 타서 제도를 개혁하는데 올바른 것과 그른 것은 매우 상세하게 해야 한다. 풍속을 훈도(訓導)하고 민을 가르치는 데 있어 명령을 내리는 것은 반드시 신중해야 한다. 전주(前主)는 신라의 관계(官階)와 군읍의 호칭이 모두 비루하다고 하여 새로운 제도로 고쳤는데, 시행된 지 여러 해가 지나도 민이 알고 익힐 수 없었으며 미혹하고 혼란한 데까지 이르고 말았다. 지금부터는 모두 신라의 제도를 따를 것이며 그 이름과 의미가 알기 쉬운 것은 새로운 제도로 고칠 것이다.[20]

태조 왕건은 신라의 제도를 일방적으로 배제하지는 않았다. 위의 인용문은 쿠데타로 궁예를 몰아낸 이후에 내린 조서이다. 여기서 태조 왕건은 궁예가 신라의 제도가 비루하다고 여겨 태봉이 자체적으로 만들어낸 제도와 명칭을 사용하고자 하였으나 결국 실패하고 말았다고 하였다. 민이 오랫동안 신라의 제도에 익숙해져 있는 상태였기 때문에 급하게 익힐 수 없었다는 것이다. 그러면서도 민이 이해하기 쉬운 것은 새로운 제도로 개혁하자고 하였다. 이때 새로운 제도가 고려의 것인지, 태봉의 것인지는 불분명하지만, 어쨌든 신라의 제도와는 다른 것임은 분명하다. 이는 태조 왕건의 입장에서도 오랜 역사와 권위를 갖고 있는 신라의 제도를 대체할 만한 마땅한 대안이 없었기 때문이라고 할 수 있다.

이는 태조 왕건의 친신라정책과도 연관성이 있다. 그는 견훤이 신라를 침공할 때마다 구원해주었으며,[21] 경명왕이 죽자 조문하기도 하였다.[22]

---

20) 『고려사』 권1, 태조 원년 6월 무진, "以白書省孔目直晟爲白書郞中 徇軍郞中閔剛爲內軍將軍 詔曰 朕聞 乘機革制 正謬是詳 導俗訓民 號令必愼 前主以新羅階官郡邑之號 悉皆鄙野 改爲新制 行之累年 民不習知 以至惑亂 今悉從新羅之制 其名義易知者 可從新制."

그러면서도 최응(崔凝)에게 삼국을 통일한 신라가 9층탑을 세웠으니 자신도 개경에 7층탑을, 서경에 9층탑을 세우고자 한다고 하였다.[23] 이는 삼국을 통일한 신라를 이어서 고려가 삼한을 재통일해야 한다는 당위성과 정당성을 부여받고자한 것으로 이해된다. 즉, 태조 왕건의 친신라정책은 삼한일통의 정당성의 측면에서 이해할 수 있는 것이다.

그 연장선에서 이해할 수 있는 것이 신라 왕실과의 혼인이다. 태조 왕건은 경순왕이 귀순하자 김억렴(金億廉)의 딸을 제5비로 맞이하였으며,[24] 경순왕을 사위로 삼았다.[25] 이는 신라 왕실의 혈통을 고려에 끌어들여 신라가 갖고 있는 정통성을 고려가 계승한다는 의미를 지니고 있는 것이다. 그만큼 신라는 비록 9세기말 위상이 급격하게 추락하기는 하였으나 상대적으로 정통성이 있는 왕조로 인식되었던 것이다.

그 반면에 후삼국통일 이후 백제계승의식은 거의 나타나지 않는다.[26] 고려는 국호에서 고구려계승의식을 표방하면서도 역사적, 제도적 정통성을 신라에게서 이어받는 이원적 역사계승의식을 지니게 되었다. 후삼국통일 이후 대외적으로 고려는 고구려를 계승한 국가로 인식되었으며,[27] 스스로도 고구려계승국가임을 내세웠다.

---

21) 『고려사』 권1, 태조 3년 10월 ; 같은 책 권1, 태조 4년 2월.

22) 『고려사』 권1, 태조 7년 9월.

23) 『고려사』 권92, 崔凝.

24) 『고려사』 권88, 神成王太后金氏.

25) 『고려사』 권2, 태조 18년 11월 계축.

26) 이후 백제계승에 관한 기록은 무신정권기 李延年의 난과 관련된 것 외에, 현종이 삼국의 능묘를 보수하면서 주변에서 땔감 채집을 금지하고 지나는 사람들은 말에서 내리게 하였다는 것(『고려사』 권4, 현종 8년 12월), 문종이 태자를 책봉할 때 거란에서 고려가 백제의 옛 영예를 아우르게 되었다 외교문서를 보내 온 것(『고려사』 권7, 문종 9년 5월 계해) 등 모두 3건으로 극히 제한되어 있다. 이는 고려에게 백제가 삼한의 하나 정도의 의미가 있었던 것은 아닌가 생각된다.

27) 『고려사』 권2, 태조 16년 3월.

소손녕(蕭遜寧)이 서희(徐熙)에게 말하기를, "당신 나라는 신라 땅에서 일어났으니 고구려 땅은 우리 소유로 당신들이 침략한 것이다. 또한 우리와 땅이 이어졌는데도 바다 건너 송(宋)을 섬기고 있으므로 오늘의 군사(軍事)가 있었던 것이다. 만약 땅을 베어내어 바치고 조빙(朝聘)한다면 가히 아무 일도 없을 것이다."라고 하였다. 서희가 말하기를, "그렇지 않다. 우리나라는 고구려의 옛 땅이므로 국호를 고려라고 하였으며 도읍을 평양으로 하였다. 만약 지계(地界)를 논한다면 상국(上國)의 동경(東京)은 모두 우리 땅이니 어찌 (우리가) 침범한다고 말할 수 있겠는가?"[28]

그런데, 선행국가에 대한 역사적 계승과 정당성 문제는 그렇게 단순하지만은 않다. 앞서 신라계승은 제도적 계승과 함께 신라 왕실의 혈통을 고려 왕실에 끌어들여 삼한일통을 기정사실화하는 역할을 하였다. 이에 비하여 고구려계승은 태조 왕건이 궁예정권 초기의 국호를 다시 사용한 점과 그 자신이 고구려계통의 호족으로 볼 수 있는 점,[29] 발해를 혼인지국(婚姻之國),[30] 즉 혈연관계가 있는 국가로 여겼다는 점[31] 등에서 나타난다. 건국 당시로부터 시간적 거리가 있기는 하지만, 위의 인용문과 같이 영토적 계승이라는 관점에서 보면 고구려계승의식은 전통적인 북진정책과도 관련된다. 이를 종합해보면 고구려계승의식은 국호나 고토회복, 발해 등 북방지역과 관련되는 것이라 할 수 있으며, 그런 점에서 신라계승과 고구려계승이 갖는 함의는 각각 다르다고 할 수 있다. 결국 후삼국통일 직후의 삼국유민의식은 고구려계승의식과 신라계승의식 두 가지 계열로 정리되

---

28) 『고려사』 권94, 徐熙, "遜寧語熙曰 汝國興新羅地 高勾麗之地 我所有也 而汝侵蝕之 又與我連壤 而越海事宋 故有今日之師 若割地以獻 而修朝聘 可無事矣 熙曰 非也 我國即高勾麗之舊也 故號高麗 都平壤 若論地界 上國之東京 皆在我境 何得謂之侵蝕乎."

29) 박용운, 「고려시기 사람들의 高麗의 高句麗繼承意識」 『북방사논총』 2, 2004.

30) 『資治通鑑』 권285, 後晋紀6 齊王下開運 2년 10월 계사.

31) 박용운, 앞의 논문, 2004, 165쪽.

었던 것으로 이해할 수 있다.

12세기 전반기에 나타난 역사계승의식은 대체로 신라계승으로 기울어
지는 경향을 보인다. 인종대 묘청은 거사 직전에 임원궁(林原宮)에 성을
쌓고 팔성당(八聖堂)을 지었는데, 여기에 모셔진 8성 중 넷째는 구려평양선
인(駒麗平壤仙人) 실덕연등불(實德燃燈佛), 다섯째는 구려목멱선인(駒麗木覓
仙人) 실덕비파시불(實德毗婆尸佛)이라 하였다.32) 이들 신격은 평양지방의
토착신앙이나 도참과 연결된 것이다. 이 중 구려목멱선인은 고구려의
수신(襚神), 즉 중국측 사료에 등장하는 부여신(扶餘神)을 지칭하며, 구려평
양선인은 단군과 관련이 있는 존재라고 할 수 있다.33)

특히 묘청이 주장하고 있는 바에 따르면 서경 임원역은 대화세(大化勢)에
해당하기 때문에 이곳으로 천도하면 천하를 병탄하게 되므로 금나라가
조공을 해올 것이며, 주변의 36국이 모두 신하가 된다고 한다.34) 이는
고구려가 직접 언급된 것은 아니지만, 앞서 북방지역 또는 고토회복과
관련된다는 점에서 보면, 고구려계승과 연결된다고 할 수 있다.

> 시조의 성은 박씨로 이름은 혁거세(赫居世)라고 한다. 전한(前漢) 효선제(孝
> 宣帝) 오봉(五鳳) 원년 갑자(甲子) 4월 병진(丙辰)에 즉위하고 거서간(居西干)
> 이라 호칭하였다. 이때 나이 13세였으며, 국호를 서라벌(徐那伐)이라 하였
> 다. 이보다 먼저 조선(朝鮮)의 유민이 산곡지간(山谷之間)에 나뉘어 거주하
> 면서 6촌을 이루었다.35)

이에 비하여 김부식은 기자계승과 함께 신라계승을 지향하였다.36) 그는

---

32) 『고려사』 권127, 妙淸.

33) 金成煥, 『高麗時代의 檀君傳承과 認識』, 경인문화사, 2002, 136~145쪽.

34) 『고려사』 권127, 妙淸.

35) 『삼국사기』 권1, 赫居世居西干 1년, "始祖姓朴氏 諱赫居世 前漢孝宣帝五鳳元年甲子 四月
丙辰卽位 號居西干 時年十三 国號徐那伐 先是 朝鮮遺民分居山谷之間 爲六村."

『삼국사기』 신라본기 첫머리에서 신라는 기자조선의 유민들이 남하하여 세웠다고 하였다. 주지하다시피 김부식은 백제나 고구려에 비하여 신라를 매우 호의적으로 평가하였다. 이는 유교적 명분질서에 입각한 것으로, 금국정벌론을 주장하였던 묘청에 대한 반박의 의미도 지니고 있었다. 그는 해동에 나라가 있은 지 오래되었는데, 기자가 주 왕실로부터 책봉을 받고 한초(漢初) 위만이 왕을 참칭할 때부터였다고 하였다.[37] 이를 위의 인용문과 결합시켜보면, 기자조선이 위만에게 나라를 빼앗긴 이후 유민들이 사로 6촌을 이루고 살았으며, 그곳에서 신라가 출발하였다는 결론에 도달한다.

이와 같은 김부식의 인식은 유학자 입장에서 신앙적 형태로 존재하는 단군보다는 문헌상 비교적 명확한 형태로 남아 있는 기자를 선택할 가능성이 높다는 점에서도 이해할 수 있는 부분이다. 또한 유학이 가지고 있는 보편지향적 특성을 고려한다면, 김부식은 고려의 고구려계승을 부정한 것은 아니나 오히려 기자와 신라계승을 통하여 고려의 전통에 비해 유교로 상징되는 중국 중심의 동아시아 보편문화에 더 가까이 다가가려 했다고 할 수 있다.

이러한 인식은 중국인 서긍의 인식에도 큰 영향을 주었던 것으로 이해된다. 서긍은 고려가 기자의 전통을 계승한 국가로 인식하면서도 왕위계승에는 떳떳함이 있다고 하였다.[38] 이는 중국에서 건너온 기자에 의하여 유교적 교화를 일찍부터 받아왔으며, 동아시아 보편세계의 일원으로서 교화에 가장 가까이 다가간 국가라는 인식이었다. 그러므로 기자 전통의 계승은 고려가 동아시아 보편세계에 참여하고 있는 이상 국가적 문화적 위상을 높여갈 수 있는 중요한 요소였던 것이다.

---

36) 河炫綱, 앞의 책, 1976, 193~197쪽.
37) 『삼국사기』 권29, 연표(上).
38) 『고려도경』 권1, 建國.

그런 점에서 신라계승의식은 기자계승의식과 어느 정도 연관성이 있는 것으로 파악할 수 있다. 김부식의 위와 같은 인식의 결과 고려는 오랜 유학적 전통이 있는 국가로서, 국가적 과제 또한 그와 같은 전통의 계승이 될 수 있다. 그리고 이것은 고려가 동아시아 보편세계의 일원으로서 역시 보편문화의 수용에 적극적으로 앞장서고 있다는 인식으로 발전할 가능성을 지니고 있는 것이었다.

2) 역사적 시원 인식과 동아시아 보편 참여 문제

역사계승의식은 선행국가에 대한 계승만을 대상으로 하는 것이 아니라 국조에 관한 인식도 포함한다. 국조가 다양하게 나와 있는 상황에서 어느 특정한 계열이나 존재가 선택되거나 우위를 점한다면, 그 함의에 따라 정체성과 문화적 일체감의 방향은 달라질 수 있다. 이것은 나아가 국가운영 방향과도 밀접한 관련을 갖는다.

주지하다시피 우리 역사상 역사적·문화적 시원으로 여겨졌던 존재는 단군(檀君)과 기자(箕子)를 꼽을 수 있다. 기자에 관한 기록은 『상서대전(尚書大傳)』, 『사기(史記)』송미자(宋微子) 세가(世家), 『후한서(後漢書)』, 『위략(魏略)』, 『삼국지(三國志)』동이전(東夷傳) 등에 차례로 계승되었다.[39] 이에 비해 단군은 평양 주변의 구월산,[40] 묘향산,[41] 강화[42] 등지의 신격을 지닌 존재로 알려져 있다는 점에서 보면 유교와는 거리가 있는 존재였다.[43] 따라서 기자가 교화를 한반도에서 널리 실천한 인물, 유교문화의 시조이자, 중국 중심의 보편문화의 상징으로 여겨졌다면, 단군은 그 반대편의 인물로

---

39) 박대제, 「箕子朝鮮과 小中華」『韓國史學報』65, 2016, 11~18쪽.

40) 『고려사』 권58, 지리3, 儒州.

41) 金成煥, 앞의 책, 2002, 99~128쪽.

42) 『고려사』 권56, 지리1, 楊廣道 江華縣 沿革.

43) 金成煥, 앞의 책, 2002.

볼 수 있다. 그렇기 때문에, 단군을 역사적·문화적 시원으로 인식한다면, 기존의 전통을 추구할 가능성이 높고, 기자를 역사적·문화적 시원으로 인식한다면 중국 중심의 보편문화를 추구할 가능성이 높다고 할 수 있다.

　단군과 기자가 상호 대립적 성격을 지닌 존재이기는 하지만, 실제로는 공존을 도모하는 상호보완적 존재로 볼 수 있다. 『구당서(舊唐書)』에는 고구려의 음사(淫祀)로 기록된 여러 존재 중에서 특히 눈에 띄는 것은 기자신(箕子神)과 가한신(可汗神)이다.[44] 여러 연구에서 지적되었듯이 가한 신은 단군을 의미하는 것으로 보인다.[45] 이때 기자신이 중국에서 건너온 기자로 볼 수 있는지 확신할 수는 없다. 다만, 기자신을 음사의 하나로 지목하고 있는 것은 중국의 여러 기록에 등장하는 기자와 다른 고유한 신앙의 대상 정도의 의미로 볼 수 있다.[46]

　　신이 다스리는 나라는 비록 울루(鬱壘)의 반도(蟠桃)에 인접하였으면서도 위력을 숭상하지 않았으며, 또한 백이(伯夷)와 숙제(叔齊)의 고죽국(孤竹國) 과 연접하여 본래부터 염치(廉恥)와 진퇴(進退)를 잘 알고, 홍범구주(洪範九 疇)에 기대어 있었으며, 일찍부터 팔조교(八條教)를 계승하였습니다. 말로 는 반드시 하늘을 두려워하였으며, 행동으로는 모두 길을 양보하여, 대저 인현(仁賢)의 교화(教化)를 천품(天稟)으로 하였으므로, 군자(君子)의 이름 을 얻게 되었습니다. 그러므로 들에 새참을 나갈 때는 변두(籩豆)를 갖추면 서도 창을 집에 기대어 두고 있었으니, 풍속은 비록 칼을 차고 다니는 것을 숭상하면서도 무(武)가 진실로 창을 그치게 한다는 뜻을 귀히 여길 줄 알았습니다. 진실로 나라를 세운 이래로 지금까지 성(城)을 적에게

---

44) 『舊唐書』 권199, 東夷 高麗.

45) 韓永愚, 「高麗와 朝鮮前期의 箕子認識」 『韓國文化』 3, 1982, 21~22쪽 ; 徐永大, 「檀君崇拜 의 歷史」 『정신문화연구』 32, 1987, 23~24쪽 ; 김성환, 「高麗時代의 檀君傳承과 古朝鮮 認識」 『단군학연구』 8, 2003, 113~114쪽.

46) 韓永愚, 위의 논문, 1982, 22~23쪽.

내준 일이 없었습니다. (그러나) 천자(天子)의 덕화(德化)를 따르는 것은 곧 남려(南閭)도 따라오지 못한 것이니 어찌 인(仁)한 것이 동호(東戶)에 비해 부끄러움이 있겠습니까?[47]

통일신라시기에 이르러 기자는 유교적 교화의 성격을 가진 존재로 여겨졌다. 위의 인용문은 당(唐)에 효공왕(孝恭王)의 즉위를 알리는 표문으로 최치원이 작성한 것이다. 위의 구문은 신라가 당 중심의 보편을 충실하게 실천하였다는 것을 전제로 하고 있으며 외교적 수사가 다분하다. 그럼에도 불구하고 신라는 최소한의 무력을 사용하며 나라를 지켜오고 있으며, 지금까지 나라를 적에게 내준 일이 없다고 하여 외부적 충격에 대항해왔다는 점을 강조하고 있다. 뚜렷하게 나타나는 것은 아니지만, 최치원은 신라가 당 중심의 동아시아 보편에 참여하고는 있으나 당과는 구별되는 존재라는 점, 그리고 역사적 독립성을 이야기하고 있다.

현도(玄菟)와 낙랑(樂浪)은 본래 조선(朝鮮) 땅으로 기자(箕子)가 책봉을 받은 곳이다. 기자는 백성을 교화하고 예의(禮義), 전잠(田蠶), 직작(織作)으로 8조의 법금을 만들었다. 이로써 백성들은 서로 도둑질하지 않았고 문을 닫지 않았으며, 부인은 정절과 신의를 지켜 음탕하지 않았으며, 음식은 변두(籩豆)에 담았으니 이는 인현(仁賢)의 교화였다. 그리고 천성이 유순하고 삼방(三方)과 서로 달랐으므로 공자가 도를 따르지 않음을 슬퍼하여 뗏목을 바다에 띄워 (그곳에) 살고자 한 것도 까닭이 있는 것이다. … 그러나 겸양하는 뜻이 없고 중국의 봉강(封疆)을 침략하여 원수가 되었으

---

47) 『孤雲集』권1, 讓位表, "臣以當國 雖鬱壘之蟠桃接境 不尙威臨 且夷齊之孤竹連疆 本資廉退 矧假九疇之餘範 早襲八條之敎源 言必畏天 行皆謹路 盖稟仁賢之化 得符君子之名 故籩豆醢 田 鉏矛寄戶 俗雖崇於帶劍 武誠貴於止戈 爰從建國而來 罕致反城之釁 嚮化則南閭是絶 安仁 則東戶何慙."

며, 그 군현에 들어가 살았다. 그러므로 전쟁이 줄을 잇고 화(禍)가 이어졌으니 거의 편안한 해가 없었다 할 수 있다. 동쪽으로 천도한 이후 수당(隋唐)이 통일하는 때를 맞이하였어도 오히려 조칙과 명령에 항거하여 따르지 않고 왕의 사신을 토굴에 가두었다. 그 완악하고 두려워하지 않는 것이 이와 같아 여러 차례 죄를 묻는 군사를 맞이하기에 이르렀다. 비록혹 기이한 대책으로 대군을 함몰시켰으나 왕이 항복하고 나라가 멸망하는 것으로 끝을 맺은 이후에야 그쳤다. 그러나 (그들의) 시말(始末)을 보건대 상하(上下)가 화합하고 대중이 화목하면 비록 대국이라도 능히 나라를 빼앗을 수 없었다. (하지만) 나라에 불의(不義)가 행해지고 민에게 인(仁)하지 않게 되어 대중의 원망이 일어나니 나라가 무너지면서도 스스로 구원할 수가 없었다.[48]

이와 같은 인식은 앞서 잠시 살펴보았던 김부식의 역사인식에서도 살펴볼 수 있다. 위의 『삼국사기』 고구려본기 말미의 논찬은 잘 알려져 있다시피 전반적으로 비판적인 어조로 이루어져 있다. 그러나, 여기서 눈여겨보아야 할 것은 고구려가 상하가 화합하고 화목할 경우 중국의 침략을 물리치며, 끝내 중국에 정복되지 않았다고 평가하였던 점이다. 이는 역사적 독립성을 이야기한 것으로, 기자 유풍의 계승과 유교적 전통, 그리고 역사적 독립성이라는 최치원이 말한 자기 전통의 기본적 조건을 거의 그대로 따르고 있는 것으로 보인다.

그런 점에서 논리적으로 기자의 유풍(遺風)은 문화적 독립성으로 이어질

---

48) 『삼국사기』 권22, 寶藏王, "玄菟樂浪 本朝鮮之地 箕子所封 箕子敎其民 以禮義田蠶織作 設禁八條 是以其民不相盜 無門戶之閉 婦人貞信不淫 飮食以籩豆 此仁賢之化也 而又天性柔 順 異於三方 故孔子悼道不行 欲浮桴於海以居之 有以也夫 … 而無謙巽之意 侵其封場以讎之 入其郡縣以居之 是故兵連禍結 略無寧歲 及其東遷 値隋唐之一統 而猶拒詔命以不順 囚王人 於土 其頑然不畏如此 故屢致問罪之師 雖或有時設奇以陷大軍 而終於王降國滅而後止 然觀 始末 當其上下和 衆庶睦 雖太國不能以取之 及其不義於國 不仁於民 以興衆怨 則崩潰而不自 振."

수 있다. 위의 두 인용문을 토대로 살펴보면, 유교적 교화가 이민족의 중국에 대한 동화를 의미한다고 할 때, 신라와 고구려가 중국에 동화되거나 점령당하지 않았던 것은 상하의 단결과 유교와는 다른 상무적 기질에 근거한 것이다. 그리고 이는 '나라를 세운' 이래로 계승되어오던 전통이었던 것이다. 더욱이 오랫동안 기자의 유풍을 계승하고 있다는 것은 고려가 중국의 문화를 도입하고 있다는 의미이기도 하지만, 자체적으로 유교화를 할 수 있는 역량이 있다는 의미이기도 하다. 즉, 고려는 비유교적 전통이 계승되는 국가이면서도 유교적 전통이 있는 다원적 문화전통을 가지고 있는 국가이며, 때에 따라서는 스스로의 역량으로 유교화가 가능한 국가이기도 했던 것이다.

고려는 기자전통의 계승과 기존의 전통 사이에서 적절한 균형을 유지하고자 하였다. 우선, 숙종은 1102년 7월 서경에 행차하였다가 예부(禮部)의 추청(奏請)을 받아들여 서경유수와 안찰사 등에게 민의 괴로움을 직접 조사하고 사면령을 내릴 것을 살펴보게 하였다.[49] 이 과정에서 숙종은 기자의 무덤을 찾아내고 사당을 세워 제사를 지내도록 하였다.[50] 그러는 반면, 목멱과 동명왕 등에게 훈호를 내리고,[51] 동명성제사(東明聖帝祠)에 제사를 지내기도 하였다.[52] 비록 전해지는 기록으로는 기자가 비교적 분명하고, 기자 이외에는 대체로 설화적·신앙적 형태의 전승이 이어져오고 있기는 해도, 국가가 주도하는 형태의 제사는 양자 사이에 비교적 균형을 찾아가려는 노력이 확인된다.

한편, 12세기 경 서경지역에서는 단군, 주몽, 해모수(解慕漱) 설화가 착종하는 현상도 볼 수 있다.[53] 무신정권기 최자(崔滋)가 지은「삼도부(三都賦)」

---

49)『고려사』권11, 숙종 7년 7월 경술 및 임자.
50)『고려사절요』권6, 숙종 7년 10월.
51)『고려사』권4, 현종 2년 5월 정해.
52)『고려사절요』권7, 숙종 10년 8월.
53) 金成煥, 앞의 책, 2002, 133쪽.

에서는 서경(西京)이 처음으로 이룩될 때, 동명이 하늘에서 내려와 거주를 정하고, 오룡차(五龍車)를 타고 하늘과 땅을 오르락내리락 하였다고 하였다. 더욱이 동명은 백신(百神)과 열선(列仙)을 거느렸으며, 곰소에서 여인을 만났다고 하였다.[54] 단군과 주몽, 해모수 등이 한반도 북서부와 만주 일대에 전해지는 설화라는 점에서 착종은 자연스런 현상이라고 할 수 있다. 그러나, 「삼도부」가 국가의례에 사용되었던 글인 만큼, 국가는 민간에서 고구려계승의식과 단군계승을 수용하는 행위를 통하여 기자가 상징하는 유교적 전통, 단군과 주몽이 상징하는 고려의 전통 사이의 공존을 추구하고 국가적 테두리 안에서의 조화를 이루어나가려고 하였다는 것으로 해석할 수 있다. 이는 고려의 국가적, 문화적 일체감을 형성하는 요소가 어느 하나의 계열로 설명될 수 없다는 것을 의미하며, 단군과 기자, 주몽 등의 지향성은 대립적 관계보다는 상호보완적 관계를 이루고 있다는 것을 의미한다.

3. 이중적 자아인식의 형성과 변화

1) 소중화의식과 이중적 자아인식의 형성

역사인식은 정체성과 현재의 실존적 자아에 대한 고민을 담고 있다. 그리고 이는 지나간 과거에 대한 기억이며 역사계승의식과 국조인식도 그 범주에 포함된다. 이와 함께 고려해야 할 것은 외적 요인인 동아시아 보편이라는 개념이다. 지나간 과거에 대한 기억은 주변세계의 지나간 과거에 대한 인식과 기억도 포함된다. '우리'는 중국 중심의 동아시아

---

54) 『동문선』 권2, 三都賦.

보편세계의 일원으로서 중국에 대해 사대관계와 조공책봉관계를 맺어왔기 때문이다.

보편은 사전적으로는 '모든 것에 두루 미치는 성질'이라고 정의한다. 동아시아를 중국을 중심으로 하는 한자·유교문화권이라고 한다면, 동아시아는 한자와 유교 두 가지를 공통적인 가치로 공유하고 있으며, 한자와 유교로 표현되는 모든 것들이 보편의 요소가 될 수 있다. 특히 한자는 동아시아의 공통적 의사표현 수단이었다는 점에서 근본적으로는 한자로 표현되는 모든 것들이 보편의 요소가 될 수 있을 것이다. 구체적으로는 유불도와 이를 기반으로 하는 외교적 수사 등이 이에 포함될 것이다. 문화적으로 보면 보편세계는 유교로 일원화된 세계가 아닌 다원성을 지닌 세계라고 할 수 있을 것이다.

정치적으로 중국은 주변세계에 대해 화이관과 조공책봉관계를 요구하였다. 주변세계는 이를 적절히 수용하고 이용하면서 생존을 도모하였다. 이를 주변세계의 입장에서 생각해보면, 동아시아 질서에 편입됨으로써 대내외적으로 정치적·군사적 안정을 보장받을 수 있으며, 동아시아 구성원들이 만들어낸 문화를 공유할 수 있는 장점이 있었다.[55]

또한 중국은 황제의 덕화(德化)가 미치는 범위를 천하(天下)로 설정하고 그 안에 거주하는 한족(漢族)을 비롯한 모든 민족과 국가를 그 영역에 포함시켰다. '중국'이라는 개념 안에는 종족과 문화적으로는 한족을 중심에 두고 나머지 민족은 한족에 의한 교화, 즉 문화적 혜택을 입을 수 있도록 한다는 것도 포함되어 있다. 중국은 주대(周代)의 왕과 제후의 관계를 주변민족에 관철시켜 직접적으로 지배하려고 하였으나, 한 무제 이후 실현이 불가능하게 됨에 따라 조공과 책봉의례를 준수하는 차원에서 적용시켜나가려고 하였다. 그런 만큼 중국은 주변세계에 대해 일정정도의

---

55) 김한규, 『천하국가─전통시대 동아시아 질서』, 소나무, 2005, 42~43쪽.

자율성, 즉 정치적 불간섭을 적용하였다.[56)

그러면서도 중국은 중국내의 이민족을 포함하여 중국 밖의 이민족에 대해 남만(南蠻), 북적(北狄), 동이(東夷), 서융(西戎) 등 멸칭을 사용하면서 중국 우위의 질서를 관념적으로, 때로는 실제로 적용하려고 하였다. 따라서, 중국적 질서가 관철되고 중국의 문화적 영향을 받는 동아시아는 조공과 책봉질서를 통해 그 일원들 사이의 차별성이 누층적으로 구조화한 세계였다.

중국 주변세계는 중국의 문화적 영향 속에서 자신을 변방으로 인식하기는 했어도 스스로를 오랑캐로 여기지는 않았다. 신라의 경우 삼국통일 이후 당과의 관계가 긴밀해지면서 당으로부터 군자국(君子國)의 칭호를 받았다.[57) 이는 신라가 오랫동안 유교문화를 수용하고 발전시켜왔다는 인식에서 비롯된 것이었다.[58) 신라도 당에 보내는 외교문서에서 스스로 '거서(車書)가 통일된 세계', 즉 동문동궤(同文同軌)인 보편세계 안에 편입되었다고 생각하였다.[59) 나아가 이러한 의식은 비록 소중화(小中華)라고 지칭하지는 않았지만, 당 중심의 보편질서 안에서 수위(首位)를 차지해야 한다는 소명의식으로까지 발전하였다.[60) 이는 신라가 보편세계의 변방에 위치하기는 하지만, 중국과 구분되는 존재이면서도 오랑캐가 아닌, 문화적으로 중국에 버금가는 발전을 이룩한 자부심이 표출된 것이라 할 수 있다.

가-① 우리 동방(東方)은 예부터 당풍(唐風)을 사모하여 문물과 예악은 모두

---

56) 全海宗 편, 『中國의 天下思想』, 민음사, 1988 ; 李成珪, 「中華思想과 民族主義」『철학』 37, 1992 ; 「中華帝國의 팽창과 축소-그 이념과 실제」『歷史學報』186, 2005 ; 김한규, 앞의 책, 소나무, 2005.

57) 하일식, 「당 중심의 세계질서와 신라인의 자기인식」『역사와 현실』 37, 2000 ; 권덕영, 「신라 '君子國' 이미지의 형성」『韓國史硏究』 153, 2011.

58) 『舊唐書』 권199, 新羅傳.

59) 『孤雲集』 권1, 奏請宿衛學生還蕃狀.

60) 『孤雲集』 권1, 謝不許北國居上表.

당의 제도를 좇고 있다.

가-② 방위가 달라지면 풍토도 다르며 인성도 제각기 다르므로 반드시 (그들과) 진실로 같아질 필요는 없다.

가-③ 거란(契丹)은 금수(禽獸)의 나라로 풍속이 (우리와) 같지 않고 언어도 또한 다르다. 의관과 제도는 삼가 (거란을) 본받지 말 것이다.[61]

태조는 훈요10조 제4조에서 고려가 오래전부터 당풍(唐風), 즉 당의 문화적 영향에서 자유롭지 않았다고 하였다. 동아시아 보편의 기준이 당의 문화이기는 해도 고려의 실정에 맞지 않는 것은 굳이 적용할 필요가 없다고 하면서도, 오랑캐와 다름없는 거란의 의관과 제도는 따르지 말라고 당부하였다.

고려에서 훈요10조가 가지고 있는 의미를 고려하여 이 구문은 상세하게 분석해볼 필요가 있다. 우선, 가-①에서는 고려 또는 그 이전 신라가 취해온 국가운영의 방향은 당풍에 있었다는 태조의 현실인식이 반영되었다. 여기서 당풍의 지향성이 어디에 있는지 살펴보기 위해 훈요10조의 다른 구절의 내용과 비교해보자. 훈요10조 제1조와 2조는 불교에 대한 통제책을 담고 있으며, 3조에서는 적장자가 불초하면 차자(次子)에게도 왕위계승이 될 수도 있다고 하면서 요임금이 순임금에게 선양(禪讓)하였던 사례를 예시로 들고 있다. 제9조에서는 공훈과 녹봉을 엄격하게 관리하고 주변국과의 관계 설정과 군사들에 대한 대우 등을 담고 있다. 제10조에서는 주공(周公)이 주(周) 성왕(成王)에게 『서경(書經)』의 무일편(無逸篇)을 바친 것을 예로 들면서 정치에 게을리하지 말 것을 당부하였다. 이를 종합하면 훈요10조에서는 적어도 정치는 유교가 담당하게 하였다는 것을 확인할 수 있다. 따라서, 지금까지 신라와 마찬가지로 고려도 당풍을 따라왔다는 것은

---

61) 『고려사』 권2, 태조 26년 4월 계묘, "惟我東方 舊慕唐風 文物禮樂 悉遵其制 殊方異土 人性各異 不必苟同 契丹是禽獸之國 風俗不同 言語亦異 衣冠制度 愼勿效焉."

유교정치이념을 실현해왔다는 의미로 받아들여진다.

가-②에서 태조는 무조건 당풍을 답습할 필요는 없다고 하였다. 이것으로 보아 태조 왕건은 고려 고유의 제도와 풍습은 유교정치이념과 거리가 있을 수 있으며, 그것이 유효하다고 생각될 때는 유지하는 것도 필요하다고 보고 있는 것이라 할 수 있다. 이는 제7조의 연등회와 팔관회 실시 및 변경 금지, 제6조의 풍수지리와 도참을 언급한 것 등과도 연관된다. 이를 가-①과 연결해보면 태조의 의도는 유교정치이념을 기본으로 하되, 자체 전통에 대해서도 중시하겠다는 것으로 해석된다.

가-③에서 태조는 거란의 의관과 제도는 본받지 말 것을 당부하였다. 이 부분은 종족적으로 볼 때, 거란과 같은 이민족의 것을 따르기 보다는 오히려 당풍을 따르는 것이 낫다는 의미로 해석된다. 고려는 여진에 대해 소중화적 입장에서 인면수심(人面獸心)이라는 표현을 사용하여 부정적으로 묘사하였다.[62] 고려는 한족을 제외한 주변 민족에 대해 부정적으로 인식하였다.[63] 거란에 대한 위 사료의 표현도 그 연장선에서 볼 수 있다. 더구나 고구려계승의식을 지향점의 하나로 내세우고 있는 고려의 입장에서 발해를 멸망시킨 거란에 대한 부정적 감정도 여기에 투영되었다고 볼 수 있다. 이를 고려하면 거란도 여진과 비슷한 선에서 인식되고 있는 것으로 보인다. 반대로 고려는 중국의 문화를 수용하고 이를 자체적으로 계승하고 있다는 것으로 해석할 수 있다. 결국 고려가 중화의 위치에 서는 소중화적 관점에서 거란과 여진을 같은 족속으로 인식하는 것이라 할 수 있을 것이다.

그럼, 훈요10조에 나타난 고려의 자아인식을 어떻게 보아야 할까? 결론부터 이야기하면 훈요10조에는 고려의 이중적 자아인식이 반영된 것으로

---

62) 『고려사』 권6, 정종 9년 4월 무술 ; 같은 책 권84, 刑法1 殺傷, 靖宗 4년 5월 ; 같은 책 권94, 郭元.

63) 박경안, 앞의 논문, 2007, 398~400쪽.

해석된다. 고려가 거란과 군사적으로 충돌하기 이전에는 거란과 여진은 거의 동일한 족속으로 이해하였던 것으로 볼 수 있다. 이는 고려가 거란과 여진은 고려보다 문화적으로 뒤떨어져 있는 종족으로 파악하고 이들에 대해 교화를 해나갈 수 있는 소중화(小中華)를 자처한 것으로 내면적으로는 이(夷)가 아닌 '화(華)로서의 자아'를 형성한 것이다. 이는 앞서 고려가 기자를 계승했다는 역사적 시원 인식과 결부시켜보면, 고려는 자체적 역량으로 유교화가 가능한 문화적 자신감으로 해석할 수 있다. 그렇기 때문에, 이후 여진에 대해 자소(字小)의 입장에서 교화시킨다는 의식으로까지 발전할 수 있었을 것이며, 고려가 스스로를 해동천자(海東天子)로 보았던 것[64]도 이러한 맥락에서 이해할 수 있다.

그러나, 태조는 고려가 전통적으로 중국의 문화적 영향력에서 자유로울 수 없다고 보았다. 이렇게 보면, 고려는 다른 한편으로 중국의 문화적 영향을 받는 국가가 된다. 이는 중국의 문화적 성과를 공유하고 있는 동아시아 보편의 일원으로서의 자아라고 할 수 있다. 즉, 문화적으로 보면, '화로서의 자아'와 '주변국으로서의 자아' 두 가지가 있다는 결론에 도달한다.

> 중국[화하(華夏)]의 제도는 따르지 않을 수 없습니다. 그러나 사방의 습속은 각각 토성(土性)을 따르고 있으므로 모두 (중국과 같이) 바꾸는 것은 어렵습니다. 시서예악(詩書禮樂)의 가르침과 군신(君臣)과 부자(父子)의 도(道)는 마땅히 중화를 본받아야 할 것이며 비루한 것은 바꾸어야 할 것인데, 그 나머지 거마(車馬)와 의복의 제도는 가히 토풍을 따라 사치스러움과 검박한 것 사이의 중도(中道)를 얻어야 할 것이며, 반드시 (중국과) 같아질 필요는 없을 것입니다.[65]

---

64) 『고려사』 권71, 악2, 風入松.
65) 『고려사』 권93, 崔承老, "華夏之制 不可不遵 然四方習俗 各隨土性 似難盡變 其禮樂詩書之

이중적 자아인식은 성종대 최승로의 시무 28조에서도 확인된다. 위의 인용문은 앞서 훈요10조 제4조에 비해 다소 구체화한 인상을 받는다. 즉, 시서예악과 군신, 부자의 도와 같은 유교정치이념은 중화를 본받아야 한다고 하여, 동아시아 보편적 가치를 수용할 것을 주장하였다. 그러나 거마와 의복과 같은 세밀한 부분에서는 굳이 훈요10조에서 말하는 당풍(唐風)을 따를 필요는 없다고 하였다.

그런데, 여기서 주의할 점은 최승로가 가지고 있는 중국 문화에 대한 관점이다. 그는 중국 문화에 비하여 고려의 문화는 검박하다고 하였다. 이는 고려의 문화가 중국에 비해 뒤떨어진다는 의미는 아닌 것으로 생각된다. 그런 점에서 이는 고려의 문화적 역량에 대한 긍정적 평가라 할 수 있다. 이를 인용문 말미의 '중도(中道)'를 얻어야 한다는 부분과 연결시켜보면, 고려는 기본적으로 유교정치이념을 적용해야하나, 구체적이거나 세밀한 부분에서는 고려의 전통도 의미가 있으므로 지켜나가야 한다는 것으로 해석할 수 있다. 따라서, 위의 중도는 당풍과 고려의 문화적 전통 사이의 균형을 의미한다고 할 수 있다.

이 부분은 앞 부분의 5조정적평의 광종에 대한 평가와도 연결이 가능하다. 최승로는 광종이 우수한 자질과 능력을 지녔다고 하면서도, 과거제 시행에 대해서는 "비록 화풍(華風)을 중히 여겼으면서도 중화의 법도는 취하지 못하였고, 비록 중화의 선비는 예로써 대하였으나 중화의 어진 인재는 얻지 못하였다"고 하였다.[66] 이는 유학자 최승로의 입장에서 과거제 시행에 굳이 반대하지는 않으나, 광종이 기존의 질서를 어기고 귀화인 쌍기(雙冀)에게 지나친 권력을 부여하고, 나아가 그를 총애한 나머지 맹목적인 중국화를 지향하였다고 비판한 것이라 할 수 있다.[67] 즉, 최승로의

敎 君臣父子之道 宜法中華 以革卑陋 其餘車馬衣服制度 可因土風 使奢儉得中 不必苟同."
66) 『고려사』 권93, 崔承老.
67) 河炫綱, 「崔承老의 政治思想」 『韓國中世史硏究』, 일조각, 1988, 169~170쪽.

동아시아 보편에 대한 입장은 보편 참여 자체는 반대할 것은 아니나 지나친 동화는 경계해야 할 것으로 보았던 것이다.

2) 동아시아 정세와 이중적 자아인식의 변화

성종대 고려는 최승로의 건의에 따라 유교정치이념 적용을 서둘렀다. 이는 광종대 과거제와 승과제도를 통해 유불 간의 제도적 균형과 다원적 사상지형의 모습을 갖추기는 하였지만, 지나친 불교적 성향을 드러내거나, 귀화인에 대한 지나친 총애로 부작용을 드러낸 광종대의 사상정책을 수정한다는 의미를 담고 있는 것이었다. 이후 고려는 사상적으로 여러 요소의 공존과 조화를 추구할 것이라는 전망을 할 수 있다.[68]

그렇지만, 정책적 필요에 따라 실시한 성종대 유교정치이념의 적용에 대해 많은 사람들은 익숙하지 않거나 의구심을 가지고 있었던 것으로 보인다. 993년(성종 12) 거란이 침입해오자 보편문화 적용과 전통의 문제가 불거졌다. 이때 고려에서는 침략해온 거란에 어떠한 자세로 임해야 할 것인지 뚜렷한 입장을 내놓지 못하고 있었다. 이에 이지백은 기존의 전통인 연등회, 팔관회, 선랑(仙郞)을 다시 열고 중국의 괴이한 법을 본받지 말 것을 건의하였다.[69] 이는 성종대 초 연등회와 팔관회 폐지를 염두에 둔 것으로 이해된다.[70] 이에 대해 사신(史臣)은 성종이 지나치게 화풍을 수용하려고 하였기 때문에 위와 같은 건의가 나온 것이라고 하였다. 국론

---

68) 최봉준,「고려 태조~성종대 다원적 사상지형과 왕권 중심의 사상정책」,『한국중세사연구』45, 2016(본 연구총서 1권 참조).

69)『고려사』권94, 徐熙, "前民官御事李知白奏曰 聖祖創業垂統 迨于今日 無一忠臣 遽欲以土地 輕與敵國 可不痛哉 古人有詩云 千里山河輕孺子 兩朝冠劍恨譙周 盖謂譙周爲蜀大臣 勸後主納土於魏 爲千古所笑也 請以金銀寶器賂遜寧 以觀其意 且與其輕割土地 弃之敵國 曷若復行先王燃燈八關仙郞等事 不爲他方異法 以保國家致大平乎 若以爲然 則當先告神明 然後戰之與和 惟上裁之 成宗然之 時成宗 樂慕華風 國人不喜 故知白及之."

70)『고려사절요』권3, 현종 원년 윤2월 ;『고려사』권3, 성종 6년 10월.

분열의 원인을 동아시아 보편과 전통의 대립으로 보았던 것이다.

이지백의 입장에서 보면 화풍의 반대개념인 국풍(國風)을 지키는 것은 국가 존립과 같은 개념으로 이해할 수 있다. 연등회, 팔관회, 선랑을 언급하는 것은 민심 규합을 의도한 것이지만,[71] 국가의 존망이 걸린 시기에 이를 언급하는 것은 고려의 전통을 민심규합이라는 목적성을 넘어선 고려 그 자체로 보았던 것은 아닌지 의심된다. 그러나 반대 측의 입장에서 보면, 연등회나 팔관회 같은 것들은 반드시 규제하거나 개혁되어야 할 대상이라 할 수 있다. 즉, 두 극단의 대립이기는 하지만, 유교정치이념을 취하던 성종이 이지백의 의견을 받아들인 것은 성종이 양자 사이의 균형을 추구함으로써 양 극단의 대립을 조정한 것으로 이해할 수 있다.[72]

거란 침입 이후 동아시아 정세는 대체로 안정기에 접어들었다고 할 수 있다. 이때 고려는 여진의 내조(來朝)를 적절하게 통제하면서 여진과의 관계를 고려가 주도하고,[73] 번(藩)을 안정적으로 유지할 수 있었다. 고려와 송 사이의 외교관계는 비록 단절된 상태지만, 정치 외적 관계는 지속적으로 유지되었다.[74] 그러나, 문종대 고려와 송의 국교가 재개되고 선종대 의천이 송에 유학하자, 거란과 갈등관계가 다시 만들어졌다.

특히 송은 연운 16주를 중심으로 한 영토문제를 해결하고 이전의 대외관계를 회복하기 위해 고려와의 군사적 연합을 모색하였으며, 이는 고려-거란-송 사이의 안정적 관계를 변화시키는 요인이었다. 송은 11세기 중반 이후 신법(新法)과 함께 적극적인 대외정책을 추진하였으며, 그 결과 조공의 횟수 또한 증가하였다. 이 시기 고려와 송의 관계 회복도 그와 같은 차원에서 이해할 수 있다.[75] 고려는 중국의 문화적 성과를 지속적으로

---

71) 具山祐, 「高麗 成宗代 對外關係의 展開와 그 政治的 性格」 『韓國史研究』 78, 1992, 62~63쪽.

72) 최봉준, 앞의 논문, 2016 참조.

73) 『고려사』 권9, 문종 27년 5월 정미.

74) 羅鍾宇, 「5대 및 송과의 관계」 『한국사 16』, 국사편찬위원회, 2002.

도입하였다. 송과는 문종대 국교가 정식으로 회복되기 이전부터 유학생 파견이나 불경과『송조대장경(宋朝大藏經)』,『책부원구(冊府元龜)』,『자치통감(資治通鑑)』,『태평어람(太平御覽)』,『문원영화집(文苑英華集)』,『개보정례(開寶正禮)』등이 수입되어 문화적 관계는 이어지고 있었다.76) 여기에 송은 서하를 공략하는 한편, 거란에 대해서도 군사적 대응을 추진하였다. 이는 지금까지 안정적으로 유지되어오던 고려-거란-송의 삼각관계를 불안정하게 만드는 요인이었다.77)

또한 보주(保州) 영유권 분쟁과 의천의 입송(入宋)도 고려와 거란의 관계를 불안정하게 만드는 요인이었으나, 반대로 의천이 거란의 불경을 적극적으로 도입하는 한편,78) 여진의 성장에 대한 공동대응은 고려와 요를 밀착시키는 요인이기도 하였다. 그러나 예종대 이후 도교 사상의 수용과 확산, 신법을 활용한 정치개혁 등은 고려와 송의 관계에서도 거란과의 관계만큼이나 진전이 있었다는 반증이 된다.79) 따라서, 여진의 성장을 비롯한 여러 변수가 있기는 했으나, 거란의 멸망까지는 고려-거란-송의 관계는 안정적으로 유지되었다고 할 수 있다.

팔관회를 열고 신봉루(神鳳樓)에 행차하였다. 백관에게 술을 하사하고 저녁에는 법왕사(法王寺)에 행차하였다. 다음날 대회(大會)를 열고 또 술을 하사하고 보고 즐겼는데 동경·서경 2경과 동북양로병마사, 4도호부, 8목에서 각각 표문을 올려 진하(陳賀)하였다. (그리고) 송의 상객(商客)과 동서

---

75) 金成奎,「宋代 朝貢秩序의 再編과 그 樣相」『歷史學報』185, 2005, 167~170쪽.

76) 羅鍾宇, 앞의 논문, 290~294쪽.

77) 윤영인,「몽골 이전 동아시아의 다원적 국제관계」『만주연구』3, 2005.

78) 김영미,「11세기 후반~12세기 초 고려·요 외교관계와 불경 교류」『역사와 현실』 43, 2002.

79) 오영선,「인종대 정치세력의 변동과 정책의 성격」『역사와 현실』9, 1993 ; 蔡雄錫,「12세기초 고려의 개혁 추진과 정치적 갈등」『韓國史硏究』112, 2001 ;「고려 예종대 道家思想·道敎 흥기의 정치적 성격」『韓國史硏究』142, 2008.

번(東西藩), 탐라국(耽羅國)도 또한 방물을 바치니, (왕이 그들에게) 의례를 볼 수 있는 좌석을 하사하였는데, 후에 이를 상식(常式)으로 삼았다.[80]

그와 같은 배경 아래서 고려는 해동천자를 자처하며 자신의 영향력이 미치는 범위를 해동천하로 설정하였다.[81] 이는 일상적인 외교 행위에서 관철되기도 하지만, 팔관회와 같은 국가의례에서 더욱 단적으로 드러난다. 팔관회 대회일 의례는 국중대회로 치러지는데 이때 조하의식에서는 문무백관을 비롯하여 송 상인, 동서번에서 온 사신들이 각기 가져온 방물을 바쳤다.[82] 이는 마치 조공국이 천자국에 방물을 바치는 행위로 여겨질 수 있는 부분이기도 하다. 이때 송 상인은 공식적인 사신이 아니기 때문에 정치적 목적을 지닌 것은 아니다. 이에 비해 여진과 탐라는 고려에 이미 조공을 해왔으며, 송 상인과는 성격이 다른 사신으로서의 성격을 지닌다. 그렇기 때문에, 팔관회 조하의식은 결국 고려국왕의 덕화(德化)가 미치는 범위 안의 모든 신민(臣民)이 함께 참여한다는 상징적 의미를 지닌다.

조하의식의 의미를 생각해볼 때, 이는 고려가 가지고 있는 이중적 자아인식의 한 측면이 의례의 형태로 나타난 것으로 이해된다. 팔관회는 대외적으로는 고려의 덕화를 여진과 탐라 등에 적용시키는 것, 즉 고려가 여진과 탐라를 교화하는 '화로서의 자아'가 관철된 것으로 이해된다.[83] 실제로 1039년(정종 5) 11월 제서(制書)에서는 죄를 사면해주면서 팔관회는 덕음(德音)을 널리 퍼뜨리는 것이라고 하였다.[84] 사면의 대상에 여진과

---

80) 『고려사』 권6, 정종 즉위년 11월 경자, "設八關會 御神鳳樓 賜百官酺 夕幸法王寺 翼日大會 又賜酺觀樂 東西二京東北兩路兵馬使四都護八牧 各上表陳賀 宋商客東西蕃耽羅國亦獻方物 賜坐觀禮 後以爲常."

81) 노명호, 앞의 책, 2009.

82) 『고려사』 권69, 예11, 仲冬八關會儀, 大會日坐殿.

83) 奧村周司, 「高麗における八關會の秩序と國際環境」 『朝鮮史研究會論文集』 16, 1979, 84쪽.

84) 『고려사』 권80, 식화3 진휼 恩免之制 靖宗 5년(1039) 11월.

탐라가 포함되는 것으로 보이지는 않으나, 이념적으로 덕음의 대상은 고려 국내뿐만 아니라 여진과 탐라를 포함하는 것으로 생각된다.

그러나, 앞서 언급한 바와 같이 12세기 초 이후 여진의 급격한 성장과 요의 멸망, 그리고 정강의 변(1127) 등으로 그동안 비교적 안정되어 있었던 동아시아 정세가 급격하게 변화하였다. 이는 고려의 해동천하에도 영향을 미치지 않을 수 없었다. 특히 1117년(예종 12) 아지(阿只) 등이 가지고 온 금의 조서(詔書)에서는 금 황제가 형으로, 고려국왕이 아우로 표현되어 있었으며,[85] 1126년(인종 4) 백관회의에서는 많은 신료들의 반대를 무릅쓰고 금에 대한 사대를 결정하였다.[86] 나름 실리적인 접근이라 할 수 있으나, 그 결과 고려는 최종적으로 북쪽 변경의 번(藩)을 상실하게 되었다.

짐은 조종(祖宗)의 누대의 업적을 계승하고 삼한(三韓)을 보전하였음에도 백성과 신(神)의 기대가 없을까 두려워하여 먹고 자는 것도 두려워하였으며, 감히 한가하고 편안한 것을 구할 수 없었다. 오늘날 일관(日官)이 청한 바와 같이 서경(西京)에 거둥하고 새로운 교서를 반포하여 장차 만물과 더불어 다시 시작하고 민으로 하여금 돌아갈 바를 알게 하여 선왕(先王)의 구업(舊業)을 부흥케 할 것이다. 또한 저 성현의 가르침과 여러 도참의 말에 '음양의 이치를 본받고 따르고, 부처를 존숭하며, 형벌을 밝히며 현명한 이를 들이고 어리석은 이를 내칠 것이며, 삼보(三寶)의 재물을 망령되이 쓰지 않는다면, 사선(四仙)의 발자취가 마땅히 영광을 더할 것이다'라고 하였다. (이에) 의거하여 행하되, 감히 잊지 않도록 하라. 하물며 원구(圓丘), 태묘(太廟), 사직(社稷), 적전(籍田) 및 여러 원릉(園陵)은 국가가 중히 공경하는 곳이니, 관리와 원리들은 때때로 보수할 것이며 폐하고 어그러짐이 없도록 하라. 소위 국선(國仙)의 일은 근래에 벼슬길이 많아져

---

85) 『고려사』 권14, 예종 12년 3월 계축.
86) 『고려사』 권15, 인종 4년 3월 신묘.

구하려는 자가 없으니, 마땅히 대관(大官)의 자손들로 하여금 행하게 하라. 문무(文武) 두 학문은 국가에서 교화하는 근원이라 일찍이 가르치고자 두 학교를 세우고 제생(諸生)을 길러서 장차 장상(將相)을 선발할 때 대비하고자 한 것이나 유사에서 각각 다른 논의를 고집하여 아직 의론이 정해지지 않았다. 마땅히 빨리 제정하여 시행토록 하라. 또한 국풍(國風)은 검박하게 하고자 하였으나 지금 조정의 사서(士庶)들은 의복이 화려하고 사치스러워 존비에 구별이 없다. 마땅히 예의상정소(禮義詳定所)로 하여금 조종 대대로 내려오는 예식(例式)과 연혁에 의거하여 규정을 만들어 보고하라.[87]

위의 인용문은 1116년 4월 예종이 서경에 행차하면서 내린 조서이다. 위 구문의 목적은 예의상정소를 설치하고 예식을 정비하는 것에 있다. 따라서, 이는 유교이념에 의한 예제정비와 왕권강화를 목적으로 하는 것이라고 정리할 수 있다.[88] 그런데, 여기서 눈여겨볼 것은 원구와 태묘, 사직, 적전을 비롯하여 국선을 강화하여 대관의 자손들로 하여금 적극적으로 행하도록 하라고 지시한 부분이다. 이는 예의상정소가 지향하는 바와는 방향이 다른 것으로, 화풍과 국풍 사이의 균형이 무너지고 있다는 것을 말하고 있는 것으로 보인다. 기자의 유풍을 계승하려는 세력에 맞서 왕권을 강화하기 위해 예종은 고려의 전통과 보편 사이에서의 균형을 유지할

---

87) 『고려사』 권14, 예종 11년 4월 경진, "朕承祖宗積累之緒 保有三韓 懼無以稱人神之望 宵旰憂勞 不敢遑寧 今以日官所請 徙御西都 以頒新敎 將以與物更始 使民知歸 以興先王之舊業 且彼聖賢之訓 及諸圖讖之言 謂奉順陰陽 尊崇佛釋 明信刑罰 黜陟幽明 三寶之財 不可妄費 四仙之跡 所宜加榮 依而行之 不敢失也 況圓丘大廟社稷籍田 及諸園陵者 國家敬重之所也 其管勾員吏 以時修葺 無使弊虧 所謂國仙之事 比來仕路多門 略無求者 宜令大官子孫行之 文武兩學 國家敎化之根源 早降指揮 欲令立其兩學 養育諸生 以備將來將相之擧 而有司各執異論 未有定議 宜速奏定施行 且國風欲其儉朴 而今朝廷士庶 衣服華侈 尊卑無等 宜令禮儀詳定所 據祖宗代式例沿革 制定以聞."

88) 박종기, 「예종대 정치개혁과 정치세력의 변동」 『역사와 현실』 9, 1993, 51~52쪽.

것을 지시하고 있는 것이라고 할 수 있다. 즉, 태조의 훈요10조의 다원적 사상지형을 지향하되, 유교정치이념을 기반으로 하려는 의도로 해석해볼 수 있다.

고려는 같은 달에 거란이 멸망하자, 그들의 연호 사용을 중지하고 간지만 사용하도록 조치하였다.[89] 이후 인종대 묘청은 서경의 임원역으로 천도하면, 지세에 따라 금을 비롯한 주변의 36개 나라가 조공을 해올 것이라 하였다.[90] 이는 해동천하를 회복하려는 시도로 읽을 수 있겠다. 그렇지만, 이미 북송이 멸망하고 금이 북중국을 석권하였으며, 고려와 금이 사대관계를 맺고 있었던 상황에서는 실현 불가능한 비전이었다. 따라서, 사회적 합의에 도달할 수 없는 천도론이라고 할 수 있다.

더욱이 국가적으로 묘청과 김부식 등 대립되는 두 가치관 사이의 균형을 잡아줄만한 대책이 나오지 않은 상황에서 묘청의 난이 발생하였고, 그 결과 개경파에 의해 서경파가 진압되었다. 이는 국왕을 비롯한 국가권력이 여러 사상 간의 알력을 조정하며 다원성을 인정하고 통합성을 지향할 능력을 일부 상실하였다는 것을 의미한다. 천하관의 관점에서 보면, 이는 해동천하의 관념적 붕괴를 의미하는 것은 아니다. 그렇지만, 여진이 금을 건국하고 결과적으로 고려와 여진의 관계가 역전되면서 나타난 번(蕃)의 상실이 의식적인 측면에서 어떠한 영향을 주는지 단적으로 보여주는 사건 이라 할 수 있다.

이후 의종대 해동천하 관념은 형식적으로 유지되기는 하였으나, 실질적 의미를 지니는 것은 아니었다. 1168년(의종 22) 3월에 반포한 조서에서 의종은 불사(佛事) 강화, 승려의 엄격한 수행, 선풍(仙風)의 숭상과 팔관회 강화, 대민 구휼 등을 지시하였다.[91] 이러한 조치는 자체적 전통 보전으로

---

89) 『고려사』 권14, 예종 11년 4월 신미.

90) 『고려사』 권127, 妙淸.

91) 『고려사』 권18, 의종 22년 3월 무자.

기울어 있다는 점에서 앞서 거란의 1차 침입 당시의 이지백의 발언을 떠올리게 한다.

내시 좌·우번이 다투어 진귀한 물건을 바쳤다. 이때 우번에는 고관의 자제들이 많았는데, 이로 인하여 환관들이 성지(聖旨)로 공사(公私)의 진귀한 물건과 서화 등 물건을 찾아내었다. 또한 채붕(彩棚)을 엮어 (여기에) 잡기(雜伎)들을 태우고 외국인이 방물을 바치는 모습을 흉내 내며, 청홍개 2자루와 준마 2필을 바쳤다. 좌번은 모두 유사(儒士)들뿐이어서 잡희(雜戲)에 익숙하지 않아 물건을 바치는 것이 100에 하나도 미치지 못하였다. (좌번에서) 물건이 모자라는 것을 수치스럽게 여겨 다른 사람에게서 준마 5필을 빌려서 바치니, 왕이 모두 받아들였으며, 좌번에는 백은(白銀) 10근과 단사(丹絲) 65근을, 우번에는 백은 10근과 단사 95근을 하사하였다. 이후 좌번이 말값을 치르지 못하여 날마다 빚 독촉에 시달리니 당시 사람들이 비웃었다.[92]

특히 1165년 4월 국왕과 내시들 사이에 있었던 조하의식은 일종의 유희로 전락해버린 모습이라고 할 수 있다.[93] 이때 주목되는 것은 팔관회가 열리는 11월이 아니라 4월에 열렸던 점으로, 좌번과 우번이 다투어 방물을 바치는 모습에서 의종대 후반 왕권강화 작업의 연장선에서 이해할 수 있을 것이다.[94] 그렇지만, 이미 팔관회에서 조하의식이 폐지된 이후 이와

92) 『고려사』 권18, 의종 19년 4월 갑신, "內侍左右番 爭獻珍玩 時右番多紈袴子弟 因宦者 以聖旨 多索公私珍玩書畵等物 又結綵棚 載以雜伎 作異國人貢獻之狀 獻靑紅盖二柄 駿馬二 匹 左番皆儒士 不慣雜戲 其所貢獻 百不當一 恥不及 借人駿馬五匹以獻 王皆納之 賜左番白銀 十斤 丹絲六十五斤 右番白銀十斤 丹絲九十五斤其後 左番不能償馬之直 日被徵債 時人笑 之."

93) 박경안, 앞의 논문, 2007, 430~431쪽.

94) 채웅석, 「의종대 정국의 추이와 정치운영」 『역사와 현실』 9, 1993.

같은 유희를 벌이는 것을 보면, 다른 한편으로는 굳이 4월에 팔관회를 치를 이유가 없었던 것은 아닌가 생각된다. 즉, 이는 해동천하를 실현할 대상이 사라져 버린 상황에서 나올 수 있는 심리적 방어기제의 성격을 갖는다고 할 수 있다.

결국 '화로서의 자아'와 '주변국으로서의 자아'는 해동천하가 붕괴되어 가는 과정 속에서도 형식적으로는 유지되었다고 할 수 있다. 이 중에서 '화로서의 자아'는 동아시아 정세의 변화에 의해 변화하지 않을 수 없었다. 이는 고려−거란−송의 관계가 안정되었던 시기에는 역시 안정적으로 유지될 수 있었으나, 금의 건국과 성장으로 해동천하를 실현할 대상이 사라져버림으로써 실질적 의미는 잃고 말았다.

4. 맺음말

지금까지 신라말에서 고려전기까지 역사인식과 자아인식을 문화적 관점에서 살펴보았다. 신라 중앙의 권위가 약화되고 각지에서 호족들이 할거하게 되면서 역사계승의식이 불거지기 시작하였다. 이는 태조 왕건에 의한 후삼국통일 이후 고구려와 신라계승 두 가지 계열로 정리되었다. 즉, 고려는 국호와 영토적 계승이라는 점에서 고구려계승의식을, 제도와 삼한일통이라는 점에서 신라계승의식을 수용하였다.

그러나, 역사계승의식은 선행국가에 대한 계승의식과 함께 국조에 대한 인식도 포함한다. 우리 역사상 역사적 시원은 단군과 기자 두 계열로 볼 수 있다. 문화적으로 보면 단군이 자체적 전통에 해당한다면, 기자는 동아시아 보편 수용으로 상징된다. 그런데, 기자가 중국 문헌에 일찍부터 등장하고 단군은 역사 기록보다는 신앙적 차원에서 전승되었다는 점에서 보면, 기자가 역사적 실체에 더 가까이 다가가 있는 것으로 확인된다.

이에 따라 신라말 6두품 계열 유학자였던 최치원은 신라가 기자의 유풍을 계승하였다고 하였다. 하지만, 기자가 완전한 문화적 종속을 의미하는 것은 아니다. 비록 기자가 중국의 유교적 교화를 의미하기는 하지만, 중국에 정치적 지배를 받지 않았다고 하는 점에서는 독립성도 지니고 있는 것으로 이해된다.

고려는 역사적 독립성과 동아시아 보편 사이의 균형을 유지하고자 하였다. 고려는 기자, 동명왕 등에게 훈호를 더하거나 국가제사를 지냈다. 더욱이 최자의 「삼도부」에 단군, 주몽, 해모수 설화가 착종하는 것은 이 글이 국가제사에 쓰인 것이라는 점을 고려하면 여러 가지 전승이 국가적으로 수용되고 조화를 이루고 있는 것으로 이해할 수 있다.

고려는 해동천하의 중심으로서 '화로서의 자아'와 '주변국으로서의 자아' 등 이중적 자아인식을 지니고 있었다. 두 자아는 일견 대립되는 것으로 볼 수 있으나, 공존과 조화를 추구하는 가운데 상호보완적 관계를 유지하였다. 태조의 훈요10조와 최승로의 시무 28조에 나타난 이중적 자아는 중국의 문화적 영향은 부정할 수 없으나, 기존의 전통에 대해서 부정하지 않는 이중적인 성격을 지니는 것이었다. 그런데, 여기서는 거란에 대해 특히 부정적 인식을 드러내었다. 이는 여진을 포함한 주변민족에 대한 부정적 인식이 표현된 것으로, 기자의 전통을 계승하고 자체적으로 유교적 전통을 지닌 문화민족으로서의 자부심이 표현된 것으로 이해된다. 이는 해동천자로서 자소(字小)의 관점에서 여진을 교화하고 이끌어준다는 관념이 표현된 '화로서의 자아'였다고 할 수 있다.

이에 비하여 고려는 중국의 문화적 성과를 지속적으로 도입하는 가운데, 유학생을 파견하여 동아시아 보편에 참여하고자 하였다. 이는 단순히 중국 중심의 질서의 변방에 위치한다는 것이기는 하지만, 오랑캐로서의 자아가 표현된 것은 아니었다. 외부적으로는 고려가 동아시아 보편에 동화되기에 충분한 조건을 갖추고는 있었으나, 고려가 정체성을 유지하였던 것은 '화(華)로서의 자아', 해동천자로서 중국과의 구분의식이 전제되어 있었으며, 다른 한편으로 자체적 교화가 가능하다는 문화적 자부심의 결과였다고 할 수 있다.

12세기 거란의 쇠퇴와 금의 건국, 정강의 변 등 고려 주변의 정세가 급격하게 변화함에 따라, 고려는 북쪽 변경의 번(藩)을 상실하게 되었다. 이는 고려의 자아인식에도 일정 정도 영향을 주었다. 고려는 화풍 대신 국풍을 강조함으로써 자신을 지켜나가려고 하였던 것이다. 이는 한편으로는 이중적 자아인식의 변화, 심리적 방어기제로 이해될 수 있다. 더욱이 1135년 묘청 일파는 해동천하의 복구를 시도하였으나, 개경파에 의해 진압되었다. 예종과 의종대에 국풍 강화가 시도되고, 조하의식이 유희로 변질되었던 것은 해동천하의 관념적 붕괴를 의미하는 것은 아니지만, 이중적 자아 중에서 화로써의 자아에 변화가 불가피하였음을 의미하였다.

제2장

고려전기의 북방 영토의식과 이민족 인식

신 안 식

1. 머리말

고려 건국을 전후한 시기의 대륙정세는 당나라 멸망 이후 중국 대륙의 혼란과 거란 등 북방민족의 도약으로 인하여 새로운 국면에 놓여 있었다. 특히, 발해를 멸망시킨 거란은 고려의 국경과 인접해 있었다. 거란과의 초기 관계는 실리적 외교관계보다는 고려의 왕조적 정체성 확보와 북방정 책 등으로 인하여 갈등적 요소를 수반하였다. 이러한 시대적인 상황 속에 서 고려는 신라와 후백제를 통합하면서 점차 국가의 기틀을 갖추어 갔다. 그러나 대외적인 위협은 고려의 커다란 과제였고, 그 결과 거란과의 3차례 에 걸친 전쟁과 여진 정벌이 단행되기도 하였다. 이런 과정에서 북방민족 들의 국내 유입이[1] 빈번하게 이루어졌다.

고려전기의[2] 고려사회는 후삼국 분열의 이질성을 '일통삼한(一統三韓)'[3]

---

[1] 국내에 유입한 이민족들을 '歸化人'이라고 하였고, 이에 대한 자세한 것은 朴玉杰, 『高麗時代의 歸化人研究』, 國學資料院, 1996을 참고하기 바란다.

[2] 이 글에서의 '고려전기'는 '高麗長城'의 구축으로 내외 영역의 구분이 이루어지던 덕종~정종 시기와 1115년(예종 10) 금나라 건국을 기점으로 고려 천하관이 변화되는 시기까지를 포함하는 것으로 하였다.

의식을 통해 동질성을 회복하려고 하였다. 국제환경의 변화로 인한 다양한 이민족들의 유입에 대해서는 고려 '천하관(天下觀)'의[4] 확장을 통해 적극 수용하였다. 이에서 비롯되는 정치 사회적 갈등은 역사계승의식과 정체성을 공유하는 조절 과정을 거쳐 극복할 수 있었다. 그동안 북방민족에 대해서는 국경문제, 귀화인 및 대외항쟁 등의 연구를[5] 통해 이루어지다가, 고려 천하관을 중심으로 한 종족 문제와 왕조적 정체성에 대한 연구로[6] 확대되었다.

이 글에서는 고려전기의 이민족 유입의 근거를 북방 영토의식의[7] 변화 과정을 살펴보는 가운데 그 과정에서 드러난 고려 천하관에[8] 주목하고자

---

3) 박종기는 '一統三韓'의 '一統'이 단순히 삼한을 통일했다는 뜻이 아니라 천자가 천하를 통일한 사실을 뜻할 뿐만 아니라『春秋』의 '大一統'과 같은 개념으로써 고려 다원사회의 이념적 기초가 되었다고 하였다(「고려 다원사회의 형성과 기원」『한국중세사연구』36, 2013, 125~130쪽 ; 본 연구총서 2권 참조). 이에 비해 노명호는 동류의식을 전제로 하는 '삼한일통의식'과 삼한일통의식 범위 밖에 존재하는 느슨하고 유동성도 큰 일종의 '우리' 의식을 바탕으로 '해동천자의 천하'가 설정되어 있었다고 하였다(『고려국가와 집단의식』, 서울대학교출판문화원, 2009, 147~155쪽).

4) 노명호는 고려·송·거란은 각기 다른 천하관을 가지고 있었고, 이를 '天下多元論'이라고 하였다(앞의 책, 2009, 133~147쪽). 박종기는 사료에 등장하는 '藩人' '東藩' '諸藩' 등의 표현 속에는 국내외의 다양한 종족과 주민을 고려의 천하질서 속에 포섭하려는 고려왕조 특유의 天下觀, 즉 고려 중심의 華夷觀이 반영되어 있다고 하였다(앞의 논문, 2013, 114쪽).

5) 李基白,「高麗의 北進政策과 鎭城」『東洋學』7, 1977 ; 金光洙,「高麗前期 對女眞交涉과 北方開拓問題」『東洋學』7, 1977 ; 朴玉杰, 앞의 책, 1996 ; 方東仁,『韓國의 國境劃定硏究』, 一潮閣, 1997 ; 李在範,「麗遼戰爭과 高麗의 防禦體系」『韓國軍事史硏究』3, 1999 ; 서성호,「고려 태조대 대(對)거란 정책의 추이와 성격」『역사와 현실』34, 1999 ; 申安湜,「高麗前期의 北方政策과 城郭體制」『歷史敎育』89, 2004.

6) 金光洙,「高麗建國期 一國家意識의 理念的 基礎」『高麗史의 諸問題』, 삼영사, 1986 ; 추명엽,「고려전기 '번(蕃)' 인식과 '동·서번'의 형성」『역사와 현실』43, 2002 ;「高麗時期 '海東' 인식과 '海東天下'」『韓國史硏究』129, 2005 ; 노명호, 앞의 책, 2009 ; 박종기,「고려 전기 주민 구성과 국가체제-來投 문제를 중심으로」『동북아역사논총』23, 2009 ; 앞의 논문, 2013.

7) 이 글에서 사용하는 '북방 영토의식'이라는 것은 '관념화'의 문제로만 귀결되는 것이 아니라 '高麗化[化內]'라는 '이념성'을 전제로 한 '영역적 확장성'을 표현한 것이다. 앞서 金光洙는 고려초기의 '三韓'을 一國家를 지향하는 시대적 의지에서 이루어진 '民族的 영역개념'이라고 하면서, 북방 영토는 서경과 압록강을 아우르는 확대된 지역이라고 하였다(앞의 논문, 1986, 488~489쪽).

한다. 북방 영토의식은 정치·군사적인 성격이 강했기 때문에 영역의 역사적 연관성이 중요한 기준이 되었는데, 이는 대외 갈등을 통한 대내 결속을 강화하려는 의도로 이해된다. 하지만 접경 지역의 이민족들에게는 자신들의 근거지에 대한 위기로 인식되었을 것이고, 이런 점이 이들의 고려 내지로의 대거 유입으로 이어졌을 가능성도 있다고 생각한다. 따라서 이들 이민족을 수용할 수 있는 명분이 필요하게 되었을 것이고, 그 명분의 중심에 고려 천하관이 자리하고 있었다.

2. 북방 영토의식과 '천하관(天下觀)'

고려초기의 북방 영토의식은 '국경(國境)'이라는 확고한 구획선을 중심으로 한 관념에서 형성된 것은 아니었다. 이런 점은 다음의 자료가 참고된다.

> 가-① 먼저 닭[계(鷄)]을 잡고 뒤에 오리[압(鴨)]를 칠 것이라고 한 것은 왕 시중(태조 왕건)이 나라를 얻은 뒤에 먼저 계림(신라)을 얻고 뒤에 압록강을 되찾는다는 뜻이다.[9]

> 가-② 평양이 황폐함으로써 염주·백주·황주·해주·봉주 등 여러 주의 백성을 대량으로 이주시켜 이를 채웠다.[10]

---

8) 고려 천하관의 변화 과정이란 '이념성'과 '확장성'에 대한 이해라고 할 수 있다. '이념성'은 이민족에 대한 본질적인 인식의 문제이며, '확장성'은 북방 영토의식을 통한 고려 천하관을 알아보는 것이다.
9) 『고려사』 권1, 태조 무편년, "先操雞 後搏鴨者 王侍中 御國之後 先得雞林 後收鴨綠之意也."
10) 『고려사』 권58, 지리3 북계, 서경유수관 평양부, 태조 원년.

가-③ 짐이 삼한 산천의 신령한 도움에 힘입어 대업을 성취하였다. 서경(西京)은 수덕(水德)이 순조로워 우리나라 지맥의 근본이 되며 대업을 만대에 전할 땅인 까닭에, 마땅히 4중월(仲月)에는 거기에 행차하여 100일이 지나도록 머물러 안녕을 이루도록 하라.[11]

사료 가-①은 '왕창근(王昌瑾)의 고사'에서 언급된 것이었다. 이를 보면, 고려의 영토의식은 통일신라와 구고구려의 영역까지를 포괄하였다. 북쪽의 경계로 압록강이 언급된 것은 이후 고려의 고구려역사계승의식과 북방정책의 중요한 기준점이 되었던 것에서 확인된다. 역사계승의식은 왕조의 정통성을 통해 영토계승의식으로 이어진다. 따라서 고려전기의 북방정책은 이러한 영토의식에서부터 출발하였다고 할 수 있다.

고려 건국 이후 태조 왕건은 신라의 항복과 후백제를 무너트리며 국가의 영역적 기틀을 세웠지만, 북방지역은 여전히 불안정하였다. 그것은 발해를 멸망시킨 거란(요)의 강성과 여진족의 존재가 표면적인 이유였고, 후백제와의 오랜 전투로 인하여 북방지역을 적극적으로 개척할 수 없었던 시대적 상황도 작용하였다. 사료 가-②에서 보듯이, 고려가 북방지역으로 시선을 돌리기 시작한 것은 918년(태조 원년) 태조 왕건이 즉위하면서 평양에 대한 적극적인 관심을[12] 표방하면서부터였고, 919년에 국도를 개경(開京)으로 천도하면서 동시에 서경(西京)이 설치되었다.[13] 서경의 설치는 고려의 적극적인 북방 영토의식의 표출이었다고 할 수 있다.

서경은 개경에 버금가는 도시로 성장하였고, 새로운 국도 후보지로도

---

11) 『고려사』 권2, 태조 26년 4월.
12) 『고려사』 권1, 태조 원년 9월 병신, "諭群臣曰 平壤古都荒廢雖久 基址尙存 而荊棘滋茂 蕃人遊獵於其間因 而侵掠邊邑 爲害大矣 宜徙民實之 以固藩屛 爲百世之利 遂爲大都護 遣堂弟式廉 廣評侍郎列評 守之."
13) 『고려사』 권58, 지리3 북계, 서경유수관 평양부 ; 신안식, 「고려시대의 三京과 國都」 『한국중세사연구』 39, 2014, 8쪽(본 연구총서 1권 참조).

주목받았던 곳이다.[14] 또한 관부와 원리를 두고 성곽을 쌓아 행정적 군사적인 정비를 추진하였으며,[15] 서경의 중요성을 후대의 군왕에게까지 이으려는 태조의 「훈요십조(訓要十條)」에도 반영된(가-③) 배경이었을 것이다. 아울러 서경은 태조 이후 불안정한 왕권을 유지하려는 방편으로도 이용되었고,[16] 왕권의 위협이 가해졌을 때 이를 수호할 수 있는 지지기반의[17] 역할도 하였다. 그 결과 개경과 서경의 위상이 대등하게 취급되었고,[18] 인종대 서경세력의 천도운동과[19] 의종대 "만세 동안 쇠퇴하지 않는 땅[萬世不衰之地]"으로[20] 강조되기도 하였다. 서경에 일찍부터 재성(在城, 內城)[21]·나성(羅城)[22]·왕성(王城)[23]·황성(皇城)[24] 등의 성곽체제가 갖추어졌던 것 역시 그 지역의 중요성을 가늠할 수 있게 하는 것이었다. 하지만 서경은 북방지역과 근접한 지역이었던 만큼 방어에 취약성을 안고 있었다. 이를 극복하기 위해서는 청천강 넘어 좀 더 확고한 지역으로의 진출이 필요했고, 그것이 이후 북방지역의 축성으로 나타났다고[25] 할 수 있다.

평양에 서경을 설치한 것은 고구려역사계승이라는 왕조적 정체성뿐만 아니라 후백제의 위협을 극복하기 위해 우선적으로 북방지역의 안정을

---

14) 『고려사』 권2, 태조 15년 5월 갑신 ; 신안식, 앞의 논문, 2014.

15) 『고려사』 권1, 태조 5년 ; 같은 책 권2, 태조 15년 5월 갑신.

16) 『고려사』 권2, 정종 4년 3월 병신.

17) 河炫綱, 「高麗時代의 西京」 『韓國中世史研究』, 一潮閣, 1988, 315~345쪽.

18) 『고려사』 권2, 광종 11년 3월, "改開京爲皇都 西京爲西都." ;『고려도경』 권3, 城邑 郡邑, "惟西京最盛 城市略如王城."

19) 河炫綱, 앞의 논문, 1988 ; 李泰鎭, 「金致陽 亂의 性格－高麗初 西京勢力의 政治的 推移와 관련하여」 『韓國史研究』17, 1977 ; 李惠玉, 「高麗初期 西京勢力에 대한 一考察」 『韓國學報』 26, 1982.

20) 『고려사』 권18, 의종 22년 3월 무자.

21) 『고려사』 권1, 태조 5년.

22) 『고려사』 권2, 태조 21년.

23) 『고려사』 권2, 정종 2년.

24) 『고려사』 권4, 현종 2년 8월.

25) 申安湜, 앞의 논문, 2004.

목표로 한 것으로 생각한다. 이는 곧 북방지역에서의 내적 결속을 다질
수 있는 기반으로 삼았다고 할 수 있는데, 태조대의 잦은 북방지역 순행(巡
幸) 기사에서도[26] 찾아볼 수 있다. 이러한 태조 순행의 의미를 고려후기
이제현은 "우리 태조는 즉위한 후에 김부(金傅)가 아직 귀부하지 않았고,
견훤도 아직 잡히지 않았는데도 누차 서도(西都)에 행차하여 친히 북쪽
변두리 땅을 순행하였다. 그 뜻 또한 동명왕(東明王)의 옛 영토를 우리
집안에서 대대로 이어져 온 귀한 물건[청전(靑氈)]으로 여겨 반드시 석권한
후에 그곳을 차지하고자 한 것이니, 어찌 닭을 잡고 오리를 치는 데에[조계
박압(操鷄搏鴨)] 그칠 따름이었겠는가!"라고[27] 하였다. 이 또한 앞서 '왕창
근의 고사'에서(가-①) 보여준 영토의식을 반영하고 있다. 하지만 고려초기
에는 강성한 거란과 아직 세력은 미미했지만 여진족의 존재로 말미암아
북방 영토의식은 제한적일 수밖에 없었다.

고려초기의 북방 영토의식은 성종대 최승로의 '시무28조(時務二十八條)'
와 거란의 1차 침입 때 서희의 외교담판에도 반영되었다. 최승로의 '시무28
조'에서는 고려와 거란의 영역적 경계가 언급되어 있다. 그는 "마헐탄(馬歇
灘)으로써 경계를 삼은 것은 태조의 뜻이고, 압록강가의 석성(石城)으로

---

26) 태조대의 북방지역에 대한 순행 기사를 정리해 보면 다음과 같다.

北界			西京			
3년	是歲 王 巡北界而還	節	4년	10월	壬申 幸西京	史
11년	是歲 幸北界	史	5년		幸西京 新置官府員吏 始築在城	史
15년 7월	辛卯 親征一牟山城 遣正胤武 巡北邊	史	8년	3월	幸西京	史
			9년	12월	癸未 幸西京 親行齋祭 巡歷州鎭	史
			12년	4월	幸西京 歷巡州鎭	史
			13년	5월	壬辰 幸西京	史
	* 契丹滅渤海(태조 8년 12월)→ 節		13년	12월	庚寅 幸西京 創置學校	史
	* 史→『고려사』권1, 세가1·2,		14년	11월	辛亥 幸西京 親行齋祭 歷巡州鎭	史
	태조1·2		17년	정월	甲辰 幸西京 歷巡北鎭	史
	節→『고려사절요』권1, 태조		18년	9월	甲午 幸西京 歷巡黃·海州	史

27) 『고려사절요』권1, 태조 26년 5월, "我太祖卽位之後 金傅未賓 甄萱未虜 而屢幸西都
親巡北鄙 其意亦以東明舊壤爲吾家靑氈 必席卷而有之 豈止操鷄搏鴨而已哉."

경계를 삼은 것은 대조(大朝)의 정한 바입니다."라고[28] 하여, 고려와 거란의 접경 지역으로 마헐탄과 석성을 거론하였다. 이 두 지역의 위치는 압록강과 연관된 것으로 파악되지만,[29] 압록강 유역에 대한 고려의 실효적 지배가 이때 이루어진 것은 아니었다. 압록강 유역이 고려 영토로 획정된 것은 거란과의 전쟁을 통해서였다.

거란의 고려 침략은 양국 간의 심각한 외교적 갈등에서 비롯된 것은 아닌 것으로 이해된다. 993년(성종 12) 소손녕의 군대가 쳐들어왔지만,[30] 고려 내륙으로의 적극적인 침략을 감행하지 못했고 이렇다 할 전과도 올리지 못했던 사실 등은 중국 지역에서의 성과와는 확연하게 비교되는 것이었다. 이는 고려의 적극적인 대응이 주효했다고도 할 수 있었지만, 거란으로서도 전쟁의 명분과 실리가 적극적으로 개진되지 못한 데서 비롯된 것은 아닐까 한다.[31]

거란과의 1차 전쟁에서 고려가 획득한 가장 큰 성과는 성종 12년 윤10월, 고려 사신 서희와 거란 장수 소손녕과의 강화회담 결과[32] 압록강을 중심으로 한 서북면 지역의 탈환이었다. 이는 북방 영토의식을 확장할 수 있는 기회였을 뿐만 아니라 대외적으로도 국경 구축의 안정적인 지역 기반을 확보한 셈이었다.[33] 이를 통해 압록강 유역을 기준으로 한 '강동(江東)'과

---

28) 『고려사절요』 권2, 성종 원년 6월.

29) 申安湜, 앞의 논문, 2004, 77~78쪽.

30) 『고려사』 권3, 성종 12년 8월.

31) 거란의 고려침략 의도를 송나라의 공략을 위한 견제의 일환으로 파악한 견해가(朴龍雲, 「貴族社會의 對外關係」『高麗時代史(上)』, 一志社, 1985, 310~316쪽) 설득력을 얻는 이유도 여기에 있었다고 할 수 있다. 李美智 또한 "993년에 고려에 대한 공격을 개시한 거란이 내세운 전쟁의 명분은 실제 전쟁의 배경과는 동떨어진 것이었다"고 하였다(「고려시기 對거란 외교의 전개와 특징」, 고려대박사학위논문, 2012, 53~64쪽).

32) 『고려사절요』 권2, 성종 12년 윤10월.

33) 秋明燁은 압록강 유역을 확보하여 쌓은 성은 이후 거란의 침입에 대한 방어망 구실을 하였을 뿐만 아니라 여진의 송에 대한 독자적인 조공을 제어하는 안전판

'강서(江西)'의 대외적 영역 구분이[34] 이루어졌을 것으로 생각되는데, 거란 또한 고려의 서북면 지역의 영역적 경계로 압록강을 언급하기도[35] 하였다. 이런 점은 '고려-송-거란[요]'의 다원적 동아시아 질서 속에서의 영역적 상징성을 보여주는 것으로도 이해할 수 있다. 북방지역에서의 영역적 구분은 고려 천하관의 형성에도 영향을 끼쳤을 것이다.

한편 고려초기에는 통일왕조로서의 정체성 확립에 치중하였을 뿐만 아니라 북방민족의 동향에도 적극적으로 대처했던 것으로 이해된다. 926년(태조 9) 거란에 의한 발해의 멸망은[36] 고려의 북방정책에 새로운 전기가 되었고, 거란과의 긴장 관계로 비화되었다.

가-④ 이 해에 유사에게 조서를 내려 이르기를, "북번(北蕃) 사람들은 사람 얼굴에 짐승의 마음을 가져서, 굶주리면 찾아왔다가 배부르면 가버리며 이익만 보면 부끄러움을 잊는다. 지금은 비록 복종하여 섬기지만 그 방향이 일정하지 않으니, 마땅히 그들이 지나다니는 주진(州鎭)으로 하여금 성 밖에 객관(客館)을 지어 응대하도록 하라."고 하였다.[37]

가-⑤ 거란에서 사신을 파견하여 낙타 50필을 보냈다. 왕은 거란이 일찍이

역할을 수행하였다고 하였다(앞의 논문, 2005, 51쪽).

34) 『고려사』 권3, 성종 13년 2월, "蕭孫寧致書曰 近奉宣命 但以彼國信好早通 境土相接 雖以小事大 固有規儀 而原始要終 須存悠久 若不設於預備 慮中阻於使人 遂與彼國相議 便於 要衝路陌 創築城池者 尋准宣命 自便斟酌 擬於鴨江西里 創築五城 取三月初 擬到築城處 下手修築 伏請 大王預先指揮 從安北府 至鴨江東 計二百八十里 踏行穩便田地 酌量地里遠近 幷令築城 發遣役夫 同時下手 其合築城數 早與回報 所貴 交通車馬 長開貢覲之途 永奉朝廷 自協安康之計." 이때의 '대외적 영역 구분'을 '國境'의 개념으로 이해하기에는 아직 이르다고 판단되며 영역 구분의 '관념화' 단계라고 생각한다.

35) 『고려사』 권3, 성종 15년 3월, "契丹遣朝林學士張幹 忠正軍節度使蕭熟葛 來冊王曰 … 惟東溟之外域 順北極以來王 … 鴨江西限 …."

36) 『고려사절요』 권1, 태조 8년 12월.

37) 『고려사』 권2, 태조 14년 11월, "是歲 詔有司曰 北蕃之人 人面獸心 飢來飽去 見利忘恥 今雖服事 向背無常 宜令所過州鎭 築館城外 待之."

발해와 지속적으로 화목하다가 갑자기 의심을 일으켜 맹약을 어기고 멸망시켰으니, 이는 매우 무도(無道)하여 친선관계를 맺을 이웃으로 삼을 수는 없다고 생각하였다. 드디어 교빙을 끊고 사신 30인을 섬으로 유배 보냈으며, 낙타는 만부교 아래에 매어두니 모두 굶어죽었다.38)

가- ⑥ 넷째, 우리 동방은 옛날부터 중국의 풍속[唐風]을 흠모하여 문물과 예악이 다 그 제도를 따랐으나, 지역이 다르고 인성도 각기 다르므로 꼭 같게 할 필요는 없다. 거란은 짐승과 같은 나라로 풍속이 같지 않고 말도 다르니 의관제도를 삼가 본받지 말라.39)

고려는 중국의 오대(五代)와 송나라에 대해서는 중원의 문화민족으로 인정하였던 반면, 여진과 거란 등 북방민족에 대한 인식은 고려의 문화민족으로서의 자긍심과 비교되었다.40) 사료 가-④에서의 북번은 여진족을 지칭하였는데, '인면수심(人面獸心)'이라고 하여 부정적인 입장을 보여주고 있다. 이에 앞서 여진족은 "흑수추장(黑水酋長) 고자라(高子羅)가 170인을 거느리고 내투(來投)하였다."41) "흑수(黑水)의 아어한(阿於閒)이 200인을 거느리고 내투하였다."42) "대광(大匡) 유검필(庾黔弼)이 북번을 초유하니, 귀부한 자가 1,500명이었다. 북번이 사로잡아갔던 우리 백성 3,000여 명을

---

38) 『고려사』권2, 태조 25년 10월, "契丹遣使 來遺橐駝五十匹 王以契丹嘗與渤海 連和 忽生疑 貳 背盟珍滅 此甚無道 不足遠結爲隣 遂絶交聘 流其使三十人于海島 繫橐駝萬夫橋下 皆餓 死."

39) 『고려사』권2, 태조2, 태조 26년 4월, "其四曰 惟我東方 舊慕唐風 文物禮樂 悉遵其制 殊方異土 人性各異 不必苟同 契丹 是禽獸之國 風俗不同 言語亦異 衣冠制度 愼勿效焉."

40) 박경안, 「고려전기 다원적 국제관계와 국가·문화 귀속감」『東方學志』129, 2005, 191~192쪽 ; 김순자, 「고려전기의 거란[遼], 여진[金]에 대한 인식」『한국중세사연구』26, 2009, 114~115쪽 ; 李美智, 앞의 논문, 2012, 24~52쪽.

41) 『고려사』권1, 태조 4년 2월 갑자.

42) 『고려사』권1, 태조 4년 4월 을유.

돌려보냈다."[43] 등의 자료에서 보듯이, 고려에. 대해 우호적인 입장이었다. 이런 점은 또한 "대상 유검필과 원윤 관무(官茂)·관헌(官憲) 등에게 흑수(黑水)·달고(達姑)·철륵(鐵勒) 등 여러 번(蕃)의 정예 기병 9,500명을 거느리게 하였다."라고[44] 하여 후백제와의 전쟁에 동원되었던 사례에서도 찾아볼 수 있다. 하지만 고려의 적극적인 북진정책은 여진족과의 갈등적인 관계를[45] 유발하기도 하였던 것으로 이해된다. 그리고 거란에 대해서도 여진과 마찬가지로 비우호적인 태도를 보여주었다(가-⑤·⑥). 따라서 고려초기의 북방민족에 대한 인식은 북방정책과 맞물리면서 제한적일 수밖에 없었다.

사료 가-⑥에서는 태조 왕건의 「훈요10조」로서 고려와 이민족의 차이점을 적시하고 있는데, '이토(異土)·인성(人性)·풍속(風俗)·언어(言語)' 등으로 구별하고 있다. 즉 중국과는 문화적으로 동질적인 의식을 지향하였지만 '지역과 인성'이 각각 구별되었고, 북방민족인 거란과는 '풍속과 언어'에서 차이가 나기 때문에 이질적인 성향으로 받아들였던 것이다. 이러한 북방민족에 대한 인식에도 불구하고 이들의 고려 유입은 꾸준하게 이루어졌다.

다음 <표 1>에서 볼 수 있듯이, 고려초기(태조~성종) 이민족 유입의 대표적인 사례가 발해 유민과 여진족들의 유입이었다. 발해 유민은 태조대(918~943) 12회와 경종대(975~981) 1회에 걸쳐 대대적인 유입이 이루어졌고, 여진족은 태조대 4회 11,370명과 성종대(981~997) 1회 10여 명의 유입이 있었다. 발해 유민에게는 국가의 멸망에 따른 정치적 이유가 있었고, 여진족들은 고려에 대한 우호적인 인식에서 비롯된 것이었다. 특히 태조대에 발해 유민과 여진족들의 유입은 태조의 적극적인 북방정책에서

---

43) 『고려사절요』 권1, 태조 6년 4월.

44) 『고려사』 권2, 태조 19년 9월.

45) 『고려사』 권3, 성종 3년 5월, "命刑官御事李謙宜 城鴨綠江岸 以爲關城 女眞以兵遏之 虜謙宜而去 軍潰不克城 還者三之一." ; 같은 책 권3, 성종 10년 10월, "逐鴨綠江外女眞於白頭山外 居之."

〈표 1〉 고려전기의 북방민족 유입 현황[46]

시기 \ 종족	발해	여진	거란
1 태조(918~943)	770인+300여 인+수만, 1,160호+3,000여 호, 20소, 솔민, 미상(12회)	11,370인(4회)	
2 경종(975~981)	수만(1회)		
3 성종(981~997)		10여 인(1회)	
4 현종(1009~1031)	2인+290여 인(4회)	158인, 732호+300여 호 (10회)	155인+510여 인, 82호, 설가(31회)
5 덕종(1031~1034)	182인(14회)	64인+40여 인, 340호(5회)	126인(8회)
6 정종(1034~1046)		20여인, 20여 호, 미상(3회)	11인(1회)
7 문종(1046~1082)	미상(1회)	6인 등, 127인, 3,520호, 솔중, 미상(17회)	21인, 미상(5회)
8 선종(1083~1094)		3인(1회)	
9 숙종(1095~1105)		1,760인(3회)	
10 예종(1105~1122)	96인(2회)	4,674인(7회)	298인+20여 인, 미상(7회)

비롯된 것이었지만, 이후 거란과의 외교적 마찰이 빈번하게 된 이유이기도 하였다. 그 결과 거란은 1010년(현종 원년) 11월의 2차 침입과[47] 1018년(현종 9) 12월의 3차 침입을[48] 각각 감행하였다.

이들 전쟁의 배경은 무엇보다도 '6성(城)' 반환 요구와[49] 같은 영토문제 및 고려·송과의 외교관계 등이 주된 이유였다. 이는 고려의 영역적 천하관을 위축시키려는 의도뿐만 아니라 여진족 등 '제번(諸蕃)'의 향방에도 영향을 끼칠 수 있는 문제였다. 따라서 '6성' 반환을 거부하고 거란의 2·3차 침략을 극복했던 것은 오히려 고려 천하관을 확장할 수 있는 기회가 되었다. 이런 점이 현종·덕종·정종·문종대에 거란족과 여진족의 유입이 빈번

---

46) 이 도표는 朴玉杰, 앞의 책, 1996, 42~55쪽에서 참고한 것이고, 횟수는 총 유입 횟수를 말하는 것이다.
47) 『고려사』 권4, 현종 원년 11월 신묘.
48) 『고려사』 권4, 현종 9년 12월 무술.
49) 『고려사』 권4, 현종 3년 6월 갑자, "遣刑部侍郎田拱之 如契丹 夏季問候 且告王病 不能親朝 丹主怒 詔取興化·通州·龍州·鐵州·郭州·龜州等六城."

하게 되었던 배경이었다고 하겠다.

<표 1>에서 보면, 현종대에 발해 유민이 4회, 여진족이 10회, 거란족이 31회에 걸쳐 고려로 유입되었음을 알 수 있다. 이들은 '강남(江南)의 주현(州縣)에 나누어 살게 하였다.'50) '대국(大國)의 경도(京都)에 살게 하였다.'51) '강남(江南)의 주군(州郡)에 살게 하였다.'52) 등과 같이 남쪽 내륙에 정착하거나, '동계(東界)에 살게 하였다.'53) '발해(渤海)의 옛 성터를 하사하고 그곳에 살게 하였다.'54) 등과 같이 북방지역에 거주하게 되었다.

가-⑦ 서여진의 어니저가 와서 아뢰기를, "저의 고모가 일찍이 투화인 매나를 따라와서 대국의 경도[大國京都]에 머문 지 이미 여러 해가 지났는데, 본국[本蕃]을 그리워하고 있으므로 토종말로 누이를 바꾸어 주실 것을 간청합니다."라고 하자, 곧 놓아주어 돌아가게 하고[放歸] 그 말도 돌려보냈다.55)

가-⑧ 거란에서 어원판관 야율골타를 보내 동북 여진으로 가는 길을 빌려 달라고[假途] 요청하였으나 허락하지 않았다.56)

사료 가-⑦은 현종대의 귀화 사례이다. 이들은 고려를 '대국(大國)'으로,

---

50) 『고려사』 권4, 현종 8년 8월 갑오, "黑水靺鞨阿離弗等六人來投 分處江南州縣."
51) 『고려사』 권4, 현종 13년 12월 계축, "西女眞魚尼底來告 親姑曾隨投化人昧那來 住大國京都 已經數年 思戀本蕃 乞以土馬贖之 卽命放歸 還其馬."
52) 『고려사』 권5, 현종 21년 10월, "是月 契丹奚哥 渤海民五百餘人來投 處之江南州郡."
53) 『고려사』 권5, 현종 21년 11월 을축, "西女眞曼鬪等二十七戶來附 處之東界."
54) 『고려사』 권5, 현종 20년 8월 을미, "東女眞大相噲拔率其族三百餘戶 來投 賜渤海古城地 處之."
55) 『고려사』 권4, 현종 13년 12월 계축, "西女眞魚尼底來告 親姑曾隨投化人昧那來 住大國京都 已經數年 思戀本蕃 乞以土馬贖之 卽命放歸 還其馬."
56) 『고려사』 권5, 현종 17년 윤5월 갑자, "契丹遣御院判官耶律骨打 來請假途 將如東北女眞 不許."

자신들을 '본번(本蕃)'으로 인식하였다. 또한 투하했던 이들 중에서 다시 본국으로 돌아갈 수 있도록 요청했을 때 이를 돌려보냈음을 알 수 있다. 이는 고려 천하관의 개방성뿐만 아니라 여진족에 대한 인식의 유연성을 보여주는 것으로도 이해된다. 사료 가-⑧은 거란에서 동북 여진 지역으로 가는 길을 빌려 달라고 했을 때 이를 허락하지 않았던 사례이다. 거란에서 동북 여진 지역으로 갈 수 있는 길은 서여진 지역을 통과하거나 고려 내지로 들어와서 가는 방법이 있었지만, 주로 전자의 길을 이용했을 것으로 생각된다. 서여진 지역을 통과하기 위해 고려의 허락이 필요했다는 것은 고려 천하관이 미치는 범주를 이해할 수 있는 것이기도 하였다. 즉 고려 천하관이 '내지(內地)'를 넘어 '번(蕃)'의 지역까지를 아우르는 보다 확장된 천하관으로 전환되었음을 알 수 있게 한다.

따라서 고려초기의 북방 영토의식은 거란과 여진 등 북방민족과의 갈등으로 인하여 제한적이기는 했지만, 태조대로부터 단행된 적극적인 북방정책을 통해 북방민족들이 고려 내지로 대거 유입하는 현상에 영향을 끼쳤다. 그리고 거란과의 3차례에 걸친 전쟁을 극복했던 것은 오히려 고려 천하관을 확장할 수 있었던 기회로도 작용하였다.

3. '고려장성(高麗長城)'과 이민족 인식

1) 고려장성과 영토의식의 확장

고려전기의 북방 영토의식은 압록강을 중심으로 한 서북면 지역에 초점이 모아졌다고 해도 과언이 아니었다. 이러한 북방 영토의식에 전환점이 된 것이 1033년(덕종 2) '고려장성(高麗長城)'의[57] 구축이었다. 그런데 흥미로운 것은 고려장성이 쌓여진 이후에도 서북면 지역에서의 고려와 거란은 압록강을 사이에 두고 치열한 영토 공방을 벌였다는 점이다. 장성 공사가 이루어질 때 거란의 방해를 받았을 뿐만 아니라,[58] 심지어 장성이 통과하던 정주(靜州)를 침범하였고,[59] 사신을 보내와 항의도 하였으며,[60] 그리고 고려의 입공(入貢) 사신을 억류하거나 고려의 영역 내에 선성(宣城)·정성(定城) 두 성을 쌓는[61] 등 적극적인 반발을 받았다. 또한 1054년(문종 8)에는 포주성(抱州城, 義州) 동쪽 들판에 궁구문란(弓口門欄)을 설치하거나,[62] 압록강 어귀에 다리와 보루(堡壘)를 설치하는[63] 등 고려에 대한 견제를 지속하였다.

이와 같은 거란과의 갈등 속에서도 압록강이 고려의 북방 영토의식의 중요한 기준점이 되었던 것은 무엇을 의미하는 것일까? 압록강 유역은 구고구려의 국도 국내성(國內城)이 인접한 곳이었다. 이는 고려의 왕조적 정체성과 그 일대를 아우를 수 있는 명분의 확보를 의미한다고도 할 수 있다. 거란 또한 성종대 서희의 외교 담판에서도[64] 확인되듯이, 고려의 북방 영토의식에 의구심을 품었을 가능성이 있었다. 이런 점이 압록강 일대에 대한 고려의 독주를 용납하지 않으려는 거란의 의도가 아니었을까 한다. 하지만 서북면 지역에서의 북방 영토의식은 여진족과 대치하던 동북면 지역에 대한 영토의식의 새로운 명분을 획득하는 셈이었다. 따라서 고려장성의 구축은 고려전기 북방 영토의식의 상징이었을 뿐만 아니라 북방정책의 성과였다고 할 수 있다.

---

57) 『고려사』 권5, 덕종 2년 8월 무오.
58) 『고려사』 권94, 유소, "是役 契丹來爭 校尉邊柔 奮身先登 擊却之."
59) 『고려사』 권5, 덕종 2년 10월 정미.
60) 『고려사』 권6, 정종 원년 5월 갑진.
61) 『고려사』 권6, 정종 원년 6월.
62) 『고려사』 권7, 문종 8년 7월.
63) 『고려사』 권7, 문종 9년 7월 정사.
64) 『고려사절요』 권2, 성종 12년 윤10월.

이런 점은 다음과 같이 정리해 볼 수 있겠다. 첫째, 거란은 고려와 송나라의 관계에 항상 주목하고 있었다. 고려는 거란의 압박에도 불구하고, 송나라와의 관계를 꾸준하게 유지하려는 움직임을 보여주었다. 이는 당시 '고려－송－거란[요]'으로 이어지는 다원적 동아시아 질서의 역학관계를 보여주는 것으로 서로의 견제가 고려와 거란의 갈등으로 비화되었음을 알 수 있게 한다. 둘째, 고려 천하관의 확대를 용납하지 않으려는 거란의 집요한 압록강 유역의 공략 전술을 들 수 있겠다. 고려는 거란과의 3차례에 걸친 전쟁을 통해 서북면 지역의 '대동강－청천강－압록강'으로 이어지는 성곽체제를 체계적으로 구축하였고, 이는 곧 왕조적 북방 영토의식의 토대가 되었다.[65] 이에 비해 동북면 지역에서는 산맥 혹은 강을 입지로 한 확고한 방어전선을 구축하지 못하였다. 하지만 고려장성의 건설이 표면적으로는 '거란－여진'으로 이어지는 대외적인 구획선으로 작용한 듯하지만, 이는 곧 서북면 지역에서 '고려와 거란', 동북면 지역에서 '고려와 여진'의 갈등을 불러일으킬 이유가 되었을 것이다.

이러한 논점에서 북방 영토의식의 정립에 대해서는 후자의 배경에 주목할 필요가 있겠다. 이때에도 북방 영토의식의 주축은 압록강 유역이었음을 유의해야 할 것이다. 이 지역이 고려의 영역이 되었음을 알려주는 것은 다음의 자료를 통해서 알 수 있다.

> 나-① 도병마사가 아뢰기를, "거란의 전태후황제가 조서로 압강(鴨江, 鴨綠江) 동쪽으로 우리나라 경계를 봉해 주었으나[我國封境], 어떤 곳에서는 성(城)과 다리를 만들고, 어떤 곳에는 궁구란자(弓口欄子)를 설치하여, 점점 옛 한계[舊限]를 넘어오고 있습니다. …"라고 하였다. 이에 글을 동경유수에 보내기를, "우리나라가 기자의 나라를 물려받아 압강(鴨江)

---

65) 신안식, 앞의 논문, 2004.

으로 경계하였고, 전태후황제께서 옥책(玉冊)을 내리시어 국토를 봉하여
주실 때에도 강으로 한계를 하였는데, 근자에 상국이 우리 땅에[我封界]
들어와 다리와 진터를 만들고 있습니다. 조공하는 정신을 더욱 공순히
바치며 높은 대궐에 글을 올려 옛 강토[舊土]를 돌려줄 것을 청하였더니,
지금까지 허락하는 은혜를 입지 못하였습니다. 바야흐로 간절히 빌었는
데 근일에 와서 내원성(來遠城)의 군인들이 우리 성에 바싹 다가붙여
궁구문(弓口門)을 옮겨 세우고 또 정사(亭舍)를 새로 지으려고 재목과
돌을 벌써 쌓아 놓아서, 변방 민들이 소동하고 놀래어 무슨 뜻으로 그러
는지 알지 못합니다. 엎디어 바라옵건대, 대왕께서는 이웃 나라와 친하
게 지내시는데 생각을 두시고, 먼데 사람을 포용하는데 사랑을 펴서,
황제께 잘 아뢰어 전에 준 땅을 되돌려 주어서[還前賜地] 그 성·다리·궁
란·정사를 모두 헐어 없애게 하소서."라고 하였다.[66]

사료 나-①에서는 압록강을 사이에 둔 고려와 거란의 갈등을 보여주고
있지만, 서북면 지역의 경계로 이미 압록강 유역이 고려로 편입되었음을
알 수 있게 한다. 하지만 거란의 시설물들이 압록강 이남으로 내려와
있었다. 거란이 압록강 이남으로 내려오려고 했던 이유는 고려 천하관의
축소 및 고려와 송나라의 관계를 견제하려는 정치적 목적이 작용하였을
것으로 이해된다. 고려로서는 서북면 지역의 안정이 곧 서경을 축으로
하는 북방정책의 중요한 토대였기 때문에 지리적인 거점을 고수해야 하는
당면 과제가 있었다.
    압록강 유역이 고려로 완전히 귀속된 것은 1117년(예종 12)에 이를
경계로 하여 관방을 설치한[67] 때부터였다. 고려에서는 그 의의를 "압록강

---

66) 『고려사』 권7, 문종 9년 7월 정사.
67) 『고려사』 권14, 예종 12년 3월 신묘, "以來遠·抱州二城 歸于我 遂泛海而逍 我兵入其城
收兵仗及錢貨寶物甚多 金緣具狀馳奏 王大悅 改抱州爲義州防禦使 以鴨江爲界 置關防."

의 옛 터와 계림(鷄林)의 옛 땅은 멀리 조종(祖宗)의 세대로부터 본래 금대(襟帶)의 방장(防障)이 되어 오다가 중세(中世)의 쇠퇴에 이르러 대요(大遼)의 침략을 만났으니, 이는 오직 사람이 노할 뿐만 아니오라 진실로 신(神)의 수치를 지었나이다. … 처음 좋은 소식을 전하여 들으니 돌을 깎아서 공을 기록할지라도 <그 공을> 형용할 송사(頌詞)를 아뢰지 못하겠나이다. 잔을 받들어 성수(聖壽)를 빌어 솔무(率舞)의 마음을 풀도록 원하옵나이다." 라고[68] 할 정도였다.

그러나 이와 같은 고려의 북방 영토의식을 가지기까지는 북방민족과의 갈등을 극복하는 과정이 수반되었다. 특히 여진 부족인 완안부(完顏部)의 군대가 동북면 지역의 기미주(羈縻州)를 석권하면서 새로운 국면을 맞게 되었다. 1101년(숙종 6)의 자료에서 "짐이 왕위에 오른 뒤로 항상 주의 깊게 처신하면서 북쪽으로는 요(遼)와 교류하고, 남쪽으로는 송(宋)에 사대하였으며, 또 여진(女眞)이 동쪽에서 세력을 일으키고 있다."라고[69] 하여, 여진의 성장이 새로운 현안으로 부상하고 있었다. 이는 또한 '고려—송—거란[요]—여진'으로 이어지는 새로운 다원적 동아시아 질서가 형성되고 있었음을 알 수 있게 한다.

여진의 성장으로 인한 고려와의 잦은 변경 충돌은 여진 정벌로 이어졌다. 숙종대로부터 예종대에 걸친 여진 정벌은 중원에서의 송나라가 거란의 압박으로 위축되었고, 거란과는 교류 혹은 고려장성을 통한 변경의 안정이 이루어진 시기에 단행되었다. 그 결과 정복 지역에 '9성(城)'을 구축할 수 있었고, 공험진(公嶮鎭)의 선춘령(先春嶺)을 경계로 한 동북면 지역의 영토의식을 확장할 수 있었다.[70] 비록 '9성' 지역을 반환하기는 했지만,

---

68) 『고려사』 권14, 예종 12년 3월 갑오.
69) 『고려사』 권11, 숙종 6년 8월 을사, "詔曰 朕自御神器 居常小心 北交大遼 南事大宋 又有女眞 倔强于東."
70) 『고려사』 권58, 지리3, 동계.

이후 예종 12년에 거란의 쇠퇴로 인한 압록강 유역의 보주를 장악함으로써 고려의 북방 영토의식을 보다 확고하게 강화할 수 있었다. 1123년(인종 원년) 고려에 왔던 송나라 사신 서긍의『고려도경』에서 다음과 같이 언급하고 있다.

> 나-② 고려의 남쪽은 요해(遼海)로 막히고 서쪽은 요수(遼水)와 맞닿았다. 북쪽은 옛 거란 땅과 접하고 동쪽은 대금(大金)과 맞닿았다. … 옛적에는 영토가 동서는 2,000여 리, 남북은 1,500여 리였는데, 지금은 이미 신라와 백제를 합병하여 동북쪽은 조금 넓어졌지만 그 서북쪽은 거란과 연속되었다. 옛적에는 대요(大遼)와 경계를 했었는데, 뒤에 침범을 받게 되매, 내원성을 쌓아 요새로 삼았다. 이것은 압록강을 믿고 요새로 한 것이다. … 요수에서 동쪽은 옛날 거란에 소속되었는데, 지금은 그 무리들이 이미 멸망되었고, 대금(大金)에서는 그 땅이 불모지라 하여 다시 성을 쌓아 지키지 않았다. 그리하여 한갓 왕래하는 길이 되었을 뿐이다.[71]

사료 나-②에서 보면, 북방지역의 동서 길이가 2,000여 리라는 것은 고려장성이 1,000여 리였다는[72] 것과 차이가 난다. 거리상으로 약 2배정도의 차이가 난다는 것은 동북면 지역의 확대를 의미하는 것으로 윤관의 9성 지역 혹은 공험진의 선춘령까지를 아우른 것이 아니었을까 한다. 이는『고려사』에서 보면, "4,000여 리가 영원히 빈해(濱海)의 번(藩)이 되어 억만년을 두고 오로지 산강(山岡)과 같은 수(壽)를 빌겠나이다."라는[73] 내용과 비교된다. 이 기록이 비록 1356년(공민왕 5) 고려말의 자료이긴 하지만,

---

71) 『고려도경』 권3, 城邑, 封境.

72) 『고려사절요』 권4, 덕종 2년 8월, "命平章事柳韶 創置北境關防 … 延袤千餘里."

73) 『고려사』 권39, 공민왕 5년 7월 무신, "伏望弘天地之仁 霽雷霆之怒 垂蕩蕩之洪恩 保哀哀之微喘 則四千餘里 永爲薄海之藩 億萬斯年 專祝如岡之壽."

이때의 4,000여 리는『고려도경』의 동서 2,000여 리와 연결되는 것으로 이해된다. 이는 또한 고려의 북방 영토의식의 범주를 이해할 수 있는 것이기도 하였다. 하지만 고려의 북방 영토의식이 압록강 유역으로부터 공험진의 선춘령까지 확장된 것은 사실이었지만, 그 유지는 불안정했던 것으로 이해된다.

> 나-③ 이 해에 장성(長城)을 3척 증축하니, 금나라의 변방 관리가 병사를
> 발하여 이것을 저지하였다. 그러나 이를 듣지 않고 <금나라에> 보고하
> 기를, "옛 성을 보수한다."라고 하였다. 갈라전(葛懶甸)의 액근(厄菫) 호자
> 고습현(胡刺古習顯)이 이를 아뢰자, 금주(金主)가 조하기를 "침노하여 사
> 고를 내지 말고 다만 삼가 영루(營壘)를 굳건히 하고 널리 이목(耳目)을
> 펼 뿐이니라."고 하였다.[74]

사료 나-③에서 보면, 1119년(예종 14)은 예종 2년에 공험진의 선춘령과 예종 12년에 압록강 유역의 보주를 확보함으로써 국경선이 어느 정도 구축된 시기였다. 하지만 장성의 수축 과정에 금나라 군사가 이를 저지하였다는 것은 장성 이북지역이 금나라에 의해 장악되었다는 것을 의미한다. 이는 그만큼 고려의 북방 영토의식의 불안정을 의미하는 것이었지만, 한편으로는 고려장성이 북방 영토의식의 구획선으로서의 역할을 보여주는 것이기도 하였다. 따라서 고려장성 구축의 의의는 무엇보다 북방 영토 의식에 새로운 분기점이 되었다는[75] 점이다.

---

74) 『고려사』 권14, 예종 14년 12월.
75) 노명호는 "천리장성의 완성은 천리장성 안팎의 내왕을 통제하게 됨으로써 여진 지역과의 관계에 분리선을 긋는 변화를 가져왔다."라고 하였다(앞의 책, 2009, 175쪽).

2) 이민족의 '화내(化內)·화외(化外)' 인식

고려장성이 관방(關防)으로서 본토를 보호하는 것이었다면 그 너머 북방민족에 대한 인식은 어떻게 변화되었을까? 앞서 <표 1>에서 보면, 고려장성의 구축이후 덕종대에는 여진족 5회·거란족 8회, 정종대에는 여진족 3회·거란족 1회, 문종대에는 여진족 17회·거란족 5회, 선종대에는 여진족 1회, 숙종대에는 여진족 3회, 예종대에는 여진족 7회·거란족 7회 등 북방민족의 고려 유입을 확인할 수 있다.[76]

> 다-① 거란(契丹) 동경민(東京民) 무의로(巫儀老)와 오지걸(吳知桀) 등 20여 인이 내투하자, 물자 및 밭과 집을 하사하고 영남(嶺南)에서 살게 하였다.[77]

> 다-② 북여진(北女眞)의 장군 이우화골보(尼迂火骨輔)가 내투하자, 밭과 집을 하사하고 경기(京畿) 내에 살게 하였다.[78]

> 다-③ 동여진(東女眞)의 장군 야어해(耶於害) 등 6인이 각기 그 무리를 이끌고 귀순하였다[款塞]. 땅과 집을 하사하고 내지(內地)에서 살게 하였다.[79]

---

76) 북방 영토의식이 구축되었다고 해서 왕조의 발전이 이루어졌다고 할 수는 없고, 여기에는 세계관의 변화가 반영되어야 한다. 고려초기의 북방 영토의식이 북방민족에 대한 배타성이 일정 부분 전제되었다면, '고려장성' 구축 이후의 북방 영토의식은 후술하듯이 '化內'와 '化外'의 영역적 구분 속에서도 개방적인 성향을 보여주었다.

77) 『고려사』 권6, 정종 6년 4월 병술, "契丹東京民巫儀老·吳知桀等二十餘人來投 賜物及田宅 處之嶺南."

78) 『고려사』 권6, 정종 6년 9월 임신, "北女眞將軍尼迂火骨輔來投 賜田宅 處之圻內."

79) 『고려사』 권7, 문종 원년 3월 무술, "東女眞將軍耶於害等六人 各率其衆 款塞 賜田宅 處之內地."

다-④ 동여진 정보(正甫)·마파(馬波) 등 48인이 정주관(定州關) 밖에 들어와
서 호적 편입을 청하므로 토지와 주택을 하사하고 내지(內地)에서 살게
하였다.[80]

사료 다-①·②·③·④에서는 북방민족이 유입했을 때 고려 내지에서의
정착 상황을 알 수 있게 한다. 이들이 정착한 곳은 앞서 '강남 주현(江南州
縣)'·'경도(京都)'·'강남 주군(江南州郡)'·'동계(東界)'·'발해 고성지(渤海古城地)'
등과 더불어 '영남(嶺南)·기내(圻內)·내지(內地)'이거나 '남계 주현(南界州
縣)'으로[81] 되어있다. 이러한 사례들에서 보면, 고려는 북방민족에 대한
적극적인 유입 정책을 통해 북방 지역에 대한 영향력을 확장하려고 했음을
알 수 있다. 이는 곧 여타 북방민족들에게도 영향을 끼쳤을 것으로 이해된
다.

고려장성 밖의 여진족에 대한 정책은 그들의 귀부(歸附)를 허용하여
관작(官爵)을 수여하거나,[82] 또는 그들 지역에 기미주를 설치하여 간접
지배하는 방식으로[83] 이루어졌다. 여진 지역의 고려 편입은 1073년(문종
27)에 두드러졌다. 문종 27년 2월 동여진의 여러 부락이 고려의 군현이
되기를 요청하였고,[84] 5월에는 서여진의 여러 부족이 고려의 주군에 편입
되기를 원하기도[85] 하였다. 같은 해 7월에는 흑수역어(黑水譯語) 가서로(加

---

80) 『고려사』 권7, 문종 6년 정월 병인, "東女眞正甫馬波等男女四十八人 請入定州關外爲編戶
　　賜田宅 處之內地."
81) 『고려사』 권9, 문종 32년 9월 갑오, "女眞高巚秀等十四人來投 處之南界州縣."
82) 『고려사』 권7, 문종 6년 정월 병인.
83) 『고려사』 권6, 정종 즉위년 11월 경인·즉위년 11월 경자·원년 9월 무자·원년 12월
　　임자·2년 정월 을유·2년 2월 갑인·2년 2월 기미·2년 2월 기사·2년 3월 무신·3년
　　4월 정묘·4년 8월 병인·4년 8월 정축 ; 같은 책 권7, 문종 6년 2월 경진 ; 35년
　　정월 정미·35년 9월 정유.
84) 『고려사』 권9, 문종 27년 2월 을미.
85) 『고려사』 권9, 문종 27년 5월 정미.

西老)가 동여진을 설득하여 고려의 주현이 되도록 만드는 데 공로를 세웠다고 하여 무반 직책인 산원(散員)에 임명하고 고맹(高孟)이라는 이름까지 주었다.[86] 같은 해 9월에는 동여진의 대란촌(大蘭村) 등 11개 촌락을 빈주(濱州)·이주(利州)·복주(福州) 등 11개 주(州)로 삼아 귀순주에 예속시키기도[87] 하였다. 이러한 북방민족들의 유입 형태는 심지어 이들을 제한하기 위한 관방을 설치할 수 없을 정도였다고도[88] 하였다.

이상에서 확인되듯이, 북방민족들은 고려 내지에 정착하는 경우와 그들의 거주지를 귀순주로 편입시켜 고려의 간접 통치를 받는 경우 등으로 나뉘어졌다. 고려에서는 이들을 통칭하여 '번(蕃)'이라고 하였다. 예컨대 북방의 여진족은 일찍이 서여진과 동여진으로 분리되어 있었고, '서번(西蕃, 西藩)'과 '동번(東蕃, 東藩)'으로 불리기도[89] 하였다. 이들은 '고려-송-거란'의 다원적 국제질서 속에서 자신들에게 유리한 쪽을 선택하여 의탁하려고 하였다. 이를 통해 '종주국(宗主國)과 번인(蕃人)' 체제가 형성되었고, 그 질서는 상호 존중되었던 것으로 파악된다(가-⑧). 따라서 이들 종족들은 다양한 형태로 분리되어 있었는데, 어느 질서에 편입되느냐에 따라 '화내(化內)'와 '화외(化外)'로[90] 구분되었다.

---

86) 『고려사』 권9, 문종 27년 7월 병오.
87) 『고려사』 권9, 문종 27년 9월 갑진.
88) 『고려사』 권9, 문종 27년 6월 무인, "… 今諸蕃 絡繹歸順 不可遮設關防 …" ; 같은 책 권9, 문종 27년 6월 을미, "… 若定封疆 設關防 則餘波漢嶺外齊遮古大史伊稱見·昆俊·丹俊·無乙比化豆等 壤地無際 蕃戶連居 不可窮塞設險 請待領外諸蕃 盡爲州縣 然後漸至遠蕃 許之."
89) 朴玉杰, 앞의 책, 1996, 39~40쪽 ; 추명엽, 앞의 논문, 2002, 24쪽.
90) 『漢語詞典』에 의하면, '化內'란 '舊指政令敎化所及之地'라고 하였다. 노명호는 해동천자의 천하에 내속한 여진 지역[蕃]을 化內와 化外로 구분했지만, 그 근거가 무엇인지에 대해서는 밝히지 않았다(앞의 책, 2009, 187쪽). 반면 박종기에 의하면 고려는 내투(투하)인의 거주를 군현으로 편제한 곳과 그렇지 않은 곳을 각각 化內와 化外, 즉 內蕃과 外蕃으로 구분했다고 하였다(앞의 논문, 2009, 123~127쪽).

다-⑤ 동여진의 영새장군(寧塞將軍) 동불로(冬弗老)와 유원장군(柔遠將軍) 사이라(沙伊羅) 등이 화외 여진인(化外女眞人) 80인을 인솔하고 내조(來朝)하여 아뢰기를, "화외인(化外人)이 함부로 포악한 마음을 품고 일찍이 변경을 소란스럽게 하였지만, 큰 가르침을 받은 뒤로 지난날의 잘못을 급속히 고쳤습니다. 지금 바다와 육지의 수장들을 이끌고 궁궐에 이르러 성의를 표현하니 변민(邊民)이 되게 해주십시오. 지금부터 늘 인근 적들의 동정을 살펴서 보고하겠습니다."라고 하자, 왕이 가상히 여겨 특별히 금과 비단을 하사하고 등급을 올려주었다.[91]

다-⑥ 서북로병마사가 아뢰기를, "지난 임인년(1062)에 몽포촌(蒙浦村)의 적들이 우리 영토를 침입할 목적으로 몰래 평로진(平虜鎭)에 들어와 절충수(折衝戍)와 융마수(隆魔戍) 사이에 복병을 세웠는데, 화내번장(化內 番長) 제준나(齊俊那)가 이것을 알고 와서 진장(鎭將)에게 알렸습니다. <우리가> 먼저 풀숲에 복병하여 그들을 기다렸더니 과연 적들이 돌입하였습니다. 우리 병사들이 일제히 발사하여 사로잡거나 죽인 자가 매우 많았습니다. 금과 비단으로 제준나에게 후하게 상을 내려주기를 요청합니다."라고 하니, 이를 받아들였다.[92]

다-⑦ 서북면병마사가 아뢰기를, "서여진추장(西女眞酋長) 만두불(漫頭弗) 등 여러 번인(蕃人)이 요청하기를 동번(東蕃)의 사례에 의하여 주군(州郡)을 나누어 설치한다면, 길이 번국(藩國)이 되어 감히 거란 번인(契丹蕃人)

---

91) 『고려사』 권6, 정종 9년 9월 경진, "東女眞寧塞將軍冬弗老 柔遠將軍沙伊羅等 率化外女眞 八十人來朝 奏云 化外人 妄懷狼戾 曾擾邊疆 泊蒙洪有 頓改前非 今引水陸蕃長 詣闕陳款 願爲邊民 自今每侯隣寇動靜以報 王嘉之 特賜金帛 加等."

92) 『고려사』 권8, 문종 18년 정월 신유, "西北路兵馬使奏 去壬寅年 蒙浦村賊謀侵我疆 潛入平虜鎭 設伏折衝·降魔兩戍間 有化內番長齊俊那知之 來告鎭將 先伏兵草莽以待之 賊果突入 我兵齊發 俘斬甚多 請厚賞俊那金帛 從之."

들과 통교하지 않겠다고 합니다."라고 하자, 왕이 제서(制書)를 내리기를, "내조를 허락하라."고 하였다. 이어서 명령하기를 뒤에 투화하는 자가 있거든 초유하여 오게 함이 가하다고 하였다.93)

다-⑧ 또 아뢰기를, "평로진(平虜鎭) 인근 지역의 번인(蕃人) 우두머리인 유원장군(柔遠將軍) 골어부(骨於夫)와 멱해촌(覓害村)의 요결(要結) 등이 보고하여 말하기를, '우리는 일찍이 이제촌(伊齊村)에 살면서 거란의 대완(大完)【관직명】이 되었습니다. 근래에 두 번이나 초유를 받아 기유년 (1069, 문종 23) 11월에 조정에 나아가 두텁게 은혜로운 하사품을 받고 또 관직도 받았으니, 감격스러움을 이기지 못하겠습니다. 돌아보면 우리가 사는 곳은 여기에서 400리 떨어져 있는 곳이어서 왕복하기 어렵습니다. 요청하건대 적야호(狄耶好) 등 5호(戶)와 함께 거란 **화내 번인(契丹化內蕃人)**들을 이끌어 멱해촌(覓害村)으로 이주하고 입적(入籍)하여 길이 번병(藩屛)이 되게 하십시오.'라고 하였습니다. 이에 검사하여 가구 35호에 인구 252명을 얻었으므로, <이들을> 영토[版圖]에 올리시기를 요청합니다. 번인 우두머리가 또 말하기를, '삼산촌(三山村)의 골짜기와 해변에 나누어 거주하고 있는 번적(蕃賊)은 왕래하는 사람들을 죽이거나 약탈하여 우리의 원수가 되었습니다. 지금 원수를 갚으려고 **화내 삼산촌(化內三山村)**의 중윤(中尹) 야서로(夜西老) 등 삼십도(三十徒)의 추장들【동번(東蕃)의 흑수인(黑水人)은 그 종족이 30이므로 삼십도라 부름.】에게 알려 주었더니, 또한 모두 행동을 같이하여 각기 번군(蕃軍)을 거느리고 바야흐로 나아가 토벌하고자 합니다. 요청하건대 향인(鄕人)들을 보내 전투를 관찰하십시오.'라고 합니다. …94)

---

93) 『고려사』권9, 문종 27년 5월 정미, "西北面兵馬使奏 西女眞酋長曼豆弗等諸蕃 請依東蕃例 分置州郡 永爲蕃翰 不敢與契丹蕃人交通 制 許來朝 因命後有投化者 可招諭而來."

94) 『고려사』권9, 문종 27년 5월 기유, "又奏 平虜鎭近境蕃帥柔遠將軍骨於夫及覓害村要結等

다-⑨ 동로병마사가 아뢰기를, "동번의 대제(大齊)·자고(自古)·하사(河舍) 등
12개 촌락의 번장(蕃長)인 곤두(昆豆)·괴발(魁拔) 등 1,970호가 상곤(霜昆)
의 예에 의거해 내부하기를 요청하고, 또 두룡(豆龍)·골이(骨伊)·여파한
(餘波漢) 등 부락의 번장 아로한(阿老漢) 등도 <우리의> 주현이 되기를
원합니다. 이 무리는 사는 곳이 멀리 떨어져 있어 옛날에는 일찍이 조정
에 나와 임금을 뵈는 일이 없었는데, 이제 모두 귀부하였습니다. 만일
국경을 정하고 관방을 설치하면, 여파한령(餘波漢嶺) 바깥의 제차고(齊遮
古)·대사이(大史伊)·칭견(稱見)·곤준(昆俊)·단준(丹俊)·무을비(無乙比)·화
두(化豆) 등은 땅이 끝없고 번인 가구도 잇달아 거주하여 변방 끝까지
모두 요새를 설치할 수 없으니, 요청하건대 **영외(嶺外)**의 여러 번인[諸蕃]
이 모두 주현이 됨을 기다려서 그 뒤에 점차 멀리 있는 번인까지 미치도
록 하소서."라고 하니, 이를 허락하였다.[95]

이들 자료에서 보면, '화외 여진인(化外女眞人)'·'화외인(化外人)'(다-⑤),
'화내 번장(化內番將)'(다-⑥), '거란 번인(契丹蕃人)'(다-⑦), '거란 화내 번인
(契丹化內蕃人)'·'화내 삼산촌(化內三山村)'(다-⑧) 등의 용어에서, 여진족들
의 귀속 여부를 따져 '화내'와 '화외'로 구분하고 있었음을 알 수 있다.
'화외 여진인'·'화외인'과 '거란 번인'·'거란 화내 번인'은 고려 천하관에
서 벗어나 거란에 귀속된 여진족들을 지칭했던 것으로 생각된다.

告云 我等曾居伊齊村 爲契丹大完【職名】 邇者 再蒙招諭 於己酉年十一月赴朝 厚承恩賚
且受官職 不勝感戴 顧所居去此四百里 往復爲難 請與狄耶好等五戶 引契丹化內蕃人 內徙覓
害村附籍 永爲藩屛 於是 檢得戶三十五 口二百五十二 請載版圖 蕃帥又言 三山村谷海邊分居
蕃賊 殺掠往來人物 爲我仇讎 今欲報讎 告諭化內三山村中尹夜西老等三十徒酋長【東蕃黑
水人 其種三十 號曰三十徒】亦皆響應 各率藩軍 方將進討 請遣鄕人觀戰 …."

95) 『고려사』 권9, 문종 27년 6월 을미, "東路兵馬使奏 東蕃大齊·者古·河舍等 十二村蕃長
昆豆·魁拔等一千九百七十戶 請依霜昆例內附 又豆龍·骨伊·餘波漢等部落蕃長阿老漢等 亦
願爲州縣 此輩所處遠遠 在古未嘗朝覲 今皆歸服 若定封疆 設關防 則餘波漢嶺外諸齊遮古大史
伊稱見·昆俊·丹俊·無乙比化豆等 壤地無際 蕃戶連居 不可窮塞設險 請待領外諸蕃 盡爲州縣
然後漸至遠蕃 許之."

반면 '화내 번장'과 '화내 삼산촌'에서의 '화내'는 고려 천하관 내에 귀속된 여진족을 지칭하는 것으로 이해된다. 화내 지역은 주현(州縣) 설치 여부에 따라 '영내·외(領內·外)'로 구분되었을(다-⑨) 것으로 추정된다. 그리고 여진족들도 스스로 '화내인(化內人)'과 '화외인(化外人)'으로 구분해서 인식하였고(다-⑤·⑦), '번경(蕃境)'이라는96) 영역적 관념을 수반하고 있었을 뿐만 아니라 '변민(邊民)'(다-⑤)·'향인(鄕人)'(다-⑧)이라고 하여 종족적으로도 구별하였음을 알 수 있다. 이런 점에서 여진인은 비록 고려인이 될 수 없었지만, 고려 천하관 내에[化內] 귀속된 종족들은 통치의 대상이 되었음을 보여주는 것이다. 이들 북방민족의 '화내' 정착 과정의 기준은 '동번(東蕃)' 사례였다(다-⑦).97)

고려장성의 구축 이후 '화내·화외'의 구분은 앞서 압록강을 주축으로 한 '강동(江東)·강서(江西)'의 영역 구분보다 보다 확장된 영토의식으로 이해된다. '화내'에서는 비록 고려 내지에 거주하더라도 '본번(本蕃)' 지역으로 다시 돌아갈 수 있는 기회가 있었고,98) "도병마사가 아뢰기를, '동번 추장(東蕃酋長) 아두간(阿兜幹)이 귀부해온 이후 오랫동안 혜택을 받았는데, 우리나라를 배반하고 거란으로 투항하였으니 죄가 아주 큽니다. 그 일당 우두머리 고지문(高之問) 등이 지금 번경(蕃境)에 있으니, 비밀리에 군사를

---

96) 『고려사』 권7, 문종 원년 2월 정묘, "都兵馬使奏 東蕃酋長阿兜幹 內附以來 久承恩賞 背我投丹 罪莫大焉 其黨首領高之問等 今在蕃境 請密遣軍士 拘執入關 拷訊端由 依律科罪 從之."

97) 『고려사』 권9, 문종 27년 2월 을미, "東女眞歸順州都領大常古刀化 副都領古舍 益昌州都領 歸德將軍高舍 都領黔夫 甄城州都領奉國將軍耶好·歸德將軍吳沙弗 恭州都領奉國將軍多老 番長巴訶弗 恩服州都領元甫阿忽 都領那居首 溫州都領三彬·阿老大 誠州都領尼多弗等 率衆 內附 乞爲郡縣 賜古刀化名孫保塞·高舍名張誓忠 各授懷化大將軍 耶好名邊最·多老名劉咸 賓 各授奉國大將軍 吳沙弗名魏釋 授懷化將軍 阿忽名揚東茂 授歸德將軍 古舍名文格民·黔夫 名康績·巴阿弗名盧守 那居首名張帶垣·三彬名韓方鎭·阿老大名高從化·尼多弗名趙長衛 各 授大常 仍賜物有差"; 같은 책 권9, 문종 27년 9월 갑진, "翰林院奏 東女眞大蘭等十一村內 附者 請爲濱·利·福·恒·舒·濕·闒·戴·敬·付·宛十一州 各賜朱記 仍隸歸順州 從之."

98) 『고려사』 권4, 현종 13년 12월 계축, "西女眞魚尼底來告 親姑曾隨投化人昧那那來 住大國京 都 已經數年 思戀本蕃 乞以土馬贖之 卽命放歸 還其馬."

보내 체포하여 관내로 들여와서 그 연유를 심문한 뒤에 법률에 따라 죄를 내려 주시길 요청합니다.'라고 하니, 왕이 그 요청을 받아들였다."라고[99] 하여, 이탈한 번족에 대해서는 응징을 가하려고 했던 독자성을 지니고 있었다.

이와 같이 고려의 적극적인 북방정책으로 인해 고려로 귀순하려는 번족들을 막기 위한 관방 설치가 어려웠을[100] 뿐만 아니라 멀리 있는 번족까지도[遠蕃] 수용할 정도였다(다-⑨). 이런 점들이 앞서 <표 1>에서 보듯이, 현종~예종 12년까지 북방민족들의 대거 유입으로 이어졌을 것으로 생각한다.

4. 맺음말

지금까지 고려전기의 이민족 유입의 근거를 북방 영토의식의 변화 과정을 살펴보는 가운데 그 과정에서 드러난 고려 천하관을 통해서 살펴보았다. 고려전기의 고려사회는 후삼국 분열의 이질성을 '일통삼한(一統三韓)' 의식을 통해 동질성을 회복하려고 하였다. 국제환경의 변화로 인한 다양한 이민족들의 유입에 대해서는 고려 천하관의 확장을 통해 적극 수용하였다. 이에서 비롯되는 정치 사회적 갈등은 역사계승의식과 정체성을 공유하는 조절 과정을 거쳐 극복할 수 있었다. 이를 정리해 보면 다음과 같다.

---

99) 『고려사』 권7, 문종 원년 2월 정묘, "都兵馬使奏 東蕃酋長阿兜幹 內附以來 久承恩賞 背我投丹 罪莫大焉 其薰首領高之問等 今在蕃境 請密遣軍士 拘執入關 拷訊端由 依律科罪 從之."

100) 『고려사』 권9, 문종 27년 6월 무인, "東北面兵馬使奏 三山·大蘭·支櫛等九村 及所乙浦村蕃 長鹽漢 小支櫛前里蕃長阿反伊 大支櫛與羅其那烏安撫夷州骨阿伊蕃長所隱豆等一千二百三 十八戶來 請附籍 自大支櫛 至小支櫛裏應浦海邊具城 凡七百里 今諸蕃 絡繹歸順 不可遮設關 防 宜令有司 奏定州號 且賜朱記 從之."

고려의 영토의식은 통일신라와 구고구려의 영역까지를 포괄하였다. 북쪽의 경계로 압록강을 중요하게 여긴 것은 고려의 고구려역사계승의식과 북방정책의 중요한 기준점이 되었기 때문이다. 이는 곧 평양에 서경을 설치하여 북방정책의 전진기지로 삼았던 것에서 그대로 반영되었다. 압록강 유역이 고려 영토로 획정된 것은 거란과의 3차례에 걸친 전쟁을 통해서였다. 이를 극복함으로써 북방 영토의식을 확장할 수 있는 기회가 되었고, 이후 압록강 유역을 기준으로 한 '강동(江東)'과 '강서(江西)'의 대외적 영역 구분이 이루어졌다. 대외적 영역 구분은 '고려-송-거란[요]'의 다원적 동아시아 질서 속에서의 영역적 상징성을 보여주는 것이었고, 고려 천하관의 형성과 확장에도 영향을 끼쳤다. 따라서 고려초기의 북방 영토의식은 거란과 여진 등 북방민족과의 갈등으로 인하여 제한적이기는 했지만, 태조대로부터 단행된 적극적인 북방정책을 통해 북방민족들이 고려 내지로 대거 유입하는 현상에 영향을 끼치게 되었던 것이다.

고려전기의 북방 영토의식에 새로운 전환점이 되었던 것이 '고려장성(高麗長城)'의 구축이었다. 고려장성의 구축은 북방 영토의식의 상징이었을 뿐만 아니라 북방정책의 성과였고, 북방민족과의 갈등을 극복하는 과정이 수반되었다. 고려장성의 건설이 표면적으로는 '거란-여진'으로 이어지는 대외적 구획선으로 작용한 듯하지만, 이는 곧 서북면 지역에서 '고려와 거란', 동북면 지역에서 '고려와 여진'의 갈등을 불러일으킨 배경이었다. 특히 여진 부족 완안부의 군대가 동북면 지역의 기미주를 석권하면서 새로운 국면을 맞게 되었고, '고려-송-거란[요]-여진'으로 이어지는 새로운 다원적 동아시아 질서가 형성되고 있었음을 보여주는 것이었다. 여진의 성장으로 인한 고려와의 잦은 변경 충돌은 여진 정벌로 이어졌고, 정복 지역에 9성을 구축할 수 있었지만 곧바로 반환하였다. 이런 과정에서 고려는 북방 영토의식을 보다 확고하게 강화할 수 있었다.

한편 여진족은 일찍이 서여진과 동여진으로 분리되어 있었고, '서번'과

'동번'으로 불리기도 하였다. 이들은 동아시아의 다원적 국제질서 속에서 자신들에게 유리한 쪽을 선택하여 의탁하려고 하였다. 이를 통해 '종주국과 번인' 체제가 형성되었고, 그 질서는 상호 존중되었던 것으로 파악된다. 따라서 이들은 어느 질서에 편입되느냐에 따라 '화내(化內)'와 '화외(化外)'로 구분되었다. '화외'는 고려 천하관에서 벗어나 거란에 귀속된 여진족을 지칭했던 반면, '화내'는 고려 천하관 내에 귀속된 여진족을 지칭하는 것으로 주현(州縣) 설치 여부에 따라 '영내·외(領內·外)'로 구분되었다. 이런 점에서 여진인은 비록 고려인이 될 수 없었지만, 고려 천하관 내에[化內] 귀속된 종족들은 통치의 대상이 되었음을 보여주는 것이다.

결국 고려전기 북방 영토의식과 이민족 인식은 고려 천하관의 형성과 확장 과정을 통해 정립되었다고 할 수 있다. 이는 곧 동아시아의 다원적 국제질서 속에서 고려의 위상 변화와도 연결된 것으로 이해된다.

제3장

고려시대 금속제 기물 및 기와의 '연호'명 검토
―대중국 '연호'의 시행과 고려의 다원적 국제관계―

홍 영 의

1. 머리말

연호는 전근대 군주국가에서 군주가 자기의 치세 기간에 붙이는 칭호이다. 최초의 연호는 중국 한나라 무제 때의 '건원(建元)'(B.C. 140~B.C. 136)이다. 무제는 6년 혹은 4년마다 연호를 고쳤다. 이후부터는 군주 일대에 여러 개의 연호 사용이 보통이었지만, 명과 청나라 때는 1대에 한 연호[一世一元]를 사용하였다.

연호의 명칭에는 어떠한 사실을 상징하거나 이상을 표명하는 것이 가장 많으며, 불교·도교와 관계되는 것도 있고, 고전의 글귀를 취한 것도 있다. 그리고 연호는 원칙적으로 황제만이 사용하고, 제후와 왕은 독자적 연호를 사용하지 못하였다. 때문에 전근대 왕조에서의 연호 사용은 국제관계와 왕조의 자주의식을 보여주는 상징이 된다. 즉, 연호를 주변 나라에 사용하도록 했다는 점은 황제국 혹은 천제국임을 나타내며 독립국이란 의미를 지닌다.

그동안 문헌자료와 금석문에 기록된 고려시대 연호에 대해, 박성래는 금석문에 후한의 연호인 '건우(乾祐)'를 사용한 사례가 없다는 사실로부터 후한의 연호를 사용하였다는『고려사』기록의 오류 가능성을 제기한바 있으며,[1] 한정수는『고려사』와 선사의 비문 자료를 바탕으로 고려초의 국제관계에 따른 고려의 연호와 기년 변화 양상에 대해 분석하였다. 또한 오대와 거란, 송과의 연호 수용방식을 형세에 따라 능동적 외교 전략을 구사하면서 선택 사용한 것으로 이해하였다.[2] 정선용은 태조의 천수(天授) 연호 사용이 '자주' 보다는 중국 중심의 세계질서라는 틀 속에서 나온 것으로 보았다.[3] 장동익은『고려사』와 금석문에 나타난 일진 자료를 활용하여 고려의 윤달과 삭일(朔日)을 당시 중국의 중원(송)과 북방(요, 원) 그리고 일본의 그것과 비교 연구하였다.[4] 이미지는 각각의 기년 방식에 사용된 개별 연호나 간지 등을 기년호(紀年號)라 통칭하고, 다양한 기년 사례에서 확인되는 기년호를 검토하여 거란과의 외교관계가 단순히 외교 면에서만 구속력을 갖는 것이 아니라 실제 고려인들의 생활에 영향을 주었다는 점을 확인하였다.[5] 김창현은 관인 묘지명을 통해 연대의 표기방식을 요, 금, 원대의 연호까지만 살폈다.[6] 이기원 등은 '한국금석문종합영상정보시스템' 데이터베이스에 수록된 775개의 고려시대 금석문에 나타난 연호와 일 관련 기록들을 데이터 분석을 시도하였다.[7] 이외에도 고려시대 금석문에 나타난 대륙 왕조의 연호에 대해서 주목하기도 했다.[8]

---

1) 朴星來,「高麗初의 曆과 年號」『韓國學報』4-1, 1978.
2) 한정수,「고려 초의 국제관계와 年號紀年에 대한 재검토」『역사학보』208, 2010 ;「고려-송-거란 관계의 정립 및 변화에 따른 紀年의 양상-광종∼현종 대를 중심으로」『한국사상사학』41, 2012 ;「10∼12세기 초 국제 질서와 고려의 年號紀年」『한국중세사연구』49, 2017.
3) 정선용,「고려 태조의 改元政策과 그 성격」『동국사학』52, 2012.
4) 장동익,「高麗前期의 曆日」『한국중세사연구』33, 2012 ;「高麗史에서의 朔日」『역사교육논집』52, 2014.
5) 이미지,「고려시기 대거란 외교전개와 특징」, 고려대 박사학위논문, 2012.
6) 김창현,「고려시대 묘지명에 보이는 연대와 호칭 표기방식」『한국사학보』48, 2012.
7) 이기원 외,「고려시대 금석문에 나타난 연호와 역일 기록 분석」『천문학논총』31-1, 2016.

고려의 태조는 '천수(天授)', 광종은 '광덕(光德)'·'준풍(峻豊)'의 연호를 사용하였으며, 1135년(인종 13)에 묘청이 서경에서 반란을 일으키고, 국호를 '대위(大爲)', 연호를 '천개(天開)'라고 하였다. 그러나 고려는 당의 멸망 이후 오대(후량·후당·후진·후한·후주) 및 송·요·금·원·명 등 왕조와 조공관계를 맺으면서 책봉과 정삭을 받았고, 이러한 국제질서를 연호와 기년으로 반영하였다.

따라서 고려의 연호 사용은 대외관계에 따른 필요성과 중화적, 존주적 천하 질서론이 교차된다고 할 수 있다. 또한 연호와 기년표기 방식에는 자주적인 왕조의 위상, 국가간의 국제질서 반영 등이 이루어짐으로써 상징성을 갖게 되며, 동시에 같은 시기의 사건 인식 및 기록에 영향을 주게 된다.[9] 때문에 연호와 기년 이해는 해당 시기의 대외관계를 이해할 수 있는 한 방법이 된다. 고려가 주변국의 연호와 기년을 어떻게 적용하였는가, 그리고 그것은 정확하고 일관되었는가를 살피는 것은 매우 중요한 문제이다.

고려시대 연호는 외교문서 등 국가문서뿐만 아니라 비문, 묘지명, 불상, 범종, 금구, 기와 등 각종 금석문에서도 제작 연대의 표시 방식으로 사용되었다. 명문이 기재된 금속제 기물과 명문 기와에는 연호와 간지(기년월일)가 기재되어 있는 경우와 간지(기년월일)만 들어간 경우로 나누어진다.

고려시대의 금석문에 나타난 연호 사용의 기록을 살펴보면, 『고려사』의 기록과는 달리 대 중국과의 외교관계의 질서 변화에 따라 오대와 송의 연호 사용이 구체적인 경우, 이미 멸망한 왕조의 연호를 사용한 경우, 연호 개원(改元) 사실과 관계없이 옛 연호를 쓰는 경우, 한 시기에 대한

---

8) 藤田亮策, 「朝鮮の年號と紀年」 『朝鮮學論考』, 藤田亮策記念事業會, 1963 ; 大谷光男, 「高麗朝および高麗史の曆日について」 『朝鮮學報』 141, 1991. 이외에 今西龍, 「正豊俊豊等の年號」 『東洋學學報』 1-1, 1911 ; 「高麗の年號「光德」年代－高麗史正紀年錯誤ぁゐの疑」 『考古學雜誌』 3-1, 1912 ; 「光德年代考補」 『考古學雜誌』 3-3, 1912.

9) 한정수, 앞의 논문, 2010.

연호 및 재위기년 등이 겹치는 경우 등이 보인다. 이렇게 일률적이지 않은 이유는 당시의 국가 간의 외교 갈등뿐만 아니라 사용자의 의식이나 제작자의 의도로도 보인다.[10] 따라서 금속 기물과 기와에 기재된 연호명을 따로 분류하고, 당시 국제정세와 인식의 반영 과정을 살펴보는 것도 중요한 일이라 생각된다. 따라서 이 글에서는 금속제 기물과 기와의 연호명문 기재 유형과 양상, 그리고『고려사』등에 보이는 중국 연호 사용의 배경을 통해 국가 간의 외교 갈등의 변화 양상을 비교 검토하고자 한다.

2. 중국 연호명의 기재 유형과 양상

1) 금속기물의 연호명 기재 양상

고려시대 연호는 외교문서 등 국가문서뿐만 아니라 비문, 묘지명, 불상, 범종, 금구, 향완, 기와 등 각종 금석문에도 제작 연대의 표시 방식으로 사용되었다. 명문이 있는 금속제 기물과 기와에는 연호와 간지(기년월일)가 기재되어 있는 경우와 간지(기년월일)만 들어간 경우로 나누어진다.

현재 필자가 파악한 고려시대 금석문 가운데 명문이 기재된 금속제 기물은 240여 건이 된다.[11] 이 가운데 연호(109개)와 간지 기년(83개)만

10) 금석문의 연호 기재 양상을 통해 국가 또는 소비자와 제작자의 의도, 나아가 중앙과 지방 관료, 중앙과 지방 사찰에서도 연호 기재와 인식이 어떻게 적용되며, 주체와 시기, 지역(장소)에 따라 차별성이 있는지를 검토하는 것도 중요하다. 그러나 현재로서는 금석문의 기년 기재 적용 대상의 주체(발원자)와 생산처가 많이 드러나지 않아 차후로 미룬다.

11) 고려시대 금속류 명문의 자료 추출 대상은 다음의 것을 참고하였다. 李蘭暎 編, 李丙燾 監修,『韓國金石文追補』, 아세아문화사, 1976 ; 黃壽永 編,『韓國金石遺文』, 일지사, 1976 ; 許興植 編,『韓國金石全文』, 亞細亞文化社, 1984 ; 秦弘燮 編,『韓國美術史資料集成(1) 三國時代~高麗時代』, 일지사, 1987 ; 김용선,『일본에 있는 한국금석문자료』, 한림대학교 출판부, 2008 ; 노명호 외,『한국고대중세 지방제도의 제문제』, 집문당,

기재된 것은 192개로 파악되었다. 나머지는 48개는 무편년의 명문이다. 이를 범종, 금구(반자), 향완(향로), 불상 및 기타 기물로 나누어 보았다(<표 1~4> 참조).

<표 1>에서처럼, 고려시기 범종에 기재된 연호와 간지 기년은 모두 61개이다. 연호와 간지명이 확실한 것은 30개이며, 31개는 간지와 함께 연월일만 기재되어 있다.

범종에 기재된 연호의 종류는 고려(준풍 4) 1개, 후주(현덕 3) 1개, 송(천희 3) 1개, 요(통화 28, 태평 6·10·12, 천녕 4·11, 함옹 2, 태안 원·2, 건통 7) 10개, 금(정융 2, 명창 2·7, 승안 1, 태화 6, 정우 4(2)·10·13) 10개, 원(지원 -세조 31, 지대 4, 지치 3·4, 지원-순제 6, 지정 6) 6개, 명(홍무 25) 1개로 파악된다. 요와 금의 연호가 가장 빈도수를 차지한다.

이 가운데 고려가 대중국 관계의 변화에 따라 선택적으로 사용한 연호가 기재된 것은 7개의 금속제 기물이다. 「청부대사종(淸鳧大寺鐘)」(일본 시가현 비와호 문화관) '태평 12년 임신 12월일(太平十二年壬申十二月日)'의 요 '태평 12년'은 1032년(덕종 1)으로 요 흥종 '중희(重熙) 1년'이다. 흥종은 1031년에 '경복(景福)', 1032년에 '중희'로 개원하였다. 「덕흥사종(德興寺鐘)」(일본 도쿄국립박물관) '명창 7년 병신 4월일(明昌七年丙辰四月日)'의 '명창 7년'은 1196년(명종 26)으로 금 장종 '승안(承安) 1년'에 해당한다. 장종은 '명창(明昌)'과 '승안'·'태화(泰和)'를 연호로 사용하였다. 같은 시기의 것으로 「천정사종(天井寺鐘)」(일본 개인) '승안 6년'도 이에 해당한다. 「내소사고려동종(來蘇寺高麗銅鐘)」(전북 부안군 내소사) '정우 10년(貞祐十年)', '정우 임오(貞祐壬午)'의 정우 10년과 '임오'는 1222년(고종 9)으로 '원광(元光) 1년'이다. '정우'는 금 선종의 연호로, 선종은 '지녕(至寧)', '정우', '흥정(興定)', '원광' 등을 사용하였다. 「월봉사종(月奉寺鐘)」(국립중앙박물관)의 '정

2004 ; 『한국금석문종합정보시스템』(http://gsm.nricp.go.kr) ; 채웅석, 『한국금석문집성』 35, 한국국학진흥원, 2012와 각 기관의 발굴보고서 등을 참고하여 조사하였다.

우 11년 계미 4월 초3일(貞祐十一年癸未四月初三日)'의 '정우 11년'은 1223년 (고종 10)이며, 「정우13년명동종(貞右十三年銘銅鐘)」(일본 고려박물관) '정우 13년 을유 정월일(貞右十三年乙酉正月日)'의 '정우 13년'은 1225년(고종 12)으로 금 애종 '정대(正大)' 2년이다. 한편 「문성암종(文聖庵鐘)」'지치 4년 정월 19일(至治四年正月十九日)'의 '지치 4년'은 1324년(충숙왕 11)으로, 원의 진종 연호인 '태정(泰定) 1년'이다. '지치'는 원의 영종의 연호이지만, 영종이 1323년 8월에 죽었으므로[12] 지치 3년이 마지막 해이기 때문이다. 그리고 진종이 이해 10월에 즉위하여, 1324년 유년(踰年) 개월하여 연호를 '태정'으로 하였다.[13] 위의 연호와 간기를 정리하면 <표 1>과 같다.

금고와 반자에 기재된 연호와 기년은 모두 57개이다. 이 가운데 연호와 간지명이 확실한 것은 34개이며, 나머지 23개는 간기와 함께 연월일만 기재되어 있다. 요(함옹 9, 대강 10, 대안 원, 대안7, 건통 3·9) 6개, 금(황통 3, 정융 5, 정풍 7, 대정 3·9·19·23·30, 명창 2, 승안 6, 태화 2(2)·6·7, 승경 2, 정우 2·4·5(2)·5·10·12) 21개, 원(대덕 5·9, 지치 2, 태정 4, 지정 4·6·11) 7개이다. 금의 연호가 21개로 많은 빈도수를 차지한다.

이 가운데 고려가 대중국 관계의 변화에 따라 선택적으로 사용한 연호가 기재된 것은 6개의 금속제 기물이다. 「천수원명금고(薦壽院銘金鼓)」(온양민속박물관) '정풍 7년 임오 11월일(正豊七年壬午十一月日)'의 '정풍 7년'은 1162년(의종 16)으로 금 세종 '태정(大定) 2년'이다. 정풍 연호는 제량(帝亮)의 연호인 '정융(正隆)'을 고쳐 사용한 것이다. 고려 태조 왕건의 아버지인 세조 왕융(王隆)의 이름인 '융(隆)'을 피휘한 때문이다.[14] 제량은 '천덕(天德)', '정원(貞元)' 등을 사용하였다. 「대정30년명의림사반자(大定三十年銘義林寺般子)」(국립중앙박물관) '대정 30년 경술 3월일(大定三十年庚戌三月日)'

---

12) 『元史』 권28, 英宗 碩德八剌2 至治 三年 八月 癸亥.

13) 『元史』 권29, 泰定帝 也孫鐵木兒1, "踰年改元 可以明年爲 泰定元年."

14) 『고려사』 권86, 연표 의종.

연호명	연도	명칭	연호년	간지 연월일	발원주체	지역	장소	현 지역	소장처
고려 준풍4	963 광종14	古彌縣西院鐘	峻豊四年	癸亥九月十八日	聰揾沙干	古彌縣	西院	전남 영암군	일본廣島縣照蓮寺
후주 현덕3	956 광종7	退火郡大寺鐘	顯德參秊太歲	丙辰正月廿五日	都領佐丞鄭喧達公	退火郡	大寺	경북영일군흥해	일본(1945년2차세계대전중파손)
요 통화28	1010 현종1	聖居山天興寺銅鐘	統和二十八年	庚戌二月日			聖居山天興寺	충남천안성거읍	국립중앙박물관
송 천희3	1019 현종10	臨江寺鐘	天禧三年	龍集己未十二月	名保戶長陪戎校尉金瑤舍	興麗府	臨江寺	경북울산	일본大阪市正祐寺
요 태평6	1026 현종17	河淸部曲北寺鐘	太平六年, 應安七年	丙寅九日, 甲寅十一月日		河淸部曲	北寺	경남거제도 북사	일본佐賀縣惠日寺
요 태평10	1030 현종21	太平十年銘鐘	太平十年	二月日	寺棟梁元廉節			미상	일본大阪市鶴滿寺
요 태평12/중희1	1032 덕종1	清凫大寺鐘	太平十二年	(壬申)十二月日	戶長阮賢等		清凫大寺	미상	일본滋賀縣琵琶湖文化관
요 천녕4	1058 문종12	驪州出土清寧四年銘銅鐘	清寧四年	戊戌五月日		驪州		경기여주금사면삼품리	국립중앙박물관
요 천녕11	1065 문종19	戒持寺金鐘	清寧十一年	(乙巳)三月日			戒持寺	미상	일본福岡縣承天寺
요 함옹2	1066 문종20	仙岳寺鐘	咸雍二年	七月日		東平縣	仙岳寺	미상	일본개인
	1071 문종25 추정	辛亥銘迴眞寺鍾		辛亥四月八日		東京	迴眞寺	미상	일본島根縣天倫寺
요 태안원	1085 선종2	泰安元年銘鐘	泰安元年					경북선산금당암	개인
요 태안2	1086 선종3	太安二年長生寺金鐘	太安二年	十二月日			長生寺	전남여천쌍봉면여산리	국립부여박물관
요 건통7	1107 예종2	川北觀世音寺鐘	乾統七年	丁亥二月十九日	副戶長同正迪良州史守英明贊		川北觀世音寺	경남양산?	일본東京국립박물관
금 정융2	1157 의종11	正豊二年銘小鍾	正豊二年	庚戌			中河寺	미상	개인
	1185 명종15	乙巳銘銅鍾		乙巳九月十七日	知樞密院事戶部尚書上將軍曹妻河源郡夫人등			충북제천남천동	국립중앙박물관
금 명창2	1191 명종21	明昌二年銘鍾	明昌二年	辛亥四月日			興法寺	강원원주문막면	개인

금 명창7/ 승안1	1196 명종26	德興寺鐘	明昌七年	丙辰四月日	戶長金仁鳳		德興寺	미상	일본東京 국립박물관
	1197 명종27	丁巳銘尙州安水寺鍾		丁巳七月日		尙州	安水寺	미상	부산박물관
금 승안6/ 태화1	1201 신종4	天井寺鐘	承安六年	辛酉二月日			天井寺	미상	일본개인
금 태화6	1206 희종2	善慶院鐘	大和六年	丙寅正月日	大中大夫興威衛大將軍知上部事大子☒贊善大夫賜紫金魚袋金躍珍及妻上黨郡夫人韓氏	臨☒郡	善慶院	미상	일본개인
금 정우4	1216 고종3	吾魚寺銅鐘	貞祐四年	丙子五月十九日			吾魚寺	경북포항 오천읍	오어사
금 정우4	1216 고종3	安城縣鳳安寺鐘	貞祐四年	六月日	戶長李光☒	安城縣	鳳安寺	미상	국립중앙박물관
금 정우10/ 원광1	1222 고종9	來蘇寺高麗銅鐘	貞祐十年,貞祐壬午	六月日, 六月初七日		扶寧	靑林寺	전북부안 군청림리	내소사
금 정우11/ 원광2	1223 고종10	月奉寺鐘	貞祐十一年	癸未四月初三日			月峰寺金堂	황해도 평산신암면 월봉리	국립중앙박물관
금 정우13/ 정대2	1225 고종12	貞右(祐)十三年銘銅鐘	貞右(祐)十三年	乙酉正月日		大良坪	觀音寺	미상	일본고려박물관
	1233 고종20	塔山寺銅鐘		癸巳十月日			塔山寺	미상	대흥사 성보박물관
	1233 고종20 /1223 고종10	癸未銘銅鍾		癸未八月二十八日		南瞻副州高麗國竹州	大惠院	경기안성 竹州	개인
	1234 고종21 추정	甲午銘日輪寺鍾	☒☒二十一	甲午五月日日			日輪寺	미상	일본 曼陀羅寺
	1238 고종25	神龍寺小鐘		戊戌四月日		橫川	神龍寺	강원횡천 신룡사	부산박물관
	1238 고종25 추정	戊戌銘銅鍾		戊戌正月初五日	前副戶長公必	沙於鄕		전남고흥 군포두면 송산리	국립부여박물관
	1241 고종28	辛丑銘鍾		辛丑十二月日				미상	일본개인
	1244 고종31	甲辰銘小鐘		甲辰☒月日		寧越	宜堂殿	미상	개인

	1251 고종38	辛亥銘銅鍾		辛亥三月 日		尙州牧	廻浦寺	경북상주 서곡동	상주박물관
	1278 충렬4 추정	戊寅銘靑銅小鐘		戊寅十月 日				충남공주 修淵院	호림박물관
	1284 충렬10 /1344 충혜 복위5	甲申銘善法院銅鐘		甲申七月 日		鎭州	善法院	충남진천	개인
	1289 충렬15	己丑銘竹丈寺銅鍾		己丑五月 日			竹丈寺	미상	호암미술관
원 지원31	1294 충렬20	至元三十 一年銘小 鐘	至元卅 十一年	甲午五月 日			道堂殿	충북보은	개인
	1309 충선1	己酉銘五聖寺小鐘		己酉十二 月十七日			五聖寺	전남강진 군대구면	국립경주박 물관
원 지대4	1311 충선3	至大四年 銘銅鐘	至大四 年	辛亥二年 日				미상	paris cerunuschi 박물관
	1311 충선3 추정	辛亥銘正方寺小鍾		辛亥四月 日			正方寺	전북	개인
	1314 충숙1 /1374 공 민23 추 정	甲寅銘生千寺小鍾		甲寅二月 日		公州	生千寺	충남연기 군서면	국립청주박 물관
원 지치3	1323 충숙10	幸西寺小鐘	至治三 年	癸亥		開州	幸西寺	미상	개인
원 지치4/ 태정1	1324 충숙11	文聖庵鐘	至治四 年	正月十九 日		阿(河)陰 縣	文聖庵	미상	일본鎌倉市 鶴岡八幡宮
	1325 충숙12	乙丑銘寶嵓寺銅鍾		乙丑六月 日	平章事奇		寶嵓寺	서울은평 구진관내 동	국립중앙박 물관
원 지원6	1340 충혜 복위원	至元六年 銘小鐘	至元六 年	庚辰二月	道人達珠			미상	개인
원 지정6	1346 충목2	演福寺鐘	大元至 正六年 春		高麗國王王昕德 寧公主亦憐眞班 資善大夫資正院 使姜金剛將 仕郞 左藏庫副使辛裔 등		演福寺	개성 연복사지	개성남대문

	1369 공민18	己酉銘水國寺銅鐘		己酉九月日			水國寺	전남강진군대구면	국립중앙박물관
명 홍무25	1392 공양4	洪武25年長興寺銘銅鐘	洪武貳拾伍年	九月拾七日	戶長信善	川寧	象頭山長興寺	여주금사면장흥리	서울강남구봉은사
	13세기경	己亥銘頭正寺鍾		己亥正月廿九日		梁州	頭正寺	경남양산頭正寺	고려대박물관
	13세기추정	戊寅銘修淵院小鍾		戊寅十月日		公州	修淵院	미상	개인
	고려후기	戊辰銘小鍾		戊辰五月				경북	전남도청
	고려후기	乙巳銘小鐘		乙巳				미상	개인
	고려후기	丁丑銘青銅小鍾		丁丑三月日, 戊戌十二月				미상	개인
	고려후기	戊戌銘龍出寺小鍾		戊戌年十一月日			三角山龍出寺, 津寬寺	미상	국립중앙박물관
	미상	龍溪寺銘青銅小鍾	▨▨三年	六月			龍溪寺	미상	호암미술관
	미상	甫州土銘小鍾		己丑五月十三日造		甫州	示?寺	미상	개인
	미상	癸酉銘鐘		癸酉九月日				미상	일본개인
	미상	己未銘小鐘		己未正月二十八日				경북안동서후면	개인
	미상	辛亥銘銅鐘		辛亥三月日		尙州牧	廻浦寺	경북상주서곡동	개인
	미상	大惠院銘銅鍾		癸未八月二十八日		竹州	大惠院	경기안성竹州	개인

의 '정우 30년'은 1190년(명종 20)으로 금 선종 '명창(明昌) 1년'이다. 「정우육년명청동반자(貞祐陸年銘青銅飯子)」(호암미술관) '정유 6년 무인 7월일(貞祐陸年戊寅七月日)'의 '정우 5년'은 1218년(고종 5)으로 금 선종 '흥정(興定) 2년'이다. 「고령사반자(高嶺寺飯子)」(일본 도쿄국립박물관) '숭경 2년 갑술 3월 5일(崇慶二年甲戌三月五日)'의 '숭경 2년'은 1214년(고종 1)으로 금 선종 '정우 2년'이다. 「취암사반자(翠嵓寺飯子)」(국립청주박물관) '정우 10년 병오 10월 28일(貞祐十年丙午十月二十八日)'의 '정우 10년'은 1222년(고종 9)

금 선종 '원광 1년'이지만, 병오년은 1246년(고종 33)에 해당한다. 연호와 간지가 서로 상이한 것은 금의 쇠퇴와 관련이 있어 보인다. 「이의사반자(利義寺飯子)」의 '정우 12년 갑신 정월일(貞祐十二年甲申正月日)'은 1224년(고종 11) 원 애종 '정대(正大) 1년'이다. 위의 연호와 간기를 정리하면 <표 2>와 같다.

〈표 2〉 고려 금구(반자)에 기재된 연호와 기년 일람

연호명	연도	명칭	연호년	간지 연월일	발원주체	지역	장소	현 지역	소장처
요 함옹9	1073 문종27	瓊巖寺盤子	咸雍	癸丑十月日			瓊巖寺	미상	국립중앙박물관
요 대강10	1084 선종1	法海寺鉡子	大康十年	甲子四月日		京北山	法海寺	개성북산 法海寺	일본
요 대안원	1085 선종2	黃利縣半子	大安元年	乙丑七月日	黃利縣戶長 仁角	黃利縣		경기여주	동아대 박물관
요 대안7	1091 선종8	內院寺金鼓	大安七年	辛未五月日			金仁寺	경남 양산 하북면	경남 양산시 내원사
요 건통3	1103 숙종8	重興寺飯子	乾統三年	癸未二月日			三角山 重興寺	서울 三角山 重興寺	호암미술관
요 건통9	1109 예종4	重林寺飯子	乾統九年	己丑十一月日	重林寺主持顯 像大師忠祚		重林寺	경북 경산 압량면	국립경주박물관
금 황통3	1143 인종21	德山寺禁口	皇統三年	癸亥正月日	在京都梁金 艾		德山寺	경북영주	국립중앙박물관
금 정융5	1160 의종14	楊等寺半子	正豊五年	庚辰二月日		溟州	北山楊 等寺	강원강릉 楊等寺	일본개인
금 정풍7/대정2	1162 의종16	薦壽院銘 金鼓	正豊七年	壬午十一月日		牙州	薦壽院	충남아산 음봉면신 수리	온양민속박물관
금 대정3	1163 의종17	安東龍壽寺 大定參年銘 金銅鼓	大定參年					경북안동 용수사	경북안동시 용수사
금 대정9	1169 의종23	大定9年銘禁 口	大定九年	己亥五月日	衛慰主夫同 正李公弼妻 棟氏			미상	국립중앙박물관
금 대정19	1179 명종9	大定十九年 銘飯子	大定十九年	己亥二月日	同正行隊	開京?		개성存昷坊	국립중앙박물관
금 대정23	1183 명종13	大定二十三年屈石寺盤子	大定二十三年	癸卯四月日	前戶長李伯兪	東京北山	屈石寺	경북 경주사면 석불 사지	백률사

금 대정30/ 명창1	1190 명종20	大定三十年銘義林寺般子	大定三十年	庚戌三月日	棟梁副戶長劉張輔	忠州牧	禪義林寺	충북충주안림동	국립중앙박물관
금 명창2	1191 명종21	彌勒院鉡子	明昌二年	庚戌十一月日		公州土車懸	仁濟院改號弥勒院	충남공주차현	한국불교미술박물관
	1194 명종24 추정/ 1254 고종41 추정	興德寺禁口		甲寅五月日		西原府	興德寺	충북청주운천동	국립청주박물관
	1200년경 추정	庚申銘飯子		庚申年七月日	棟梁斤盂郎將順太▨	淸州牧		충북청주	호림박물관
금 승안6/태화1	1201 신종4	景禪寺金鼓	承安六年	辛酉日	南贍部洲高麗國琮司空房侍衛親侍張裕		景禪寺	강화군출토	개인
금 태화2	1202 신종5	蒲溪寺盤子	泰和二年	壬戌四月日			蒲溪寺	미상	이화여대박물관
금 태화2	1202 신종5	泰和貳年銘半子	泰和貳年	壬戌三月日				강원원성군 흥업면	개인
금 태화6	1206 희종2	德周寺禁口	泰和六年	丙寅八月廿一日	直長宋公侯		德周寺	미상	개인
금 태화7	1207 희종3	泰和七年銘資福寺鉡子	泰和七年	丁卯二月日		奉日鄕	資福寺		경희대박물관
금 승경2/정우2	1214 고종1	高嶺寺飯子	崇慶二年	甲戌三月五日	壽寧宮主房侍衛軍公節		高嶺寺	미상	일본東京국립박물관
금 정우2	1214 고종1	景禪寺禁口	貞祐二年	戊寅七月日	龍領隊正李仁幹,同領隊正鄭儒,卜希載,李孝淸,盧廷傑, 鷹揚府隊正金白齡등		景禪寺	미상	개인
금 정우4	1216 고종3	貞祐四年銘半子	貞祐四年	丙子三月			▨▨寺	충청도	동국대박물관
금 정우5	1217 고종4	竹州奉業寺貞祐五年銘飯子	貞祐五年	丁丑		竹州	奉業寺	경기안성군이죽면	연세대박물관
	1217 고종4	丁丑銘般子		丁丑十二年十日	前公兄夫支金嚴三伊	古阜郡畓內村	卯寺	전북정읍고부군寺	개인
금 정우5/ 흥정2	1218 고종5	貞祐陸年銘靑銅飯子	貞祐陸年	戊寅七月日	直長同正韓大育	大興院	北禪院寺	충남예산군대흥면	호암미술관

금 정우10/원광1	1222 고종9	翠嵓寺飯子	貞祐十年	丙午十月二十八日			翠嵓寺	경기 양평군 지제면 월산리	경기도박물관
금 정우12/원광3/정대1	1224 고종11	利義寺飯子	貞祐十二年	甲申正月日			利義寺	충북 영동군 양산면	국립청주박물관
	1225 고종12	乙酉銘華嚴寺半子	乙酉五月			全州	華嚴寺	전북 완주군	국립부여박물관
	1238 고종25	福泉寺飯子		茂代(?)四月日		橫川縣	福泉寺	강원橫川縣	부산박물관
	1240 고종27	修定寺飯子		庚子閏十二月日			修定寺	경북	호암미술관
	1245 고종32	乙巳銘飯子	律源?	乙巳五月日		晋陽府	晋陽府		일본長崎縣多久頭魂神社
	1249 고종36	月峯寺金鼓		己酉六月十一日戊午			月峯寺	황북 평산군 신안리	국립중앙박물관
	1249 고종36 추정	己酉銘靑銅金鼓		己酉年五月廿四日			思惱寺	충북 청주 흥덕구	국립청주박물관
	1252 고종39	玉泉寺壬子銘飯子	高麗二十三王環甲之年	壬子四月十二日	樞密院右副承宣孫挺烈尙書皇甫琦檢校尙書兪承錫 등		智異山安養社	경남 고성군 개천면 북평리	옥천사
	1269 원종10	己巳銘靑銅金鼓		己巳六月日			句陽寺	청주雲泉洞미륵사지	국립청주박물관
	12세기	白蓮社址靑銅飯子			金用妻只未	尙州	白蓮社	경북 문경 산북면 소야리	국립경주박물관
원 대덕5	1301 충렬27	大德五年銘靑雲寺飯子鼓	大德五年	辛丑四月日			靑雲寺	경기 김포 월곶	국립중앙박물관
원 대덕9	1305 충렬31	大德九年銘判子	大德九年	七月十六日			미상		국립경주박물관
	1305 충렬31/1365 공민14	乙巳銘仁福寺金鼓		乙巳六月日	韓奕才陳甫龍金衍閔		仁福寺	강화도 인복사	동국대박물관
원 지치2	1322 충숙9	藥師寺禁口	至治二年	壬戌十月十六日		海州	首陽山藥師寺		일본경도부지은사
원 태정4	1327 충숙14	寂照寺般子	泰定四年	丁卯五月十三日	康甫來		安養山寂照寺		국립중앙박물관
원 지정4	1344 충혜복5	至正四年銘金鼓	至正四年	四月初八日		賣部定戎寨	善現寺	瀋陽市東郊石廟子村	중국

원지정6	1346 충목2	兜率山飯子	至正六年	丙戌二月日	比丘宗坦幹善達精同		兜率山	미상	일본현존하지않음
원지정11	1351 충정3	感恩寺飯子	至正十一年	辛卯十二月初三日		雞林府	感恩寺	경북경주양북면	국립경주박물관
	1369 공민18	己酉銘菩提寺盤子		己酉七月日				경기연천군백학면원당리주람산남쪽	국립중앙박물관
	1385 우왕11/고려말추정	乙丑銘飯子		乙丑	崔三▨, 崔正安, 前司正李得祥, 張方王, 全▨▨, 全三乭 등		石寺羅漢殿	미상	호림박물관
	고려후기	己未銘禁口		己未正月二十八日				경북안동서후면	개인
	고려후기	庚戌銘清州白雲寺飯子		庚戌七月十三日	安逸戸長正位韓俉愈	清州	白雲寺	충북청주	국립중앙박물관
	미상	丙寅銘金口		丙寅正月二十二日					국립공주박물관
	미상	丙戌銘觀音寺般子		丙戌十一月日			觀音寺	미상	호림박물관
	미상	二月開銘青銅飯子		二月			大悲庵	미상	국립중앙박물관
	미상	壬午銘資福寺飯子		壬午四月初六日	公州戸長 義晴▨長上戸長二	公州		충남공주?	국립중앙박물관
	미상	癸亥銘龍泉寺鉡子		癸亥四月日			龍泉寺	경기여주	개인
	미상	寶林寺飯子		癸酉(?)二月十日			寶林寺	충북청주	백운암

향완과 향로에 게재된 연호와 기년은 모두 33개이다. 이 가운데 연호와 간지명이 확실한 것은 19개이며, 나머지 14개는 간기와 함께 연월일만 기재되어 있다. 요(태강 2·7) 2개, 금(대정 4·17·18, 태화 5, 정우 2·9) 6개, 남송(가태 4) 1개, 원(지정 2·4·6·10·12·16·17·18·26·28) 10개이다. 원의 연호가 10개로 가장 많다. 이 가운데 고려가 대중국 관계의 변화에 따라 선택적으로 사용한 연호가 기재된 것은 1개이다. 「표훈사향로(表訓寺香爐)」 (표훈사) '지정 28년 무신 8월일(至正二十八年戊申八月日)'의 '지정 28년'은 1368년(공민 17) 명 '홍무(洪武) 1년'이다. 원의 지정 연호는 1367년(지정

27)이 마지막 해이다. 1년 뒤까지 원의 연호가 지속되었음을 알 수 있다.
위의 연호와 간기를 정리하면 <표 3>과 같다.

〈표 3〉 고려 향완(향로)에 기재된 연호와 기년 일람

연호명	연도	명칭	연호년	간지연월일	발원주체	지역	장소	현 지역	소장처
요 태강2	1077 문종31	靑銅手香爐	大康三年	丁巳六月日				미상	국립중앙박물관
요 태강7	1081 문종35	奉業寺香垸	大康七年	辛酉正月日			奉業寺	경기안성죽산면칠장리	개인
금 대정4	1164 의종18	白月庵香垸	大定四年	丁卯八月日			白月庵	미상	일본
금 대정17	1177 명종7	表忠寺靑銅含銀香垸	大定十七年	丁酉六月八日	道人孝初通康柱等		表忠寺	경남밀양단장면	표충사
금 대정18	1178 명종8	金山寺香垸	大定十八年	戊戌五月日	京主人郞將金令候妻崔氏前尙乘府內承旨同正康信		金山寺大殿彌勒	金山寺	일본東京국립박물관
남송 가태4	1204 신종7	嘉泰四年銘香垸	嘉泰四年	甲子四月日		廣州	廣州	경기 廣州	개인
금 태화5	1205 희종1	大和五年銘禪院寺香爐	大和五年	乙丑三月日	前史(楊)朴珍		禪院寺	충북청주흥덕구思惱寺	국립청주박물관
금 정우2	1214 고종1	慈孝寺香垸	貞祐二年	丙子七月日			慈孝寺	미상	개인
금 정우9	1221 고종8	貞祐九年銘銀絲香垸	貞祐九年	辛巳二月日	樞密院使御史大夫吏兵部尙書上將軍崔瑀		海安寺	부산금정구청룡동	동아대교박물관
	1226 고종13/ 1286 충렬12 추정	丙戌銘碧溪院靑銅香垸		丙戌十二月日			碧溪院	미상	이화여대박물관
	1289 충렬15	興王寺銘靑銅銀入絲雲龍文香垸		己丑二月日	進礼郡副戶長全孚等	進礼郡	興王寺	황북개풍군덕적산	호암미술관
	1316충숙/1376 우왕2 추정	丙辰銘香垸二座		丙辰年				미상	개인
	1318충숙/1378 우왕4 추정	戊午銘香垸		戊午十一月				미상	개인

원지정2	1342 충혜복위3	松林寺香垸	至正二年	壬午三月十七日			松林寺	미상	개인
원지정4	1344 충혜복위5	重興寺香爐	至正四年	五月日	僉議政承蔡河中午山郡夫人梁氏		重興寺	서울삼각산중흥사	봉은사
원지정6	1346 충목2	上院寺香垸	至正六年	丙戌四月日	奉善大夫花質金永華郡夫人▨氏		珎智山上院寺	강원금강군내강리용공사	개인
원지정10	1350 충정2	長安寺銚	至正庚寅年	庚寅年	方朶兒赤		金剛山長安寺	강원회양군장양면	일본 法隆寺
원지정12	1352 공민1	至正十二年銘表訓寺香垸	至正十二年	壬辰閏三月日	崇祿大夫資政院使高龍寶 永寧公主辛氏		龍藏禪寺	강원금강군내강리	조선중앙력사박물관
원지정16	1356 공민5	至正十六年銘上院寺香垸	至正十六年	庚申五月日			智異山上院寺	미상	부산박물관
원지정17	1357 공민6	至正十七年銀入絲靑銅香垸	至正十七年	二月	朴龍妻藥加氏		聖衆殿	미상	국립청주박물관
원지정18	1358 공민7	消災寺香垸臺座	至正十八年	戊戌六月日			毗瑟山?災社	경북비슬산	영국대영박물관
원지정26	1366 공민15	眞宗寺香垸	至正二十六年	丙午五月日			眞宗寺	미상	극립중앙박물관
원지정28/명홍무1	1368 공민17	表訓寺香爐	至正二十八年	戊申八月日	判事金元永		表訓寺	강원금강군내강리	표훈사
미상		戊子銘靑銅香垸		戊子二月日			法泉寺	강원원주부론면	개인
미상		辛卯銘白雲寺香垸		辛卯十二月日		襄州	白雲寺	강원襄州白雲寺	일본表谷寺
미상		己丑銘月溪寺香垸		己丑正月日			月溪寺	경기양주군양수리	동국대 박물관
미상		尙州大淵寺靑銅香垸		乙丑三月八日		尙州	大淵寺	경북尙州	상주박물관
미상		戊子銘法泉寺懸爐		戊子二月日			法泉寺	강원원성군부론면	동국대 박물관
미상		庚申銘思內寺香爐		庚申二月日	戶長韓(鯉)弼 戶正韓億		思內寺	충북청주흥덕구	국립청주박물관
미상		靑州思內寺羅(漢)堂銘香爐		戊午年			思惱寺	충북청주흥덕구	국립청주박물관
미상		靑州思內寺羅(漢)堂銘香爐		戊午年			思惱寺	충북청주흥덕구	국립청주박물관
미상		靑州思內寺羅(漢)堂銘香爐		戊午年			思惱寺	충북청주흥덕구	국립청주박물관
미상		庚戌銘香垸		庚戌二月日				전북완주군상관면화엄사지	국립부여박물관

불상과 기타 기물에 게재된 연호와 기년은 모두 41개이다. 이 가운데 연호와 간지명이 확실한 것은 26개이며, 나머지 15개는 간기와 함께 연월일만 기재되어 있다. 고려(준풍 3) 1개, 송(개보 8, 옹희 2) 2개, 요(통화 15·20·24·28, 태평 15, 함옹 3, 태안 3, 건통 3) 8개, 송(정강 7/남송 소흥 2) 1개, 금(황통 10/천덕 2, 대정 9·19·20·28, 정우 3) 6개, 원(지정 30, 원정 1, 대덕 5, 지대 3, 연우 1, 지치 3, 천력 3) 7개, 명(홍무 24) 1개이다. 요의 연호가 8개로 가장 많다.

이 가운데 고려가 대중국 관계의 변화에 따라 선택적으로 사용한 연호가 기재된 것은 5개의 금속제 기물이다. 「개보대평흥국명석제사리원호(開寶大平興國銘石製舍利圓壺)」(개인) '계미 2월 개보 8년 대평흥국 8년 ☒차 계미년 2월 20일(癸未二月開寶八年大平興國八年☒次癸未年二月卄日)'의 '개보 8년'은 975년(광종 26)으로 송 태조 개보 연호이다. 그러나 간지가 '을해(乙亥)'이므로 상충되며, '태평흥국 8년'은 송 태종의 연호로, 간지가 '계미(癸未)'에 해당하여 983년(성종 2)이다. 따라서 이 사리원호(舍利圓壺)는 983년에 최종 제작된 것으로 판단된다. 「사뇌사청동용기(思惱寺靑銅用器)」(국립청주박물관) '태평 15년 을(해) 4월일(太平十五年乙(亥)四月日)'의 '태평 15년'은 1035년(정종 1) 요 흥종 '중희 4년'이다. 태평 연호는 1030년(현종 21)까지 사용되었다. 태평 연호가 중지되었음에도 불구하고 요의 연호 대신 계속 사용되었음을 알 수 있다. 「정강명사리기(靖康銘舍利器)」(일본 개인) '정강 임자(靖康壬子)'의 '정강 7년'은 남송 고종 '소흥(紹興) 2년'(1132)이다. 송 흠종의 연호인 정강은 1126년(인종 4)을 끝으로 쓰이지 않았다. 송(북송)의 멸망으로 연호가 더 이상 사용되지 않음에도 불구하고 계속 사용하였다. 「흥덕사불발개(興德寺佛鉢蓋)」(국립청주박물관) '황통 10년 경오 4월일(皇統十年庚午四月日)'의 '황통 10년'은 1150년(의종 4)으로 금 제량 '천덕(天德) 2년'에 해당하며, 희종이 사용한 금의 황통 연호는 1148년(의종 2)까지만 사용되었다. 「부석사금동관음주성기(浮石寺金銅觀音鑄成記)」(일본 쓰시마

간논지) '천력 3년 2월일(天曆三年二月日)'의 '천력 3년'은 원 문종이 사용한 연호로 1330년(충숙 17)에 해당한다. 문종이 '지순(至順)'으로 이 해에 바꾸어 사용하였다. 위의 연호와 간기를 정리하면 <표 4>와 같다.

〈표 4〉 고려 불상·기타 기물에 기재된 연호와 기년 일람

연호명	연도	명칭	연호년	간지 연월일	발원주체	지역	장소	현 지역	소장처
고려 준풍3	962 광종13	龍頭寺址鐵幢竿	峻豊三年	太歲壬戌 二月二十 九日	檀越兼令金希一正朝金守☑ 등	淸州	龍頭寺	충북청주 상당구	남문로 용두사지
송 개보8/태평흥국8	975광종 26/983 성종2	開寶大平興國銘石製舍利圓壺	開寶八年, 大平興國八年	癸未年二月卄日				미상	개인
송 옹희2	985 성종4	高靈雍熙二年銘觀音菩薩坐像	雍熙二年	乙酉六月 二十七日				경북고령 군개포면 개포동	개인
요 통화15	997 성종16	思惱寺靑銅鉢盂	統化十五年	丁酉四月日			禪院寺	충북청주 흥덕구	국립청주 박물관
요 통화20	1002 목종5	晩日寺金銅觀音菩薩立像	統和二十年	庚戌			晩日寺, 聖居山 天興寺	충남천안 성거읍	만일사
요 통화24	1006 목종9	法住寺鐵器	統和二十四年	丙午正月			法住寺	충북보은	법주사
요 통화28	1010 현종1	天安聖居山天聖寺銘金銅菩薩立像	統和二十八年				聖居山 天聖寺	충남천안 성거읍	천성사
요 태평15/중희4	1035 정종1	思惱寺靑銅用器	太平十五年	乙(亥)四月日			思惱寺	충북청주 흥덕구	국립청주 박물관
요 함옹3	1067 문종21	雲門寺銅壺	咸雍三年	六月				경북청도 군운문면	운문사
요 태안3	1087 선종4	若道場鈸鑼	大安三年歲次	丁卯七月日	廣州牧官	廣州牧		미상	동국대박물관
요 건통3	1103 숙종8	乾通三年銘靑銅(징)	乾通三年					미상	북한
송 정강7/남송 소흥2	1132 인종10	靖康銘舍利器	靖康	壬子				미상	일본개인
금 황통10/천덕2	1150 의종4	興德寺佛鉢蓋	皇統十年	庚午四月日			興德寺	충북청주	국립청주 박물관
금 대정9	1169 의종23	銅製鑼(징)	大定九年					황북개성 인근	국립중앙 박물관

금 대정19	1179 명종9	銅製鑼(징)	大定十九年					황북개성 인근	국립중앙 박물관
금 대정20	1180 명종10	靑銅磬子	大定二十年	庚子三月日	詔文記官鄭奇柱등	晉州牧	長興寺	진주鳴石面南城里	국립진주박물관
	1186 명종16	日月寺鉢盒		丙⊘四月十五日, 丙午閏七月日			日月寺金堂	미상	국립중앙박물관
	1186 명종16 추정	金剛寺光明臺		丙午四月二十九日		영주	金剛寺	경북영주평은면	한국문물연구원
금 대정28	1188 명종18	大定二十八年銘水多寺燭臺	大定二十八年	戊申三月			水多寺	강원평창군진부면수항리	개인
금 정우3	1215 고종2	灌佛松羅	貞祐三年	乙亥十月日				미상	미상
	1233 고종20	癸巳銘塔幢銅版		癸巳四月日				미상	국립중앙박물관
	1234 고종21 추정	甲午銘金鍵		甲午正月		鎭州		미상	국립중앙박물관
원 지정30	1293 충렬19	高麗佛經板	至元三十年					미상	서울대박물관
원 원정1	1295 충렬21	銅製鈴	元貞元年	六月				황북개성 인근	국립중앙박물관
원 대덕5	1301 충렬27	聖住寺靑銅光明臺받침	大德五年	辛丑二月日		保寧	聖住寺	충남보령	백제문화재연구원
	1303충렬29/1363공민12/고려말추정	靑銅鐃子		癸卯正月日			大林寺	미상	개인
원 지대3	1310 충선2	至大三年銘金銅舍利塔	至大三年	五月	施主宋以道등			미상	개인
원 연우1	1314 충숙1	銅製延祐元年銘저울추	延祐元年					미상	이화여대박물관
원 지치3	1323 충숙10	至治三年銘舍利器	至治三年	十月日				미상	일본고려박물관
원 천력3/지순1	1330 충숙17	浮石寺金銅觀音鑄成記	天曆三年	二月日		瑞州	浮石寺	충남서산부석면부석사	일본對馬島觀音寺
명 홍무24	1390 공양3	金剛山出土李成桂發願舍利莊嚴具一括	大明洪武二十四年	辛未四月日,辛未五月日月	侍中李成桂		金剛山毘盧峯侍中李成桂	강원회양군장연리금강산월출봉	국립중앙박물관
	13,14세기추정	丁未銘塔像銅板		丁未四月日				강원원주법천사지	개인

고려후기	癸卯銘香定寺小鍾鈸鑼		癸卯八月十一日			香定寺	충남논산	국립부여박물관
미상	庚辰銘銅印篋		庚辰八月日	戶長軍尹李應義	振威縣		미상	일본개인
미상	壬午銘青銅淨瓶		壬午年暮夏				경북달성군	경북대박물관
미상	戊子銘法泉寺光明臺(1)		戊子二月日			法泉寺	강원원주	한독약품약사관
미상	戊子銘法泉寺光明臺(2)		戊子二月				강원원주	한독약품약사관
미상	尙州大淵寺鉢螺(1,2)		癸未八月		尙州	大淵寺	경북尙州大淵寺	상주박물관
미상	己酉銘青銅飯斗		己酉七月日				미상	일본동경
미상	戊子銘法泉寺燔		戊子三月日			法泉寺	미상	영남대박물관
미상	癸酉銘青銅神將立像臺座		癸酉九月日		白州		경남진주명석면내율리	개인

이상과 같이 <표 1·2·3·4>의 금속제 기물에 기재된 연호명은 모두 109개이다. 이 가운데 요의 연호는 26개로 통화(5)·대안(5)·건통(4)·태평(4)· 함옹(3)·태강(3)·천녕(2) 순이다. 연호명 중 가장 많은 수를 차지하는 금의 연호는 43개로, 정우(14)·대정(12)·태화(6)·명창(3)·정융(풍)(3)·황통(2)·승 안(2)·숭경(1)순이다. 금의 대정 연간(1161~1189)과 정우 연간(1213~1216) 에 금속용구가 많이 제작되었음을 알 수 있다.[15] 원의 연호는 29개로 지정(15)·지치(4)·대덕(3)·지대(2)·지원(2)·태정(1)·천력(1)·연우(1)·원 정(1) 순이다. 송의 연호는 개보·옹희·천희·정강 4개, 고려의 연호인 준풍은 2개, 명의 연호인 홍무 2개, 남송의 연호인 가태 1개, 후주의 현덕 1개 등이다.

---

15) 이 기간에 가장 많은 금속용구가 제작되었는지는 현재로서는 파악하기 어렵다. 다만 당시 불교계의 동향, 사찰 건립의 추이와 발원주체 등에 대한 고민을 필요로 한다.

2) 명문 기와의 연호명 기재 양상

명문기와에서 연호명 기와는 총 57개 유적에서 52개의 연호명 사례가 정리되었다.[16] 송의 연호인 '옹희'·'대중상부'·'태평흥국'은 11건, 요의 연호인 '중희'·'천녕'·'대평'[17]·'대안'·'건통'·'천경'은 13건, 금의 연호인 '대정'·'명창'은 5건, 그리고 원의 연호인 '지원'·'대덕'·'황경'·'연우'·'천력'·'지정'은 18건이며, 2건은 미상이다.

명문기와 중 연호명 기와는 충청도(23), 경기도(14, 서울·인천 2 포함), 전라도(11), 경상도(8), 강원도(8) 지역 순으로 분포하고 있다. 이 가운데 연호명 기와의 빈도가 높은 유적은 익산(6), 청주(5)·부여(5)·충주(중원)(5), 안성(3), 영동(3), 고창·나주, 속초·인제(2), 경주·공주·광주·당진·마산·보령·부산·북한산·사천·서산·연산·영암·옥천·완도·원주·인천·제주·진주·창녕·천안·평택·홍성·화성·용인·오산이 각 1건 순이다.

고려가 대중국 관계에 따라 선택적으로 사용한 연호가 기재된 것은 담양 읍내리 출토 '건덕(乾德) 6년'명, 부여 무량사 출토 기와 '건덕 9년'명, 사천 신진리성 출토 '태평 15년'명 기와 3개이다. 그러나 실제 송의 '건덕' 연호는 967년까지 사용되었으므로 '건덕 9년'은 971년(광종 22)의 '개보 4년'에 해당한다. 결국 968년에 개원한 송 태조의 연호를 그대로 사용한 셈이다. 한편 사천 신진리성의 '태평 15년'은 1035년(정종 1) 요 흥종 '중희

---

16) 이에 대한 정리는 홍영의, 「고려시대 명문(銘文) 기와의 발굴 성과와 과제」『한국중세 사연구』41, 2015 및 이남규, 『高麗時代 歷年代 資料集』, 학연문화사, 2015 참조.
17) 부산 당감동 동평현 치소성의 '大平'은 이미 구산우에 의해 지적되었다. 즉 '대평' 앞과 뒤에는 글자가 없는 것이 확실하므로 연호로 사용될 가능성이 없으며, 이를 근거로 동평현 치소성 수축 연대를 추정하는 것은 부적절 하다고 보았다(구산우, 「고려 一品軍·三品軍에 관한 새로운 자료의 소개와 분석」『역사와 경계』78, 2011, 226~227쪽). 또한 수원 고읍성의 '天下大平'명처럼 '大平'으로도 표기되는 경우도 있으며, 원의 연호인 '大德' 또한 고려·조선 시대 승려의 법계 가운데 하나로 사용되었으므로 향후 연호명 명문기와 판독과정에서 신중할 필요가 있다.

4년'이다. 태평 연호는 1030년(현종 21)까지 사용되었다. 위의 내용을 정리하면 다음의 <표 5>와 같다.

〈표 5〉 고려 기와 명문의 연호 일람

연호명	연도	연호 및 간지연월일	출토지역
고려 준풍 4	963년(광종14)	峻豊四年/峻豊四年壬戌	안성 봉업사/망이산성
송 건덕3	965년(광종16)	乾德三年	평택 비파산성/담양 읍내리유적
송 건덕5	967년(광종18)	乾德五年	안성 봉업사
송 건덕6/송 개보1	968(광종 17)	乾德六年(戊辰)	담양 읍내리
송 건덕9/송 개보4	971년(광종22)	乾德九年辛未四月十	부여 무량사
송 태평흥국5	980년(경종5)	太平興國五年庚辰六月日彌勒藪龍泉房瓦草	익산 미륵사지
송 태평흥국2	977년(경종2)	(太)平興國丁丑六月	진주 수곡 묘엄사지
송 태평흥국7	982년(성종1)	太平興國七年壬午三月日	안성 봉업사/장릉리/영동 계산리/영동읍성/영동 금성사
송 태평흥국8	983년(성종2)	(태평)興國八〇	안성 봉업사
송 태평흥국?	976~983년(경종~성종)	(태평)興國〇〇	충주 김생사지/창녕 술정리사지/창원 삼정자동사지
송 옹희?	984~987년(성종)	雍熙〇〇	안성 봉업사
송 단공?	988~989년(성종)	端拱〇〇	옥천 수미사지
요 통화?	983~1011년(성종~현종)	統和〇〇	영암 용암사지
송 대중상부10	1017년(현종8)	大中祥符十年	천안 봉선홍경사
요 태평2	1022년(현종13)	太平壬戌	고창 용계리요지
요 태평7	1027년(현종18)	太平丁卯四月日	원주 금대리사지(사천왕사)
요 태평8	1028년(현종17)	大平八年戊辰	부여 정림사지
요 태평10이후	1028년(현종19)	太平十〇	당진 안국사지
요 태평15	1035년(정종1)	大平十五連	사천 신진리성
요 태평?	1021~1030년(현종)	大平(?)〇〇	공주 공산성/나주 금성관
요 중희14	1045년(정종11)	重熙十四年乙酉三月	부여 무량사
요 청녕2	1056년(문종10)	青寧丙申〇正月日	부여 무량사
요 함옹-5	1069년(문종23)	(咸)雍五年己酉七月日聖住寺草(?)	보령 성주사
요 함옹-6	1070년(문종24)	咸雍六年聖住寺草(?)	보령 성주사
요 대안5	1089년(선종6)	大安五年/甲子〇〇大匠僧朴(?)	영월 흥녕선원
요 건통3	1103년(숙종8)	建統三年癸未	완도 법화사지
요 천경3	1113년(예종8)	天慶三年	속초리 토성/진전사지/굴산사지
금 정융-2	1157년(의종11)	正豊(隆)二年丁丑	마산 회원현성
금 대정4	1164년(의종18)	〇(大·泰?)定四年	화성 당성
금 대정22	1182년(명종12)	大定二十二年	충주 숭선사지

금 대정26	1186년(명종16)	大定二十六年	용인 유운리(향수사)
금 명창3	1192년(명종22)	明昌三年	충주 미륵사지/중원 오압사지/중원동막폐사지
원 지원6	1269년(원종10)	至元六年己巳始重刱十六年己卯畢	제주 법화사지
원 대덕3	1299년(충렬왕25)	大德三年	양양읍성
원 대덕4	1300년(충렬왕26)	大德四年八月日	오산 가장동
원 지대?	1308~1311년(충렬~충선왕)	○(至)大○年	군산 수심부락사지
원 황경2	1313년(충선왕5)	皇慶癸丑三月	연산 개태사
원 연우원	1314년(충숙왕1)	延祐元年	순창 대모산성
원 지치2	1321년(충숙왕8)	至治二年	익산 사자암지
원 연우4	1317년(충숙왕4)	延祐四年	인천 학림사지/익산 미륵사지
원 연우5	1318년(충숙왕5)	延祐五年	북한산 삼천사지
원 태정?	1324~1328년(충숙왕)	○○泰定(?)廣州○○/二年客舍○○	광주향교
원 태정3	1326년(충숙왕11)	泰定三年 戊	영천 본촌리
원 천력2	1329년(충숙왕16)	天曆二年	청주 수동 목우사지
원 천력3	1330년(충숙왕17)	天曆三年	익산 미륵사지/익산 사자암
원 원통2	1334년(충숙왕 복3)	元統二年	경주 용장사지
원 지정11	1351년충정왕3)	至正十一年	영광 남천리
원 지정12	1352년(공민왕1)	至正十二年	창원 한림사지
원 지정18	1358년(공민왕7)	至正十八年三月十三日	인제 한계사/한계산성
원 지정23	1363년(공민왕12)	至正二十三年	고창 선운사
불명	?	○團(?)三年己卯	나주 신촌리토성
미상	?	○○六年○	안성 죽주산성

이상과 같이 위의 <표 1·2·3·4>의 금속제 기물과 <표 5>의 기와
명문에서 당대의 연호와 다르게 국가의 외교관계에 따라, 또는 칭신의
예를 벗어나 옛 연호를 예외적으로 사용한 예는 모두 21개이다. 이 중
금의 연호가 12개로 대다수를 차지하며, 정우 연간의 연호가 절반(6개)이나
된다. 「흥덕사불발개」(금 황통 10, 1150년, 의종 4)·「대정삼십년명의림사
반자」(금 대정 30, 1190년, 명종 20)·「덕흥사종」(금 명창 7, 1196년, 명종
26)·「경선사금고」(금 승안 6, 1201년, 신종 4)·「천정사종」(금 승안 6, 1201년
신종 4)·「고령사반자」(금 숭경 2, 1214년, 고종 1)·「정우육년명청동반자」
(금 정우 5, 1218년, 고종 5)·「내소사고려동종」(금 정우 10, 1222년, 고종
9)·「취암사반자」(금 정우 10, 1222년, 고종 9)·「월봉사종」(금 정우 11, 1223

년, 고종 10)·「이의사반자」(금 정우 12, 1224년, 고종 11)·「정우십삼년명동
종」(금 정우 13, 1225년, 고종 12) 등이다. 요의 연호는 3개로 「청부대사종」
(요 태평 12, 1032년, 덕종 1)·「사뇌사청동용기」(요 태평 15, 1035년(정종
1)·「사천 신진리성」 출토 기와(요 태평 15, 1035년, 정종 1)이다.

송(북송)의 연호는 3개로 「개보대평흥국명석제사리원호」(송 태평흥국
8, 983년, 성종 2)·담양 읍내리 출토 '건덕 6년(송 개보 1/968년, 광종 17)'명·
부여 무량사 출토 '건덕 9년(송 개보 1/971년, 광종 22)'명 기와이며, 남송은
「정강명사리기」(송 정강 7, 1132년, 인종 10)으로 1개이다.

원의 연호는 3개로 「문성암종(文聖庵鐘)」(원 지치 4, 1324년 충숙 11)
「부석사금동관음주성기(浮石寺金銅觀音鑄成記)」(원 천력 3, 1330년, 충숙 17)
「표훈사향로(表訓寺香爐)」(원 지정 28, 1368년, 공민 17)이다. 이를 <표 6>
으로 정리하면 다음과 같다.

〈표 6〉 고려시기 대중국 사용 연호명과 예외인 연호 일람

연호명	연도	명칭	연호년	간지 연월일	발원주 체	지역	장소	현 지역	소장처
송건덕6 /송개보1	968 광종17	담양 읍내리 출토 기와	乾德六年 (戊辰)	戊辰九月 日				담양 읍내리	호남문화재 연구원
송건덕9 /송개보4	971 광종22	부여 무량사 출토 기와	乾德九年辛 未四月十	辛未四月 十〇日			无量寺	부여 무량사	충남역사문 화원
요태평12 /중희1	1032 덕종1	淸鳧大寺鐘	太平十二年	(壬申)十 二月日	戶長阮賢 等		淸鳧大寺	미상	일본滋賀縣琵 琶湖문화관
요태평15 /요중희4	1035 정종1	思惱寺靑銅用 器	太平十五年	乙(亥)四 月日			思惱寺	충북청주 흥덕구	국립청주박 물관
요태평15 /요중희4	1035 정종1	사천 신진리 성 출토 기와	大平十五連	?				사천 신진리성	경남문화재 연구원
송정강7/ 남송소흥2	1132 인종10	靖康銘舍利器	靖康	壬子				미상	일본개인
금황통10 /금천덕2	1150 의종4	興德寺佛鉢蓋	皇統十年	庚午四月 日			興德寺	충북청주	국립청주박 물관
금대정30 /명창1	1190 명종20	大定三十年銘 義林寺般子	大定三十年	庚戌三月 日	棟梁副戶 長劉張輔	忠州牧	禪義林寺	충북충주 안림동	국립중앙박 물관
금명창7/ 승안1	1196 명종26	德興寺鐘	明昌七年	丙辰四月 日	戶長金仁 鳳		德興寺	미상	일본東京국 립박물관
금승안6 /태화1	1201 신종4	景禪寺金鼓	承安六年	辛酉日	南瞻部洲 高麗國琮		景禪寺	강화군 출토	개인

					司空房侍衛親侍張裕				
금승안6/태화1	1201 신종4	天井寺鐘	承安六年	辛酉二月日			天井寺	미상	일본개인
금승경2/정우2	1214 고종1	高嶺寺飯子	崇慶二年	甲戌三月五日	壽寧宮主房侍衛軍公節		高嶺寺	미상	일본東京국립박물관
금정우5/금흥정2	1218 고종5	貞祐陸年銘青銅飯子	貞祐陸年	戊寅七月日	直長同正韓大育	大興郡	北禪院寺	충남예산군대흥면	호암미술관
금정우10/원광1	1222 고종9	來蘇寺高麗銅鐘	貞祐十年,貞祐壬午	六月日,六月初七日		扶寧	青林寺	전북부안군청림리	내소사
금정우10/원광1	1222 고종9	翠嵓寺飯子	貞祐十年	丙午十月二十八日			翠嵓寺	경기양평군지제면월산리	경기도박물관
금정우11/원광2	1223 고종10	月奉寺鐘	貞祐十一年	癸未四月初三日			月峰寺金堂	황해도 평산신암면월봉리	국립중앙박물관
금정우12/금원광3/정대	1224 고종11	利義寺飯子	貞祐十二年	甲申正月日			利義寺	충북영동군양산면	국립청주박물관
금정우13/금정대2	1225 고종12	貞右(祐)十三年銘銅鐘	貞右(祐)十三年	乙酉正月日	大良坪		觀音寺	미상	일본고려박물관
원지치4/원태정1	1324 충숙11	文聖庵鐘	至治四年	正月十九日		阿(河)陰縣	文聖庵	미상	일본鎌倉市鶴岡八幡宮
원천력3/원지순1	1330 충숙17	浮石寺金銅觀音鑄成記	天曆三年	二月日		瑞州	浮石寺	충남서산부석현부석사	일본對馬島觀音寺
원지정28/명홍무1	1368 공민17	表訓寺香爐	至正二十八年	戊申八月日	判事金元永		表訓寺	강원금강군내강리	표훈사

3. 대중국 '연호'의 사용과 그 배경

고려시대는 매우 독특한 외교관계가 실행되었던 시기이다. 동아시아에서 당이 일원적 중심이 되었던 전 시대와 달리 한족(漢族) 국가인 송이 당시 동북아시아 사회의 중심을 차지하지 못하면서, 북방의 여러 민족들이 왕조를 세워 새로운 패자로 자리 잡았다. 고려는 주로 북방 유목 민족 왕조와 조공·책봉 관계를 맺으면서도 송과의 관계에서는 사대를 자처하며 복수의 왕조에 대해 사대를 표방하는 형식의 다원적 외교관계를 유지하였다.

10세기 초 한반도는 견훤의 후백제·신라·왕건의 고려 등으로 분립되어 있었다가 고려에 의해 통일되었다. 중국 대륙 쪽에서는 당 멸망 후 후량, 후당, 후진, 후한, 후주 등 오대로 분립하다가 최종적으로 송이 들어섰다. 북중국에는 거란의 요가 제국을 건립한 상태였으며, 요동 지역에는 발해가, 만주 일부와 한반도 북부에는 여진이 각각 자리하고 있었다. 2백여 년 뒤 거란이 차지했던 북중국의 패권은 여진족에 의해 세워진 금이 차지하였고, 다시 백여 년이 지난 뒤에는 몽골고원에서 발흥한 몽골제국이 유라시아 대륙에 걸친 대제국을 세웠다. 이 과정에서 여진족의 금이 멸망하였으며, 금에 밀려 강남으로 옮겨갔던 남송 역시 몽골족의 원 제국에 흡수되었다. 그러나 고려는 세계적 대제국을 건설한 몽골제국이 요구하는 질서를 40여 년 동안 저항하면서 새로운 이웃인 몽골과의 위계질서에 합의하는 과정을 거쳤고, 결국 세조구제(世祖舊制)에 의한 '불개토풍(不改土風)'의 원칙에 따라 독자적인 정부조직과 국사 결정권을 대체로 유지하였다. 또한 14세기 후반 건국한 명은 원제국의 옛 질서를 빠르게 무너뜨리며 명 중심의 일원적 국제질서를 만들어냈다.

이처럼 다양한 왕조들과 다원적 국제질서 속에서 고려는 장기간에 걸쳐 독자적인 왕조를 유지해가면서 이들과 외교관계를 맺어왔다. 고려는 존속 기간 내내 오대, 송·거란·여진·남송·몽골(원)·명 등 각기 다른 사회·문화적 전통과 배경을 가진 여러 주변 세력들과 사신을 교환하고 공식·비공식 통로를 통해 인적·물적 교류를 유지하였다.

이 과정에서 고려는 대륙 왕조의 정삭과 연호를 채용하였다. 태조 때의 후당과 후진, 정종(定宗) 때의 후한, 광종 때의 후주와 송, 성종 때의 요, 인종 때의 금, 원종 때의 원, 공민왕 때의 명, 우왕 3년에는 북원 등의 연호를 채용하였다. 이를 정리하면 다음의 <표 7>과 같다.

〈표 7〉『고려사』 연표의 대중국 연호 사용 일람

서력	간지	중국	고려	비고
918	무인	後梁 末帝 貞明 4년 契丹 太祖 神冊 3년	태조 원년	太祖 天授 원년
933	계사	후당 장흥 4년 거란 천현 8년	태조 천수 16년	3월 後唐에서 사신을 보내 왕을 책봉하였으며, 이때부터 후당의 연호를 사용하였다.
938	무술	후진 천복 3년 거란 會同 원년	태조 21년	7월 비로소 後晉의 연호를 사용하였다.
948	무신	후한 隱帝 乾祐 원년 요 천록 2년	정종 3년	9월 비로소 後漢의 연호를 사용하였다.
950	경술	후한 乾祐 3년 요 天祿 4년	광종 원년	光宗 光德 원년 12월 비로소 後周의 연호를 사용하였다.
963	계해	송 건륭 4년 요 응력 13년	광종 14년	광종 14년 12월 비로소 宋의 연호를 사용하였다.
994	갑오	송 순화 5년 거란 통화 12년	성종 13년	2월 비로소 거란의 연호를 사용하였다
1016	병진	송 대중상부 9년 거란 개태 5년	현종 7년	송의 연호를 사용하였다.
1022	임술	송 乾興 원년 거란 태평 2년	현종 13년	4월 거란이 사신을 보내 왕을 책봉하였다. 이때부터 다시 거란의 연호를 사용하였다.
1031	신미	송 천성 9년 거란 興宗 景福 원년	현종 22년	10월 거란에 사신을 보내 압록강의 城과 다리를 없앨 것을 요청했지만 듣지 않자 賀正使를 중지하였으나, <거란의> 태평 연호는 사용하였다
1038	무인	송 寶元 원년 거란 중희 7년	정종 4년	8월 비로소 <거란의> 중희 연호를 사용하였다.
1116	병신	송 정화 6년 요 천경 6년 금 수국 2년	예종 11년	4월 요가 금에게 침략을 당해 正朔을 사용하지 못하였으며, 공문서에는 <요의> 천경 연호를 없애고 다만 甲子만 썼다.
1126	병오	송 欽宗 靖康 원년 금 천회 4년	인종 4년	4월 금에 사신을 보내 表文을 올려 稱臣하였다.
1156	병자	송 소흥 26년 금 正隆 원년	의종 10년	正隆의 '隆'자는 세조의 諱를 피하여 '豊'자로 대신하였다.
1224	갑신	송 가정 17년 금 哀宗 正大 원년 몽고 태조 19년	고종 11년	금이 쇠퇴하였으므로 <금의> 연호를 사용하지 않았다.
1260	경신	송 景定 원년 몽고 世祖 中統 원년	원종 원년	4월 원종이 몽고에서 돌아와 즉위하였다. 8월 비로소 <몽고의> 중통 연호를 사용하였다
1369	기유	대명 홍무 2년	공민왕 18년	5월 <元의> 至正 연호를 정지하고 <명(明)에게> 사신을 보내 表를 받들고 金陵에 가서 登極을 賀禮하고 사은하였다.
1377	정사	대명 홍무 10년	신우 3년	2월 北元이 사신을 보내 <북원의> 宣光 연호를 사용하였다.
1388	무진	대명 홍무 21년		4월 <명의> 홍무 연호를 정지하였다. 6월 다시 홍무 연호를 사용하였다

고려는 918년 건국 초기부터 태조의 '천수',[18] 광종의 '광덕'[19] 등 나름의 연호를 쓴 적도 있지만, 대개는 중국 오대와 송의 연호를 사용했다. 태조 때의 후당과[20] 후진,[21] 정종 때의 후한,[22] 광종 때의 후주와 송의 연호를[23] 사용한 것이 그 예이다.

949년 3월에 즉위한 광종은 즉위 직후에는 중국의 왕조로부터 책봉을 받지 않은 상황이었기 때문에 '광덕'이라는 연호를 독자적으로 사용하였다.[24] 951년 12월부터는 후주 태조의 연호인 '광순(廣順)'을 채택하였고 953년에 책봉을 받았다.[25] 후주 태조는 954년 정월에 광순을 '현덕(顯德)'으로 개원한 뒤[26] 곧이어 죽었고 세종이 그 뒤를 이었다.

---

18) 『고려사』 권1, 태조 원년 6월 병진, "卽位于布政殿 國號高麗 改元天授." 다만 태조가 채택한 天授 연호의 사용례가 금석문 등의 실물에서 확인되지는 않고, 태조 원년에 해당하는 918년을 이미 死去된 唐의 天祐 연호로 기록한 사례가 原州 靈鳳山 興法寺 王師眞空之塔의 명문에서 확인된다. 한편, 한정수는 나말여초 시기 금석문과 고려사에 나타난 기년 기록을 통해 고려 태조의 연호 적용 사례가 보이고 있지 않다는 점, 고려사의 기록과는 달리 오대 및 송의 연호 사용이 구체적이었다는 점, 이미 멸망한 왕조의 연호를 사용하기도 했다는 점, 연호 개원 사실과 관계없이 구 연호를 쓴 경우가 있다는 점, 한 시기에 대한 연호 및 고려 광종의 재위기간 등이 겹치는 경우가 있다고 지적하였다(「고려 초의 국제관계와 연호기년에 대한 재검토」 『역사학보』 208, 2010, 211쪽).

19) 『고려사』 권2, 광종 원년 1월, "建元光德."

20) 『고려사』 권2, 태조 16년 3월, "又賜曆日 自是 除天授年號 行後唐年號."

21) 『고려사』 권2, 태조 21년 7월, "是月 始行後晋年號."

22) 『고려사』 권2, 정종 3년 9월, "始行後漢年號."

23) 『고려사』 권2, 광종 2년 12월, "始行後周年號."

24) 『고려사』 권2, 광종 원년 1월, "建元光德." 950년(광종 1)에 제작된 大安寺 廣慈大師碑에서는 즉위년칭원법을 따라 950년을 "光德二年歲次庚戌"이라 기록하였다. 한편 965년(광종 16)에 제작된 鳳巖寺 靜眞大師圓悟塔碑에도 "聖朝光德二年"이라는 기년이 확인된다.

25) 『고려사』 권2, 광종 2년 12월, "始行後周年號"; 같은 책, 광종 4년 "周遣衛尉卿王演將作少監呂繼贇來 冊王爲特進檢校太保使持節玄菟州都督充大義軍使兼御史大夫高麗國王." 965년(광종 16)에 제작된 鳳巖寺 靜眞大師圓悟塔碑에서도 953년을 '廣順' 3년으로 기록하였다.

26) 『舊五代史』 권113, 周書4 太祖 郭威 紀4 顯德元年1, "顯德 元年春正月丙子朔 帝親祀圜丘禮畢 詣郊宮受賀 車駕還宮 御明德樓 宣制 大赦天下 改廣順四年爲 顯德元年."

『고려사』 등의 정사류의 기록에는 후주의 왕위 변동에 따른 개원 사실에 대한 언급이 없지만, 금석문 자료에서는 이러한 후주의 정세 변화가 신속히 반영되고 있었음을 확인할 수 있다. 「태자사낭공대사비」에서는 954년을 "현덕원년세재갑인(顯德元年歲在甲寅)"으로 기록하였고,[27] 「봉암사정진대사원오탑비」에서는 956년을 "현덕 3년", 「퇴화군대사종」(일본)에서도 "유현덕삼년태세병신(維顯德參秊太歲丙辰)"으로 기록하여 956년을 '현덕 3년'으로 표기하였다. 『고려사』의 내용을 토대로 하면 광종이 후주의 세종으로부터 책봉을 받은 것은 956년(광종 7)의 일이다.[28] 즉, 후주의 왕위에 변동이 생겼으나 광종은 계속해서 후주의 국왕으로부터 책봉을 받았고, 그로 인해 새로운 황제인 세종의 '현덕' 연호를 사용하게 되었을 것으로 보인다.[29]

그러나 960년에 후주가 멸망하고 송이 건국되었지만, 당시 고려와 송은 공식적인 외교관계를 맺지 않은 상황이었기 때문에 준풍 연호를 독자적으로 사용하였을 것이다.[30] 962년 조성된 「청주용두사지의철당간기」(청주)에는 '준풍 4년 임술(峻豊四年壬戌)'과 963년 9월에 조성된 것으로 보이는 「고미현서원종(古弥縣西院鐘)」(일본)에는 '준풍 4년 계해(峻豊四年癸亥)', 안

---

27) 「太子寺 郞空大師碑」(954 제작).

28) 『고려사』 권2, 광종 7년, "周遣將作監薛文遇 來加冊王 爲開府儀同三司檢校太師 仍令百官 衣冠 從華制 前大理評使雙冀 從文遇來."

29) 이미지, 앞의 논문, 2012, 42~43쪽 참조.

30) 令西龍 등은 광종대에 확인되는 峻豊이 송 태조의 연호 '乾隆(960~963)'을 避諱한 것이라 보았고 한정수 역시 이 주장에 동조하였다(한정수, 앞의 논문, 2010, 219쪽). 이와 달리 秋浦秀雄·李丙燾·朴星來는 광종을 책봉한 후주가 멸망한 시점에 광종의 개혁의지가 더하여져서 광종이 새롭게 준풍으로 開元한 것으로 보았다(朴星來, 「高麗初의 曆과 年號」『韓國學報』10, 1978, 150~152쪽). 물론 '준풍'은 송 太祖가 즉위하여 建元한 '建隆'을 고려에서 '준풍'으로 避諱한 것으로 이해될 수 있다. 즉, 고려 태조의 諱인 '建'을 '峻', 太祖의 아버지 세조의 諱인 '隆'을 '豊'으로 피휘한 것으로 판단되지만, 필자는 일단 광종 14년에 송의 연호를 시행했다는 기록과 『고려사』 연표에 유독 이에 대한 피휘 사실의 기록이 남아 있지 않다는 점을 통해 독자적인 연호로 판단하였다.

성 봉업사, 망이산성 출토 기와에는 '준풍 4년 임술'이라는 연호가 기재되어 있다.[31] 962년은 광종 13년에 해당하며, '준풍'이라는 연호는 중국 왕조에서 사용된 적이 없으므로 광종의 연호로 추정된다. 하지만 이 연호 역시 오래 사용되지 않았다. 963년(광종 14)에 송으로부터 책봉을 받으면서 송의 '건덕' 연호를 사용하였다.[32] 평택 비파산성, 담양 읍내리 유적(건덕 3년)과 안성 봉업사(건덕 4년, 5년) 부여 무량사(건덕 9년)이 그 예이다. 그러나 실제 '건덕' 연호는 967년까지 사용되었으므로 부여 무량사 출토 연호명 기와의 '건덕 9년'은 971년(광종 22)의 송 태조의 연호인 '개보 4년'에 해당한다. 결국 968년에 개원한 송 태조의 연호를 그대로 사용한 셈이다.

경종 대에도 역시 송의 연호가 사용되었다. 경종은 975년 5월에 즉위했는데, 그해 10월에 발급된 김부의 고신(告身)을 보면 경종이 아직 송으로부터 책봉을 받기 전이지만, 송 태조의 '개보' 연호가 사용되었다.[33] 즉위한 다음해인 976년과 978년·979년에 경종은 연이어 송의 책봉을 받았는데, 978년(경종 3)에 조성된「보원사법인국사보승탑비(普願寺法印國師寶乘塔碑)」에도 '개보'와 '태평흥국' 등 송의 연호가 사용되었다.[34] 특히「지곡사진관선사비(智谷寺眞觀禪師碑)」의 첫머리는 "대송 고려국 강주 지곡사 고진관선사[오공지탑]비(大宋高麗國康州智谷寺故眞觀禪師[悟空之塔]碑)"로 되어 있다.[35]

---

31)「古弥縣 西院鐘」에는 '峻豊四年壬戌'로 963년 광종 14년,「청주 龍頭寺址의 鐵幢竿」은 '峻豊三年壬戌'과 안성 봉업사, 망이산성 출토 기와에는 '峻豊四年壬戌'로 되어 있어 962년 광종 13년에 해당하지만, 간지가 동일하나 1년의 차이가 있다.

32)『고려사』권2, 광종 14년 12월, "行宋年號 宋遣冊命使時贊來 在海遇風 溺死者九十人 贊獨免 王特厚勞之."

33)『고려사』권2, 경종 즉위년 10월 ; 盧明鎬 외,『韓國古代中世古文書硏究』(上), 서울대학교출판부, 2000, 50쪽.

34) 한국역사연구회 편,『譯註羅末麗初金石文(下)』, 혜안, 1996, 302~317쪽,「普願寺法印國師寶乘塔碑」. 보승탑비에서는 송이 건립되기 이전 시기를 紀年할 때에는 唐 昭帝의 乾寧·古甲子·後梁 末帝의 龍德·後唐 莊宗의 同光·後唐 廢帝의 淸泰·後晋高祖의 天福·後周 世宗의 顯德 등이 사용되었다.

이렇듯 혜종에서 경종 대에 이르는 40여 년 동안 고려가 사용한 연호를 보면, 이 시기 고려는 태조의 반거란 정책을 유지하면서 요를 완전히 배제하였고, 송의 연호를 지속적으로 사용했음을 알 수 있다.[36] <표 5> 고려시기 기와에 기재된 연호 일람에 보이는 익산 미륵사지, 안성 봉업사지, 옥천 수미사지와 「고령옹희2년명관음보살좌상(高靈雍熙二年銘觀音菩薩坐像)」(개인) 등에서 송의 연호인 '태평흥국'·'옹희'·'단공(端拱)' 등이 그러한 예이다.

이후 성종 12년말에 요의 1차 침략을 받고 강화가 성립되자, 성종 13년 (994) 5월에 요의 '통화' 연호를 비로소 행했다.[37] 「사뇌사청동발우」(청주박물관) '통화 15년 정유(統化十五年丁酉, 997)', 영암 용암사지의 기와 '통화' 연호가 그러한 예이다.

요의 연호는 고려 성종이 994년부터 사용해 왔는데, 목종이 즉위하고 새롭게 요의 책봉을 받아 고려의 왕으로의 지위를 인정받으며 양국의 외교관계가 유지되는 속에서 요의 연호가 목종 대에도 꾸준히 사용되어져 왔다. 이 같은 예는1005년(목종 8)에 제작된 「동대탑지석(東臺塔誌石)」(동국대박물관)의 명문을 통해 알 수 있다.

　가-① 통화 23년 을사년 5월 20일에 동쪽의 탑이 무너진 것을 바로잡아
　　　 세웠을 때 사주(寺主) 숭교(嵩敎)와 정성대사(定性大師), 창수화상(昶秀和
　　　 尙)이 이때에 조성하기를 일천불조당(一千佛祖堂) 5칸과 천불당(千佛堂)
　　　 9칸이니 (이를) 도와 이룬 도중(徒衆)[38]

---

35) 한국역사연구회 편, 앞의 책, 1996, 326쪽, 「智谷寺眞觀禪師悟空塔碑」.
36) 이미지, 앞의 논문, 2012, 44쪽 참조.
37) 『고려사』 권3, 성종 13년 2월, "始行契丹統和年號."
38) 「東臺塔誌石」, "維統和二十三年歲次 乙巳五月二十日東邊 塔仾落治建時 寺主嵩敎定性大師昶秀和尙時造一 千仏祖堂五間千仏(以上前面) 堂九間　助成徒衆."

통화 23년은 목종 8년(1005)이다. 이 탑지석의 작성 주체는 요 성종의 연호인 '통화'를 연호로 사용하였다. 요의 연호는 고려 성종이 994년부터 사용해 왔다. 이 탑지석이 안치된 다음해인 1006년에 목종은 체납된 세금을 감면하는 조처를 다음과 같이 내렸다.

> 가-② (목종 9년) 2월. (목종이) 유사에게 일러 말하였다. "근래 가을에 곡식이 익지 않아 백성들이 먹고 살기 힘들다. 통화 21년(1003, 목종 6) 이래로 공부(貢賦)를 납부하지 못한 자들은 모두 (납부의무를) 면제해 주도록 하라. (낱알까지) 모두 먹어 버려 곡식 종자가 없는 자가 있으면 창고를 열어 진휼하여 지급하도록 하라."[39]

연이은 흉년으로 인해 백성들이 굶주리다 못해 종자까지도 먹어버리는 상황에서 목종은 대대적인 구호와 세금 감면을 지시하였다. 그리고 그 기점을 '통화 21년(1003)' 이후로 설정하였다. 아울러 4개월 뒤인 6월에도 감세 조처가 시행되는데, 이때에는 간지를 사용하여 1004년을 '갑진(甲辰)'으로 표현하였다.[40] 이 점은 요의 연호와 간지가 병용되기도 하고 혹은 어느 한 방식이 단독으로 사용되기도 했다는 점을 보여준다. 즉, 목종이 즉위하고 새롭게 요의 책봉을 받아 고려의 왕으로의 지위를 인정받으며, 양국의 외교관계가 유지되는 속에서 요의 연호가 목종대에도 연호로써 꾸준히 사용되어져 왔음을 알 수 있다.[41] 「만일사금동관음보살입상(晩日寺金銅觀音菩薩立像)」(만일사) '통화 20년 경술(1002)'·「법주사철기(法住寺鐵器)」(법주사) '통화 24년 병오(1006)' 등은 이에 해당한다.

---

39) 『고려사』 권80, 식화3 진휼 災免之制 목종 9년 2월, "謂有司曰 比年秋穀不登 百姓艱食 自統和二十一年以來 貢賦未納者 並除之 其有絶食無穀種者 開倉賑給."

40) 『고려사』 권80, 식화3 진휼 災免之制 목종 9년 6월 무술, "震天成殿 肆赦仍減今年稅布之半 幷蠲甲辰年前逋欠租稅."

41) 이미지, 앞의 논문, 2012, 85쪽 참조.

그러나 1010년 강조의 변을 통하여 목종을 폐위하고 즉위한 현종은 요로부터 책봉을 받는 데에는 꽤 오랜 시간이 걸렸다. 요의 성종이 자신이 책봉한 목종이 시해되자 그 책임을 물어 고려를 공격해왔기 때문이다. 요와의 2차 전쟁이 마무리된 이후에도 현종이 요 황제의 친조 요구를 수락하지 않자 3차 전쟁이 일어났다. 요와 외교관계가 악화되자 현종이 7년(1016)에 송 진종의 연호인 '대중상부'를 다시 사용하였다.[42] 천안 봉선 홍경사 출토 기와 '대중상부 10년(1017)'이 유일한 예이다.

또 이듬해인 9년(1018) 10월에도 송의 '천희' 연호를 행하였다.[43] 「임강 사종(臨江寺鐘)」(일본) '천희 3년 용집 기미 12월 ▨▨일(天禧三年龍集己未十二月▨▨日, 1019)'이 유일한 예이다. 아마도 1년이란 짧은 기간이었기 때문에 송의 연호를 적용할 시간적 여유가 많지 않았던 것으로 이해된다. 서긍은 이 상황에 대하여 자세히 언급하고 있다.

> 왕순(王詢)에 이르러 거란[북로(北虜)]을 크게 무찌르고 다시 중국과 통교 하여, 진종의 **대중상부 7년(1014)**에 사신을 파견하여 정삭을 반포해줄 것을 청하니 <중국> 조정에서 이를 따랐다. 마침내 고려에서는 대중상 부라는 연호를 사용하면서 거란의 개태라는 연호를 버렸다.[44]

라고 하여, 요 성종의 연호인 개태를 버리고 현종 5년(1012)에 사용한 송의 대중상부을 다시 사용하였다는 것을 말하고 있다. 실제로도 대중상부 7년 즉, 현종 5년 송 진종의 반삭(頒朔)이 이루어져 대중상부 연호의 적용이 이루어진 것이다. 이것이 현종 7년 12월 대중상부 연호의 복행(復行)이었다. 하지만 서긍이 고려가 요를 대파하여 다시 중국과 통하게 되었다고 서술한

---

42) 『고려사』 권4, 현종 7년 12월, "是歲 復行宋大中祥符年號."
43) 『고려사』 권4, 현종 9년 10월, "行宋天禧年號."
44) 『고려도경』 권40, 同文 정삭.

것은 사실과 다르다. 고려가 요를 대파한 사건은 현종 10년(1019) 강감찬에 의한 귀주대첩의 승전에 해당하기 때문이다. 위에서 언급한 고려가 요 성종의 개태 연호를 중지하고 송의 대중상부 연호를 선택한 것은 자위를 위한 스스로의 결정이었다. 즉 외교적 선택의 면이 강하였던 것이다.[45]

그러나 현종은 다시금 요의 연호 사용을 결정하였다. 요와의 관계 개선 이후 현종에 대한 책봉은 고려가 1020년(현종 11)에 '예전과 같이 번(藩)을 칭하고 공물을 바칠 것[稱藩納貢如故]'[46]을 표방하고 나서도 약 2년 뒤인 1022년 4월에서야 이루어졌다. 1022년(현종 13) 4월에 요가 사신을 보내 현종을 고려국왕에 책봉하면서부터 고려가 다시 요 성종의 연호인 '태평' 을 사용했다.[47] 현재 일본에 있는 「하청부곡북사종(河淸部曲北寺鐘, 1026)」 (일본), 「태평10년명종(太平十年銘鐘, 1030)」과 고창 용계리요지(1022), 원주 금대리사지(사천왕사)(1027), 부여 정림사지(1028), 당진 안국사지(1028년 이후), 사천 신진리성(1035), 공주 공산성·나주 금성관 등에서 보이는 연호 명 가와는 이에 해당한다.

이와 관련하여 현종이 고려가 요와의 외교관계의 안정을 위해 칭신할 것을 천명한 다음 해인 1021년에 새겨진 「흥국사석탑기(興國寺石塔記)」가 주목된다.

보살계제자인 평장사 강감찬은 받들어 우리나라[邦家]가 길이 태평하고 온 세상이 항상 평안하기를 바라며 삼가 조성하니 이 탑을 영원히 충당하 여 공양합니다. 이때는 **천희 5년 5월** 일입니다.[48]

---

45) 한정수, 앞의 논문, 2017, 123쪽 참조.
46) 『고려사』 권4, 현종 11년 2월, "是月 遣李作仁奉表如契丹 請稱藩納貢如故."
47) 『고려사』 권4, 현종 13년 4월, "契丹遣御史大夫上將軍蕭懷禮等來 冊王開府儀同三司守尙書令上柱國高麗國王 食邑一萬戶 食實封一千戶 仍賜車服·儀物 自是 復行契丹年號."
48) 興國寺 石塔의 명문은 다음과 같다. "菩薩戒弟子平章事姜邯贊 奉爲邦家永泰遐邇常安敬造此塔永充供養 時天禧五年五月 日也."

이 석탑기에서는 송 진종의 4번째 연호인 '천희'를 사용하였다. 그러나 고창 용계리 청자요지 출토 기와 "태평임술(太平壬戌)"에서 알 수 있듯이, '태평'은 요 성종의 3번째 연호이며 이에 해당하는 임술년은 1022년(현종 13)이다. 흥국사 석탑기가 작성된 1021년에는 송의 연호를 사용하다가 바로 그 다음해인 1022년에 요의 연호가 기와에 새겨졌다는 점은 1022년 4월에 현종이 요로부터 책봉을 받은 사실과 관련이 있음을 말해준다.[49] 또한 제천 「사자빈신사지석탑(獅子頻迅寺址石塔)」에서도 요의 '태평' 연호 가 기년호로 사용되었다.[50] 그런데 이 명문의 작성 시기가 "태평 2년 4월일(太平二年四月日)"로 기록되어 있다는 점이다. '태평 2년'은 1022년이 고 이 해 4월에 요가 현종을 책봉하였다. 바로 이 달에 작성된 것으로 보이는 「사자빈신사지석탑」의 명문에서 요의 연호가 채택된 것이다.[51]

1021년에 주저(周佇)가 비명 및 서를 찬한 「현화사비(玄化寺碑)」의 경우, 음기는 1022년에 채충순이 찬술하였다. 서문에 사용된 연호는 "황송 천희 5년 세차 중광 작악[신유](皇宋天禧五年(1021)歲次重光作噩[辛酉])"·"통화 14 년 병신(統和十四年丙申, 996년, 거란)"·"순화 4년 모춘(淳化四年暮春, 993년, 송)"·"천희 원년 정사(天禧元年丁巳, 1017년, 송)" 등의 연호가 기재되어 있다. 1016년 이후 고려는 송의 연호를 사용하였기 때문에 현화사비 서문 에서도 1017년과 1021년이 송의 '천희' 연호로 기록되었다. 993년(성종 12)에 요와의 전쟁이 일어나고 요에 칭신하게 되었으므로, 996년(성종 15)을 요의 '통화' 연호로 기록한 것은 당연할 일이다. 다만 993년을 기록하

---

49) 현종이 책봉을 받은 때의 기록에 따르면 이때부터 요의 연호를 다시 시행하기로 결정했음도 확인할 수 있다. 『고려사』 권4, 현종 13년 4월, "契丹遣御史大夫上將軍蕭懷禮等來 冊王開府儀同三司守尙書令上柱國高麗國王 食邑一萬戶 食實封一千戶 仍賜車服儀物 自是復行契丹年號."

50) 제천 獅子頻迅寺址 石塔의 명문은 다음과 같다. "佛弟子高麗國中州月 岳師子頻迅寺棟梁奉爲 代代聖王恒居萬歲天下大平法輪常傳此界他方永消怨敵後愚生婆娑 旣知花藏迷生卽悟正覺 敬造九層石塔一坐永充供養大平二年四月日謹記."

51) 이미지, 앞의 논문, 2012, 130쪽 참조.

면서는 송의 '순화' 연호가 채택되었는데, 그 시기가 모춘, 즉 3월에 해당한다. 요의 공격은 윤10월에 시작되었으므로, 3월 당시 고려가 사용하던 연호는 송의 연호였다. 따라서 현화사비 서문에 나타난 다양한 연호 역시 모두 사건 발생 당시의 기년 방식을 후대에도 그대로 사용하는 고려의 연호 사용 예를 따른 것이며, 아울러 외교관계에 따라 송과 요의 연호가 자주 바꾸었던 고려 내부의 사정이 반영되었음을 알려준다.[52]

이후 덕종이 즉위년(1032) 11월에도 요 성종의 '태평' 연호를 계속 사용하였다.[53] 성종이 이미 죽었음에도 '태평' 연호를 사용하고 있다는 점은 요의 흥종과 고려의 덕종 간에 현종 때부터 지속된 압록강 부교(浮橋) 문제와 억류된 사신 문제 등 정치적 현안이 있었기 때문이었다.[54] 이후 정종(靖宗) 4년(1038) 9월부터 요 흥종의 '중희' 연호를 행하면서[55] 요의 연호 사용은 요가 금에 의해 약화되는 시기까지 지속되었다. 그 예가 「청부대사종」(일본)의 '태평 12년(임신) 12월일'과 「사뇌사청동용기」(국립 청주박물관)의 '태평 15년'이다. 그러나 「청부대사종」과 「사뇌사청동용기」는 1032년(덕종 1) '중희 1년'과 1035년(정종 1) '중희 4년'에 제작되었음에도 불구하고 '태평 12년', '태평 15년'으로 기재되어 있다.

정종은 1038년 4월에 공식적으로 요에 흥종의 연호를 청하였는데, 아래의 사료를 통해 요의 연호를 사용하는 것이 양국의 외교관계에서 어떠한

---

52) 이미지, 앞의 논문, 2012, 137쪽 참조.

53) 『고려사』 권5, 덕종 즉위년 11월 신축, "金行恭回報 "契丹不從所奏." "遂停賀正使 仍用聖宗大平年號";『고려사』 권94, 王可道, "德宗卽位 … 時遣工部郞中柳喬·郞中金行恭 如契丹會葬 且賀卽位 可道奏" "契丹與我通好交贄 然每有幷吞之志 今其主殂 駙馬匹梯 叛據東京 宜乘此時 請毁鴨綠城橋 歸所留我行人 若不聽 可與之絶." 乃附表請之 契丹不從 王命群臣議 徐訥等二十九人曰 "彼旣不從我言 宜勿通好." 皇甫兪義等三十九人駁云 "今若絶交 必貽禍害 不如繼好息民." 王從可道及訥等議 停賀正使 仍用聖宗大平年號.

54) 이미지, 앞의 논문, 2012, 142쪽 참조.『고려사』 권5, 덕종 즉위년 10월 "遣工部郞中柳喬 如契丹會葬 郞中金行恭賀卽位 表請毁鴨綠城橋 歸我被留行人."

55) 『고려사』 권6, 정종 4년 8월 을축삭, "始行契丹重熙年號."

의미를 갖는지를 파악할 수 있다.

나-① (정종 4년 4월) 이달에 상서좌승 김원충을 거란에 보내어 안부를 묻고 사은하는 동시에 연호를 청하게 하였다.[56]

나-② (정종 4년 7월) 갑인. 김원충이 거란으로부터 돌아왔다. … (거란 흥종이) 또 조를 내리기를, "아뢴바 이미 **중희** 연호를 사용하고 있다는 것을 잘 알았다. 그대는 지난번에 조공을 바칠 것을 요청하고 곧이어 조공을 바쳤으며 사신이 돌아갈 때 나의 기년호를 알고 문서에서 두루 사용하여 나를 향한 정성을 보였으니 살피건대 칭찬하여 기쁘게 여기며 잊지 않을 것이다."라고 하였다.[57]

나-③ (정종 4년 8월) 을축 삭. 처음으로 거란의 **중희** 연호를 사용하였다.[58]

요에 사신으로 갔던 김원충이 돌아와 전한 요 황제의 조서에서 고려가 '중희' 연호를 채택하기로 한 사실에 대한 황제의 만족이 잘 드러나 있다. 흥종은 고려가 보낸 표문에서 이미 자신의 연호가 사용된 것을 특별히 언급하며, 이에 대해 별도의 조서를 보내며 큰 기쁨을 표현하였다. 흥종의 연호를 사용함으로써 정종은 우호적인 양국 관계를 회복할 수 있었고, 그 결과 다음해인 1039년에 요는 정종을 책봉하였으며,[59] 이후에도 정종은 여러 차례 요로부터 가책을 받았고 재위 기간 동안 사신왕래가 지속되었다.

---

56) 『고려사』 권6, 정종 4년 4월, "是月 遣尙書左丞金元冲 如契丹 起居·謝恩仍請年號."
57) 『고려사』 권6, 정종 4년 7월 갑인, "金元冲還自契丹 … 又詔曰 省所奏已行 用重熙年號事 具悉 卿昨者 乞修朝貢 尋允奉陳 使介回旋 知我紀年之號 書文稟用 見其向日之誠 省覽歡嘉 不忘于意."
58) 『고려사』 권6, 정종 4년 8월 을축삭, "始行契丹重熙年號."
59) 『고려사』 권6, 정종 5년 4월 신유삭, "契丹遣大理卿韓保衡來 冊王."

부여 무량사 출토 '중희 14년 을유 삼(重熙十四年乙酉三)'과 『대반야바라밀다경(大般若波羅密多經)』권33, 「인기(印記)」(일본 이끼도 安國寺)에는 '중희 15년 4월'이라는 간기가 기재되어 있다.60) 중희 14년과 15년은 1045년(정종 11), 1046년(정종 12)에 해당한다. 이를 통해서도 정종대에 요의 연호가 지속적으로 사용되고 있음을 확인할 수 있다.

문종대 사용된 연호를 통해 요와의 외교 질서가 고려 내부에 어느 정도로 수용되었는지는 다음의 내용을 통해 알 수 있다. 1046년 5월에 정종의 명으로 즉위한 문종은 11월에 제(制)를 내려 현종 때 요와의 전쟁에서 죽은 영웅들의 공을 기렸다.

> (정종 12년 11월) 제하였다. "대중상부 3년(1010, 현종 1)에 거란병이 들어와 도적질하였을 때에 서북면도순검사 양규와 부지휘 김숙흥 등은 떨쳐 일어나 공격하여 연이은 전투에서 적을 물리치다가 화살에 맞은 것이 고슴도치의 털처럼 많아 모두 전사하였다. 또한 대중상부 11년(1018, 현종 9)에 거란병이 난입하였을 때에는 병부상서·지중추원사 강민첨이 원수가 되어 북소리를 울리며 공격하여 반령 들판에서 적들을 크게 패배시키니 …"61)

위의 내용에서 주목되는 점은 문종의 제(制)에서 1010년과 1018년을

---

60) 印記의 내용은 아래와 같다. "菩薩戒弟子南瞻部州高麗國金海府戶長礼院使許 珍壽特爲聖壽天長邦家地久隣兵永息 慈親九族福海增深 次亡考尊靈法界衆生成無上道之願 謹成六百般若經永充供養 重熙十五年丙戌四月日 謹記 看經比丘 疊光 己巳十二月二日 記道林."(李基白編, 『韓國上代古文書資料集成』, 一志社, 1993, 51~52쪽).

61) 『고려사절요』권4, 靖宗 12년 11월, "制曰 大中祥符三年 丹兵入寇 西北面都巡檢使楊規 副指揮金叔興等 挺身奮擊 連戰破敵 矢集如蝟毛 俱沒陣下 又於大中祥符十一年 丹兵闌入 兵部尙書 知中樞院事姜民瞻爲元帥 鼓譟奮擊 大敗於盤嶺之野 丹兵奔北 投戈委甲 行路隘塞 民瞻乃俘斬萬級 追念其功 合行褒獎 可圖形功臣閣 以勸後來";『고려사』권94, 楊規와 같은 책 권94, 姜民瞻에도 같은 내용의 制가 부분적으로 전한다.

송의 연호인 '대중상부'로 표시하였다는 점이다. 그런데 '대중상부 3년'은 1010년(현종 1)에, 11년은 1018년(현종 9)에 해당한다. 당연히 1010년의 해당 연호는 요의 연호인 '통화'로 표시되거나, 혹은 현종이 강감찬에게 내린 고신(告身) 뒤에 써준 글에서처럼 간지를 사용하여 '경술년'으로 표시되었어야 한다.[62] 위 사료처럼 1010년이 송의 연호를 통해 표시된 사례는 별도로 확인되지 않는다. 1018년을 표현한 '대중상부 11년'이라는 문구는 더욱 예외적인 사례이다. 「봉선홍경사(奉先弘慶寺)」 출토 기와 '대중상부 10년(大中祥符十年)'이 이때 사용한 것으로는 유일한 예이다.

1016년에서 1022년 사이에는 송의 연호가 사용되고 있음을 주목할 때, 1018년을 송의 연호로 표시하는 것은 합당하다. 그러나 '대중상부' 연호는 1016년까지만 사용되었다. 송 진종이 1017년 정월에 '대중상부'를 '천희'로 개원하였기 때문이다. 1019년(현종 10)부터 1031년(현종 22)까지에 걸쳐 완성된 「정도사오층석탑조성형지기(淨兜寺五層石塔造成形止記)」에서도 '천희' 연호가 사용되었으며, 1022년 작성된 것으로 보이는 「현화사비」에서는 1017년을 '천희원년'으로[63] 기록하였다. 따라서 문종 즉위년 11월에 내린 제에서는 1010년이나 1018년의 경우이건 '대중상부' 연호가 사용될 이유가 없었다.[64]

그렇다면 문종이 즉위년에 내린 제서에서 '대중상부' 연호가 사용된 것은 특별한 의도가 반영되었음을 분명히 알 수 있다. 이는 고려의 대외관을 엿볼 수 있는 단서가 된다. 즉, 그간 고려 내부에서 통용되어 왔던 연호의 사용 사례도 어긋나며 이미 다른 연호로 개원되어 연호로써의 기능을 상실한 '대중상부' 연호를 굳이 채택한 것도 왕으로서 자신의

---

62) 『고려사절요』 권3, 현종 9년 5월, "以姜邯贊爲西京留守內史侍郎平章事 王手書告身後曰 '庚戌年中 有虜塵 干戈深入漢江濱 當時 不用姜公策 擧國皆爲左衽人.' 世多榮之."

63) "有宋高麗國靈鷲山新創大慈恩玄化寺碑銘 幷序(周佇撰) … 以天禧元年丁巳四月葬于乾陵."

64) 이미지, 앞의 논문, 2012, 173~174쪽 참조.

위상을 강화하기 위한 수단으로 활용하려던 문종의 의도에서 비롯되었다고 보인다. 또 송의 연호가 이미 '천희'로 개원된 시점 이후의 사건을 기록하면서 '대중상부' 연호를 사용하였기 때문에 요가 문제를 제기한다고 해도 고려는 여러 가지로 해명을 제시할 수 있는 여지가 충분했다는 점이다.[65]

결국, 문종 즉위년 제서에서 사용된 '대중상부' 연호는 제서의 내용에 맞게 요의 연호를 사용하지 않으면서도, 사용되지 않던 연호로 시간을 표시하여 요로부터 불필요한 오해를 사지 않고 요와의 관계에서 고려국왕으로서의 지위를 공고히 하고자 했던 문종과 당시 고려 조정의 의도가 복합적으로 반영된 것이라 생각된다.[66]

6년 뒤인 1052년에 문종은 다시 한 번 요의 전쟁 때 공을 세운 사람들을 기리는 제를 내렸다.

다-① (문종 6년 5월) 제하였다. "지난번 **통화 연간**에 거란병이 들어와 도적질하여 나의 선친이신 현종께서 남쪽지역으로 난을 피하셨을 때 상서우복야 박섬이 짐을 지고 호종하여 그 노고가 매우 분명하다. …"[67]

다-② (문종 6년 5월) 제하였다. "… 좌사낭중 하공진이 **통화 28년(1010)**에 거란병사가 침입하였을 때 적을 대하여 자신을 잊고 세치 혀에 의존하여

---

65) 이미지, 앞의 논문, 2012, 175쪽 참조.

66) 당시 고려 조정은 이미 요와의 조공·책봉 관계를 유지한 지 20년이 지난 상황이며, 문종 역시 즉위한 지 약 20여 일 만에 요에 告哀하였다. 아울러 문종 즉위년 7월에 이미 '重熙' 연호를 사용하고 있었다. 『고려사』 권7, 문종 즉위년 7월 무술, "制往者 東賊圍靜邊鎮 別將鄭匡順力戰却敵 沒於陣下 其功甚大 可贈金吾衛郎將." ; 『고려사절요』 권4, 정종 12년 7월, "制 重熙十三年 東賊圍靜邊鎮 別將鄭匡順 力戰却敵 沒於陣下 其功甚大 可贈金吾衛郎將."

67) 『고려사절요』 권4, 문종 6년 5월, "制曰 頃在統和間 丹兵入寇 我皇考顯宗避難于山南 尙書右僕射朴暹 負渡扈從 克著勤勞 比及收復京城 終始一節 以安社稷 可圖形閣上以示來者."

대병을 물리쳤으니 그 초상을 각에 그려둘 만하다."[68]

앞서 인용한 1046년의 제서와 위의 1052년의 제의 내용과 거의 일치함에
도 불구하고, 1052년의 경우에는 일관되게 요의 '통화' 연호를 사용하고
있다. 다만 포상 대상자들은 요와 직접 맞서 싸운 것이 아니라 현종을
수종하거나 요와의 협상을 이끌어내는 등의 공로를 세웠다는 점에서는
차이가 있다. 아울러 두 제서가 반포되는 사이에 있었던 변화 중 연호를
바꿀만한 영향을 준 사건은 역시 1047년에 있었던 요로부터의 책봉과
2년 뒤의 가책이라고 생각된다.[69] 1046년에 문종은 아직 요로부터 인정을
받지 못한 왕이었지만 1052년에는 요로부터 이미 두 번이나 책봉을 받은
뒤였으므로 요의 연호가 사용되었고, 그것이 위의 제서에서도 확인되는
것이라 볼 수 있다.[70]

1051년 8월에 작성된 유방헌 묘지에 사용된 기년 사례 역시 이러한
추정을 뒷받침한다.[71] 유방헌은 1009년(현종 즉위)에 사망하였지만 1051
년에 묘를 개장(開葬)하면서 묘지명이 작성되었다. 그의 묘지에서는 요와
통교하기 이전인 972년과 987년을 각각 송의 연호로 기록하였고[72] 995년
이후는 요의 '통화' 연호와 간지를 사용하였다.

---

68) 『고려사절요』권4, 문종 6년 5월, "制曰 … 左司郞中河拱辰在統和二十八年 契丹兵入侵
   臨敵忘身 掉三寸舌 能却大兵 可圖形閣上. 超授其子則忠 五品職 尋又錄其功 贈尙書工部侍
   郞." ;『고려사』권94, 河拱辰.

69) 『고려사』권7, 문종 원년 9월 임오, "契丹遣福州管內觀察使宋璘來冊王" ; 같은 책 권7,
   문종 3년 정월 乙巳, "契丹遣蕭惟德王守道 來冊王."

70) 이미지, 앞의 논문, 2012, 176~177쪽 참조.

71) 金龍善, 『高麗墓誌銘集成』(제4판), 翰林大學校出版部, 2006 및 한국금석문 종합영상정
   보시스템 참조.

72) 972년은 "乾元十年壬申", 987년은 "雍熙四年丁亥"로 되어 있다. 옹희는 송 太宗의
   연호이고 건원은 송 太祖의 乾德과 통용되는 연호이다. 그런데 이 건원[건덕] 연호는
   963년 11월에 開寶로 改元되었다. 칠장사 혜소국사비에서 972년을 가리키며 開寶
   연호가 사용되었으므로 송의 개원 사실이 고려에 전달되었다고 추정된다.

1060년(문종 14)에 제작된「칠장사혜소국사비명(七長寺慧炤國師碑銘)」도73) 내용상 972년(광종 23)에서 1060년(문종 14)에 이르는 긴 시기를 담고 있다. 여기에 사용된 연호를 보면, 앞의「정도사석탑형지기(淨兜寺石塔形止記)」에서 송의 연호인 '천희'의 사용 예처럼 당시의 외교 질서가 연호 선택에 영향을 주고 있음이 확인된다.

혜소국사비에서는 972년(광종 23)을 송의 '개보' 연호로 기록하였지만, 요와의 외교관계가 공식적으로 성립된 994년 이후의 사실을 언급할 때에는 996년(성종 15)은 '통화 14년', 1044년(정종 10)은 '중희 갑신' 등 요의 연호로 기록되었다. 999년(목종 2)과 1054년(문종 8)은 각각 '기해세(己亥歲)'와 '갑오년(甲午年)'으로 표기하는 등 간지를 사용하였다. 비명 작성 연대인 1060년은 요의 '청녕 6사(淸寧 6祀)'로 기록하였다는 점에서도 그러하다.74) 또 부여 무량사지 출토 기와 '청녕 병신○ 정월일(靑寧丙申○正月日)'은 요 도종의 연호인 청녕 2년으로, 1056년(문종 10)에, 보령 성주사지 출토 기와 '[함]옹 5년 기유 7월일 성주사초([咸]雍五年己酉七月日聖住寺草)'는 요 도종의 연호인 함옹 5년으로, 1069년(문종 23)에 제작된 것이다. 또한 영월 흥녕선원터 기와 '대안 5년'은 요 도종의 연호로 1089년(선종 6)에 해당한다. 1075년 가을에 요는 동경을 통해 도종의 연호인 '함옹'을 '태강'으로 개원한 사실을 알려왔다.75) <표 3>의「청동향로(靑銅香爐)」(국립중앙박물관)의 '대강 3년'과「봉업사향완(奉業寺香垸)」(개인)의 '대강 7년(大康七年)'은 1077년(문종 31), 1081년(문종 35)에 해당한다.

그럼에도 불구하고 당시 묘지명에는 요 연호와 송 연호가 함께 사용된 경우도 보인다. 예컨대, 1077년에 만들어진 이정의 묘지에서는 송 신종의

---

73) 남동신,「七長寺慧炤國師碑銘을 통해 본 鼎賢의 生涯와 思想」『한국중세사연구』30, 2011 ;「安城 七長寺慧炤國師碑銘」『한국중세사연구』30, 2011.

74) 이미지, 앞의 논문, 2012, 178쪽 참조.

75)『고려사』권9, 문종 29년 7월 을축, "遼東京兵馬都部署 牒告改咸雍十一年爲大康元年."

'희녕(熙寧)' 연호가 등장한다.[76] 이정의 사망을 기록하면서는 "이 해는 태송 희녕 10년 용집 정사이다(是歲太宋熙寧十年(1077)龍集丁巳也)"라고 하였는데, 또 묘지 말미에 묘지명의 작성 연대를 기록하면서는 "태강 3년 정사(時大康三年(1077)丁巳)"라고 하여 요의 연호가 사용되었다.

실제로 선종 9년(1092) 무렵에는 송에 보낸 표문(表文)에 요의 '대안' 연호를 잘못 적어 넣는 바람에 송에서 문서의 접수를 거절하는 일도 있었다.[77] 1095년(헌종 원) 요의 '수창' 연호를 사용하였으나,[78] 1101년(숙종 6)에 만들어진 왕후(대각국사) 묘지명은 새긴 시기를 '이 해는 대송 건중정국 원년 대요 건통 원년 11월 4일(是歲(大宋建中靖國元年大遼乾統元年)十一月四日)'이라[79] 하여 송 연호와 요 연호를 동시에 사용했다.

이러한 사례들은 고려가 요를 사대해 책봉을 받으면서도 송과의 교류를

---

76) 金龍善, 앞의 책, 2006 및 한국금석문 종합영상정보시스템 참조.

77) 『고려사』 권10, 선종 9년 8월 乙丑 ; 『고려사』 권97, 金黃元 李軌, "李軌 字公濟 初名載 淸州人 … 宣宗時 爲少府注簿 承勅校入宋表 誤書遼大安年號 宋還其表 坐免官."

78) 『고려사』 권10, 헌종 원년 7월 무술, "行遼壽昌年號." 그러나 『고려사』 연표에는 '壽隆'으로, 徐兢은 『高麗圖經』에서 '壽昌'으로 기록하였다. 壽隆 연호는 遼 道宗이 1095년 정월에 정하여 사용한 것이다(『遼史』 권26, "道宗壽隆元年正月己亥."). 이서로 다른 연호 표기 방식의 차이를 단순히 避諱만으로는 설명되지 않는다. 그러나 『요사』에서도 이 부분에 대해 논란이 있다. '隆'자가 요 성종의 휘인 '隆緖'와 겹치기 때문이다. 때문에 '壽隆' 연호에 대해 잘못 제정된 것으로 보는 듯하다. 이처럼 차이를 보이고 있는 데에는 '隆'의 경우 세조의 휘와 같아 '昌'으로 기록한 것으로 여겨지는데, 이와 같은 유형으로 의종 10년 10월의 기사를 참조할 수 있다. 즉, 正隆의 금 연호에 대해 '避世祖諱以豊字代隆字行之'라 하고 있기 때문이다(『고려사』 권18, 의종 10년 윤10월). 고려 관인층과 승려들의 묘지명 등에서는 壽隆연호를 찾아보기 어려우며, '壽昌'으로 기년하고 있다. 최계방 墓誌銘에서의 '壽昌元年乙亥' (김용선 편, 『高麗墓誌銘集成』(제5판), 한림대학교출판부, 2012, 41쪽)와 任懿墓誌銘에서의 '壽昌二年'이 보이며(같은 책, 44쪽), 鄭穆墓誌銘에서도 '壽昌三年丁丑'(같은 책, 2012, 36쪽)이라 하고 있어 『고려사』 연표 기록과 차이를 보이고 있다. 다만 尹誧墓誌銘의 경우 요의 연호로 기년하면서도 '肅宗壽昌五年己卯'(같은 책, 2012, 143쪽)와 같이 국왕 묘호를 앞에 쓰고 있어 다른 묘지명과 다른 기년방식이다(한정수, 앞의 논문, 2017, 118쪽 참조).

79) 「興王寺大覺國師墓誌銘」.

활발하게 유지하고 문종 이후 송과도 통교하여 외교관계를 회복한 사실과 관련이 깊다. 그런데 이때 고려가 요의 연호를 사용하지 않는 이유는 금의 성장과 요의 쇠퇴 때문이었다. 다음의 내용은 고려를 둘러싼 국제관계와 연호 사용이 어떠한 상관관계에 있었는지를 잘 보여준다.

라-① 예종 9년 10월에 생여진 완안 아골타가 거병해 요에 반기를 들었고, 예종 10년 정월에 아골타가 황제를 칭하고 국호를 금이라 했다. 예종 11년 3월에는 요의 동경 발해인이 작란(作亂)해 황제를 칭하고 국호를 '대원(大元)'이라 했다.[80]

라-② (예종 11년 4월) 신미. 중서문하성에서 아뢰기를, "요는 여진의 침략을 받아 위태로운 형세가 있으니 (요로부터) 받은 정삭을 행할 수 없습니다. 이제부터는 공·사의 서류[文字]에서 마땅히 (요의) **천경(天慶)** 연호를 제거하고 다만 갑자를 사용하여야 할 것입니다."라고 하니 따랐다.[81]

1114년(예종 9) 10월 무렵에 요가 금에 의해 공격을 당하는 등 쇠퇴의 길로 가면서 1116년(예종 11) 중서문하성에서 모든 문서에 요의 연호를 사용하지 말 것과 '갑자년(甲子年)'으로만 사용할 것을 요청하자, 그대로 따르고 있다. 중서문하성의 건의 이전까지 고려는 공·사 문서에서 시간을 기록하는 수단으로 요의 정삭과 연호를 사용하고 있었음을 알 수 있다.

그러나 1116년(예종 11)에 요의 연호를 중지한 조치가 곧바로 관철되지 않은 경우도 더러 보인다. 임의 묘지명은 그가 '함옹 6년'(1070, 문종 24)에 어시(御試)에 급제할 때부터 예종 '천경 7년(天慶七年)'(예종 12) 졸(卒)할

---

80) 『고려사』 권14, 예종 10년 1월 ; 같은 책 권14, 예종 11년 3월 임인.
81) 『고려사』 권14, 예종 11년 4월 신미, "中書門下奏 遼爲女眞所侵 有危亡之勢 所稟正朔 不可行 自今公私文字 宜除去天慶年號 但用甲子 從之."

때까지 '함옹', '태강', '태안', '수창', '건통', '천경' 등의 요 연호가 사용되었으며, 요의 연호를 정지한 다음해에도 그대로 요 연호가 표기되었다. 이 시기의 연호 사례에 이렇게 다양한 변용이 확인되는 것은 1116년 조정의 결정이 곧바로 수용되지 않았던 때문으로 보인다.

1125년(인종 3)에 만들어진 「영통사 대각국사비」에서는 주로 간지와 고려 왕력으로 기년하였지만, 요와의 조공·책봉 관계가 수행되고 있었던 1086년(선종 3)을 송 '원우' 원년으로 기록하기도 했다.[82] 1132년(인종 10)에 제작된 「선봉사 대각국사비」에서는 고갑자와 간지가 사용되었고, 요가 멸망한 이후인 1129년은 송의 '건염' 연호와 금의 '천회' 연호 및 간지로 기년하였다.[83] 그런데 1101년은 요의 '건통' 원년으로 기록하여[84] 이전의 기년 방식이 여전히 준수되는 모습도 확인된다. 같은 해에 만들어진 서균의 묘지명은[85] 992년(성종 11)에서 1132년에 이르는 기간에 걸친 내용을 전하는데, 요와 통교하기 전 시기를 언급하는 부분에서는 송의 '순화' 연호가 사용되었고, 제작 연도는 제작 당시의 외교 질서를 따라[86] 금의 '천회' 연호로 기년하였다. 요가 멸망하고 20여 년이 지난 1144년(인종 22)에 만들어진 허재의 묘지명에서는 간지가 단독 기년호로 사용되었는데, 내용 중에 송과 요를 언급하면서 "대요(大遼)"라는 지칭 표현을 사용하였다.[87]

---

82) 영통사 대각국사비의 비문은 한국금석문 종합영상정보시스템 참조.
83) 원문은 "大宋建炎元年大金天會七年己酉"인데, 建炎 원년은 1127년이고 天會 7년은 1129년이다. 병기된 간지 기유년이 1129년이므로 건염 기년에 오류가 있었던 것이 아닌가 추측된다.
84) 「僊鳳寺 大覺國師碑」는 한국금석문 종합영상정보시스템 참조.
85) 金龍善, 앞의 책, 2006 및 한국금석문 종합영상정보시스템 참조.
86) 고려는 1126년에 3월 백관의 회의를 거쳐 금에 事大를 결정하고 4월에 금에 사신을 보내 稱臣할 것을 전하였다. 『고려사』 권15, 인종 4년 3월 신묘, "召百官 議事金可否 皆言不可 獨李資謙拓俊京曰 金昔爲小國事遼及我 今旣暴興滅遼與宋 政修兵强 日以强大 又與我境壤相接 勢不得不事 且以小事大 先王之道 宜先遣使聘問 從之." ; 같은 책 권15, 인종 4년 4월 정미, "遣鄭應文李侯如金 稱臣上表 … 金回詔."

요의 '천경' 연호 사용 중지를 결정한 1116년 이후에 제작된 금석문에서는 주로 간지를 단독 기년호로 채택하는 경향이 주를 이루지만, 요와의 조공·책봉 관계가 이행되었던 시기를 기록할 때에는 여전히 요의 연호가 기재되었다. 이는 요와의 외교 질서가 유지되는 동안에는 요의 연호가 기본 기년호로 사용되었다는 점을 말해준다. 다만 1071년에 송과의 통교가 재개된 이후에는 문서의 내용 혹은 기록 주체의 의지에 따라 요나라 연호 외에 송의 연호가 사용되는 사례가 있어 왔는데, 송 연호 사용 경향은 요의 쇠퇴와 맞물려 사용되었다.[88]

이처럼 예종 13년까지도 요 연호를 표기한 사례가 더러 발견되지만, 예종 14년 이후는 요의 연호 표기가 사라진다. 인종이 즉위하면서도 간지 위주로 연대를 표기하는 방식이 이어졌다. 정변과 외교정책의 변화로 인해 갈등이 생겨났기 때문이다. 정변의 와중에 이자겸과 척준경 정권이 인종 4년 4월에 금에 사신 보내 칭신했다.[89] 이자겸은 곧 몰락했지만 고려의 사금(事金)정책은 이어져 4년 9월에 온 금 사신이 10월에 돌아가려 하자, 왕이 대명궁에서 금사를 전별하며 회표(回表)하고 사례했는데 한결같이 사요(事遼) 구제(舊制)에 의거했다.[90]

이 무렵 송은 정강 원년(1126) 수도 개봉이 함락되었고, 휘종과 흠종은 포로가 되는 정강의 변이 있었다. 이듬해(1127) 휘종의 9째 아들 강왕이 남경에서 등극하면서 남송 정권이 성립되었다. 남송 정권은 금의 남진에 밀려 임안으로 도읍을 옮겨가며 금군에 대항하는 한편, 고려에 원조를 요청하기 위하여 상당히 밀접하게 접촉을 시도하였다. 그러나 고려가 이를 완곡하게 거절하자 고려와 남송 조정 사이의 외교관계는 곧바로

---

87) 金龍善, 앞의 책, 2006 및 한국금석문 종합영상정보시스템 참조.
88) 이미지, 앞의 논문, 2012, 226~227쪽 참조.
89) 『고려사』 권15, 인종 4년 4월 정미.
90) 『고려사』 권15, 인종 4년 10월 무술.

중단되기에 이르렀다. 이후 양국의 공식적인 외교는 거의 단절되었다. 공식 사신 왕래는 1130년대 초까지 불과 5년 남짓밖에 유지되지 않았으며, 이러한 상태는 남송이 멸망하는 1279년까지 한 세기 이상 지속되었다. 이 기간 동안 남송과의 외교관계를 회복하기 위해 1127년(인종 5) 5월에 김부식 등이 송 명주에 이르렀지만 금병(金兵)의 변경(汴京) 침입으로 길이 막혀 되돌아 왔으며,[91] 이듬해 3월에는 송의 강수 채세장이 남송 고종 즉위 조(詔)를 가지고 오기도 했다.[92] 그러나 인종 6년 6월에 송(남송)이 사신을 보내 가도(假道)를 요청하자, 고려 임금은 답신에서 "여진이 아국(我國)에 신칭(臣稱)해 왔으나 강성해져 근래 대요를 함몰(陷沒)하고 상국(上國)을 침범해 이로부터 병위(兵威)가 더욱 커져 소국(小國)으로 하여금 칭신하게 해 예수(禮數)를 한결같이 사요(事遼) 구제(舊制)에 의거하도록 하니, 소국이 부득이 따랐다며 가도를 완곡하게 거절"하기도 했다.[93]

고려는 1126년(인종 4, 금 천회 4) 4월에 금나라에 사신을 보내 칭신을 청하였다.[94] 그러나 금의 공식적인 책봉을 받기까지 양국 사이에 상당기간 긴장상태가 지속되면서 금의 연호는 고려에서 곧바로 통용되지 못했다. 고려를 사대해 오던 여진족을 고려가 사대하는 데에 대한 반감, 서경 천도 운동, 금국 정벌 운동 등이 작용한 때문이었다.[95] 고려는 이후에도 금 연호를 잘 사용하지 않았고 대신에 고려 왕력이나 간지나 송 연호가 쓰이는 경향이 보인다. 그 예가 「정강명사리기」(일본 개인) '송 정강 7년(남

---

91)『고려사』 권15, 인종 5년 5월, "金富軾等至宋明州 會金兵入汴 道梗不得入 癸卯 乃還."
92)『고려사』 권15, 인종 6년 3월 정해, "宋綱首蔡世章賚高宗卽位詔來."
93)『고려사』 권15, 인종 6년 6월, "王以書答曰 … 嘗臣屬我國 或隨我使人 入貢上國 此後漸致強盛 常爲邊患 近者陷沒大遼 侵犯上國 自此兵威益大 抑令小國稱臣 仍約定禮數 一依事遼舊例 小國不得已而從之 然其俗好戰 常疾我樂率上國 近於疆界 修葺城壘 屯集兵士 意欲侵陵小國 如聞使節假道入境 必猜疑生事 非特如此 必以報聘爲名 假道小邦遣使入朝 則我將何辭以拒 苟知海道之便 則小國之保全難矣 而淮南兩浙 緣海之地 得不慮其窺覘耶."
94)『고려사』 권15, 인종 4년 4월.
95) 김창현, 「고려시대 묘지명에 보이는 연대와 호칭 표기방식」『한국사학보』48, 2012.

송 소흥 2)'으로 1132년(인종 10)에 해당한다.

그러나 인종 19, 20년으로 가면서 사정이 달라져 금 연호의 사용이 확산되었다. 이는 인종 19년 정월에 금이 '황통'으로 개원한 것을 고려에 알린 사실,96) 인종 20년 정월에 금이 사신을 보내 왕을 고려국왕에 책(冊)하니 왕이 선경전에서 수조(受詔)하고,97) 7월 신축일에 금 연호를 비로소 행하면서 유사에게 대묘(大廟) 및 12릉(陵)에 고하게98) 한 사실이 그 예이다.

1142년(인종 20, 금 황통 2) 5월에는 금에서 고려에 사신을 보내 공식적인 책봉이 이루어졌다. 그런 까닭에 「흥덕사불발개」(국립청주박물관) '황통 10년 경오 4월일'의 '황통 10년'은 1150년(의종 4)에 제작되어 '천덕 2년'이란 연호로 사용해야 함에도 불구하고 '황통' 연호로 기재된 것으로 보인다. 금의 황통 연호는 1148년(의종 2)까지만 사용되었다.

<표 7>의 『고려사』 연표 연호 사용 일람에 의하면, 1224년(고종 11, 금 정대 1)부터 금나라의 연호를 쓰지 않았다고 하므로,99) 고려는 1142년(인종 20)부터 1223년(고종 10) 무렵까지 약 80여 년간 지속적으로 금의 책봉을 받고 금의 정삭을 채용하였다. 1209년(희종 5)에 금의 '대안' 연호가 처음 사용되었다.100) 이후 금의 연호인 '황통'·'정융(풍)'·'대정'·'명창'·'승안'·'태화'·'숭경'·'정우' 등의 순으로 사용되었다.

그러나 금의 수도인 중도[北京]가 몽골에 의해 함락된 것은 1211년(금 대안 3, 몽골 태조 6, 희종 7)인데, 1214년(고종 원)에 중도(연경)에서 변경[開封]으로 천도하면서 쇠퇴하였다. 1216년(고종 3)에 금의 선무(宣撫)인 포선만노(蒲鮮萬奴)가 요동에 웅거해 천왕(天王)을 칭하며 대진국(大眞國)을 세우고 거란 유종이 고려를 침략하자, 몽골군과 동진군(東眞軍)이 거란을 토벌

---

96) 『고려사』 권17, 인종 19년 정월 기사, "金報皇帝受尊號 改元皇統."
97) 『고려사』 권17, 인종 20년 5월 무오, "王受詔于宣慶殿 詔曰."
98) 『고려사』 권17, 인종 20년 7월 신축, "始行金皇統年號 命有司告于太廟及十二陵."
99) 『고려사』 권87, 연표 고종 11년, "以金國衰微 不用年號."
100) 『고려사』 권21, 희종 5년 2월 신묘, "行金國大安年號."

한다며 고려로 진입하면서 고려와 금의 연결은 차단된다. 그 결과 고려의 금 연호 사용은 혼란에 빠진다. 이 과정에서 「정우육년명청동반자」 '정우 5(흥정 2)', 「내소사고려동종」 '정우 10(원광 1)', 「취암사반자」 '정우 10(원광 1)', 「월봉사종」 '정우 11(원광 2)', 「이의사반자」 '정우 12(원광 3, 정대 1)', 「정우13년명동종」 '정우 13(정대 2)' 등의 연호가 계속 사용된 것을 볼 수 있다. 이후 금은 1234년(몽골 태종 6, 고종 21)까지 명맥을 유지했다.

이 시기 고려와 몽골 사이에서도 긴장이 계속되었는데, 1218년(몽골 태조 13, 고종 5)에 몽골군이 고려를 침범하여 1219년(태조 14, 고종 6)에 양국은 형제 관계를 맺었다. 고려는 1231년 몽골의 제1차 침입으로부터 약 30년간 항쟁하다가, 1260년(몽골 중통 1, 고려 원종 1)부터 몽골의 정삭을 채용하였다.[101] 원종은 1260년 4월(음력)에 등극하고, 세조 쿠빌라이(Khubilai khan, 1215~1294)에게 정식으로 신속을 표하였다. 고려는 원 제국질서에 편입되었지만, 소위 육사의 이행을 전제로 국가적인 독자성을 인정받고 고려의 자체의 문화적 정체성을 보존할 수 있었다. 또 1271년 11월 원종의 세자가 쿠빌라이의 딸과 결혼함으로써, 고려는 몽골의 속국임과 동시에 부마국이 되었다. 특히 1281년 3월(음력), 충렬왕은 '부마고려국왕(駙馬高麗國王)'으로 책봉되었는데,[102] 이로써 고려의 국왕은 독자성을 지닌 몽골제국의 황실 일원인 황제의 부마라는 지위를 동시에 지니게 되었다. 공식적으로 고려가 몽골의 피책봉국이 된 것은 1260년부터라고 할 수 있지만, 고려가 몽골의 역서를 받은 기록은 원종 3년(1262)부터 나온다.

이때부터 원의 '중통' 연호를 사용하면서 1369년(공민왕 18) '지정' 연호를 끝으로 중지되었다.[103] 이때 사용된 연호가 지원(세조)·원정·대덕·지대

---

101) 『고려사』 권25, 원종 원년 8월 임자, "朕獲纘丕圖 思復古治 已於今年五月十九日 立號爲中統元年 使還 宜播告之 俾知朕意."

102) 『고려사』 권29, 충렬왕 9년 6월 계미.

· 연우· 지치· 태정· 천력· 지원(순제)· 지정이다. 1356년(공민왕 5) 공민왕의 반원개혁으로 '지정' 연호를 정지하였으며,[104] 이후 고려는 공민왕 19년 (1370, 명 홍무 3)에 명의 홍무제로부터 책봉을 받고 이해 7월부터 '홍무' 연호(1368~1398)를 사용하였다.[105] 이때 명은 대통력을 적용하여 만든 대통역서 1부를 고려에 반사하였다.[106]

고려는 1377년(우왕 3, 북원 선광 9)에 일시적으로 북원의 '선광' 연호 (1369~1377)를 사용하기도 하였다.[107] 이때에도 이인임의 북원의 연호 사용에 대해 '선왕께서 명을 섬기는 것으로 국책을 정하게 되었다[선왕결 책신사주씨(先王決策臣事朱氏)]'며, 공민왕의 뜻을 따르지 않은 것에 불만을 제기하기도 했다.[108] 이듬해(우왕 4, 명 홍무 11)부터 다시 홍무 연호를 사용하였다.[109] 1388년(우왕 14, 명 홍무 21) 3월에 명의 철령위 설치 문제 로 홍무 연호의 사용을 중지하였다가,[110] 이성계의 위화도 회군으로 우왕 을 폐하고 이해 6월부터 홍무 연호를 다시 사용하였다.[111]

이상에서 살펴본 것처럼, 고려는 500여 년간 대륙의 여러 왕조와 조공책 봉 관계를 맺고, 책봉국의 정삭과 연호를 채용하였다. 그러나 이 과정에서 고려는 국제관계의 변화에 따라 주변국의 연호를 때로는 선택적으로, 일방적으로 적용되면서 사용하였음을 알 수 있다.

---

103)『고려사』권41, 공민왕 18년 5월 신축, "停至正年號."
104)『고려사』권39, 공민왕 5년 6월 을해, "停至正年號 教曰."
105)『고려사』권42, 공민왕 19년 7월 을미, "始行洪武年號."
106)『고려사』권42, 공민왕 19년 5월 갑인.
107)『고려사』권133, 우왕 3년 2월, "始行北元宣光年號."
108)『고려사』권125, 池奫.
109)『고려사』권133, 우왕 4년 9월, "復行洪武年號."
110)『고려사』권137, 우왕 14년 4월 을축, "停洪武年號 令國人復胡服."
111)『고려사』권137, 우왕 14년 6월 병오, "復行洪武年號 襲大明衣冠 禁胡服."

4. 맺음말

고려는 500여 년간 대륙의 여러 왕조와 조공책봉 관계를 맺고, 책봉국의 정삭과 연호를 채용하였다. 그러나 이 과정에서 고려는 국제관계의 변화에 따라 주변국의 연호를 때로는 선택적으로, 일방적으로 적용되면서 사용하였다. 고려가 상대했던 다양한 중국 왕조들은 각각 구성 종족이나 성격 등에서 큰 차이를 보였다. 한족 중심의 송이나 명이 주도했던 시기는 오히려 매우 짧았고, 거란·여진·몽골 등 북방민족이 중심이 되었던 왕조가 패권을 장악한 기간이 훨씬 길었다. 또한 어느 왕조가 주도했는가에 따라 국제질서의 성격도 큰 폭의 차이를 드러냈다.

이 과정에서 고려는 당시 중국 왕조들의 세력 변화 정세에 따라 여러 왕조의 연호를 사용했음을 알 수 있다. 대체로 918~923년까지는 후량, 924~936년까지는 후당, 937~946년까지는 후진, 949~950(1)년까지는 '광덕'이라는 독자적 연호, 952~959년까지는 후주, 960~963년까지는 '준풍'이라는 다시 독자적 연호, 964~994년까지는 송의 연호를 사용했음을 알 수 있다. 995년부터는 요의 연호를 사용한 것으로 나타나는데, 이는 993년 10월 제1차 고려-요 전쟁의 영향으로 판단된다.

1017~1021년 무렵에는 송의 연호가 1022년부터는 요의 연호가 각각 다시 나타나고 있다. 이는 고려가 1013년에 요와 국교를 단절하고 이듬해 다시 송과 교류하게 되고, 이에 1018년에 시작된 제3차 고려-요의 전쟁에서 1019년에 고려가 승리하고 국교 정상화의 조건으로 요와 다시 교류하게 된 역사적 사건들과도 관련이 있는 것으로 추정된다. 이후 1076년까지는 요의 연호만 나타난다. 1078~1118년까지는 요와 송의 연호 모두 나타나고 있으며, 이후부터 요가 망한 1125년까지는 송의 연호만이 나타나고 있다. 그 이후에는 금(1115~1234)이 망한 1234년 무렵까지는 송(남송)과 금의 연호가 혼용되어 나타나고 있다. 원의 연호는 1237년에 처음으로 나타나기

시작하여 원이 멸망한 1368년까지 나타나고 있다. 이후에는 1375년에 원의 '선광'이라는 연호가 잠시 쓰인 경우를 제외하고는 조선이 개국한 1392년까지는 명의 연호가 사용되고 있음을 알 수 있다.

이 과정에서 연호명이 기재된 금속기물과 기와에서 보이는 특징은 다음과 같다. 명문이 기재된 금속기물과 기와에는 연호와 간지가 들어가 있는 경우, 간지(기년)만 들어간 경우, 무편년 미상인 경우 등으로 나누어진다. 연호 없이 간지만으로 표시한 것은 중국 왕조의 연호를 사용하지 않는 특정 시기의 것인 경우가 많다.

특히 『고려사』의 기록과는 달리 금속유물과 기와명에는 오대와 송의 연호 사용이 구체적인 경우, 이미 멸망한 왕조의 연호를 사용한 경우, 연호 개원 사실과 관계없이 옛 연호를 쓰는 경우, 한 시기에 대한 연호 및 재위 기년 등이 겹치는 경우 등이 보인다. 금속 유물과 기와명 가운데 당대의 연호와 다르게 사용된 사례는 모두 21개이다. 이 중 금의 연호가 12개로 가장 많은 수를 차지한다.

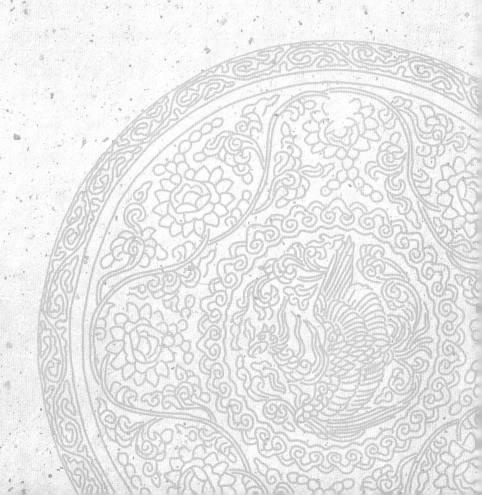

제3부

국가의례의 다원성

제1장

고려시기 지고신(至高神)의 존재와 신격(神格)의 다층위성

박 종 기

1. 머리말

고려역사 속에서 다원사회의 여러 모습을 새롭게 밝혀내고, 구체적인 운영원리를 고찰하는 일은 고려 다원사회론이 추구하여야 할 중요한 과제이다. 그 방법은 이론과 실증의 두 측면에서 접근하는 일이다.

먼저, 이론의 측면에서 정치학·사회학·인류학 등 다 학제 차원에서 다원사회 이론에 관해 이미 많은 연구가 축적되어 있다.[1] 이러한 여러 분야의 이론을 수용해 고려의 역사 조건과 환경에 맞게 이론을 재구성해 발전시키는 일이다.

다음, 실증의 측면에서 관련 자료의 발굴을 통해 고려역사에서 다원사회의 모습을 입증할 새로운 사실을 밝혀내는 노력이 필요하다. 이런 노력은 단시일에 이루어질 수 없지만, 다원사회론이 좀 더 뿌리를 내리기 위해 필요한 일이다.

이 글은 실증의 측면에서 기존의 연구 성과를 검토해 다원사회의 새로운

---

[1] 그에 대한 소개는 다음의 글을 참고할 것. 박종기, 「고려 다원사회론의 과제와 전망」『한국중세사연구』45, 2016 ; 본 연구총서 1권 참조.

모습과 전통을 재해석하는 방법으로 접근하고자 한다. 이 글에서 사용될 중심 개념은 지고신(至高神 : Supreme Being)이다.『고려사』에 등장하는 태일(太一) 황천(皇天) 천황(天皇) 등의 지고신은 중국의 한나라에서 송나라에 이르기까지 중국사에서 통용되어 온 하늘을 주재한 절대적 존재였다. 이러한 지고신 관념은 고려시기 하늘의 주재자로서 각종 제천의례에 수용되었다. 이는 고려왕조가 선진문물을 적극적으로 수용하여 왕조를 새롭게 도약시키려는 개방성을 잘 보여주는 사례가 된다.

이 글은 김일권 교수가 처음 제기한 지고신 개념을 원용하여 논지를 전개하고자 한다. 김 교수는 고려시대 천문학을 주제로 10여 년 이상 이 분야를 천착하여 높은 수준의 연구 성과를 내놓았다.[2] 김 교수는 고려시기 천문관(天文觀)이 다원적인 세계관에 기초한 다원사회라는 근거의 하나로 다양한 지고신의 존재에서 찾았다. 다양한 지고신의 존재는 다원사회의 또 다른 모습이다. 김 교수의 연구는 이를 밝혀냈을 뿐 아니라, 고려 다원사회론의 논지를 확장시켜 준 연구사적 의미를 지닌다.

---

2) 『우리역사의 하늘과 별자리-고대부터 조선까지 한국 별자리와 천문문화사』, 고즈윈, 2008 ;『고려사의 자연학과 오행지 역주』, 한국학중앙연구원 출판부, 2011 ;『국역 고려사 曆志 역주』, 동아대학교 석당학술원, 2011 ;「고려시대의 다원적 至高神 관념과 그 의례사상사적 배경」『한국문화』29, 2002a ; 윤이흠 공저,「고려시대 국가 제천의례의 다원성 연구」『고려시대의 종교문화-그 역사적 상황과 복잡성』, 서울대 출판부, 2002b ;「『天地瑞祥志』의 역사적 의미와 사료가치 : 찬자에 대한 재검토와 『고려사』所引 記事 검토」『한국고대사연구』26, 한국고대사학회, 2002c ;「불교의 북극성 신앙과 그 역사적 전개-백제의 北辰妙見과 고려의 熾盛光佛 신앙을 중심으로」『불교연구』18, 2002d ;「고려 熾盛光佛畵의 도상 분석과 도불 교섭적 천문사상 연구」『천태불교학연구』4집, 2003a ;「전통시대의 삼교 교섭과 공존의 문화-고려시대의 다종교상황을 중심으로」『한국문화와 종교적 다양성-갈등을 넘어서』, 한국정신문화연구원, 2003b ;「고려와 조선의 우주론 관점 변화-천문의 북극성에서 이법의 태극으로」『동아시아 문화와 예술』1, 2004a ;「동양천문의 범주와 그 세계관적인 역할」『정신문화연구』27(1), 2004b ;「고구려의 천문 문화와 그 역사적 계승-고려시대의 능묘천문도와 벽화무덤을 중심으로」『고구려발해연구』23, 2006 ;「화순 운주사 북두칠성 원반석과 산정 와불의 고려 천문학」『정신문화연구』37(135), 2014. 이상 연구 성과는 고려시기에 국한된 것이지만, 김 교수는 중국 및 우리나라 삼국의 천문학에 대해서도 적지 않은 연구 성과를 내놓았다.

한편 다원사회를 특징짓는 또 다른 모습은 지고신의 다양한 존재에서
나타난 다원성뿐만 아니라 전근대 사회의 신분과 위계질서가 반영된 이른
바 '계서(階序)적 다층위성'이다.[3] 때문에 김 교수가 밝힌 다양한 지고신의
존재만으로 다원사회의 모습을 온전하게 그려내기에는 한계가 있다. 하늘
의 지고신 외에 고려시기에는 지상의 산천을 주관한 대왕과 용왕 등 다양한
신격(神格)이 존재했다. 지고신과 이들 신격 사이에는 일정한 위차(位次)와
서열, 즉 신격의 다층위성(多層位性)도 존재했던 것이다. 이 글의 또 다른
목적은 김 교수의 입론을 바탕으로 여러 신격 사이에 나타난 다층위성을
밝히는 데 있다.

이 글은 먼저, 지고신(至高神) 신앙과 천문관에 관한 김 교수의 주요
논점을 정리, 소개하고자 한다. 다음, 그를 바탕으로 고려시기 하늘 및
산천에 대한 제사의례의 실제 사례를 검토하여 지고신의 의미와 지상의
여러 신격의 존재를 새롭게 정리하고자 한다. 구체적인 사례는 이규보
(1168~1241)가 1202년 경주지역 신라부흥운동을 진압하기 위해 종군하면
서 작성한 제문이다. 제문 분석을 통해 하늘의 주재신인 지고신의 존재와
함께 지상의 명산과 대천 등 여러 신격 사이에 계서(階序)적 층위가 존재한
사실을 확인하여 다원사회의 또 다른 모습을 밝혀내고자 한다.

---

3) 채웅석은 고려왕조는 신분 계층질서의 계서적 구조와 불평등을 포섭하기 위해
   일종의 사회적 분업과 경쟁 갈등하는 다양한 존재들을 정책적으로 포섭하였다고
   보았다. 이 과정에서 양천제와 土와 庶의 구분, 문무의 분화와 중간계층의 존재,
   농공상의 분리와 차별, 부곡제 질서와 잡척 등의 다원적 사회질서가 편성되었다.
   이는 다원적 요소 사이에 차별성 계서성을 특징으로 하는 계서적 다층위성이 다원사
   회의 또 다른 모습을 보여주는 것이라 했다(「고려전기 사회적 분업과 편성의 다원성
   과 신분 계층질서」『한국중세사연구』45, 2016, 29~31쪽). 필자는 고려시대는 신분제
   사회로 특징지어지기 때문에 단순히 각 개체의 독립성을 유지하는 '병렬적' 다원성
   (다양성)이라는 용어만으로는 다원사회의 성격을 드러내기가 어렵다. 다원성(다양
   성) 속에는 '계서적 다층위성'이라는 신분제 사회의 위계질서가 반영되어 있다고
   했다(박종기, 앞의 논문, 2016, 13~15쪽 ; 본 연구총서 1권 참조).

2. 지고신과 다원사회론

1) 고려·조선의 천문관과 다원사회

김일권 교수는 고려시기 천문관과 조선시기 천문관과 그 변화 과정을 고찰했다. 그 연구 성과를 정리하면 다음과 같다.

서구에서 천문학(astronomy)은 물리적인 천체와 그 원리, 즉 천체의 객관적인 법칙을 밝히는 학문이다. 그러나 동양에서 천문학은 별과 별자리의 운행 법칙과 별에 대한 신앙 사상을 고찰하는 천문성수(天文星宿) 분야, 별에 대한 관찰을 바탕으로 시간의 문제를 풀어가는 천문역법(曆法) 혹은 역산학(曆算學) 분야, 자연과 우주의 변화원리를 궁구하는 학문인 천문역학(易學) 분야, 전근대 이전 사회규범에서 일월식 등 천상의 변화 곧 천변(天變) 현상은 독립된 자연현상이 아니라 하늘이 인간사회의 선악과 과오를 견책하는 징험으로 간주하는 상서재이학(祥瑞災異學) 분야 등 그 범위가 매우 다양하다. 따라서 동양의 천문학은 천문사상이라는 개념 틀로서 포괄해야 한다고 하였다. 전통시대 천문학을 제왕학이라고 하는 이면에는 전통시대의 통치논리에 천문의 이념이 깊숙이 자리 잡고 있다. 때문에 동양의 천문학은 일월 오성(五星) 등 천체운행의 법칙 그 속에서 하늘의 의지를 읽어내려 하였으며, 진한제국 이래 다시 군주권의 이데올로기를 뒷받침하는 통치학인 제왕학으로 옹립되어, 사회의 구성 원리와 인간의 내면에 깊숙이 관여하여 하늘과 사회와 인간의 세 갈래가 분리되어 있지 않고 밀접히 연관되어 있다고 하였다.[4]

한편 조선조 성리학의 우주론은 한당 유학의 우주론이 추구하였던 천상(天象) 율력(律曆)의 운행원리나 일월성상(日月星象)의 운동 등과는 다른 갈

---

4) 김일권, 앞의 논문, 2004a, 30~48쪽.

래의 지향성을 지니고 있다. 우주론의 중심이 형이상학적인 고민으로 상당히 이동했다. 성리학의 이(理) 중심주의적인 테두리 안에서의 우주론과 천론(天論)으로 풀이했다. 또한 조선은 제후국으로 국가 제천의례마저 공식으로 배제했다. 따라서 조선은 하늘을 주재하는 인격신이 사라져 버린 무주공산의 하늘이 되었다. 즉, 조선조 성리학자는 하늘은 인격신으로서의 성격이 거부되고 이법신(理法神 ; deism)으로 위치 지우려 했다. 조선후기 천주나 개신교의 유일신이 쉽게 안착될 수 있었던 것은 이러한 조선의 천문관 자체에서 비롯된 측면이 없지 않았다.

조선의 천문 신앙은 인간의 생사와 길흉화복을 주재한다는 북두칠성에 대한 관심이 지대했던 반면에, 고려의 천문시스템 속에서는 북두칠성이 아닌 일월(日月) 오성(五星)을 비롯한 하늘의 움직이는 별인 구요(九曜)에 대한 관측이 관심의 중심이었다. 고려의 구요 중심의 천문에는 국가적인 천문재이론의 관점이 강했다. 반면에 조선조 칠성(七星)신앙에는 개인적인 길흉화복이 강화되어 있다. 고려와 조선의 천문시스템이 다른 것은 하늘에 대한 이해뿐만 아니라 우주론과 자연관에 대한 관점, 천문의 사회적인 역할 등이 시대의 변동과 더불어 적지 않는 변화를 겪었기 때문이다.[5]

김 교수가 자신의 연구에서 던지려 했던 화두는 공존이다. 고려시기 하늘관 내지 천문관에는 하나의 이념과 지고신이 존재한 것이 아니라, 다양하고 복합적인 지고신이 존재했다는 것이다. 또한 지고신을 더 깊이 이해하기 위해 지고신이 기능을 발휘했던 고려의 제천의례를 중심으로 접근했다. 김 교수는 한국의 역사전통에서 다양한 세계관이 공존했던 고려시기 역시 우리가 엮어내었던 하나의 시대인 만큼, 이를 재조명하는 것은 다원주의 사회를 살아가는 오늘의 우리에게 시사할 만한 역사경험의 되새김이라 할 것이라 하였다.[6] 김 교수는 지금까지 이와 관련된 적지

---

5) 김일권, 위의 논문, 2004, 55~58쪽. 또한 김 교수는 고려의 천문사상 속에는 도교와 불교의 천문사상이 복합화 되어 있다고 했다(앞의 책, 2008, 371~374쪽).

않은 저서와 논문을 발표했지만, 고려시기 다양한 지고신의 공존, 그를 통한 고려사회의 다원적 성격을 본격적으로 언급한 논문을 발표한 시점은 2002년부터이다.[7]

2) 다양한 지고신의 존재와 제천의례

김 교수는 고려시대는 종교사의 차원에서 다종교적 지형이며, 특히 천문과 천문사상을 중심으로 하늘에 대한 고려인의 생각과 그로부터 유래된 하늘을 주재한 지고신의 존재에 주목했다. 지고신 관념은 하늘의 성격을 드러내는 중요한 통로 역할을 했다. 따라서 다양한 지고신의 존재를 이해하는 것은 고려가 지향하는 다원주의적 사회성격을 이해하는 데 도움을 줄 것이라고 하였다. 그를 위해『고려사』에 나타난 지고신 명칭을 검토하는 한편으로 지고신의 숭배의례인 제천의례에 주목했다.

우리 역사에서 제천의식으로 부여의 영고와 고구려의 동맹이 있었다. 고려의 경우 제천의례 형식은 유교적 맥락의 원구(圓丘) 기곡사(祈穀祀), 재초(齋醮)에는 도교의 성수 초례(星宿 醮禮)만이 아니라, 성변 소재(星變 消災)를 위한 불교적 도량(道場)의례, 무속적 기우(祈雨)의례 등 다양한 종교의 제천의례가 공존하면서 함께 시행되었다. 고려시기에는 하늘의 주재성을 놓고 여러 인격신이 제출되어 서로를 견제하는 형국이었다. 유학·불교·도교가 뒤섞여 있는 복잡성의 시대 또는 다양한 이념이 서로 배제되지 않는 다원성의 시대이다.[8] 복합적인 하늘 구조에서 천문현상에 대한 주재

---

6) 김일권, 앞의 논문, 2002a, 145~146쪽.

7) 고려왕조의 다원적 성격을 언급한 김 교수의 주요 논문은 다음과 같다. 앞의 논문, 2002a ; 앞의 논문, 2002b ; 앞의 논문, 2003b.·필자는 고려 다원사회론을 처음 제기한 이후(『5백년 고려사』, 푸른역사, 1999) 이를 보완했지만(『새로 쓴 5백년 고려사』, 푸른역사, 2008), 보완 과정에서 김 교수의 연구 성과를 수용하지 못했다.

8) 김일권, 앞의 논문, 2002a, 118쪽 및 171쪽 ; 앞의 논문, 2004b, 57쪽.

자를 누구로 할 것인가? 하는 문제는 천문론으로 옮겨간다. 나아가 고려인들이 어떠한 경험적 맥락으로 하늘의 근원성을 설명하고, 이해하려 했는가를 검토하는 것은 매우 중요한 일이 된다.

김 교수는 하늘의 성격을 드러내는 중요한 통로로서 지고신의 용법을 조사하여, 각각의 용법이 담고 있는 사상사적 의례사적인 배경을 검토하면서, 고려 다원사회의 또 다른 측면을 살폈다. 이에 관한 김 교수의 연구 성과를 정리하면 다음과 같다.[9]

(1) 황천상제(皇天上帝)

황천(皇天)은 고려의 지고신 관념으로 가장 선호되었고, 『고려사』에 가장 많이 나타나며, 모두 34건이 나온다. 황천은 황천상제의 줄임말로서, 지상의 만물을 관장하고 백성을 돌보고 왕자(王者)의 수명(受命)과 견책을 내리는 하늘의 지고신이다. 황천의 짝으로 지기(地祇 : 토지신)의 대표격인 후토(后土) 관념과 병렬되어 사용되기도 한다.

중국 후한 말기에는 태일 대신 유가적 경전주의에 입각한 제천 개혁이 시도되어, 유가적인 황천상제가 부상한다. 황천상제는 성스러운 하늘의 높으신 임금이란 뜻으로 하늘의 성스러움을 강조한 것이다. 『상서』와 『예기』에 주로 등장하는 지고신이다. 후한 광무제는 황천상제와 후토신기(后土神祇)를 천지 합사(合祀)로 의례를 거행했다. 이같이 황천상제는 후한대 이후 중국에서 주목한 지고신으로서 하늘의 성스러움과 인격적인 하늘신의 성격을 잘 드러내고 있다. 고려에서 가장 많이 등장하는 황천의 세계관도 후한시대 유가적 하늘관념과 상통한다. 이는 당나라와 송나라에서 부각된 호천상제(昊天上帝) 또는 옥황대제(玉皇大帝)의 관념과 다른 맥락을

---

9) 이하 이 절의 서술은 김일권 교수의 다음 연구 성과를 중심으로 정리한 것으로서, 구체적인 전거는 생략하기로 한다. 『동양 천문사상 하늘의 역사』, 예문서원, 2007 ; 앞의 책, 2008 ; 앞의 논문, 2002a ; 앞의 논문, 2004b.

갖고 있다.

(2) 태일신(太一神)과 천황대제(天皇大帝)

『고려사』에 황천 다음으로 많이 나타나는 지고신이 태일이다. 모두 28건이 나온다. 태일은 별자리 이름으로 북극성이다. 태일신은 풍우(風雨) 조순(調順)이나 기우 기설(祈雪)같은 자연 절기 조절과 화재나 역질 등의 기양(祈禳)을 다스리는 주재신으로 널리 신앙되었다. 노장(老莊)의 도가적인 사유에서 제기된 우주의 근원적인 일자(一者) 관념이다. 고려에서는 태일 의례를 '태일 초제(醮祭)'라 하여 도교식 국가의례로 나타난다. 태일은 고려에서 황천 다음의 비중을 지닌 지고신 관념이다. 태일 의례는 국왕의 친제(親祭) 형식으로 진행되었으며, 제장(祭場)은 주로 궁궐의 전각으로서 왕실의 주요한 제천의례 형식이었다. 태일(북극성)을 중심으로 구요[九曜 : 일월, 목화토금수, 라후(羅睺)와 계도(計都)], 11요[구요＋자기(紫炁)와 월패(月孛)], 남북 2두(북두칠성과 남두육성), 이십팔수, 십이궁신 등 다양한 천문성수가 포진된 고려의 천문우주관을 엿볼 수 있다.[10] 태일은 이같이 도교적 제천의 주신으로 숭봉되었다.

또한 천문성수(天文星宿)적 지고신 성격의 천황(天皇)이 있다. 『고려사』에 천황은 4건밖에 나오지 않는다. 그러나 뒤의 이규보 제문에서는 태일과 함께 천황의 두 지고신만 언급되고 있다. 천황은 천황대제로 불리며, 글자 그대로 하늘의 황제라는 뜻이다. 흔히 천황대제는 북극성의 정령(精靈)인 북진(北辰) 요백보(曜魄寶)로 규정된다. 즉, 북극성의 신격이면서 전쟁의 수호자이기도 하다.[11]

---

10) 김일권 교수는 고려의 천문 시스템은 일월－四神 중심의 고구려 것을 계승했으면서도, 고려는 全天 관점의 일월－中宮(북극성＋북두칠성)－이십팔수 중심의 천문 시스템이다. 즉 고구려의 사신도 제재가 약화되고, 천문관측의 중심이 되는 북극성과 赤經 역할을 하는 이십팔수가 강조된다고 했다(김일권, 앞의 책, 2008, 352~53쪽).
11) 한편 북극성 신격은 불교에서 熾盛光如來 신앙으로 나타난다. 이 여래불은 일광보살

태일은 전한(前漢) 때 우주의 지고신 신격(神格)으로 국가 제천(祭天)의 주신일 정도로 가장 중심이 되는 신이었다. 북극성에서 우주의 중심을 구하는 천문 우주론적 세계관에서 나온 것이다. 한무제는 국가 공식 제천 의례의 주신으로 숭봉하였다(1 ; 137). 한편 후한대에 북극성이 지니는 우주론의 중심성격은 태일 개념으로, 북극성이 지니는 신비주의 성격은 천황대제의 개념으로 분화되어 나타나게 된다.

(3) 호천상제(昊天上帝), 상제와 상천(上天)

호천(昊天)은 넓고 큰 하늘이라는 뜻이다. 지고신이기보다는 원기호대(元氣浩大)한 물형(物形)적 하늘을 뜻하는 경우가 많다.『고려사』에 5건이 나온다. 그런데 1108년(예종 3) 5월 왕이 회경전에서 호천(昊天) 오방제(五方帝)에 초제(醮祭)한 기록이 있는데, 이때의 호천 오방제(太微 五精帝)는 도교식 제천의례의 주신이다.

또한 '천황' 혹은 '호천'과 같이 연칭(連稱)되지 않는 '상제(上帝)' 단독의 용례가『고려사』에 24건 나온다. 이때의 상제는 황천상제 혹은 호천상제와 같은 뜻으로 사용되기도 한다. 그러나 독자적인 용어로서 '상제'는 원구(圜丘) 의례에서 기곡사(祈穀祀)의 주신으로 범칭(汎稱)되거나 인격신의 범칭으로 사용되는 경우도 있다. 역시 '상천(上天)'으로만 기록된 용례도『고려사』에 25건 나온다. 이때 상천은 인격적인 천(天)과 유사하며, 상제와 거의 유사한 뜻으로서 인격적인 하늘신이라는 맥락에서 사용되었다.

호천상제는 중국 서진시대(265~316) 이후 부각되는데, 넓고 높은 하늘의 높으신 임금님이라는 뜻이다. 호천상제는 유가 의리론의 맥락에서 제천의 유일한 대상이며, 하늘의 유일한 지고이다. 또한 하늘의 원원함과

월광보살 대천보살 등 불교적 요소와 함께 구요당과 같은 도교적 성수관념을 포섭하고 있어, 道佛 습합의 성격을 지닌다(김일권, 앞의 책, 2008, 180~183쪽 ; 앞의 논문, 2003a, 89~95쪽).

지대함을 강조한 호천상제는 『주례』와 『시경』에 등장하는 지고신이다. 반면에 앞에서 언급한 황천은 『상서』와 『예기』에 등장하는 지고신이다. 중국의 수당 대에는 제천의 주신은 황천상제 대신 호천상제가 더 중요하게 부각되었으며, 송 대에는 호천상제 중심의 제천의례가 정립된다. 의리론적 유가사상이 국가의례의 배경사상으로 작용한 결과이다. 호천상제는 당송 대에는 유교적 국가의례의 제천주신으로 섬겨졌다. 이같이 지고신 개념은 도교 외에 유교의 제천의례에도 나타난다.

『고려사』에 황천상제가 가장 많이 나타난다는 사실은 고려가 중국의 당송과 다른 세계관적 배경을 지향한 결과이다. 반면에 한대 이후 태일에 대한 의례체계가 송대에 중시되어 재등장하여, 구궁귀신(九宮鬼神) 구궁신단(九宮神壇)이 설치된다. 남송 역시 이를 계승한다. 이렇게 부흥한 태일의례가 고려시대 태일초제에 반영되어 있다.

이상과 같이 고려시기 가장 큰 특징의 하나는 다양한 세계관이 공존하고 있는 점이다. 즉, 고려인들에게 회자된 우주의 지고신 관념에 범칭적인 상제(上帝) 상천(上天) 등의 용법이 있는가 하면 하늘의 성스러움을 강조하는 유가 의고(擬古)주의적 맥락의 황천(皇天), 유가 의리론적 세계관의 맥락이 깔려있는 호천상제(昊天上帝), 도교적 천문성수(天文星宿) 우주론과 연관되는 태일(太一), 천황(天皇) 등이 다양하게 공존하고 있다. 이외에도 불천(佛天)사상(천문과 불천이 복합화 되는 구조)에 기반한 지고신도 다양하다. 염부제 도리천의 주인인 제석천주(帝釋天主), 구원과 희망의 구세주인 천상의 도솔천주, 사바세계의 주인인 대범천존(大梵天尊) 등이 있다. 그런 한편으로 도교적인 제천의례가 대폭 강화된다.

『고려사』에 나타난 다양한 지고신은 도교, 유교, 불교 등 다양한 종교의 맥락에서 이해되고 신앙되었다. 그동안 연구자들은 이러한 지고신 개념에 대해 무관심하거나 외면했던 것이 사실이다. 그런 점에서 김 교수의 연구는 커다란 의미를 지닌다. 더욱이 다양한 지고신의 존재를 통하여 다원적인 종교 및 세계관, 나아가 고려사회의 다원적인 모습을 이해했다는 점에서 연구사적으로 주목되어야 할 것이다. 한편『고려사』에 기록된 지고신은 실제로 그 명칭만 나타나지, 이들이 구체적으로 어떻게 이해되고 신앙되었는지 알 수 있는 자료는 많지 않다. 이런 자료의 한계 때문에 김 교수는 각각의 지고신이 중국사에서 어떤 맥락에서 이해되었는가를 통해, 고려시기 해당 지고신의 성격을 밝히는 방식으로 접근했던 것이다.

3. 이규보 제문에 나타난 제신격(諸神格)

1) 제문의 내용과 구성

김 교수가 제시한 지고신의 존재와 다원성은 고려 다원사회론을 새롭게 입증하는 매우 귀중한 성과이나, 이것으로 온전히 밝혀진 것은 아니다. 이를 보완하기 위해 이규보(李奎報, 1168~1241)가 작성한 제문을 통해 하늘의 지고신과 함께 명산대천을 중심으로 지상에 존재한 또 다른 형태의 신격의 존재형태 및 지고신과의 관계는 어떠했으며, 고려시기 어떻게 신앙되고, 그 고유한 기능이 무엇인지 고찰하고자 한다.

이규보는 1202년 12월 경주 일대의 신라부흥운동 진압에 종군하여, 1204년 3월 개경에 개선하기까지 1년 4개월간 병마녹사 겸 수제원으로 참여해 봉기 진압을 위해 하늘과 명산대천에 올린 각종 제문을 작성했다. 그의 문집『동국이상국집』권38에 실려 있는 33편의 제문은 이때 작성된 것이다. 제문들은「도량재초소제문(道場齋醮疏祭文)」이라는 편명(篇名)으로 묶여 있으며, 동경초토병마(東京招討兵馬) 때 지은 것이라 했다.[12] 제문에는

---

12) 『동국이상국집』권38, 「道場齋醮疏祭文 東京招討兵馬所製」.

신라 부흥운동으로 커다란 위기에 처한 고려왕조가 신에 의지하여 위기를
극복하려는 의지가 담겨있다. 제문을 통해 국왕을 비롯해 당시 고려인들이
하늘의 지고신과 산천의 제신격(諸神格)에 대한 인식 형태, 지고신과 산천
의 제신격과의 관계, 제신격의 존재양상 및 신격 사이의 다층위성을 검토
하고자 한다.13) 제문 33편14)을 내용 별로 정리하면 다음과 같다(아래 숫자

13) 이외에도 권12의 시 19편은 그가 주로 경주의 진중(陣中)에서 작성한 시로서, 당시
   정황이 잘 묘사되어 있다. 권27에는 경주에서 참전한 박인석(朴仁碩)과 경주 처사
   안치민(安置民)과 주고받은 편지가 실려 있다.
14) 제문의 작성 시기는 이정신의 연구(「고려시대 경주민의 항쟁과 제사」『신라문화』
   32, 2008)에서 정리한 것이다.
   <1202년 12월>
   1. 봉은사에서 태조진영 앞에 고하는 글[奉恩寺 告太祖眞前文]
   2. 임진 사평을 통행하면서 용왕에게 올리는 제문[臨津沙平通行龍王祭文]
   3. 천황에게 올리는 초례문[天皇醮禮文]/ 4. 황지원에서 올린 법화회문[黃池院法華會文]
   5. 황지원에서 용왕께 올리는 제문[黃池院龍王祭文] / 6. 부석사 장륙에 올린 원문[浮石
   寺丈六前願文]
   <1202년 12월 윤월>
   7. 태일에 올리는 초례문[太一醮禮文] / 8. 기주 태조진영 앞에 올리는 제문[基州太祖眞
   前祭文]
   9. 일선진에서 용왕에게 올리는 제문[祭一善津龍王文]
   10. 지리산대왕에게 올리는 발원문[智異山大王前願文]
   11. 상주영을 떠나면서 다시 올리는 제문[更行尙州離營祭文]
   12. 천황께 올리는 초례문[天皇前別醮文] / 13. 공산 대왕에게 올리는 제문[祭公山大王文]
   14. 개태사에서 태조 앞에 올리는 축원문[開泰寺祖前願文]
   <1203년 정월>
   15. 정월 초하루 천황에게 올리는 초례문[正旦行天皇醮禮文]
   16. 산과 바다의 신에게 올리는 제문[山海神合屈祭文]
   17. 태일에 올리는 초례문[太一醮禮文 三軍都行]
   18. 울주 계변성 천신에게 올리는 제문[蔚州戒邊城天神祭文]
   19. 북형산에 올리는 제문[北兄山祭文] / 20. 경주 동서 양악에 올리는 제문[慶州東西兩
   岳祭文]
   21. 소정방 장군에게 올리는 제문[祭蘇挺方將軍文]
   <1203년 3월> / 22. 공산대왕에게 말을 바치는 제문[獻馬公山大王文]
   23. 질역을 물리치기를 비는 반야법석문[疾疫祈禳般若法席文]
   24. 칠귀 오온신에게 올리는 초례문[七鬼五溫神醮禮文]
   25. 태조 앞에 따로 올리는 제문[太祖前別祭文] / 26. 천황에게 따로 올리는 초례문[天皇
   別醮文]

는 각주에 적힌 제문의 번호임).

- 하늘에 올린 제천 의례문(7편)

  1) 천황(대제) : 3. 12. 15. 26. 32. 2) 태일신 : 7. 17.

- 태조 진전 제문(4편) : 1. 8. 14. 25.

- 명산, 대천, 강, 바다에 올린 제문(12편)

  1) 명산(9편) : 지리산(10). (팔)공산(13. 22. 33). 북형산(19). 동악과 서악

  (20. 27. 28. 31)

  2) 대천(2편) : 임진 사평강(2). 일선진(9)

  3) 산과 바다(1편) : 16.

- 사원에 올린 제문(3편) : 4. 5. 6

- 군현 치소, 성(城), 신사(神祠)에 올린 제문(5편)

  1) 울주 개변성(皆邊城)(18. 29. 30). 2) 상주 영(營)(11). 3) 소정방 신사(21)

- 질병 퇴치를 위해 올린 제문(2편) : 23. 24

제문 33편에 제례(祭禮)의 대상이 된 신격의 모습은 위에 정리된 기록만
으로 어느 정도 알 수 있다. 주요 명산과 바다, 강 등 지상의 여러 신격에게
작성된 제문이 12편으로 가장 많다. 천황, 태일 등 하늘의 지고신에게
올린 제문이 7편이다. 군현의 치소, 성과 신사에서 작성된 제문은 5편이다.
사원에서 행해진 의례에 작성된 제문은 3편, 질병퇴치를 위한 제문은
2편이다. 제문에 나타난 제사는 대체로 도교의 초제(醮祭) 산천제사 성황제

<1203년 4월> / 27. 동경의 서악에 올리는 제문[東京西岳祭文]
<1203년 5월> / 28. 동악에 올리는 제문[東岳祭文]
<1203년 7월> / 29. 계변성 대신에게 사례하는 제문[戒邊大神謝祭文]
<1203년 9월> / 30. 계변 천신에게 다시 올리는 제문[戒邊天神前復祭文]
<1203년 12월> / 31. 동서 양악에 합제하는 제문[東西兩岳合祭文]
<1204년 정월> / 32. 정월 초하루 천황에게 올리는 초례문[正旦行天皇醮禮文]
<1204년 2월> / 33. 공산대왕에게 사례하는 제문[公山大王謝祭文]

사 등 이른바 잡사(雜祀)에 해당하는 것이다.15)

제문을 검토하면 왜 신에 의지하여 국가 위기를 극복하려 했을까? 하는 고려인의 생각이 잘 나타나 있다.

> 사람은 다른 사람과 서로 알고 지낸 오랜 친분으로 기쁨을 누립니다. 그러다 보면 마음속에 쌓인 것을 드러내게 됩니다. 신이 맡은 일(분수)도 사람과 다르지 않습니다. 평소 신과 알고 지내는 것이 낯선 것을 보는 것과 같을 수 있겠습니까?
>
> 人與人相知 恃舊相歡 則其所蘊蓄 無不顯陳 神明之分 亦不遠人 如其有素 寧視如新, 「東岳祭文」

인간이 서로 의지하여 소통하면 서로 기쁨을 누리듯이, 평소 신과 자주 접하고 교류하면 역시 그렇게 될 수 있을 것으로 생각했다. 때문에 국가도 사전(祀典)을 만들어 정기적인 제사를 통해 신과 접촉해 국가가 바라는 바를 이루려 했던 것이다.

> 한 여자와 한 남자가 일신의 평안을 도모하여 돼지 어깨살과 쌀밥을 차려 놓고 신을 섬기는 성의가 진실로 지극하면 많은 복을 받습니다. 하물며 나는 왕위에 앉아 신을 부지런히 섬기고 정성스러운 예의를 갖추었습니다. 명산에서 항상 제사(常祀)를 올렸습니다. 어찌 요구할 것이 있어서 (대왕을) 섬겼겠습니까.
>
> 一女一男 謀安其身 豽肩稻飯 尙克事神 誠苟有至 受福蓁蓁 況我一人 以南面貴

---

15) 雜祀는 『고려사』 권63, 禮5에 吉禮 小祀 다음에 기록되어 있다. 잡사는 고려의 『詳定古今禮』에서 아직 제사의 등급과 순서가 정해지지 않은[未分等第] 제사이다. 『고려사』 편찬 당시 찬자들이 이러한 제사를 처음 '雜祀'로 호칭했다. 그러나 잡사로 분류된 제사는 대사 중사 소사에 들지 않은, 낮은 단계의 제사는 아니다(김철웅, 『한국중세 국가제사의 체제와 잡사』, 한국연구원, 2003, 145~146쪽).

事神孔勤 情禮悉備 凡曰名山 皆有常祀 豈其有求 然後始事,「祭公山大王文」

명산에는 상사(常祀), 즉 매년 정기적으로 국왕이 제사를 올렸다. 그러한 정성이 신의 공력으로 어려울 때 도움을 얻을 수 있다고 고려인들은 생각했던 것이다.

무릇 사람의 작은 행동과 걸음 거리조차 신께서 지켜주지 않으면 넘어질까 두렵습니다. 더욱이 군사란 예측할 수 없는 것이고, 전쟁은 반드시 죽는 곳이 됩니다. 이기고 지는 것은 오직 신께서 지시하는 일입니다. 누가 군사가 많다고 믿어서 신의 명령을 어겨 이익을 얻을 수 있겠습니까?
夫人之一行一步 非有神明之衛 猶恐顚蹶 況兵有不測之變 戰爲必死之地 其成其敗 皆冥然所使 孰有恃衆違神 而能得其利者耶,「戒邊大神謝祭文」

하늘의 명령으로 백리나 되는 큰 고을을 진압했고, 나라와 근심을 같이하여 일대의 도적을 소탕했습니다. 이번에 왕의 명령을 받아 어리석은 백성을 토벌하려는데, 진실로 사람의 힘을 믿을 수 없어 무한한 신의 공력을 빌리고자 합니다.
爲天所命 鎭百里之雄州 與國同憂 掃一方之劇賊 某等過承明勅 出討頑民 亮非人力之足憑 須借陰功之不測,「戒邊天神前復祭文」

위의 글에 따르면 전쟁의 생사와 승패는 신이 주관하며, 신의 공력에 따라 결정된다고 했다. 고려인들은 신라부흥운동의 위기를 극복하기 위해 신을 같은 운명 공동체로 여기고 신에게 위기 극복의 능력을 구하려 했다.
고려인들은 이같이 신은 인간과 같이 이성과 의지를 갖고 인간의 일상과 정신의 영역까지 영향을 끼치는 초자연적인 존재자인 인격신(人格神)으로 인식했다. 그들은 제례 의식을 통해 신과 소통하며, 그 능력에 의지하여 위기를 극복할 수 있다고 믿었던 것이다. 따라서 제문은 인간과 신을 매개하는 고리가 되며, 인간이 신에게 다가가 소통하는 모습을 담은 생생한 자료가 되는 것이다. 제문에 나타난 하늘의 지고신을 비롯한 여러 신격과 그들의 역할과 권능에 대해 살펴보기로 한다.

2) 지고신과 제신격의 존재와 권능

(1) 천황(天皇)과 태일(太一)

이규보의 제문에 나타난 지고신은 천황과 태일의 두 지고신뿐이다. 이들에게 각각 별도의 제례가 행해졌다.

먼저 천황께 올린 제문이다.

> 근래 태양이 이상한 징조를 보이고, 별의 운행이 정상궤도를 벗어나 있습니다. 하늘의 뜻을 알 수 없어 신명님께 아룁니다. 재앙의 싹이 사라지고 적의 기세가 스스로 꺾이게 해주십시오. … 군사들이 시간을 지체하지 않고 승리의 소식을 국왕께 보내어 태평한 경사를 누리게 하여 주소서.
> 今者日輪見怪 星度失行 未知天意之何如 尋仰靈麻而斯籲 致令災萌遄息 賊氣自摧 … 師不延時 尋馳露布之書 坐致大安之慶,「天皇醮禮文」

제문에 따르면, 해와 별들이 제자리를 잃어 정상적으로 운행되지 않아 경주에서 반란이 일어났다. 천황께 천도(天道)를 바로 잡아 반란을 진압하여 달라고 올린 제문이다. 이에 따르면, 천황은 하늘의 운행과 변화, 즉 천도의 운행을 주관하여 재앙을 없애는 권능을 가진 지고신이다. 천황께 올린 또 다른 제문이다.

> 복이 오는 것은 그 해의 첫날에 달려 있습니다. 병가가 먼저 해야 할

일은 천지인의 도움을 얻는 일입니다. … 사사로움 없는 천도(天道)가 가만히 위엄으로 도움과 순조로움을 내리시어, 북두칠성의 자루가 동쪽 [寅方]으로 향함에 따라 동쪽에 있는 적을 물리치고, 북쪽[坎方]을 등진 궁궐을 향하여 승리의 소식을 아뢰도록 해주시오.

福物之至 屬歲月日之元 兵家所先 得天地人之助 … 敢覬無私之道 默迴助順之威 致令順斗柄之指寅 東摧賊壘 向宸居之負坎 北奏捷書 云云,「正旦行天皇醮禮文」 (1203년 정월 작성)

하늘이 무슨 말씀을 하겠습니까? 사시(四時)를 운행하되 어그러짐이 없으며, 그해 첫날은 만복이 이르는데 합당합니다.

天何言哉 行四時而不忒 歲之元也 合萬福之來臻,「正旦行天皇醮禮文」(1204년 정월 작성)

천황은 천도 운행을 주재하며 사계절을 어그러짐이 없도록 운행하고 복을 내려 만물을 새롭게 하는 권능을 가진 지고신이다. 이는 앞의 제문에 나타난 천황의 권능과 같다. 천황의 이러한 권능은 풍우조순(風雨調順) 기우 기설(祈雪) 등의 자연 절기 조절과 실화(失火)나 질역(疾疫) 등을 기양(祈禳)하는 기능을 가졌다는 태일신의 권능16)과 비슷하다. 풍우조순 등 자연 절기 조절은 천도의 운행과 밀접한 관련을 갖기 때문이다. 그런 한편으로 천황은 다음의 제문과 같이 또 다른 권능을 가졌다.

장차 하국(下國 : 동경)을 정벌하고자 합니다. 국왕의 정의로운 군대이나 천시를 얻기 위해 상제께 복을 구하려 합니다. … 지극한 신령의 도움을 얻고자 하니 흠향하시고, 커다란 위엄을 내리시어 대군이 가는 곳마다

---

16) 김일권, 앞의 논문, 2002a, 127~130쪽.

돌로 계란을 치듯하고, 뭇 도적들의 털이 불에 타듯이 스스로 사그라들게
해주시오.

將以伐下國 雖云擧義之王師 如欲得天時 敢不徼福於上帝 … 仰乞至靈之助 冀歆明信
遄降顯威 大兵所臨 若碬投卵 群賊自熄 如火燎毛,「天皇前別醮文」

제문에 따르면 천황은 군사의 출병 시간을 주관하고, 군사들이 전쟁에서
승리하게 하는 권능을 가졌다. 이는 천황이 북극성의 정령(精靈)인 북진(北
辰) 요백보(曜魄寶), 즉 북극성의 신격이면서 전쟁의 수호자라고 한 사실과
일치한다.[17]

이상과 같이 제문 속에 나타난 천황은 군사의 출병 시간을 조절하고,
군사의 승전을 주관하는 권능을 가진 지고신이다. 그런 한편으로 천도의
운행을 주관하여 천변(天變)을 막는 권능을 가졌다. 특히 천도의 운행을
주관한 권능은 태일신의 권능과 중복된다.

다음은 태일(太一)신에게 초제를 올린 제문의 일부이다.

있는 군대를 주관하는 것은 태일의 십진(十眞 : 전지전능의 절대적 眞宰)의
위엄입니다. … (반군들은) 천벌을 피할 수 있다고 여겨 못된 길로 빠져
반성할 줄 모르니 그 죄를 용서하기 어려운데, 신인들 어찌 용서하시겠습
니까. 지금 군율(軍律)을 베풀 때 위세있는 신령[威靈 : 태일신]의 큰 도움
을 바라, 삼가 제수를 올리고 우러러 신령님께 아룁니다. 바라건대, 번쩍
이는 칼날을 휘둘러 큰 고래가 죽음을 당하고, 활을 길게 당기자 새끼
여우가 함부로 도망갈 수 없게 하여 주소서.

---

17) 김일권, 앞의 논문, 2004b, 57쪽. 천황이 군사의 승전을 주관한 권능을 가졌던
또 다른 사실은 1174년(명종 4) 서경의 조위총이 군사를 일으키자, 이듬해 8월
국왕은 순천관의 天皇祠에 가서 조위총을 진압하는 제례를 올린 사실(『고려사』
권19, 명종 5년 8월 기미, "幸現聖寺 又幸順天館 祈福于天皇地眞兩祠")에서 확인할
수 있다.

主兵所在 惟太一十眞之威 … 謂天誅之可逋 陷塗迷而不復 罪難可赦 神亦豈容 當師
律之是陳 冀威靈之丕佑 寔嚴信薦 仰扣冲闈 伏願白刃一揮 見巨鯨之就戮 長弧所射
無孽狐之敢逃 云云,「太一醮禮文」

경주지역 반란은 용서를 할 수 없어 군사와 전쟁을 주관한 태일신께
반군 진압을 요청하는 내용의 제문이다. 태일신 역시 천황과 같이
군사와 전쟁을 주관하는 권능을 가졌다. 이는 태일신의 원래 기능과는
다르다. 앞에서 밝혔듯이 원래 태일신은 풍우조순(風雨調順) 기우 기설
(祈雪) 등 자연 절기 조절과 실화(失火)나 질역(疾疫) 등을 기양(祈禳)하는
기능을 가졌다.

한편 중국 한무제는 태일을 국가 공식 제천의례의 주신으로 숭봉하였다.
그러다 후한 때 북극성이 지니는 우주론의 중심성격은 태일 개념으로,
북극성이 지니는 신비주의 성격은 천황대제의 개념으로 분화되어 나타났
다고 했다. 그러나 두 지고신의 역할과 기능에 대한 구분은 밝혀져 있지
않았다. 제문에도 그런 사실이 나타나지 않고 있다. 천황이 가졌다는 군사
기능이 태일신에도 나타나고, 태일신이 가졌다는 천도를 주관하여 자연
절기 조절이나 기양의 기능은 천황에게도 나타나고 있다. 즉 제문만으로
두 지고신의 역할이 분명하게 구분되지 않는다.

연구에 따르면, 천황(대제)께 제사를 올린 장소로서 천황당(天皇堂)이
건립되어, 전쟁의 승리를 기원하는 초제가 거행되었다. 복원궁(福源宮) 혹
은 순천관(順天館)에 천황당과 지진사(地眞祠)의 두 신사(神祠)가 있어 이곳
에서도 초제가 거행되었다. 또한 태일신에 의례를 올리는 제장(祭場)은
주로 궁궐 전각이라 했다.[18] 고려 때 궁궐에서 국왕이 천지와 산천에
지내는 제사를 초(醮)라 했듯이,[19] 초제는 궁궐에서 행해진 제천의례이다.

---

18) 김일권, 앞의 논문, 2002, 129~135쪽.

19) 『고려사』 권63, 吉禮 小祀 雜祀, "(顯宗3년) 七月 大醮于毬庭國家故事往往遍祭天地及境內

그러나 이규보가 천황과 태일신에게 제례를 올린 장소는 궁궐이 아니라 지방이다. '태일(신)에게 올린 초례문. 삼군이 함께 제례를 올리다[太一醮禮文 三軍都行]'(17번 제문)라고 했다. 국왕이 올린 형식이지만,[20] 실제로 삼군이 반란 진압을 위해 지방의 군진(軍陣)에서 제례를 올렸다. 따라서 개경이 아닌 지방에서도 제장이 설치되었음을 확인할 수 있다.

(2) 대왕(大王)

하늘의 지고신 외에 지상의 주요 명산대천에는 각각 대왕과 용신(龍神)이 있었다. 태조는 「훈요십조」에서, "팔관회는 천령(天靈 : 하늘의 신령) 및 오악(五嶽) 명산(名山), 대천(大川)의 용신(龍神)을 섬기는 것이다[팔관 소이 사천령 급오악명산대천룡신야(八關 所以事天靈 及五嶽名山大川龍神也)]."라 하였다. 고려시기 제례의 주요한 대상에 하늘의 지고신 외에 명산(오악 포함)과 대천에도 여러 신격이 있었다. 다음의 제문은 그런 사실을 뒷받침한다.

하도(下都 : 경주)가 나쁜 흉계를 꾸며 요행으로 재앙을 일으키려는 남은 도적들을 모아 죄 없는 주변의 작은 성[永州]을 마음대로 침공했다. 이를 빌미로 삼아 버티니 이에 황제의 군사로 토벌하려 전장으로 나가려 한다. 산악과 강하(江河)를 주관하는 신령들은 한마음 한 몸으로 힘을 빌려 도와

山川于闕庭謂之醮." 참고로 도교의례를 '醮'라 한 것은 중국 수나라 이후이며, 위진남북조 때는 '齋'라 했다. 그러나 송대 이후에는 구분하지 않고, '齋醮'라 했다(김철웅, 앞의 책, 2003, 63~64쪽).

20) 제문은 이규보가 작성했지만 제사의 주체는 국왕이라는 사실은 다음의 제문에서 확인할 수 있다. 하늘의 지고신인 태일신에게 올리는 제천의례이기 때문에 국왕이 직접 올린 것이다. "어찌하여 저 무식한 역도들은 끝내 나의 뜻을 체득하지 못하고, 또다시 좀도둑을 좇아 멸망의 길을 자초하니 저들의 꾀가 여기에 빠진 것은 나(국왕)에게는 오히려 다행한 일입니다(夫何無識之徒 終末體予之意 復從草竊之盜 自速巢焚之災 彼計墮妓 是我幸也 不以此時而得制 其於後悔也曷追, 「太一醮禮文 三軍都行」)."

주소서.

爰有下都 敢成尤計 諭集幸災之遺盜 擅侵無罪之小城 謂永州也 緣此爲階 至今作梗
妓欲加於天討 垂已卽於戰場 主嶽主河 若有神之靈者 同心同體 宜借力以扶之,「山海
神合屈祭文」

명산과 하천(강)을 각각 주관하는 신령[주악주하 약유신지령자(主嶽主河
若有神之靈者)]의 힘을 빌려 도적을 토벌하겠다는 제문이다. 반란을 진압하
는 권능을 가진 신격으로 하늘의 지고신 외에 지상의 산천에 각각 대왕과
용신이 있었던 것이다.

먼저, 명산에 있던 대왕에 대해 살펴보기로 한다.

나라가 신령님의 위엄에 의지하기 때문에 대왕으로 칭호를 올려, 매년
춘추로 제사를 드립니다. 바라는 것은 나라를 지키고 악을 제거하여 이익
을 일으키는 것뿐입니다. 만약 왕조에 불리한 일이 있고, 장차 사방에서
일들이 생긴다면, 원근을 가리지 않고 신령님의 위엄이 미쳐 화의 싹을
없애주셔야 합니다.

國以我神威靈可倚 故崇以大王之號 饗以春秋之祀 所冀者 鎭衛國家 屝惡興利 如是
而已耳 脫上國有不利 四方將有事 神威所及 無有遠邇 宜以陰靈遏絶禍始,「慶州東西
兩岳祭文」

산악 신을 '대왕'으로 호칭했다. 하늘의 지고신을 천자로, 지상의 산악
신을 제후 격인 대왕으로 호칭했다. 강과 하천을 주관한 신격도 용왕으로
호칭했다. 즉 북극성을 상징하는 태일이나 천황의 지고신은 상위 신격이
되고, 지상의 신격인 대왕과 용왕은 하위 신격이 된다. 이는 고려시기
계서화(階序化)된, 다층위의 신격이 존재한다는 신관(神觀)이 반영되어 있다.

또한 위 제문에서, '매년 춘추로 제사를 올리는 것은 나라를 지키고

악을 제거하여 이익을 일으키려는 것[진위국가 비악흥리(鎭衛國家 屛惡興利)]'라 하여, 대왕은 국가 위기 시 화근을 막는 권능을 가졌다. 황천이나 태일의 지고신 역시 이러한 권능을 가졌다. 그러나 천황이나 태일이 가졌던 천도의 변화를 주재하는 권능은 대왕에게 부여되지 않았다. 뒤에 언급할 용왕도 마찬가지이다. 이는 하늘의 지고신과 지상의 신격 사이에 권능과 역할에서 차별성이 있었음을 보여준다.

(3) 용신(龍神)

용신은 주로 강·대천·연못 등에 존재한 신이다. 이규보는 임진강과 한강을 건너면서, 이곳의 용왕에게 다음과 같은 제문을 작성했다.

> 신은 물 속에 있으면서, 보이거나 그렇지 않은 곳에서나 그 운영이 항상 일정하지 않을 정도로 오묘합니다. 나루를 건너 대병(大兵)이 어느 쪽으로 갈지 점을 치려합니다. 신령께서는 풍랑의 진동을 거두어 가는 길을 편리하게 해 주시고, 교량은 평탄하여 통과 못함이 없게 하여 주소서.
> 神得水居 妙用不常於顯昧 道由津濟 大兵可卜於東西 方戎陣之啓行 展精禋而告懇 仰惟靈應曲借冥扶 收風浪之震驚 利有攸往 得橋梁之平易 無所不通,「臨津沙平通行龍王祭文」

> 용왕께서 곡진히 음으로 도우시어, 무지개처럼 긴 다리를 건너게 하여 험한 길을 순조롭게 하여 주시고, 먼 길을 숫돌처럼 평탄하게 하여 장애 없이 통과하게 하여 주소서.
> 惟冀幽靈 曲加陰相 致令陟長橋之虹跨 蹈險如夷 得脩路之砥平 有通無礙,「祭一善津龍王文」

제문에 따르면, 용왕은 풍랑을 잠잠하게 하여 쉽게 강과 하천을 건너게 하고, 다리와 나루터를 통과하는 데 장애 없이 안전하게 건너게 하는 권능을 지녔다. 이는 하늘의 운행을 주관한 지고신과는 다른 용왕의 고유한 권능이다. 다음 제문은 용왕의 또 다른 모습이다.

(용왕은) 하늘에 있기도 하고 못에 있기도 하여, 하늘로 날고 물속에 잠기는 변화를 측량할 수 없습니다. 이에 시냇가와 못에서 나물을 캐 정결한 제사를 올립니다. 바라건대, 용왕께서 곡진히 음으로 도우시어, 무지개처럼 긴 다리를 건너게 하여 험한 길을 순조롭게 하여 주시고, 먼 길을 숫돌처럼 평탄하게 하여 장애 없이 통과하게 하여 주소서.
在天在淵 莫測飛潛之變 採澗採沼 敢陳蠲潔之禋 惟冀幽靈 曲加陰相 致令陟長橋之虹跨 蹈險如夷 得脩路之砥平 有通無礙 云云,「祭一善津龍王文」

제문에 따르면, 용왕은 물은 물론 하늘에도 존재했다고 한다[재천재연막측비잠지변(在天在淵 莫測飛潛之變)]. 그래서 용왕은 비잠(飛潛)이 무상한 존재라 했다. 이는 기존의 알려진 사실과 다르다. 하나의 숙제로 남긴다. 다음의 제문은 용왕이 또 다른 권능을 가졌음을 알려준다.

신은 깊은 연못에 계시어 오묘한 덕이 있어, 하늘을 날고 물속에 잠기는 것이 일정치 않아 변화를 헤아릴 수 없습니다. 용왕님께 기도를 드리면 어찌 얻지 못하겠습니까. 제가 왕명을 받아 역적을 토벌하려 동쪽으로 향해 그들의 땅으로 들어가려 합니다. 용왕께서는 용맹스러운 힘으로 우리 군사들이 빨리 적의 목을 베어 주십시오. 저희들이 공을 세우면, 그 또한 용왕님도 공이 있어 영원토록 나라의 제사를 받을 것입니다.
惟神 宅于深淵 有是玄德 飛潛無常 變化莫測 人有所禱 胡求不得 今我受命 出征逆賊 旗尾東指 將踐其域 庶幾至靈 借以猛力 俾我軍師 不日獻馘 豈唯吾儕 克有成績 龍亦有功 永食于國,「黃池院龍王祭文」

제문에 따르면, "용왕도 반란군을 진압하는 공을 세워 영원토록 나라의 제사를 받는다[용역유공 영식우국(龍亦有功 永食于國)]."고 했다. 즉 용왕은 국사(國祀)의 대상이며, 반란군을 토벌하는 권능을 가진 신격이다. 비록 지고신인 천황과 태일과 신격은 다르지만, 용왕은 대왕과 반란군을 토벌하는 권능을 가진 점에서 동일하다.

(4) 군현의 제신(諸神)과 성황신

지난번 상주를 떠날 때 여러 신[제신(諸神)]에게 복을 구하려 하여 소뢰(小牢 : 양과 돼지 통째 제물로 바침. 소까지 바치면 太牢)를 마련하여 제사를 올리려 했습니다. 그런데 제수를 만드는 사람의 부주의로 중간에 제수를 도둑맞았습니다. … 오직 정의롭고 총기있는 신령께서 더 흠향하시어 병의 싹을 없애 재앙을 멈추게 하시고, 호랑이 같은 군사를 지휘하여 벌떼처럼 진치고 있는 적들을 소탕하게 해주시오.

追記離州之曩日 竊思徼福於諸神 已具小牢 將陳血祀 何宰人之不謹 在中路而見攘 … 惟冀正聰 僉加歆飫 致令病媒頓息 災兆不生 指麾虎步之師 蕩掃蜂屯之賊,「更行尙州離營祭文」

제문에 따르면, 상주와 같은 군현에도 여러 신격[제신(諸神)]이 존재했다. 이러한 신격은 산천의 신격과는 다른 존재였다. 1149년(의종 3) 4월 의종은 산천과 여러 신사에서 각각 기우제를 지냈는데,[21] 기우제 대상에 대왕이나 용왕과 같은 산천의 신격과 함께 여러 신사[제신사(諸神祠)]의 신격을 구별한 사실에서 확인할 수 있다. 상주영의 '제신(諸神)'이 여기에 해당된다. 고려인은 이러한 신격에게도 질병 구제, 재앙 방지, 반군 소탕을 빌었던

---

21) 『고려사』 권17, 의종 3년 夏4월, "己卯 祈雨于山川及諸神祠."

것이다.

이규보 제문에 따르면, 이러한 신격은 상주와 같은 군현의 치소 외에도 주요한 성과 성황당에도 존재했다.

먼저 울주의 계변성 신격이다.

> 아득한 천년의 오랜 군에 우뚝 서 있는 외로운 성은 오직 신령(神靈)께서만 지켜주시리라. 그러기에 길 가는 사람들도 함부로 침조차 길에 뱉지 못합니다. 신령은 원래 하늘에서 내려 오신 정령(精靈)이시니, 어찌 독귀(瀆鬼)나 산영(山英)에 비길 수 있겠습니까?
>
> 邈千年之古郡 有巋然之孤堵 惟靈神兮鎭壓 行人不敢唾路 本從天以降精 豈瀆鬼山英
> 之是偶, 「蔚州戒邊城天神祭文」

울주 계변성 신은 천신(天神), 즉 지고신으로서 강과 산의 귀신과는 구별되는 존재라고 했다. 고려중기 시인 김극기(金克己)도 계변 천신은 신두산에 학을 타고 내려와 인간의 수명과 복을 주관한 신이라 했다. 때문에 계변성을 학성(鶴城), 신학성(神鶴城)이라 했다.[22]

그러나 계변성에 지고신인 천신이 존재한 것은 사실이 아니다. 지방 읍성에 천신이 존재할 이유는 없다. 학성이니 신학성이니 하여 계변성의 신을 천신으로 단순히 아화(雅化)한 것에 불과하다. 『여지승람』에 따르면, 울산군의 성황사에 '계변신'이 있다고 했다.[23] 또한 이곳 망산(望山)의 신을 계변이라 했으며, 천신이라 하지 않았다.[24] 고려말 이문화(李文和)도 경상도 염문사로 와서 이곳의 '계변신'에게 제사를 올렸다고 한다. 계변성

---

22) 『신증동국여지승람』 권22, 울산군 누정 大和樓조, "世傳 戒邊天神 駕鶴降神頭山 主人壽
   祿 故謂之鶴城." ; 같은 책 권22, 울산군 고적 神鶴城조 참고.
23) 『신증동국여지승람』 권22, 울산군 祠宇조 참고.
24) 『신증동국여지승람』 권22, 고적 신학성조 참고.

에 있는 신으로만 표현했다. 따라서 이규보 제문과 김극기 시에 나오는
계변 천신은 이곳의 신을 높여서 부르는 표현에 불과하다.[25]

다음 성황사의 신격이다.

> 엎드려 바라건대, 과거와 현재를 참작하여 정벌의 경중을 마땅하게 하여
> 지난 날 장군이 범의 행보와 매의 눈초리와 같은 위엄으로 추악한 적을
> 쓸어버리게 하고 곧바로 군사를 되돌아오게 하면 장군은 비록 외국에
> 있는 귀신이지만 제사를 받아도 부끄럽지 않을 것입니다.
> 伏望酌今古所以伐下國輕重之宜 奮將軍昔日虎步鷹瞵之威 俾官軍汎掃醜俗 不日班
> 師 則將軍雖以客魂 得食於此 無愧矣, 「祭蘇挺方將軍文」

당나라 장수 소정방의 성황사에서 경주의 반란을 진압하여 달라는 제문
이다. 소정방의 성황사는 충남 대흥현 봉수산[26]과 충청도 홍주목 대잠도[27]
에 있다. 관련 연구에 따르면, 대흥현은 백제부흥운동의 고장으로 백제를
멸망시킨 소정방을 신격화 하여 주민들에게 공포감과 경외감을 자극시키
기 위해 성황사를 세웠다. 점차 세월이 흐르면서 지역민을 수호하는 신이
되었다. 이규보가 소정방의 영험을 빌려 경주민의 항쟁을 진압하려 한
것은 소정방이 백제와 같이 신라를 당나라 영향 아래에 두기 위해 침공하려
했다는 사실을 염두에 둔 것이라고 한다.[28] 그러나 옛 백제지역에서 오랫
동안 수호신으로 여겼던 소정방 신에게 반군 진압을 요청한 것은 실제

---

25) 이정신은 『여지승람』 울산군 祠宇조, '城隍祠 在古邑城內 卽戒邊神也'라는 사실에
   근거하여 계변성신은 성황신으로 보는 것이 옳다고 하였다(앞의 논문, 2008, 64쪽).
   김철웅은 계변신은 고려 때 山神이다가 조선 때 성황신으로 바뀌었다고 했다(앞의
   책, 2003, 19~191쪽).
26) 『신증동국여지승람』 권20, 대흥현 祠廟조, "성황사는 봉수산에 있다. 속설에, 당
   나라 장수 소정방을 사당의 신으로 모시고 봄 가을에 本邑에서 제사한다."
27) 『세종실록지리지』 대흥현조 참고.
28) 이정신, 앞의 논문, 2008, 65~66쪽.

효과보다는 반군을 진압하기 위해 이 지역 주민의 호응과 민심 결집을 위한 의례적인 목적이었다고 생각된다. 이같이 고려시기에 하늘의 지고신, 산천의 대왕과 용신, 여러 신사의 제신(諸神) 등 다양한 층위의 여러 신격이 존재했다. 고려인은 그들을 신앙의 대상으로 삼아 발원한 다원적인 신관(神觀)을 지녔다.

4. 신격의 다층위성

고려인의 사유 속에는 지고신으로서 태일신과 천황(대제)과 같은 천신(天神)이, 지상의 주요 명산과 대천(江, 池)에는 대왕과 용왕은 물론 각 군현의 치소, 읍성, 성황사에는 제신(諸神)으로 호칭되는 신격이 자리 잡고 있었다.[29] 이같이 다양한 신격의 존재를 인정하는 다신관(多神觀)이 고려인의 사유 속에 자리잡고 있었다.

앞에서 하늘의 지고신과 지상의 대왕과 용왕을 각각 천자와 제후로 호칭했듯이 여러 신격 사이에는 일정한 차이 내지 층위가 존재했다는 문제를 제기한 바 있다. 이는 고려인들이 하늘과 지상의 신격을 구분하려 했던 사유(思惟)가 신격의 호칭에 반영된 것은 아닐까? 즉 다양한 장소에 다양한 층위의 신격이 존재하고, 제사를 주관하는 사람의 신분과 계층, 주관하는 기관과 공동체의 위상에 따라 신앙의 대상과 형태가 달랐기 때문일 것이다. 이는 결국 다양한 형태의 신격이 존재한다는 다신관(多神觀)과 함께 여러 신격 사이에 다양한 서열과 층위를 인정하는 다층위적인 신관(神觀)을 고려인들이 공유한 것은 아닐까? 이에 대해 구체적으로 살펴

---

29) 기우제의 경우 태묘, 산천 및 제신사를 구분하여 제례를 올렸던 사실에서도 뒷받침된다. 『고려사』 권20, 명종 11년 하사월, "辛酉 禱雨于宗廟陵寢岳瀆及諸神祠"; 같은 책 권20, 명종 19년 윤5월, "辛未 禱于廟社及名山大川諸神祠."

보기로 한다.

국왕의 군사를 도와 내외의 적을 물리쳐 국토를 지킨다는 권능은 하늘의 지고신과 지상의 신격이 공유했다. 그러나 이들 신격 사이의 서열과 층위가 있었다. 즉 하늘의 지고신이 지상의 신격보다는 상위의 신격으로 존재했다. 다음의 기록에서 알 수 있다.

> (계변성) 천신은 원래 하늘에서 내려오신 정령(精靈)이시니, 어찌 독귀(瀆鬼 : 큰 강의 신인 용왕)나 산영(山英 : 산의 신인 대왕)에 비길 수 있겠습니까?
>
> 邈千年之古郡 有巋然之孤堵 惟靈神兮鎭壓 行人不敢唾路 本從天以降精 豈瀆鬼山英之是偶,「蔚州戒邊城天神祭文」

울산 계변성의 신은 천신(天神)이 아니라 성황신이며, 이를 단순히 천신으로 아화(雅化)한 것임은 이미 앞에서 밝힌 바 있다. 그렇더라도 위의 제문에 따르면 하늘의 천신은 지상의 강과 산을 주관한 신격인 용신과 대왕과 동일한 층위로 비교될 수 있는 신격이 아니라, 보다 우위의 존재였음을 알려준다. 즉, 신격 사이에 여러 층위, 즉 다층위성이 존재했던 것이다. 그런 사실은 이규보의 제문에서 자주 나타난다.

> 오직 신은 빼어난 신령이 모여 있어서 뭇 산이 안겨 호위합니다. 구름을 타고 기운을 부리어 상제가 계시는 곳으로 조회[朝眞]할 것입니다. 저는 오랫동안 병권을 잡고 있으나, 승리를 하지 못하고 있습니다. 대왕의 신력을 빌려 반드시 두 지역의 괴수를 사로잡으려 합니다. 이에 난근(蘭筋 : 말의 힘줄)을 사당에 올립니다.
>
> 惟神 毓秀鍾靈 擁衆山而作衛 乘雲馭氣 想帝所之朝眞 某等久握兵符 未成捷效 須借大王之神力 堪擒兩地之賊魁 輟此蘭筋 獻于藻宇,「獻馬公山大王文」

(팔)공산대왕이 천황상제께 조회[조진(朝眞)]한다고 했다. '조진'이라는
의제(擬制)적 표현 속에서 천황상제의 지고신과 공산대왕 사이에 상하의
관념이 존재하였던 것이다. 다음의 제문에도 그런 사실이 나타난다.

> 이번 달 모일, 적의 괴수들이 사로잡혀 아군에게 목을 바쳤습니다. 이날
> 막부의 부하들이 소를 잡고 술을 담아 크게 잔치를 열어, 나를 축하하려
> 했습니다. … 나는 놀라 말리면서, "적을 없앤 공을 나에게로 돌리려
> 하느냐. 이는 공산대왕이 국가를 위하여 황천상제께 낱낱이 아뢰었고,
> (상제께서) 군사에게 도움을 주어 그렇게 된 것이다. 그런데 내가 어찌
> 하늘의 공을 탐내고 신의 힘을 훔치고 삼군의 노고를 빼앗아, 나 혼자서
> 뽐내며 먼저 이런 향락을 누리겠는가?"라고 했습니다.
>
> 今月某日 賊魁等克就擒獲 授首于我軍 是日也幕府寮佐輩槌牛擔酒 大設公宴 將以賀
> 我也 … 予憮然遏止之日 若等以賊滅歸功於我耶 此則公山大王所以爲國家辨列于皇
> 天上帝 假手於官軍使然也 予豈敢貪天之功 攘神之力 奪三軍之勞 自尸大美 首享妓
> 樂耶,「公山大王謝祭文」

제문에 따르면, 공산대왕이 국가를 위하여 황천(천황의 誤記)상제께 반
군의 정상을 낱낱이 아뢰었고, 상제의 허락을 받아 그 힘을 빌려 그들을
진압할 수 있었다고 했다. 즉, 공산대왕은 황천상제보다 하위의 신격이었
음을 알 수 있다.

이같이 하늘의 지고신과 지상의 신격 사이에 서차(序次)가 있었던 것이
다. 또한 국가 사전체계에 포섭된 대왕, 용왕과 그렇지 않은 군현의 제신과
성황신 사이에도 서열의 차이가 있었던 것이 분명하다. 이는 신격 사이에
여러 층위 즉, 다층위성이 존재했음을 잘 보여주는 예가 된다.

한편 고려정부는 왕조 건국자 태조의 진전 앞에 제례를 올렸다. 그렇다
면 태조는 어떤 위상의 신격일까?

> 선조(先祖 : 태조)께서 염려하여 상제(上帝 : 천황)께 벼락같은 노여움을
> 내리지 말게 하도록 아뢰었으니, 차마 이런 무리들이 감히 우리 선조께서
> 창업한 이 나라를 흔들기야 하겠습니까? 바라건대 신력(神力)으로 반역하
> 는 무리를 없애고 사로잡아 곧 승리의 소식을 전하여, 다시 나라의 태평한
> 기초를 구축하겠습니다.
>
> 其在先祖之慮 得不敷聞上帝 導降雷霆之怒 而忍令此屬敢搖我聖祖草創之邦業耶 伏
> 望借以神力 俾臣等擒滅逆類 不日效捷 復築我邦家太平之基,「開泰寺祖前願文」

태조가 하늘의 지고신인 상제께 아뢰어 반군을 진압한다는 내용이다.
즉, 상제가 지고신으로서 태조의 신격보다 우위에 있음을 알 수 있다.
역시 신격의 다층위성을 보여준다.

5. 맺음말

지금까지 다양한 지고신의 존재, 즉 지고신의 다원성과 여러 신격 사이
에 나타난 다층위성이 존재한 사실을 통해 고려 다원사회의 또 다른 모습을
확인하게 되었다. 이 글은 특히 이규보의 제문 분석을 통해 신격의 다층위
성을 밝히려 했다. 고려시기에는 천신인 지고신과 지상의 산천에 존재한
신격은 각각 대왕과 용왕으로 호칭되어, 마치 천자-제후의 관계를 연상케
하는 층위와 서열이 존재하였다. 지상의 신격은 다시 국가의 사전(祀典)에
재배치되어 대사-중사-소사로 각각 서열화 되었다. 이규보의 제문에는
태일과 천황의 지고신, 지상에는 대왕과 용왕, 군현 치소와 읍성에는 제신
(諸神)과 성황신이 각각 존재했다. 이같이 하늘의 지고신과 지상의 신격
사이에 나타난 층위와 서열, 지상의 신격 내부에도 사전체계에 의한 신격
의 서열화 내지 계서화(階序化)는 신격의 다층위성을 보여주는 좋은 사례가

된다.

고려 다원사회의 또 다른 모습인 다양한 지고신의 존재와 신격 사이의 다층위성은 역사적으로 어떤 의미를 지니는 것일까? 개방성과 정체성이라는 차원에서 정리할 필요가 있다.

『고려사』에 등장하는 태일·천황 등의 지고신은 중국의 한나라에서 송나라에 이르기까지 중국사에서 통용되어 온 하늘을 주재한 절대적 존재였다. 이러한 지고신 관념은 고려시기 하늘의 주재자로서 제천의례에 수용되었다. 고려왕조는 하늘을 주재한 절대적 존재인 중국의 다양한 지고신 개념을 수용하여, 각종 제천의례에서 하늘을 주재하는 절대자로 상징화 하여 왕조의 권위 확립과 민심의 통합을 이루어 나갔다. 이러한 사실은 고려 다원사회의 또 다른 모습인 개방성이 작용한 구체적인 증거이다.

한편 고려왕조는 중국에서 통용된 지고신 개념의 수용과 함께 삼국시기 이래 민간과 공동체에서 신앙되던 자연발생적이거나 토착화 된 여러 신격을 수용하여, 지고신 관념과 충돌 없이 서열화 계서화 하여 신격의 다층위성을 이룩했다. 이는 고려왕조가 구축한 자기 정체성의 구체적인 증거이다. 이는 개방성을 특징으로 한 고려왕조가 외래와 토착 이념이 서로 충돌하지 않고 조화와 균형을 이루면서 고려 특유의 정체성을 확립해 나간 구체적인 증거이다. 즉, 개방성과 정체성은 고려인의 종교와 신앙관이 다원적인 세계관을 확립하게 하여 새로운 문화의 수용과 변용을 가능하게 했다.

제2장

고려전기 연등회·팔관회의 기능과 의례적 특징

한 준 수

1. 머리말

국가의례란 국가에서 행하는 의식을 지칭하는 것으로 삼국시대 이전부터 존재해 왔다. 부여의 영고, 고구려의 동맹, 동예의 무천 등은 제천행사로서 국가적 제의기능을 충실히 수행하였으므로 국가의례의 범주에 포함할수 있다. 국가의례는 이른 시기부터 국가와 구성원의 일체감을 높이는 매개체로서 중요한 역할을 담당한 것이다.

그러한 국가의례는 불교와 유교가 수용되면서 보다 체계화되었고 국가체제의 정비와 궤를 같이하며 발전해 왔다. 국가의례는 고대사회를 거치며 중세에 이르는 동안 지리적 환경과 시간관념에 영향을 받은 고유한 인식을 바탕으로 독자성을 강화하며 변화해 왔다. 국가의례는 해당 국가의 문화적 정체성 또는 문화적 체질을 강하게 반영한다고 할 수 있는데, 중세를 개창한 고려 역시 예외는 아니었다.

고려의 국가의례는 유교의례와 비유교의례로 나누어 볼 수 있는데, 비유교의례의 시행은 건국 초기부터 나타난다. 주요 의례인 연등회와 팔관회를 태조가 매년 시행하도록 유훈을 남겼다는 사실에서 확인할 수 있다. 고려의 국가의례에 대하여 최근까지 다양한 시각에서 많은 고찰이 이루어졌는데, 양적 확대와 질적 심화로 요약할 수 있다.

안계현[1]과 니노미야 히로마사[二宮啓任][2]에 의해 고찰이 시작된 후, 본격적인 연구가 있었으며 주로 의례의 성격에 관심이 집중되었다. 팔관회를 처음 살핀 안계현이 신라의 팔관회를 인왕경신앙에 근거한 불교행사이고, 궁예의 팔관회를 미륵신앙에 근거한 불교행사라 함으로써 팔관회의 기본적 성격을 불교의례로 규정한 이후 현재까지 큰 흐름으로 이어졌다.

그런데 최근의 연구에서 새로운 경향이 나타나고 있어 이채롭게 느껴진다. 기본적으로 연등회가 불교의례라는 점에 대해 연구자간 견해 차이는 없으나, 팔관회의 경우는 불교의례로 보는 시각과 비불교의례로 보는 시각으로 구분되고 있다. 전자의 견해로는 불교의 제전,[3] 국가의 신성감과 국가의 영속을 지속적으로 인식시키던 정기적 불교의례,[4] 전(全) 국민이 참가한 초계층적 문화축제로서 불교의례[5]라는 시각 등이 이에 해당하며, 금석문을 고찰한 연구 역시 불교의례로 규정하며 견해를 같이하고 있다.[6]

반면에 후자는 최근 들어 확대되는 경향을 보이고 있다. 팔관회를 불교와 재래신앙이 습합된 신앙행사,[7] 국가와 왕실의 영원한 안녕을 위해 토속신령들에게 복을 빌던 의례,[8] 불교 행사를 넘어 왕실과 국가, 신명이

---

1) 안계현, 「팔관회고」 『동국사학』 4, 1956.

2) 二宮啓任, 「高麗朝の八關會について」 『朝鮮學報』 9, 1956.

3) 허흥식, 「≪고려사≫ 지리지에 실린 명소와 산천단묘와의 관계」 『한국사연구』 117, 2002, 84쪽.

4) 한기문, 「고려시기 정기 불교 의례의 성립과 성격」 『민족문화논총』 27, 2003, 40~53쪽.

5) 안지원, 『고려의 국가 불교의례와 문화』, 서울대학교출판부, 2005, 163쪽.

6) 김수연, 「고려전기 금석문 소재 불교의례와 그 특징」 『역사와현실』 71, 2009, 50쪽, 주41).

7) 채웅석, 『고려시대의 국가와 지방사회』, 서울대학교출판부, 2000, 189쪽.

8) 한흥섭, 「백희가무를 통해 본 고려시대 팔관회의 실상」 『민족문화연구』 47, 2007, 382쪽.

즐거워하는 큰 모임,[9] 불교를 비롯한 토착신앙을 포함한 다신적 성격을 지닌 의례,[10] 여러 토속신앙에 대한 제사도 겸하고 장병의 명복을 비는 기복적 성격을 지닌 온 국민의 축제마당,[11] 통일국가 고려의 위상과 내적 통합을 높이던 의례,[12] 해마다 개최되며 국민적 성격을 지니는 거국적인 행사,[13] 토착신앙과 산악제사를 비롯한 천지제사를 국왕 중심의 계서적 질서로 재편한 의례,[14] 고려건국의 정통성과 왕권의 권위제고에 기여한 국가행사[15]라는 견해 등이 이에 해당한다. 이밖에 세시풍속의 시각에서 팔관회를 주목하거나,[16] 공연예술의 시각에서 접근한 견해도 제시되어 있는데,[17] 큰 틀에서 보면 비불교의례의 범주에 포함할 수 있다.

　이와 같이 연등회와 팔관회에 대한 고찰은 다양하고 심층적인 연구가 진행되어 고려시대 국가의례의 기본적 인식토대로서 기능하고 있는데, 팔관회를 비불교의례로 이해하는 시각이 점차 확대되고 있다는 점이 새로운 특징이라 할 수 있다. 이는 중세 고려사회의 특징을 파악함에 있어 새로운 의미를 지니므로 주의 깊게 보아야 할 부분이 아닌가 한다. 다만 종교의례, 불교의례, 국가의례, 왕실의례 등 개념용어에 대한 접근은 의례 연구의 체계화를 위해 현재보다 더욱 심화될 필요가 있다고 생각된다.

　본 고찰에서는 기존의 연구 성과를 바탕으로 고려전기의 국가의례가

---

9) 한정수, 「고려 전기 정기적 국왕 행사의 내용과 의미」 『역사와 현실』 87, 2013.
10) 김철웅, 『한국중세의 吉禮와 雜祀』, 경인문화사, 2007, 8~11쪽 ; 『고려시대의 도교』, 경인문화사, 2017, 46쪽.
11) 조경시, 「고려 현종의 불교신앙과 정책」 『한국사상사학』 29, 2007, 196쪽.
12) 배재훈, 「고려의 팔관회 설행과 민간」 『영남학』 31, 2016.
13) 정병삼, 「고려시대 팔관회 행사와 팔관재 신앙」 『불교학보』 71, 2015, 197쪽.
14) 강호선, 「고려시대 국가의례로서의 불교의례 실행과 그 정치적 의미」 『동국사학』 59, 2015.
15) 정진아, 「일본 고대왕권과 빈례(賓禮)−고려 팔관회와의 의식비교를 중심으로」 『일본연구』 27, 2017.
16) 김혜숙, 「고려 팔관회의 내용과 기능」 『역사민속학』 9, 1999, 32쪽.
17) 신선희, 『한국 고대극장의 역사』, 열화당, 2006, 159~162쪽.

지니는 역사적 의의에 대하여 연등회와 팔관회를 중심으로 새롭게 접근해 보고자 한다. 중세적 지성에 근거하여 성립된 고려의 국가의례가 이전의 고대와 비교하여 볼 때 어떠한 차별성을 지니는지, 어떻게 독자적 모습을 구축하여 갔는지 이해하려는 것이다. 2절에서는 신라의 연등회·팔관회가 지닌 고대적 특성과 고대와 중세의 과도기로서 궁예 시기의 팔관회에 대하여, 3절에서는 태조의 「훈요」 제6조와 즉위년의 연등회·팔관회 시행이 지니는 의미에 대하여, 4절에서는 현종대 연등회·팔관회의 복설과 국가의례의 개방성이 지니는 의미에 대하여 살펴보고자 한다.

2. 신라의 불교의례와 궁예 정권의 팔관회

불교가 신라에 처음 전래된 시기는 명확한 기록이 없어 단정하기 힘들지만 공인 시기는 사료에 분명하게 전하고 있어 이해하는 데 혼란은 없다. 법흥왕대 불교 공인이 불교의 초전(初傳)이 아니라 이미 전래되어 있던 불교를 국가가 공식적으로 인정한 조치였던 만큼[18] 사실상 국가불교의 성립이라 정의할 수 있다.[19] 『삼국유사』 등에 법흥왕 이전 불교전래 기록들이 나타나기 때문이다. 신라의 초기불교는 중국의 북조를 통하여 전래되면서 '왕즉불' 사상이 강하게 반영되었기에 귀족보다는 왕실에 적합한 성격을 띠고 있었다.[20]

이에 따라 초기불교는 왕실중심으로 수용되면서 무교(巫教)신앙을 대체하게 되었는데,[21] 승려 아도(阿道)가 신라에서 불교를 전파하던 상황은

---

18) 김두진, 『삼국유사의 사학사적 연구』, 일조각, 2014, 123쪽.
19) 김두진, 『삼국시대 불교신앙사 연구』, 일조각, 2016, 23쪽.
20) 김철준, 『한국고대사회연구』, 서울대학교출판부, 1975.
21) 신종원, 『신라초기불교사연구』, 민족사, 1992, 34쪽.

당시의 모습을 보여준다. 공주가 병이 났을 때 무의(巫醫)는 치료에 효험을 보이지 못했지만 아도가 치병했다는 이야기는[22] 불교와 무속 사이의 역학 관계를 잘 드러내는데, 사찰의 창건과정에서도 비슷한 면모를 보이고 있다. 천경림(天鏡林)에 지은 절이 흥륜사이고 천경림이 토착신앙의 성지로 느껴지는 만큼 불교가 전통신앙을 대체하던 상황이라 할 수 있다.[23]

신라불교는 삼국통일을 이룩할 때까지 통합의 힘을 발휘하였는데, 통일 이후 삼국민의 결속을 강화하는 데 있어 역할 전환이 더디었던 것 같다. 다양한 고구려·백제 유민의 통합시도와 달리 성공적인 유민통합을 보여주는 사례가 확실히 드러나지 않기 때문이다. 여제 유민의 국계(國系)의식이 이후에도 지속되고,[24] 고려중기에도 삼국부흥운동이 발생했던 사실은 그러한 상황과 무관치 않다.[25] 국민적 결속이라는 것이 단순히 정책보다는 심리적 안정을 통해 효과적으로 진행될 수 있다는 점에서 아쉬운 점이라 하겠다. 사실 삼국간 항쟁이 끝난 신라중대는 강력한 국왕중심의 정치운영이 이루어졌는데,[26] 불교의례를 포함한 각종 국가의례도 중앙집권적 흐름에서 정비가 진행되었다. 이는 체제정비의 측면에서 보면 발전일 수도 있었지만 다양한 신분계급이 존재하던 당시 현실에서 사회적 포용과는 거리가 있었던 셈이다.

『삼국사기』제사지를 보면 대사(大祀)인 삼산(三山)은 지리적으로 수도 경주지역에 한정되고, 중사(中祀) 가운데 오악(五岳)은 통일 이후를 반영하지만, 신라중대의 왕권을 사상적으로 뒷받침하며 정치적 권위를 상징하고

---

22) 『삼국유사』 권3, 흥법3, 아도기라.
23) 천경림을 비롯해 옛 절터로 언급된 7곳은 일찍이 고대 신앙의 신성지역이었고 삼한지역에서 蘇塗로 불리던 지역들이었다(이기백, 『신라사상사연구』, 일조각, 1986, 29쪽).
24) 최근영, 『통일신라시대의 지방세력연구』, 신서원, 1990, 65~66쪽.
25) 신안식, 「고려중기 삼국부흥운동의 '地域性'과 '抵抗性'」 『한국중세사연구』 47, 2016 (본 연구총서 2권 참조).
26) 이기백, 『신라정치사회사연구』, 일조각, 1974.

있어,27) 지방사회의 정서나 신앙을 수렴하는 데 한계가 있었다. 그렇다면 신라에서 시행되었던 연등회는 어떠한 모습이었을까?

가-① (정월) 15일, 왕이 황룡사에 행차하여 **연등행사**를 보고 백관들을 위하여 연회를 베풀었다.28)

가-② (정월) 15일, 임금이 황룡사에 행차하여 **연등행사**를 보았다.29)

가-①·②는 신라에서 행해진 연등회를 보여주는데, 단 2회만 나타나고 있어 세월의 경과에 따른 사료의 누락 가능성이 있다. 부족한 사료로 인해 시대상을 이해하는 데 제한적일 수밖에 없으나 나름대로 역사상을 드러내고 있어 제한적 여건이지만 시대상 고찰은 가능할 것 같다. 위의 기록을 근거로 간등(看燈)이 정월 15일에 있었던 것으로 보아 연등회가 국가적으로 정례화 되었다는 견해가 있지만,30) 거기에 동의하기는 쉽지가 않다. 국운이 쇠퇴하던 신라하대에 잠깐 등장했다는 사실이 연등회가 국가의례였다고 단정하기에 무언가 부족함을 느끼게 한다. 문헌 사료 이외의 금석문 등에서도 그러한 모습을 찾을 수 없기 때문이다. 가-②는 진성여왕대 연등회 개최로서 황룡사에 행차하고 연등회를 보았다는 형식적인 면 이외에 크게 주목할 만한 모습이 살펴지지 않는다. 그런데 연등회 개최 전년에 대규모 농민반란으로 사회적 혼란이 확산되던 사실이 주목을 끈다.

---

27) 이기백, 위의 책, 1974, 210쪽.
28) 『삼국사기』 권11, 경문왕 6년 정월, "… 十五日 幸皇龍寺看燈 仍賜燕百寮."
29) 『삼국사기』 권11, 진성왕 4년 정월, "… 十五日 幸皇龍寺看燈."
30) 채상식, 「고려시기 연등회의 운영과 추이」 『한국민족문화』 54, 2015, 7쪽 ; 최연주, 「중세 불교행사로서의 觀燈과 변화 양상」 『문물연구』 30, 2016, 95쪽.

가-③ 나라 안의 여러 주군(州郡)에서 공물과 세금을 보내지 않아 창고가 비고 국가재정이 어려워졌다. 왕이 사람을 보내어 독촉하니, 인하여 각지에서 도적이 일어났다. 이때 **원종(元宗), 애노(哀奴)** 등이 사벌주(沙伐州)에 웅거하여 반란을 일으켰다. …31)

가-③은 진성여왕 3년(889)에 일어난 이른바 '원종·애노의 난'이며, 이를 기점으로 하여 신라가 국가체제 붕괴기로 진입했다는 것이 일반적 시각이다. 난은 표면적으로 국가가 기근에 허덕이는 농민들을 구제할 능력이 없었기에 발생한 것이지만,32) 근본적으로 국가가 기층민의 지배체제에 대한 불만을 현실적으로 감당할 수 없는 한계에 도달했기 때문이다. 난이 직접적으로 연등회나 팔관회와 관련성을 가진 것은 아니지만, 국가에 의해 평소 연등회 등이 행해지고 기층민이 거기에 구성원으로 참가하여 사회적 갈등을 주기적으로 해소하였다면 이 시기의 극심한 혼란은 어느 정도 예방할 수 있었을 것이다. 상대적으로 정치적 안정기였던 신라중대와 달리 사회적 모순과 불안이 증폭되던 시기였음에도 불구하고 적극적인 정책의 시행 모습은 나타나지 않았다.

이러한 상황임에도 지배층이 연등회 개최 당시 실효적 대응조치 등 개선을 위한 노력을 수반하지 않았기에 큰 의미를 찾기는 힘들어 보인다. 신라의 연등회가 국가적 후원 아래 정기적으로 개최되었던 의례라고 하지만,33) 오히려 신라의 연등회는 국가의례가 아닌 불교계의 종교의례 수준에서 제한된 기능만을 수행했던 것이 아닌가 하는 의구심을 들게 한다. 신라의 국가의례가 기록된 『삼국사기』「제사지」에 연등회·팔관회의 관련 기록이 전혀 나타나지 않는 것도 이와 관련 있지 않을까 한다.34) 그렇다면

---

31) 『삼국사기』 권11, 진성왕 3년.
32) 권영오, 『신라하대 정치사 연구』, 혜안, 2011, 268쪽.
33) 채상식, 앞의 논문, 2015, 8쪽.

신라의 팔관회는 어떤 모습이었을까?

　　가-④ (진흥왕) 12년(551) 신미년에 … 거칠부가 (혜량법사)와 같이 돌아와 왕에게 배알시켰다. 왕이 그를 승통으로 삼고 처음으로 백좌강회와 **팔관법회**를 열었다.[35]

　　가-⑤ 겨울 10월 20일, 전쟁에서 죽은 장수와 병졸들을 위하여 왕성 밖의 절에서 **팔관연회**를 열어 7일 만에 마쳤다.[36]

　　가-⑥ 자장이 다시 물었다. "고국으로 돌아가 장차 어떤 이로운 일을 해야 합니까?" 신인(神人)이 말하기를 "… 탑을 세운 후에는 **팔관회**를 열고 죄인을 용서하여 풀어주면, 외적이 해를 끼치지 못할 것이오. …"[37]

　　가-④는 진흥왕대 처음으로 신라에서 팔관회가 열린 사실을 나타내며, 가-⑤는 팔관회의 성격을 보여주고 있다. 팔관회가 민속행사와 합해진 불교행사로서 전몰장병 위령제의 성격을 띠었으며, 10월에 개설되었을 것이라 하지만,[38] 위령제를 제외하고는 뒷받침할 만한 증거를 찾기 어렵다. 가-⑥은 자장법사가 중국 태화지(太和池) 부근에서 신인을 만나 황룡사9층탑의 건립과 관련해 나눈 대화로서 팔관회 설행을 이야기하고 있지만 이 역시 정확한 실행여부는 확인되지 않는다. 건립과정을 생각할 때 실행되었을 것으로 추측될 뿐이다.

---

34) 팔관회와 관련이 있는 國仙이 正史인『삼국사기』에 전혀 보이지 않는다는 사실도 추론을 뒷받침 해주는 근거가 될 수 있을 것이다.
35)『삼국사기』권44, 거칠부.
36)『삼국사기』권4, 진흥왕 33년.
37)『삼국유사』권3, 탑상4, 황룡사구층탑.
38) 김복순,『신사조로서의 신라불교와 왕권』, 경인문화사, 2008, 187쪽.

가-④~⑥의 내용을 토대로 할 때 일단 팔관회가 호국(護國)과 관련된 것임은 짐작할 수 있다. 호국 법회의식인 백좌강회와 더불어 개최되었고, 전몰장병의 넋을 위로하였으며, 외적을 물리치기 위해 황룡사탑을 세우는 과정에서 언급되었다는 점이 이를 뒷받침하기 때문이다. 행사에는 많은 이들이 참가하였을 것으로 생각되지만, 위령제라는 집회의 성격상 참가자들이 어울려 즐길 수 있는 분위기는 아니었던 것으로 여겨진다.

여기에서 신라 팔관회의 성격을 가늠해 볼 수 있다. 다수의 참가자들이 모여 호국을 기원하고 영령을 위로하는 법회로서 유희적 성격의 집회는 아니었다고 하겠다. 신라가 고구려 승려 혜량이 팔관회를 처음 전래할 당시의 원형(proto type)을 지속하였던 것이다. 이는 연등회와 마찬가지로 팔관회 역시 국가의례보다는 불교계의 종교의례로서 유지되었을 가능성이 높게 한다. 신라말 중앙정부가 지방사회의 변화를 효율적으로 수렴하지 못함으로써 체제가 이완된 것처럼 의례에 있어서도 공동체 의식에 기반한 지방사회나 기층민의 정서를 포용하지 못한 면이 비슷한 양상을 보여준다.

신라말 지배력 약화를 자양분으로 성장한 지방세력에 의해 국가가 분열될 수밖에 없었는데, 그들 가운데 궁예의 활동이 주목을 끈다. 그가 신라 왕실의 혈통을 지녔음에도 불구하고, 세력을 넓혀 나라까지 세우게 된 것은 지방세력과 기층민의 요구를 흡수하였기 때문이다. 다음을 참고한다.

> 가-⑦ 광화 원년 무오(898) 봄 2월에 송악성을 수리하고 우리 태조를 정기대감(精騎大監)으로 삼아 양주(楊州)와 견주(見州)를 치게 하였다. 겨울 11월에 처음으로 **팔관회**를 열었다.[39]

가-⑦은 궁예의 팔관회 개최를 보여주고 있다. 이를 고구려의 10월 동맹

---

39) 『삼국사기』 권50, 궁예.

(東盟) 계승으로 보기도 하지만,[40) 사료 이해의 오류로 여겨진다.[41) 다만 궁예가 집권 초기에 민심을 얻기 위해 민간에서 행해지던 팔관재 의례를 이용했을 가능성이 크다는 지적은 매우 의미가 있다.[42) 지방에서 공동체 의식을 바탕으로 한 신앙의례가 존재했을 것이므로 이를 반영한 조치라 할 수 있다. 궁예가 한 때나마 지배자의 위치를 점했던 것은 이와 관련이 깊을 것이다. 다만 그가 신라의 팔관회 형식을 그대로 따랐을 가능성은 크지 않다.

> 가-⑧ 천복 원년 신유(901)에 선종이 스스로 왕이라 일컫고 사람들에게 말했다. "지난날 신라가 당나라에 군사를 요청해 고구려를 깨뜨렸다. 그래서 평양의 옛 도읍이 황폐하여 풀만 무성하니, 내가 반드시 그 원수를 갚겠다." 아마도 태어났을 때 버림받은 것을 원망했던 까닭에 이런 말을 한 것이다. 한번은 남쪽을 돌아다니다가 흥주 부석사(浮石寺)에 이르러 벽에 그려진 신라왕의 모습을 보고 칼을 뽑아 그것을 쳤는데, 그 칼자국이 아직도 남아 있다. … 선종은 강성한 세력에 자만해져 병탄할 생각을 갖고 나라 사람들에게 신라를 멸도(滅都)라고 부르게 하였으며, 신라에서 오는 사람은 모조리 죽여버렸다.[43)

> 가-⑨ … 궁예가 신라의 품계와 관직, 군읍의 호칭을 모두 천하고 촌스럽다고 하여 고쳐 새로운 제도를 만들고 여러 해 동안 시행하였으나, 백성들이 잘 알지 못하고 미혹되고 혼란을 일으키게 되었다. …[44)

---

40) 안지원, 앞의 책, 2005, 151쪽.
41) 김기덕·한정수, 「고려 팔관회에 담긴 고려시대의 특성」, 『한국중세사연구』 42, 2015, 189쪽.
42) 안지원, 앞의 책, 2005, 208쪽 ; 채웅석, 앞의 책, 2000, 191쪽 ; 정병삼, 앞의 논문, 2015, 203쪽.
43) 『삼국사기』 권50, 궁예.

가-⑧·⑨는 궁예의 신라에 대한 감정을 보여준다. 가-⑧은 나당연합군에 의해 고구려가 멸망되었음을 상기시키며 지지세력을 결속하는 모습인데, 이는 그가 태봉의 제도를 정비하는 데 영향을 주었을 것 같다. "벽에 그려진 신라왕의 모습을 보고 칼을 뽑아 그것을 쳤다", "신라를 멸도라 부르게 하고 신라에서 오는 사람은 모조리 죽여 버렸다"는 표현은 그의 반신라적 성향이 상당히 강했음을 드러낸다.[45] 가-⑨의 "천하고 촌스럽다"는 표현 역시 신라에 대한 부정적 인식을 드러낸다. 신라제도 자체에 대한 거부반응이 확인되고 있다. 이를 고려할 때 그가 팔관회를 시행하는 과정에서 신라적 요소는 어느 정도 존재했겠으나,[46] 그대로 계승하기 보다는 오히려 자신만의 독특한 요소들을 가미하지 않았을까 한다.[47]

가-⑩ … 선종(궁예)이 미륵불을 자칭하고 머리에 금관을 쓰고 몸에 가사를 입었다. 큰아들을 청광보살, 막내아들을 신광보살로 삼아 외출할 때는 항상 **백마**를 탔는데 말갈기와 꼬리를 고운 비단으로 장식하였으며 **소년, 소녀**로 하여금 깃발, 일산과 향기나는 꽃을 들고 앞에서 인도하게 하였고 비구승 200여 명을 시켜 범패를 부르며 뒤따르게 하였다.[48]

가-⑩은 궁예의 행차로서 상당히 화려했음을 알 수 있는데, 팔관회와 관련해서 관심을 끈다. 아마도 당시의 팔관회 행렬이 이와 비슷하지 않았

---

44) 『고려사』 권1, 태조 원년 6월 무진, "前主以新羅階官郡邑之號 悉皆鄙野 改爲新制 行之累 年 民不習知 以至惑亂."
45) 한정수, 「고려 태조대 팔관회 설행과 그 의미」 『대동문화연구』 86, 2014, 200쪽.
46) 조인성, 『태봉의 궁예정권』, 푸른역사, 2007, 156쪽. 궁예가 팔관회를 설행한 것은 후삼국시대의 전쟁을 고려할 때 전몰장병의 명복을 빌기 위한 위령제로서의 의미를 크다고 할 수 있다.
47) 안계현은 궁예가 전통적 팔관회에 미륵신앙적 요소를 가미했던 것으로 이해한 바 있다(앞의 논문, 1956, 40쪽).
48) 『삼국사기』 권50, 弓裔.

을까? '소년·소녀'와 '백마'가 주목되는데, 팔관회의 사선악부(四仙樂府) [선랑(仙郞)]와 용봉상마거선(龍鳳象馬車船)을 연상시키기 때문이다. 사선이 본래 4인의 화랑을 의미하지만 그 역할은 필요성이 많이 사라진 신라하대 이후 변질되었을 가능성이 있으므로 나말여초 이전에 신라의 팔관회에 등장했을 확률은 사실상 크지 않을 것 같다.[49] 이것이 궁예시기에 들어 기능과 형식면에서 변형되었을 것으로 여겨지는 까닭인데, 이러한 요소들이 기층민을 지지기반으로 유인하는 데 충분히 활용되었을 것으로 생각된다.

그러나 궁예가 신라의 왕자신분이었다는 사실은 골품제 사회규범에서 크게 벗어나지 못할 것임을 예측케 하는데,[50] 미륵신앙에 근거한 신공적(神政的) 전제주의를 추구하는 등 근본적 모순을 드러낸 것이 그러하다.[51] 고대를 비판하고 중세를 지향하면서도 고대적 인식의 한계를 드러낸 것이다. 실제로 그는 왕건이 나주 공략에 성공했을 때 '대아찬 장군'을 제수했는데,[52] 대아찬이 신라 골품제 관등의 하나라는 점에서 그의 인식체계를 가늠할 수 있다. 신라 쇠망의 근본적 원인으로 지목되는 폐쇄적 골품제가 그에게 잔존하고 있음을 보여주기 때문이다.

결국 그는 팔관회 등을 통해 일시적으로 기층민의 호응을 받아 세력을 확장하였으나, 고대적 인식의 한계로 인해 새로운 국가질서를 형성하지 못하고 비극적 운명을 맞게 되었다. 다만 고대와 중세가 혼재되어 모순을 극복하지 못했던 궁예와 달리 그의 팔관회는 신라의 불교적 종교의례가

---

49) 사료 다-④ 성종대 이지백 상소의 "선왕께서 설치하신 연등회·팔관회·선랑 등의 행사"라는 표현에서 선랑이 연등회, 팔관회와 별개로 존재했음을 볼 수 있는데, 이는 팔관회에 선랑이 융합된 시점을 파악하는 데 참고가 될 수 있다. 다만 사료에 나열되었다고 해서 모두 等格의 행사로 파악하는 것은 정밀한 분석이 요구되는 만큼 판단은 유보하고자 한다.

50) 정청주, 『신라말고려초 호족연구』, 일조각, 1996, 195쪽.

51) 조인성, 앞의 책, 2007, 93~102쪽.

52) 『삼국사기』 권50, 궁예, "遣太祖率兵 伐錦城等 以錦城爲羅州 論功 以太祖爲大阿湌將軍."

고려의 중세적 국가의례로 전환되던 과정에서 사회·문화적 매개체로서 일정한 역할을 수행함으로써 긍정적으로 기능했다고 평가할 수 있다.

3. 태조의 「훈요」와 양회(兩會)의 국가의례화

고려를 건국한 태조는 후삼국 분열기 지방사회의 동향과 민심의 호응이 지니는 의미를 정확히 인식하고 있었다. 궁예나 다른 지방세력이 탈피하지 못했던 고대적 인식체계를 극복한 것이다. 그와 관련하여 주목되는 것이 즉위년 팔관회의 개최이다.

> 나-① 11월 왕이 처음으로 **팔관회**를 개최하고 의봉루에 나가 관람하였다. 이때부터 해마다 상례(常例)로 삼았다.[53]

> 나-② … 왕이 위봉루에 거동하여 (**팔관회**를) 관람하였으며 매년 상례(常例)가 되었다.[54]

> 나-③ 11월. **팔관회**를 베풀었다. 유사(有司)에서 말하기를, "전 임금(궁예)은 매년 중동에 팔관재(八關齋)를 크게 개설하여 복을 빌었으니, 그 제도를 따르시기 바랍니다."라고 하였다. 왕이 말하기를, "짐은 덕이 없는데도 대업(大業)을 이루어낼 수 있었으니, 어찌 부처의 가르침[불교]에 의지하여 나라를 편안케 하지 않겠는가?"라고 하였다. 마침내 구정(毬庭)에 윤등(輪燈)을 하나 설치하고 그 곁에 향등(香燈)을 벌여 놓으니, 땅 위를 가득 채운 불빛이 밤새도록 밝게 빛났다. … 그 앞에서 각종 놀이와

---

53) 『고려사』 권1, 태조 원년 11월, "始設八關會御儀鳳樓觀之歲以爲常."
54) 『고려사』 권69, 嘉禮雜儀 仲冬八關會儀, "… 王御威鳳樓觀之歲以爲常."

춤과 노래를 베풀었는데, 그 사선악부(四仙樂部)와 용·봉황·코끼리·말·
거선(車船)은 모두 신라[55] 때부터 전해오던 옛 제도였다. **모든 관리들은
도포를 입고 홀(笏)을 든 채 의례를 행하였으며, 구경하는 자들이 도성으로
몰려들어 밤낮으로 즐겼다.** 왕이 위봉루에 행차하여 관람하고 이름하기
를 '부처를 공양하고 신을 즐겁게 하는 모임[공불악신지회(供佛樂神之會)]'이
라 하였다. 이때부터 매년 이를 상례(常例)로 삼았다.[56]

　나-①~③은 태조대 팔관회 개최를 전하고 있다. 나-①·②가 개최 사실만
을 단순히 전하는 데 비하여, 나-③은 시행배경에 대해서도 구체적으로
이야기 하고 있다. 유사가 건의하고 태조가 이에 응한 모습은 의사결정
과정이 상명하달이 아닌 하의상달식 형태임을 보여주고 있어 개방적 인식
을 엿보게 한다.[57] 궁예가 폭정으로 인해 축출되었지만 그의 정책 가운데
체제안정에 도움되는 것이 있다면 기꺼이 수용하겠다는 포용적 자세가
인상적이다.[58]

　여기에서 태조가 팔관회를 종교의례에서 국가의례로 승화시켰다는 점
을 인식할 필요가 있다.[59] "모든 관리들이 도포를 입고 홀을 든 채 의례를

---

55) 신라로 표현되는 시기의 반영 시점에 대해서 유의할 필요가 있는데, 팔관회 전래를
　　고려할 때 신라 전체를 의미한 것이 아니기 때문이다. 고려 건국 이후 신라의
　　풍습 가운데 일부가 전승되는 과정에서 기록되었을 것인데, 아마도 신라 하대나
　　신라 말기의 상황이 반영된 것으로 추정된다.
56)『고려사절요』권1, 태조 원년 11월, "… 王御威鳳樓觀之名爲供佛樂神之會自後歲以爲
　　常."
57) 태조가 대경대사 麗嚴을 康公萱으로부터 추천받는 과정과 비슷한 면을 보이고 있어
　　고려국가의 성립과정이 개방성에 기초하고 있음을 보여준다(한준수, 「나말려초
　　금석문에 나타난 불교사원과 승려의 교류와 소통」『한국중세사연구』47, 2016,
　　174쪽[본 연구총서 2권 참조]).
58) 태조가 궁예의 팔관회를 통해 왕조의 평안을 비는 대회로 삼으려 했다는 점에서,
　　태조 원년의 팔관회는 궁예의 팔관재를 계승한 불교성 짙은 기복행사로 볼 수
　　있다(한정수, 앞의 논문, 2014, 86쪽).
59) 연등회 역시 그러했을 것이다. 팔관회와 달리 연등회의 설행 기록이 태조대에

행하였다"는 표현은 그러한 모습을 상징적으로 보여준다. 특히 『고려사』「예지」의 연등회 및 팔관회의 실행절차나, 「여복지」의 연등의장과 중동팔관회의장 기록은 중세 고려의 국가적 성격을 한층 선명하게 드러내고 있다. 물론 『고려사』「예지」와 「여복지」 기록이 태조대를 반영한 것은 아니지만 그 시원은 이미 태조대에 시작되고 있었던 것이다.

사실 신라에서 팔관회가 시행되기는 했으나 삼국통일 이후 살펴지지 않고, 고려가 팔관회를 다시 시행함에 더하여 이를 상례화하고 행사 내용 면에서도 차별성을 보였으니 국가의례 측면에서는 일대 진전이었다. 고려의 팔관회 당시 관료들이 국왕에게 바친 하표(賀表)가 존재하고 더불어 상표(上表)를 빠뜨린 자를 탄핵했다는 기록도 있어 관료 참여가 필수였던 국가의례였음을 뒷받침해 준다.[60] 또한 지방관에 의해 작성된 하표가 개경에 도달하는 과정을 떠올린다면 팔관회의 장소가 외형상 지역적인 제한이 있을 뿐, 실제로는 모든 계층이 참여한 전국적인 행사였고,[61] 지방 사회의 참여가 포함된 의례였음을 확인할 수 있다.[62] 김부식, 곽동순 등이 작성한 표문의 '구빈(九賓)'이나[63] '만세(萬歲)'라는[64] 표현은 팔관회의 중심에 고려국왕이 있음을 보여주어 국가의례의 성격을 명확히 하고 있다.

그렇다면 태조는 어떠한 의도 하에 이러한 의례를 시행한 것일까? 당연히 국가체제의 정비와 관련이 있겠으나 보다 근본적인 의도가 있었을 것이므로 이에 대한 고찰이 필요하다.

나-④ 여섯째, 내가 지극하게 바라는 것은 연등회와 팔관회에 있으니, 연등

나타나지 않지만 최승로의 「시무28조」를 통해 가능성은 충분히 확인할 수 있다.

60) 김기덕·한정수, 앞의 논문, 2015, 193쪽 ; 배재훈, 앞의 논문, 2016, 20쪽.
61) 안지원, 앞의 책, 2005, 197쪽.
62) 강호선, 앞의 논문, 2015, 55쪽.
63) 『동문선』 권31, 賀八關表, "應此令辰 載陳嘉會 濟濟九賓之序 洋洋六樂之音 …."
64) 『동문선』 권31, 八關會仙郞賀表, "黼座天臨而擁千官 鼇山地湧而薦萬歲 …."

회는 부처를 섬기는 까닭이고 팔관회는 하늘의 신령 및 오악(五嶽)·명산(名山)·대천(大川)·용신(龍神)을 섬기는 까닭이다. 후세에 간신들이 이 행사를 더하거나 줄일 것을 건의하는 것을 마땅히 금지하라. 나도 처음 마음으로 맹세하기를, 연등회·팔관회를 하는 날짜가 국가의 기일[국기(國忌)]을 범하지 않게 하고 임금과 신하가 함께 즐기겠다고 하였으니 마땅히 조심스럽게 이대로 시행하라.[65]

나-④는 「훈요」제6조로 연등회와 팔관회를 엄수토록 하고 있다. 「훈요」가 태조의 유훈으로서 갖는 의미를 부연할 필요는 없지만 여기에 담긴 뜻은 되새겨 볼 필요가 있다. 주지하다시피 고려는 지방세력을 기반으로 하였으므로, 그들을 지배체제 내에 안주시켜야 하는 현실적 당면과제를 안고 있었다. 후삼국 시대의 분열적 정서를 '고려'라는 일체감으로 통합해야 할 필요성이 있었다.[66] 새로운 국가건설에 동참했다 하더라도 언제든지 이탈할 가능성이 존재했으므로 이에 대한 사전적 대비와 더불어 적극적으로는 그들을 체제발전의 원동력으로 삼아야 했기 때문이다.

그러므로 후삼국 통일 이후 지방세력의 거점을 포괄하는 제일적(齊一的) 지배의 시각에서 새로운 인식틀의 설정이 필요했는데, 산천신앙·토속신앙 등 전통적 신앙체계에 기반한 요소들을 반영하여 제시한 것이 고려의 팔관회가 아닐까 한다. 지역적 색채를 강하게 드러내는 각 지방의 토착신앙을 수도인 개경에서 일원적 구조로 통합한 것이다.[67] 바로 고려적 팔관회의 정립이라 할 수 있는데, 기본적으로 팔관회가 불교와 재래신앙이 습합된 신앙행사라는 점에서[68] 설득력은 충분하다고 생각된다. 산천이

65) 『고려사』권2, 태조 26년 4월.
66) 전영준, 「고려시대 팔관회의 설행과 국제문화교류」 『다문화콘텐츠연구』 3, 2010, 218쪽.
67) 안지원, 앞의 책, 2005, 205쪽.
68) 채웅석, 앞의 책, 2000, 189쪽.

신령(神靈) 또는 신기(神祇)로 불린 여러 신을 모신 단묘(壇廟)가 있던 지명(地名)을 의미한다는 점에서,[69] 나-④의 '오악·명산·대천'이 단순히 지세 등 자연지리적 특성에 의해 지정되었다고 단정하기에는 간단치 않아 보인다. 『고려사』「예지」에는 명산대천의 구체적 명칭이 생략되어 있어[70] 지방세력과 연결짓기는 어렵지만 적어도 지방사회의 신앙체계는 충분히 반영된 것으로 여겨진다. 『고려사』「예지」가 중국 사서와 달리 독특한 오례(五禮) 순서에 따라 기록된 것은[71] 이를 증명하는 것이 아닐까?

팔관회 개최 지역이 개경과 서경에 국한되어 전국적 행사로서의 기능적 한계가 예상되는 부분에 대해서는 보완이 있었던 것으로 여겨진다. 고을의 산천제(山川祭)와 같은 토속의례가 팔관회의 보조적 역할을 담당했을 것으로 추정된다. 『고려사』「예지」 길례의 잡사(雜祀)에는 산천제가 실려 있는데, 잡사를 고려시대 국가제사의 주류라 평가할 정도로[72] 고려시대 국가제사의 특징이 담겨 있다.[73]

나-⑤ 보살계제자 대의군사 특진검교태보 현토주도독 고려국왕 왕건[휘 (諱)]은 삼가 새로 지은 천호산 개태사에 장강화엄경법회를 공경설치하오니 공덕이 편만하옵소서. 우제자는 계수하와 허공법계가 다하도록 시방삼세의 일체제불, 제존보살, 나한성중, 범석사왕, 일월성신, 천룡팔부 및 **악진해독**, **명산대천**, 천지일체령지 등에 귀의하오니, 널리 비추

---

69) 허흥식, 앞의 논문, 2002, 64쪽.

70) 김아네스, 「고려시대 개경 일대 명산대천과 국가 제장」『역사와 경계』82, 2012, 3쪽. 고려의 명산대천으로 祀典에 실린 곳에 관하여는 잘 알 수 없으며, 『고려사』 예지의 길례 잡사에 몇몇 산천에 관한 단편적 내용만이 확인된다.

71) 변태섭, 『『고려사』의 연구』, 삼영사, 1982, 77~78쪽. 원래의 『詳定古今禮』가 유교, 불교, 도교의 의례를 차별없이 수록하였던 것으로 파악한 견해가 있어 주목된다(김창현, 『『고려사』 예지의 구조와 성격』『한국사학보』44, 2011).

72) 김해영, 「상정고금례와 고려조의 祀典」『국사관논총』55, 1994.

73) 김철웅, 「고려시대의 산천제」『한국중세사연구』11, 2001, 125쪽.

옵기를 청하오니 모두 인가를 내리시옵소서. …74)

나-⑤는 태조가 후백제 정벌 후 직접 찬술한 개태사 「화엄법회소」의
일부인데, '악진해독·명산대천'을 언급하고 있어 주목된다. 후삼국 통일이
라는 찬술시점을 고려한다면 새롭게 개경 중심의 산천인식을 반영한 것으
로 파악하는 것이 정확한 이해가 아닐까 한다. 즉 고려적 산천제를 언급한
것이고, 이미 태조대부터 정비되기 시작했다고 할 수 있겠다.75) "산천에
올리는 제사를 깎거나 정한다"는 기록이76) 개경 중심 산천제의 완비를
뜻한다는 점에서77) 가능성은 충분해 보인다. 팔관회 기일이 통일되어
있지 않은 것이 각 지역의 전통적 제사를 고려의 국가적 제사로 흡수하는
과정에서 연유한 것이라는 지적은 참고가 될 수 있다.78)

이와 같이 국가의례로 승화된 팔관회는 그 위상에 걸맞게 성격이 변화했
을 것으로 생각된다. 태조가 「훈요」에서 '연등회는 부처를 섬기는 것'이라
언급하였으므로 그와 유사한 성격의 행사를 명칭만 달리해 중복하여 시행
한다는 것은 모순되기 때문이다. 다음을 참고한다.

나-⑥ … 왕씨가 나라를 차지한 이후 산에 의지하여 나라의 남쪽에 성을
쌓고 건자일(建子月)[11월]에 관속을 거느리고 의장물을 갖추어 하늘에

---

74) 「神聖王親製開泰寺華嚴法會疏」, "菩薩戒弟子 大義軍使 特進檢校太保 玄兎州都督 高麗國王
王諱 謹於新創天護山開泰寺 敬置長講華嚴經法會 一中功德 右弟子稽首歸依 盡虛空徧法界
十方三世 一切諸佛 諸尊菩薩 羅漢聖衆 梵釋四王 日月星辰 天龍八部 及岳鎭海瀆 名山大川
天地一切靈祇等 普請照知 僉垂印可 …."(양은용, 「고려태조 친제「개태사화엄법회소」
의 연구」, 『가산 이지관스님 화갑기념논총 한국불교문화사상사(上)』, 가산불교문화
연구원, 1992).
75) 김철웅, 앞의 논문, 2001, 127쪽.
76) 『고려사』 권3, 성종 9년 9월 기묘 "敎曰 … 刪定山川之祀 …."
77) 이병희, 「고려 현종대 사상과 문화정책」 『한국중세연구』 29, 2010, 247쪽.
78) 奧村周司, 「高麗における八關會的秩序と國際環境」 『朝鮮史研究會論文集』 16, 1979, 84~
87쪽 ; 채웅석, 앞의 책, 2000, 189쪽.

제사 지낸다. 후에 거란의 책명을 받을 때와 세자를 세울 때도 역시 거기서 예식을 거행하였다. 10월의 **동맹** 모임은 지금도 그 달 보름에 소찬(素饌)을 차려놓고 그것을 **팔관재(八關齋)**라 하는데 의식이 극히 성대하다. …79)

나-⑥은 『고려도경』의 팔관회 관련 기록이다. 사신으로 잠시 고려에 머물렀던 이방인의 눈에도 팔관회가 상당히 인상 깊게 남을 정도로 대규모 행사였음을 알 수 있다. 다만 '10월의 동맹 모임이 지금도 그 달 보름에'라고 한 것과 '팔관재'라 칭한 것을 보면, 10월과 11월 양경(兩京)에서 진행되고 명칭이 팔관회였다는 점에서, 당시 서긍의 고려 팔관회에 대한 이해가 정확했던 것은 아닌 것 같다. 그렇지만 고구려의 동맹을 언급했다는 점에서 팔관회가 단순한 종교의례가 아니었음을 가늠케 한다. 아마도 고대의 국중대회(國中大會)와 유사한 모습으로 추정된다. 고유한 전통 숭배와 왕실 안정을 기원하는 국가의례의 면모를 보이지 않았을까?80) 신라 진흥왕대 위령제 성격의 불교의례에서81) 출발했던 팔관회가 이제는 그 단계를 뛰어넘어 국가질서의 한 부분으로 자리했음을 보여주고 있다. 나-③에서 '부처를 공양하고 여러 신들을 즐겁게 하는 모임[공불악신지회(供佛樂神之會)]'이라 한 표현은 이를 분명하게 확인시켜 준다.

여기에서 팔관회가 지닌 특징적 면모가 확인된다. 국왕과 측근 관료만이 참여하는 것이 아니라 기층민에게도 개방되어 함께 즐겼다는 것이다. 집회의 축제성이 두드러지는데,82) 갈등 표출을 통한 사회적 방어기제의 역할이 떠오른다. 다양한 신분이 어울리는 가운데 일시적이나마 평소의

---

79) 『고려도경』 권17, 祠宇.

80) 김종명, 앞의 책, 2005, 164쪽 및 205쪽 ; 정병삼, 앞의 논문, 2015, 204쪽.

81) 김복순, 「신라와 고려의 사상적 연속성과 독자성」 『한국고대사연구』 54, 2009, 377~378쪽.

82) 안지원, 앞의 책, 2005, 211쪽 ; 김기덕·한정수, 앞의 논문, 2015, 197쪽.

경직된 계급질서를 이완시켜 지배체제의 운영에 윤활유 역할을 하였기 때문이다. 이는 사회적 갈등의 해소가 미흡하여 국가가 쇠망했던 신라의 전례에서 영향을 받은 면도 있을 것이다.

> 나-⑦ 경덕왕 때 강주(康州)의 신자 수십 명이 서방정토를 정성껏 구하여 고을 경내에 미타사(彌陀寺)를 세우고 1만 일을 기약하여 계를 만들었다. 그때 아간(阿干) 귀진(貴珍)의 집에 여자 종이 있었는데 이름이 욱면(郁面)이었다. 욱면은 주인을 따라 절에 가서 마당에 서서 승려를 따라 염불하였다. 주인은 그녀가 직분에 맞지 않는 행동을 하는 것을 못마땅하게 여겨 매양 곡식 두 섬을 주고 하룻밤 동안 다 찧으라고 하였는데, 욱면은 초저녁에 다 찧어 놓고 절에 가서 염불하기를 밤낮으로 조금도 게을리 하지 않았으며, … 욱면은 서쪽 교외에 이르러 형체를 버리고 부처의 몸으로 변하여 연화대에 앉아 큰 빛을 발하면서 천천히 갔는데, 음악 소리가 하늘에서 그치지 않았다. …83)

나-⑦은 신라중대 강주(경남 진주) 지역에 살던 욱면이 정성을 다해 염불하여 극락으로 갔다는 설화인데, 그 내용을 보면 기층민의 고단한 삶이 녹아있음을 알 수 있다. 욱면이 주인 귀진을 따라 절에 가서 염불하는 것을 그녀의 직분에 맞지 않다고 여기는 모습은 당시 지배층의 보편적 인식이었을 것이다. 견고한 신분질서의 분위기가 물씬 풍기는데, 비단 욱면에게 국한되던 상황만은 아니었다고 생각된다. 그러한 인식을 느끼게 하는 모습이 금석문에서 발견된다.

> 나-⑧ … 나라에 5품이 있는데 성이(聖而), 진골(眞骨), 득난(得難) 등이다.

---

83) 『삼국유사』 권5, 感通7, 郁面婢念佛西昇.

(득난은) 귀성(貴姓)을 얻기 어려움을 이야기한 것이다. 『문부(文賦)』에서 '혹 구하기는 쉽지만 얻기는 어렵다'고 말한 것을 따서, 6두품의 수가 많지만 귀성이 되기는 제일 낮은 관등에서 가장 높은 관등에 이르는 것과 같음을 이야기한 것이다. 그러니 **4, 5품은 족히 말할 바가 못 된다.** …84)

나-⑧은 신라하대 최치원이 찬한 「성주사 낭혜화상비」의 일부인데, 당시 상층 신분의 계급인식을 잘 보여준다. 최치원이 6두품으로서 폐쇄적 신분제인 골품제의 피해자였지만, "4, 5품은 족히 말할 바가 못 된다"고 함으로써 동시에 그 자신도 골품제에 동화되어 똑같이 한계를 보이고 있다. 개혁적 유교 지식인이었던 최치원의 인식이 이 정도였다는 점을 감안한다면, 계급 간 이질성이나 신분제의 경직성을 완화하려던 노력은 현실적으로 불가능했다고 할 수 있다. 이를 볼 때 진성여왕대 원종·애노의 난은 억압적 현실이 누적되었다가 폭발한 것이라 해도 지나친 표현은 아닐 것이다.

따라서 고려시대 팔관회에 일반 기층민이 참여했다는 것은 단순한 관람자를 넘어 행사의 구성원으로서 적극적 참가자였음을 느끼게 한다. 이는 고려 팔관회의 성격이 이전의 신라나 궁예정권 시기와 비교할 때 본질적으로 한 단계 성숙한 상태임을 명확히 보여준 것이라 할 수 있다. 비록 고려후기의 기록이지만 "고관대작의 노비들이 넓은 뜰에 들어와 서로 싸우며 돌을 던져 누각 위까지 날아들었다."85)고 한 것은 일상적인 모습이 아니라 돌발적 상황이지만 이는 고려사회가 이전보다 한층 진일보한 사회였음을 반증하는 것이 아닐까? 팔관회를 통한 사회질서 운용은 제한된

---

84) 韓國古代社會研究所 編, 『譯註 韓國古代金石文(제3권)』, 駕洛國史籍開發研究院, 1992, 「聖住寺 朗慧和尙塔碑」, "… 國有五品 曰聖而 曰眞骨 曰得難 言貴姓之難得 文賦云 或求易而 得難從言 六頭品數多 爲貴 猶一命至九 其四五品不足言 …."
85) 『고려사』 권34, 충숙왕 즉위년 11월 경자.

시간영역이지만 사회구조의 하부에 위치한 기층민의 억압된 욕구를 분출시켜 국가체제를 안정시키고 지배질서를 원만히 유지하는 데 긍정적 역할을 하였던 것이다.

4. 현종의 양회 복설(復設)과 개방적 국가의례의 전개

성종대 최승로의 건의로[86] 유교정치이념이 채택되고 연등회와 팔관회는 폐지되었는데,[87] 여기에 크게 영향을 미친 것은 당시의 정치적 현실이었다. 혜종~경종의 시기는 집권력 강화와 더불어 정치적 혼란기였는데, 광종과 경종대는 상반된 정치세력의 집권으로 인해 갈등이 심해졌다. 최승로가 언급한 훈신숙장(勳臣宿將)과 후생참적(後生讒賊)은 당시의 상황을 압축해서 보여준다. 성종은 이전 사회와는 다른 위계질서에 근거한 사회구조를 형성하고자 했으며,[88] 그에 따라 정치권력과 종교를 분리하고, 합리적 절차와 제도를 통하여 통치권을 행사하고자 유교정치이념을 도입하였다.[89] 다행히 성종대 왕권이 안정되고 고려사회가 자리를 잡아가는 듯 했지만, 왕위계승을 둘러싼 세력다툼이 재현되면서 정국의 혼란이 이어졌으며,[90] 목종대는 정치적 불안정이 확대되었다.

그러므로 현종이 즉위한 후 새로운 변화는 불가피했다. 현종은 즉위 전 수차례 생명의 위협을 받았는데, 승려들의 도움으로 위기를 넘긴 바 있어 불교나 토착신앙에 대한 시각이 남달랐다. 중국 문물의 적극적 수용

86) 『고려사절요』 권2, 성종 원년 6월.
87) 『고려사』 권3, 성종 6년 10월, "命停兩京八關會."
88) 전영준, 앞의 논문, 2010, 222~223쪽.
89) 최인표, 「고려 성종의 유교정치이념 채택과 역사적 의의」 『국학연구』 5, 2004, 174~183쪽.
90) 김갑동, 『고려전기 정치사』, 일지사, 2005, 191쪽.

을 통해 유교적 습속의 진작과 화풍(華風) 형성을 의도했던 성종과는[91] 분위기가 다를 수밖에 없었다. 기층민을 비롯한 많은 사람들이 참여하여 공동체 의식을 드높였던 연등회와 팔관회의 복설은 사실상 시간문제였다. 성종대 이지백이 부활을 주장했을 때부터 이미 예견된 일이다.[92]

   다-① **연등회**를 다시 열었다.[93]

   다-② 왕이 **팔관회**를 다시 열고 위봉루에 나가 음악을 관람하였다.[94]

   다-①·②는 현종 원년 연등회와 팔관회의 복설을 보여주고 있다. 연등회는 왕궁에서 향읍에 이르기까지 정월 보름에 2일간 진행되었으며, 국왕과 신하가 밤늦게까지 어울리고 때로는 시를 지으며 다음 날 새벽까지 지속되기도 하였다. 이로 인해 많은 인원과 경비가 소요되었지만 예능인들에 의한 공연도 동반되어[95] 일체감 조성에 있어 긍정적 기능을 수행하였다.

   팔관회가 현종 즉위 다음 해 최항의 청으로 복설되어 늦은 듯하지만,[96] 양회를 정점으로 하여 왕권 강화를 기대했던 의도는 충분히 확인된다. 송·거란의 독자적 제천의례와 같은 고려중심 천하의 제천의례를 복구하려는 의미도 지녔을 것이다.[97] 다만 왜 이 시점에 복설하였는지 시간적

---

91) 이병희, 앞의 논문, 2010, 229쪽.

92) 『고려사』 권94, 徐熙.

93) 『고려사』 권4, 현종 원년 윤2월 갑자, "復燃燈會."

94) 『고려사』 권4, 현종 원년 11월 경인, "復八關會 王御威鳳樓 觀樂."

95) 김종명, 앞의 책, 2005, 115~142쪽 ; 안지원, 앞의 책, 2005, 98~110쪽.

96) 팔관회가 성종대가 아닌 현종대 재시행된 것이 지방호족에게 농정권을 되돌려주고 대신 군사권을 양보 받은 후에 이루어진 것이라는 견해가 있다(이태진, 「사회사적으로 본 한국중세의 시작」『한국고대사연구』8, 1995, 19쪽). 다만 고려 건국 후 100여 년 가까이 지난 시점에서 여전히 지방호족의 건재를 전제로 하고 있어 국가체제의 정비 면에서 볼 때 조금 동의하기 힘든 면도 있다.

97) 노명호, 『고려국가와 집단의식』, 서울대학교출판문화원, 2009, 172쪽.

배경에 대해서는 검토해 볼 필요가 있다.

다-③ 거란의 왕[성종(聖宗)]이 장군 소응을 보내어 친히 정벌에 나섰음을
   알렸다.[98]

다-③은 거란의 제2차 침입(1010)을 보여주는데, 이것이 팔관회 복설에
영향을 준 것은 아닌지 궁금하다. 팔관회 자체가 지니는 토속신앙·산천신
앙 등의 요소는 공동체 의식을 바탕으로 하였으므로 이를 통해 국가적
결속력을 높이려던 의도가 엿보이기 때문이다. 거란과의 전쟁 상황, 왕통
과 왕권에 대한 위기의식 등을 극복하려던 측면이 고려되었을 것 같다.[99]
이미 거란의 제1차 침입을 통해 국민적 일체감의 필요성을 절감한 바
있으며, 팔관회가 호국적 성격과 무관치 않다는 점에서 가능성은 결코
낮지 않다.

다-④ "… 선왕께서 설치하신 연등회·팔관회·선랑 등의 행사를 다시 거행
   하고, 다른 나라의 괴이한 법을 본받지 말며, 나라를 보전하고 태평을
   이룩하는 것이 어떠하겠습니까? 그렇다고 여기신다면 먼저 천지신명께
   고하고 그 후에 싸우거나 강화하는 것은 오직 주상께서 결정해야 할
   것입니다."라고 하였다. 성종도 옳은 말이라 여겼다. 당시 성종이 중화의
   풍습을 즐겨 따르는 것을 백성들이 좋아하지 않았기 때문에 **이지백**이
   이를 언급한 것이다. …[100]

다-④는 거란의 제1차 침입(성종 12, 993) 당시 이지백이 건의한 내용인

---

98) 『고려사』 권4, 현종 원년 11월, "契丹主遣將軍蕭凝 來告親征."
99) 김혜숙, 앞의 논문, 1999, 36쪽.
100) 『고려사』 권94, 徐熙.

데, "연등회와 팔관회·선랑 등의 행사를 다시 거행하여 나라를 보전하는 것이 어떠한가?" 하며 주청하고 있다. 아마도 이러한 생각이 당시 이지백 개인만의 인식은 아니었을 것으로 여겨진다. 기본적으로 연등회와 팔관회가 호국과 깊이 연고된 행사라는 점에서, 양회 복설의 배경 요인 가운데 하나로 간주해도 큰 문제는 없을 것 같다. 국난 극복을 위한 적극적 대응으로 여겨진다. 고려초 태조가 분열을 종식시키고 일체화된 정서를 이끌어 내고자 팔관회를 계승하였던 것과 같은 맥락이라 하겠다.[101] 그만큼 고려의 팔관회는 고유성이 총체적으로 결집된 국가적 행사였고 정치적·사회적·문화적으로 일원적 체계를 갖추는 데 있어 중요한 기능을 수행하였다.[102]

고려사회의 융합과 결속의 매개체로서 기능했던 팔관회의 또 다른 특징은 국제적 개방성이었는데, 외국인의 조하(朝賀)는 팔관회의 대외적 위상과 성격을 상징적으로 보여주고 있다. 내부적으로 다양한 신분의 사람들에게 열려 있었던 것에 더하여 외부자들에게도 시·공간적으로 개방된 참여의 마당이었다. 여기에서 조하가 신하가 천자를 배알하고 하례를 올리는 절차라는 점에서 팔관회의 외국인 조하는 외형상 드러나는 것보다 큰 의미를 지닌다는 점을 유의할 필요가 있다. 그러한 형식이 현종대 정립된 것은 아니었지만 그 토대가 이미 형성되고 있었다.

> 다-⑤ **팔관회**를 열고 신봉루에 거둥하여 백관에게 술과 음식을 내렸으며, 저녁에는 법왕사에 행차하였다. 다음날 대회에서 또 술과 음식을 하사하고 음악 공연을 관람하였으며, 동경과 서경, 동로와 북로의 병마사, 4도호, 8목이 각각 표문을 올려 축하하였다. **송상, 동번과 서번, 탐라국**이 또한 토산물을 바치니, 의례를 관람할 수 있도록 자리를 하사하였는데 뒤에 상례가 되었다.[103]

---

101) 전영준, 앞의 논문, 2010, 218쪽.
102) 안지원, 앞의 책, 2005, 212~213쪽.

다-⑥ 이 달에 **대식국**의 열라자(悅羅慈) 등 100인이 와서 토산물을 바쳤다(대
식국은 서역에 있다).104)

다-⑤는 정종(靖宗) 즉위년(1034) 팔관회의 모습인데 뒷날 상례가 되었다
고 한다. 고려가 송(宋), 여진(동번, 서번), 탐라와 교류를 통해 연결되고,
팔관회를 매개로 하여 하나의 국제질서가 형성되었음을 볼 수 있다. 정종
대 고려 중심의 국제적 네트워크가 운영되었음을 나타내는데, 그가 현종의
차자(次子)이고 장자였던 전왕 덕종의 재위기간이 4년에 불과했다는 점에
서, 이러한 네트워크는 현종대 팔관회 복설 당시 태동되었다고 할 수
있다. 송상은 현종~충렬왕 초까지 약 260년 동안 120여 회에 걸쳐 약
5천명이 왕래했는데,105) 최근 연구에 따르면 송상이 135건, 4,976명이고
미상까지 포함하면 7천명에 이른다.106) 이를 토대로 당시의 국제교류가
지니는 의미를 생각해 본다면 현종대 팔관회 복설은 고려 팔관회의 국제화
가 본격적으로 시작되던 시점이라고 표현할 수 있을 것이다.
　다-⑥은 대식국107) 상인의 출현으로 현종대 활발했던 국제교류의 한
단면을 보여준다. 방문시기가 9월이어서 양경 팔관회의 설행 시기인 10·11
월과 차이가 있지만, 팔관회와 관련하여 교역을 위한 국제교류였음을
예측할 수 있다. 대규모 행사인 팔관회의 개최를 위해서는 일정한 준비기
간이 필요했을 것이므로 그 시기에 맞춰 고려에 왔던 것으로 생각할 수
있다. 다-⑤·⑥을 통해서 볼 때 고려는 중국을 제외한 주변 국가와 민족을

103) 『고려사』권6, 정종 즉위년 11월 경자, "設八關會 御神鳳樓 賜百官酺 夕幸法王寺 翼日大會
　　又賜酺觀樂 東西二京東北兩路兵馬使四都護八牧 各上表陳賀 宋商客東西蕃耽羅國亦獻方物
　　賜坐觀禮 後以爲常."
104) 『고려사』권5, 현종 15년 9월, "是月 大食國悅羅慈等一百人來 獻方物(大食國在西域)."
105) 김상기, 「려대무역고」『진단학보』7, 1937.
106) 박옥걸, 「고려래항 송상인과 여송의 무역정책」『대동문화연구』32, 1997, 35~42쪽.
107) 고려시기 대식국은 압바스 왕조(750~1258)를 지칭한다(김철웅, 「고려와 대식의
　　교역과 교류」『문화사학』25, 2006, 130쪽).

대상으로 하여 자신 중심의 국제적 의례를 형성하는 과정에 팔관회를 적극적으로 활용했던 것이다.[108] 나주에서 팔관회가 개최되자 해당 지역이 송, 동남아, 아라비아, 일본 등의 사절과 상인이 왕래하는 거점으로 부상했던 모습은 상징적 사례가 될 수 있다.[109]

고려가 팔관회를 국제적 의례로 발전시킨 데에는 국제교역과 더불어 국제정세나 외부의 인적요소를 능동적으로 수용하려던 정책의지도 바탕에 위치하고 있었다. 팔관회가 외부세계에 대하여 단순하게 열려만 있는 피동적 통로가 아니라 고려의 국가체제 유지와 번영을 위해 외적 자양분을 지속적으로 흡입하는 사회·문화적 뿌리 중의 하나였던 것이다.

> 다-㉗ (고려) 왕성에는 중국 사람이 수백 명 있었는데, 장사 때문에 배를 타고 간 민(閩)지방 사람들이 많았다. (고려는) 비밀리 그들의 재능을 시험하고 벼슬을 주어 유혹하거나 강제로 머무르게 하여 일생을 마치도록 하였다.[110]

다-㉗은 중국의 기록으로서 고려가 대외정책을 공식적 외교에만 국한하여 전개한 것이 아님을 잘 보여준다. 시기상 고려중기(명종 25~선종 3)에 해당하지만 고려전기와 크게 다를 것으로는 생각되지 않는다. 대외교역을 통해 물적 측면은 물론 인적 측면에서도 적극성을 보이며 스스로 변화하고자 했던 노력으로 이해된다. 귀화인들은 고려의 다양한 분야에서 활동하며 영향을 미쳤을 것인데, 이질적 요소들은 고려가 사회·문화적 열성인자를 극복하는 데 긍정적으로 작용하였을 것이다. 이러한 교류양상은 국가적

---

108) 奧村周司, 앞의 논문, 1979 ; 이진한, 「고려시대 송상 무역의 재조명」 『역사교육』 104, 2007, 64쪽.
109) 문안식, 「나주지역의 역사지리적 위상과 고려 팔관회」 『남도민속연구』 29, 2014.
110) 『宋史』 권487, 外國3 高麗, "王城有華人數百 多閩人因買舶至者 密試其所能 誘以祿仕 惑强留之終身."

행사를 계기로 시작되고 확대되었을 가능성이 큰 만큼 대표적 국가의례였던 팔관회가 그 시원적 역할을 하였을 것이다. 팔관회가 내적·외적으로 다양한 요소들을 포용하여 새로운 고려적 질서로 녹여내는 용광로 역할을 수행했다고 할 수 있다. 고려를 더욱 고려답게 하는 사회·문화적 장치로서 자기 정체성을 확립하는 데 있어 구심점 역할을 하였던 것이다.

결과적으로 고려의 팔관회는 독자적인 천하관에 의거하여 행사를 진행하고 방물을 진헌케 함으로써 대외적으로 고려국왕의 권위를 극대화하는 계기였으며,[111] 고려적 천하의 국가의례이자 그것을 통해 동아시아 국제 교역과 교류가 이루어지는 행사로서,[112] 복합적 기능을 수행하였다.[113] 따라서 현종대 복설된 팔관회는 축제성을 갖춘 대규모 집회로서 고려의 내적 결속과 더불어 외부 인자를 흡인하는 의례였던 동시에 고려 중심 국제적 네트워크의 핵심에 위치하고 있었다. 국왕과 군신은 물론 기층민까지 모두 하나가 되는 화합의 마당으로 사회·문화적 용광로였으며 고려 중심의 다원적 천하관이 실현된 국가의례였다.

5. 맺음말

이상에서 고려전기의 연등회와 팔관회의 역사적 의의에 대하여 고찰하였다. 내용을 요약, 제시함으로써 맺음말에 대신하고자 한다. 신라의 연등회와 팔관회는 고려와 달리 국가의례가 아닌 불교계의 종교의례 수준에서 제한된 기능을 수행했던 것으로 보인다. 원종·애노의 난 등 신라하대의

---

111) 추명엽, 「고려전기 '번(蕃)'인식과 동·서번의 형성」 『역사와현실』 43, 2002, 23~25쪽.
112) 노명호, 앞의 책, 2009, 175쪽.
113) 팔관회는 종교적, 정치적, 경제적, 축제적인 면에서 다양한 기능적 양상을 보였다(김혜숙, 앞의 논문, 1999, 46~51쪽).

혼란은 이를 느끼게 하는데, 기층민을 구성원으로 하는 국가의례가 활발했다면 사회적 동질감을 통해 사회 모순을 해소하여 극단적 파국은 어느 정도 방지할 수 있었을 것이기 때문이다. 신라의 의례가 기록된 『삼국사기』 「제사지」에 관련 기록이 없다는 점도 이와 관련이 있다. 팔관회의 경우 호국을 기원하는 위령제로서 유희적 성격의 축제는 아니었다.

신라말 성장한 지방세력 가운데 궁예가 주목되는데, 신라 왕실의 혈통임에도 불구하고, 국가까지 세우게 된 것은 기층민의 요구를 수렴한 결과로 여겨진다. 민간에서 행해지던 팔관재 의례를 이용하여 개혁의 열망을 반영했다고 하겠으며, 한 때나마 지배자의 위치를 점했던 것은 이와 관련이 있다. 아마도 신라에 대한 부정적 인식이 강했다는 점에서 신라적 요소의 전적인 계승은 한계가 있었을 것이고, 자신만의 독특한 의례가 반영되었을 것으로 생각된다. 다만 불교적 종교의례에 국한되던 고대의 팔관회를 고려사회의 중세적 국가의례로 전환하는 과정에서 일정한 역할을 했다는 점에서 긍정적으로 평가할 수 있다.

고려를 건국한 태조는 후삼국 분열기 지방사회의 동향과 민심을 반영하여 팔관회를 개최하였는데, 곧 팔관회가 종교의례에서 국가의례로 승화과정이었음을 보여준다. 『고려사』 「예지」와 「여복지」의 관련 기록은 중세 고려의 국가적 성격을 선명하게 드러내고 있다. 기록이 태조대를 반영한 것은 아니지만 그 시원은 태조대에 있었다. 관료들이 국왕에게 바친 하표와 상표를 빠뜨린 자의 탄핵기록 역시 관료의 참여가 필수였던 국가의례였음을 뒷받침한다. 태조가 연등회와 팔관회를 엄수하도록 한 것은 후삼국 시대의 분열적 정서를 통합하려던 것이며, 국토재조(國土再造)의 시각에서 전통적 신앙체계를 반영한 것으로, 고려적 팔관회의 정립이었다. 이때 고을의 산천제와 같은 토속의례가 팔관회의 보조적 역할을 수행하였다. 태조가 찬술한 「화엄법회소」의 '악진해독·명산대천'은 개경 중심의 새로운 산천인식을 반영한 것으로 고려적 산천제를 언급한 것과 같았다. 신라

진흥왕대 위령제 성격의 불교의례에서 출발했던 팔관회가 국가질서의 한 부분으로 한 단계 성장했음을 보여준다. 또한 기층민에게 개방되어 함께 즐겼고, 일부에서 드러났던 난장적 요소는 사회적 방어기제를 상징하며 이전보다 진일보한 사회였음을 증명한다.

성종이 이전과는 다른 사회를 형성하고자 유교정치이념을 도입하면서 연등회와 팔관회는 일정 기간 폐지되었다. 하지만 현종이 즉위하면서 연등회와 팔관회의 복설은 시간문제였고, 성종대 이지백이 부활을 주장했을 때부터 이미 예견되었다. 거란의 제2차 침입은 팔관회 복설 시점에 영향을 준 것으로 보이는데, 팔관회의 호국적 성격은 이와 무관치 않았다.

그리고 고려사회의 융합과 결속의 매개체로서 기능했던 팔관회의 특징 중 하나는 국제성 개방성이었다. 팔관회에 조하하던 외국인은 대외적 성격과 위상을 상징적으로 보여준다. 정종 즉위년 팔관회는 고려의 송, 여진, 탐라와의 교류와 또 하나의 국제질서 형성을 보여준다. 이러한 네트워크는 현종대 팔관회 복설 당시 태동되었으며, 고려 팔관회의 본격적인 국제화 시점이었다. 고려는 중국을 제외한 주변 국가와 민족을 대상으로 자신 중심의 독자적 의례를 형성하는 데 팔관회를 이용하였으며, 자기 정체성을 확립하는 토대로 활용하였다. 국왕과 군신은 물론 기층민까지 모두 하나가 되는 화합의 장이었으며, 고려가 세계의 중심이 되는 다원적 천하관이 실현된 국가의례였다.

개방성과 정체성
─고려의 국제적 개방성과 자기인식의 토대─

연구발표회 개요
─ 일시 : 2017년 6월 30일(금) 13시~18시 30분
─ 장소 : 가톨릭대학교 성심교정 다솔관 301호
─ 주최 : 가톨릭대 고려다원사회연구소, 한국중세사학회 공동주최
─ 후원 : 한국연구재단

　2017년 6월 30일(금) 오후 1시부터 가톨릭대학교 성심교정 다솔관 301호
에서 "개방성과 정체성─고려의 국제적 개방성과 자기인식의 토대"라는
주제에 대한 연구발표회를 개최하였다. 이 연구발표회에서 '고려전기 다
원적 국제관계와 인식 대응'에 관한 총론을 비롯해 국제적 개방성에 대한
2개 논문, 보편성과 자기인식에 관한 2개 논문, 국가의례의 다원성에 대한
2개 논문을 발표하였다.

　개별 발표 주제와 순서는 다음의 표와 같다.

	∘사회자 : 한혜선(가톨릭대 고려다원사회연구소) ∘개회사 : 김기섭(한국중세사학회 회장, 부산대)
총론발표	∘총론-고려전기 다원적 국제관계와 인식·대응 ∘발표 : 채웅석(가톨릭대)

제1부 국제적 개방성

제1발표	∘고려전기의 북방 영토의식과 이민족 인식 ∘발표 : 신안식(가톨릭대)
제2발표	∘고려전기 異邦人·歸化人의 입국과 해동천하 ∘발표 : 한정수(건국대)

제2부 보편성과 자기인식

제3발표	∘고려전기 역사계승의식과 이중적 자아인식 발표 : 최봉준(가톨릭대)
제4발표	∘고려시대 고고유물에 기재된 중국 '연호명'과 국제관계-금속제·기와명 연호를 중심으로- ∘발표 : 홍영의(국민대)

제3부 국가의례의 다원성

제5발표	∘고려시기 至高神의 존재와 神格의 다층위성 ∘발표 : 박종기(국민대)
제6발표	∘고려전기 연등회·팔관회의 기능과 의례적 특징 ∘발표 : 한준수(국민대)

제4부 종합 토론

	∘사회 : 채웅석(가톨릭대)
	∘토론 : 이미지(국사편찬위원회), 김병인(전남대), 김일권(한국학중앙연 구원)
	∘폐회사 : 채웅석(고려다원사회연구소 소장, 가톨릭대)

이어 3명의 전문연구자들을 모시고 종합토론을 진행하였다. 종합토론에서는 고려의 천하관, 타자에 대한 인식과 수용, 역사계승의식, 신앙의 다층위성과 그 사상적 근원 등에 대하여 의견을 나누었다.

발표회의 주제들은 단순히 과거의 사실을 다루는 데 머무는 것이 아니라 현대 한국인의 세계관과 정체성의 역사적 전통을 성찰하는 의미가 있다. 급격히 세계화되는 오늘날의 상황은 한국인에게 한편으로는 세계시민적인 의식을 요구하는 동시에 다른 한편으로는 자기정체성의 확립을 요청하고 있다. 이번 종합토론은 고려인이 가졌던 국제적 개방성과 자기정체성이 오늘날 한국사회에 필요한 역사적인 전통이 될 수 있음을 다시 한 번 확인하는 계기가 되었다.

관념적 용어를 사용할 때 그 실체를 논증하기 쉽지 않고 모호하다는 점은 지속적으로 제기된 것이기도 하다. 고려시대의 다원적 국제질서나 독자적 천하관으로 대표되는 개방성과 정체성은 연구자들 사이에서는 이미 널리 알려진 개념이기는 하지만, 아직도 그 실체나 정의 자체가 불분명하다. 그렇지만 토론 과정에서 논의된 내용들이 앞으로 연구소 구성원은 물론 발표·토론자 및 청중으로 참여한 여러 연구자의 연구에 적지 않은 도움이 될 것이라는 점은 분명하다.

연구발표회 종합토론

채웅석(사회) 본 연구팀은 한국연구재단의 지원을 받아 '고려시대 역사·문화의 다원성과 통합성'이라는 주제로 연구를 진행하고 있다. 그 문제의식은 고려왕조가 사회·문화적으로 다원성과 다층위성이 특징적이면서 한편으로 사회적 통합성을 지녔다는 점을 밝히고, 서로 상반되는 것처럼 보일 수 있는 이런 요소들이 어떻게 잘 어우러져서 500년간 지속되었는가 하는 점들을 고찰하는 것이다.

이에 따라 제1차 연도에는 '고려인의 다양한 삶의 양식과 통합조절'이라는 주제로, 제2차 연도에는 '고려왕조 중앙과 지방의 네트워크'를 주제로 연구발표회를 한 바 있다. 이번에는 '개방성과 자기정체성'이라는 주제로 고려사회가 처했던 국제적인 조건, 그에 대한 대응과 인식 등을 다루게 되었다.

여러 선생님들의 토론과 조언을 통하여 평가를 점검하고 앞으로 연구를 발전시킬 수 있는 가능성을 모색하도록 하겠다.

〈제1부〉 국제적 개방성

이미지 화내·화외의 의미가 확장되고 적용되는 과정을 살핌으로써 고려 천하관의 유연성에 주목한 점은 흥미롭다. 그렇다면 고려의 화내·외 관념, 또 이민족 인식 등을 당시 동북아의 패자였던 거란이 용납한 이유는 무엇이었을까.

또한 거란의 6성 반환 요구를 고려가 거부하거나 거란의 2·3차 침입을 극복했다는 성과에 주목한다면, 고려 천하관이 확장되었다기보다는 거란에 대한 인식, 거란에 대한 두려움이 극복된 것이라고 표현하는 것이 더 맞는 설명이 아닐까 한다.

발표자는 서여진 지역에 대한 고려의 영향력이 확고했고, 이를 거란이 인정했다고 보았는데 실제로 그러했을까. 설령 서여진 지역에 대한 고려의 우선적 통할권 내지는 영토 인식을 거란이 인정했다고 하더라도 그것은 천하관과는 별개의 범주의 관념이 아닐까 생각한다.

끝으로 고려가 투화한 서여진인을 돌려보내 준 사례를 고려 천하관의 '개방성'으로 이해하였는데, 이러한 개방성은 고려인이 외부 정치체로 이탈하는 경우에도 허락될 수 있어야 할 것이다. 아마도 고려가 고려인의 이탈을 허락할 개연성은 없었을 텐데, 그렇다면 이민족과 고려인 각각에 적용되는 천하관이 달랐다고 볼 수 있다. 이러한 인식을 '천하관'이라고 개념화하는 것이 적합한가.

신안식 이민족의 투하와 고려인이 나가는 것이 동시에 이루어져야만 개방성이 아닌가 하는 것은 맞는 말이지만, 고려인이 나가는 사례는 간간히 보인다. 예컨대, 흑수말갈을 달래 투하를 시킬 때 잡아간 고려인을 돌려주었다는 기록이 있다. 그런데 고려왕조는 외부로 빠져나간 사람들에 대하여 추쇄정책으로 돌려받는 것이 일반적이었다. 나가고 들어오는 것이 개방성의 전제라고 해도 고려왕조가 이민족을 적극적으로 수용했다는 것이 개방성의 모범적인 사례라고 생각한다.

거란과의 전쟁을 통해 천하관의 확장에 대해서는, 거란이라는 당대 최강대국과 고려가 대결하여 극복했다는 것, 마찬가지로 거란이 강동 6주를 요구했을 때 끝까지 돌려주지 않고 고려가 그것을 적극적으로 지켰다는 것, 고려가 자신들의 영역권 안에서 자신들을 지키려는 것으로 고려가 가진 위상을 찾아볼 수 있다. 그러한 점에서 영토의식에서의 확장성, 나아가 고려 세계관의 확장성을 이야기할 수 있다고 생각한다.

그리고 화내와 화외의 관념에 대해서는, 화내라는 개념이 비단 고려만이 아니라 거란에 투화한 이민족을 '거란화내번인(契丹化內蕃人)'이라고 하였던 것과 마찬가지로 거란에도 이러한 개념이 있었다. 발표자는 천하관이라는 용어보다는 화내관이라는 용어가 더 적절하다고 생각하며, 화내관이라는 것이 고려 내지와 일정 부분 겹치는 부분도 있지만 그와 분리되는 번 체제까지 포함하는 용어라고 본다.

이미지   10~13세기의 사례들을 활용하여 해동천하 의식의 존재를 확인할 수 있었는데 그러한 해동천하의식을 형성하게 된 계기는 무엇이었는가. 고려 서북면 지역과 동북면 지역 개척의 불균형성이 지적되었는데, 덕종대에서 문종 9년까지의 관방 설치에 있어서 동북 9성 설치 이전의 동북지역은 서북지역과는 조금 다른 정책이 적용되지 않았을까?

고려의 해동천하 이념과 번인(蕃人)에 대한 초치가 당시 패자였던 거란은 어떻게 반응하였는지, 그리고 이러한 것들이 거란과의 질서 관계 내에서 어떻게 공존할 수 있었는지 궁금하다.

고려가 소중화(小中華)로 자처하였다고 하였는데, 소중화의 비교 대상은 중화(中華)로서의 송(宋)일 것이다. 그런데 고려는 994년 이후 거란과의 책봉관계에 충실하였던 것에 비해 송과의 관계에서는 994년 이후로는 어떠한 공식적인 질서 관계가 확인되지 않는다. 그렇다면 고려가 용손 혈통의식을 갖고 해동의 천자로서 자임할 수 있었던 것은 중화인 송의 천자와의 실질적인 질서 관계가 없었기 때문에 가능한 것이 아니었을까. 이를 좀 더 확대해 보면, 고려와 거란간의 실질적인 외교관계를 염두에 둘 때 고려의 소중화 인식이라든가, 해동천하관과 같은 인식들은 고려와 송, 또는 고려와 군소 이민족 간의 세계에서만 적용될 수 있었던 고려사회의 전체를 관통하는 통합 이념이었다기보다는 그것의 일부에 해당하는 것은 아닌가 한다.

채웅석　해동천하 인식이 형성된 계기와 서북면 지역과 동북면 지역 간의 불균형성을 어떻게 볼 것인가 하는 문제, 또 소중화 의식, 해동천하관의 지역적 범위와 관련된 질문이었다. 이는 다원적 국제질서 속에서의 계서성과 관련된 것일 수 있는데, 과연 소중화 의식과 해동천하관이 범주적으로 같은 것인지 다른 것인지에 대한 논의가 되어야 할 것이다.

한정수　'해동'이라는 표현은 상당히 오래전부터 문헌에서 나오고 있다. 그리고 태조대에 발해의 왕족이 들어오게 되면서 발해사에 대한 인식이 충분히 태조에게 전달되었을 것이다.

　다음으로 고려가 번인의 내투를 받아들일 때 거란이 어떻게 대응했을까 하는 문제인데, 고려가 내투를 받아들일 때에 여진인들이 거란에게서 받은 관작 등을 포기하도록 하기도 하였다. 즉 여진인들이 고려를 택할 경우에는 거란에 대한 부분을 포기하고 반대로 거란을 선택하면 고려에 대한 부분을 포기하는 것으로 볼 수 있다.

　한편 해동천하는 말 그대로 천하관, 우리의 자아인식과 연결이 된다. 따라서 정체성과 연결이 되기 때문에 해동천하 속에는 소중화 뿐만 아니라 군자지국, 예의지국과 같은 표현들이 들어갈 수 있다고 본다. 중국과 고려는 그러한 인식이 강했고 또 자의식으로 강화시키는 부분이 있기 때문에 일부에 해당한다기보다는 문종대 이후 고려적인 천하를 이야기하는 통합 기제로서의 상징이 아니겠는가 한다.

채웅석　소중화의 범주와 해동천하의 범주를 같다고 볼 수 있을까? 기준이 서로 다르기 때문에, 중복되는 부분도 있지만 이질적인 부분도 있을 수 있다.

〈제2부〉 보편성과 자기인식

김병인　『삼국사기』에 수록된 김유신과 소정방의 편지를 보면 '원수를 갚아야 한다'고 하면서 군사를 요청하였고, 삼국통일 뒤에는 '삼한위일가(三韓爲一家)'라고 표현하였다. 이후 후삼국 시대에 견훤이 의자왕의 원수를 갚겠다고 하고 궁예도 원수를 갚겠다고 하였으며, 이 원수를 갚겠다는 세력들이 통합하면서 왕건은 다시 '삼한일통'을 내세운다. 다시 무신집권기에 삼국부흥운동으로 이어지는데, 이러한 일련의 과정들이 연결되는 것으로 보아야 할까.

견훤과 궁예와 같은 사람들이 신라를 무너뜨리고 새로운 나라를 세우기 위해서는 반역의 논리도 필요했을 것인데 그것이 무엇이었을까. 계승의식, 정통성, 중국으로부터의 인정 등도 있겠지만 '민'이라는 존재에 대한 의식이 아니었을까 한다. 그들이 원수를 갚겠다고 한 정치적 수사의 대상은 민이었고, 민을 움직여 신라를 무너뜨리도록 자극한 것이 삼국유민의식이라고 할 수 있다.

단군과 기자에 대해서는 병렬적으로 설명하기는 어렵다고 본다. 특히 기자를 강조한 것은 숙종대인데 그 당시의 상당히 독특한 정치적 상황으로부터 기자가 강조된 것이 아닌가 한다.

최봉준   당시 민들의 신라 사회체제에 대한 불만 등을 견훤과 궁예가 적절히 해소해주었던 것 같다. 견훤과 궁예가 삽시간에 신라의 서부와 북부를 석권할 수 있었던 것은, 호족의 세력기반이 되었던 민의 요구에 적절히 부합했기 때문이라고 본다.

또한, 당시 호족뿐만 아니라 그 아래에 있는 민들도 삼국 유민의식을 가졌을 것이라고 생각한다. 다만, 그것을 명확하게 입증하기 어려운 한계가 있다.

김병인   국제정세의 변동이 잦은 가운데 고려의 대응이 외교, 전쟁, 굴복으로 정형화된 과정을 거쳤다고 생각한다. 이에 따라 연호 수용이 상황 조건에 따른 선택일 가능성이 높고, 여기에 자주성을 개입시키는 것은 문제가 있지 않은가.

금속기물이나 기와, 비문 등에 연호가 다 다르게 나오는 것은 착오가 분명한데, 이를 만드는 각수나 와공 같은 사람들이 가지고 있는 인식과도 무관하지 않을 것이다. 제작 공간이 대부분 지방에 있거나 사찰이고 이들이 얻은 정보가 시차가 있을 수도 있다. 따라서 금속기물이나 기와에서 나타나는 연호의 다양성은 당시의 정치적 환경을 포함하여 여러 가지 특수한 조건에 따른 요인들이 작용했을 것이라고 본다.

홍영의   고려는 국제관계의 변화에 따라 주변국의 연호를 선택적으로, 때로는 일방적으로 사용하였다. 조공-책봉관계가 완고할 때는 일방적인 반면 그 관계가 틀어졌을 때는 선택적으로 사용하였다고 생각한다.

연호명과 간지명은 제작 주체가 거의 나오지 않는다. 제작 주체, 즉 발화자가 미상인 경우가 훨씬 더 많아서 이를 일반적으로 적용시키기는 어렵다.

채웅석 　독자적인 천하를 구성하면서도 중국왕조에 대해서도 조공을 하는 체제는 베트남의 경우도 마찬가지다. 하지만 베트남의 경우에는 칭제뿐만 아니라 건원도 계속 하였다. 성격을 분명하게 밝히기 위해서는 그런 점을 고려하여 비교사적인 검토가 필요하다.

〈제3부〉 국가의례의 다원성

김일권 　고려가 지고신의 다원성을 사회원리로 승인하여 지속하였다는 것은 고려적 세계관의 추동성과 지향성을 제고하는 중요한 주제이다. 제석천 등 여러 가지 '천'들이 나오는데, 고려시대의 문화상황에서는 천신, 천제, 유교식으로 하면 상제가 될 것이다. 이러한 불교국가로서의 국가의 개념 자체의 고유한 성격을 좀 달리 정의하는 것이 가능할까.

　발표자는 이규보가 경주(동경)부흥운동을 진압하던 16개월 동안 쓴 33편 제문을 통해, 지역 산천의 대왕신과 용왕신 성격 문제를 다루었고, 이를 통해 지고신과 계서적 다층위성 신격을 잘 드러냈다. 다만 이러한 다층위적 계서화된 신격 체계를 운영한 것은 북송 때 도교의 산천에 작위를 내리는 신격화 문제 그리고 도교적인 맥락의 명산대천 국가의례와 비교해 볼 수 있을 것이다.

　이규보 제문 중 23, 24번은 그 제문이 쓰여진 1203년 3월 당시 진영에 전염병이 확산되는 문제와 관련된다고 할 수 있다. 태일신이 자연재해 외에 역질의 기양신 기능도 있는 만큼 의례 성격의 다변성 문제도 함께 논의할 필요가 있을 것이다. 23번은 법석문(法席文)이고 24번은 초례문(醮禮文)인데 질역 기양에 도·불을 함께 이용하는 모습을 보이고 있다.

박종기 　이규보의 제문 33편 중에 10번 지리산 대왕에게 올리는 발원문은 사령관이 질역에 걸려 지리산 대왕에게 기원을 올린 것이다. 그리고 23번,

24번 역시 질역과 관련되었다. 이번 발표에서는 그와 관련된 분석을 하지 않았는데, 이는 신격의 다층위성과 관련된 부분만 갖고 분석했기 때문이다.

한편 당시 국제질서를 이해하는 데 의례문제는 매우 중요하다. 『고려사』 예기와 당의 『개원례』, 송의 『오조실록』을 분석해서 국제질서를 예(禮)의 질서로 분석하는 연구들이 최근 고려사 연구에서 가장 주목할 만한 연구라고 생각하고 도교 연구 등도 활발히 이뤄지길 기대한다.

김일권 고려전기의 연등회, 팔관회는 매우 중요한 주제이다. 국왕이 황룡사에 관등하는 행차기록 2건과 백관연, 백관연회를 열었다는 기록은 적극적으로 평가해야 한다고 생각한다.

채웅석 다원성, 개방성, 보편성, 자기인식, 천하관 등 관념적으로 보일 수 있는 용어들을 쓰는 것과 관련하여 좀 더 많은 쟁점이 부각될 필요가 있다. 이에 대한 고견을 부탁한다.

김일권 개방성과 정체성에 있어서 고려인들이 추구했던 자연은 하늘을 포함한 자연으로 접근되기도 한다. 오행지에 보이는 자연에 대한 주제도 고려인들의, 고려사회의 다원성을 이해하는 중요한 담론이 되지 않을까 한다.

〈전체토론〉

청중 1 12세기의 역사계승인식과 관련하여 『삼국사기』의 신라계승의식을 고찰하였는데, 그 책에는 고구려와 고려를 연결하는 경우가 많다. 연표 고구려조에서 후고구려와 고려를 연결하기도 하고, 경순왕이 고려에 항복을 할 때 '자항납토(自降納土)'라는 표현도 썼다. 뿐만 아니라 경순왕 논찬을 보면 오월이 송에 땅을 바친 것에 대해 충신의 행동이라고 한 소식(蘇軾)의 표현을 인용하면서 신라도 그와 비슷하다고 했는데 그렇다면 김부식도 신라 계승의식보다는 오히려 고구려 계승의식을 더 인지하고 있었던 것이 아닌가.

최봉준　김부식은 유학자이다 보니 유교적인 것, 이를테면 충(忠)에 호의적인 것은 사실이다. 경순왕의 논찬에서 소식의 평가를 인용한 것은 역사 계승과 관련 있다고 생각하지 않으며, 또 『삼국사기』에서 고구려와 고려를 연결하는 것은 국호의 문제인 것 같다.

　　김부식은 고려인이고 기본적으로 고려와 고구려 사이의 계승의식에 관한 인식도 가지고 있었다.

정의도　고고학적 관점에서 보자면 해동천하와 같은 관념적인 세계관 혹은 질서가 어떤 장치를 통해서 구현되는가가 좋은 연구주제가 될 것 같다. 도자기에서 보면 고려청자의 경우에 송의 청자가 아니라 거란의 청자가 큰 영향을 주었는데, 이때 거란에서 고려로 투화한 사람들이 중요한 매개가 되었을 것이라고 생각한다. 투화한 거란인들을 일정한 장소에 수용하게 될 텐데 이때 그 장소는 어떻게 택해지는지, 그리고 어떠한 구조 속에서 그들을 동화시키는지는 매우 중요하다. 그런 점에서 볼 때 형이상학적인 세계는 어떻게 형이상학적인 세계로 구현이 되며, 또 그러한 세계는 어떠한 관념으로 재창출되는지, 그리고 그 내용은 다시 어떻게 양식을 규정할 것이며, 그 양식으로 다시 규정받는 내용은 어떻게 변해가는지 하는 내용을 살펴볼 필요가 있다.

김기섭　고려사회가 다원사회로서 개방성을 이야기할 때 그것이 국제관계에 국한된 것인지, 또 각 분야별로 다원성과 개방성이 어떻게 전개되어 나타나는가 하는 분석이 더 필요하다. 고려는 고대나 조선에 비해 국제적 조건이 다원적일 수밖에 없는 구조인데 각 분야별로 어떻게 개방성과 다원성이 표출되는가 하는 것들에 대한 연구를 기대해본다.

김병인 고려가 조선에 비해 사상의 폭이 넓은 것 같지만 그 안에서는 굉장히 엄격한 기준이 있지 않았을까 한다. 그런 의미에서 고려사회가 다원적인 성격을 가지고 있지만 그 다원성 내에는 굉장히 제한적인 요소들, 금기시하는 요소들, 사회적인 세평으로 자유롭지 못하는 등의 지점이 있었기 때문에 담론 차원에서 그 층위가 복잡하다고 생각한다.

채웅석 본 연구팀은 지금까지 3년에 걸쳐 고려시대 역사·문화의 다원성과 통합성이라는 주제 아래 연구를 진행해왔다. 여러 차례 콜로키엄을 통하여 다원성이라는 이론 검토, 인접시대와 인접지역과의 비교사적 검토 등을 하면서 가까스로 윤곽을 잡아 연구팀 내에 코드를 맞추는 상태이다. 다원성의 개념적 검토, 현시점에서 다원성을 제기하는 학술적 의의 등을 제시하였지만, 아직도 미진한 점이 많다.

　마침 내년에 고려 건국 1100주년이 된다. 기념사업들이 다양하게 준비되고 있는데, 이것을 계기로 하여 고려시대사 연구가 일층 고양될 수 있기를 기대한다.

정리 | 강재구

_ㅊ

_ㅌ

이 책에 실린 글은 각 필자가 기존 학회에서 발표하거나 논문으로 게재한 것을 일부
수정·보완한 것이다. 출처는 다음과 같으며, 순서는 목차순이다.

구분	필자	논문명	게재지	발행처	연도
총론1	채웅석	고려전기의 다원적 국제관계와 문화인식	한국중세사연구 50	한국중세사학회	2017
총론2	최봉준	고려시대 연구의 비판적 이해와 다원사회론의 전망	역사와실학 67	역사실학회	2018
1부	한정수	고려전기 異邦人·歸化人의 입국과 해동천하	한국중세사연구 50	한국중세사학회	2017
1부	이승민	고려 國喪에 대한 거란·금·송의 弔問使行 양상과 다층적 국제관계	한국중세사연구 48	한국중세사학회	2017
1부	한혜선	고려후기 陶器筒形壺에 보이는 元의 영향	東洋學 72	단국대학교 동양학연구원	2018
2부	최봉준	고려전기 역사계승의식과 이중적 자아인식	한국중세사연구 50	한국중세사학회	2017
2부	신안식	고려전기의 북방 영토의식과 이민족 인식	한국중세사연구 50	한국중세사학회	2017
2부	홍영의	고려시대 금속제 기물 및 기와의 '연호명' 검토 – 대중국 '연호'의 시행과 고려의 다원적 국제관계	한국중세사연구 50	한국중세사학회	2017
3부	박종기	고려시대 至高神의 존재와 神格의 다층위성	한국중세사연구 50	한국중세사학회	2017
3부	한준수	고려전기 연등회·팔관회의 기능과 의례적 특징	한국중세사연구 50	한국중세사학회	2017

필자_

채웅석 | 가톨릭대학교 국사학과
최봉준 | 한림대학교 사학과
한정수 | 건국대학교 사학과
이승민 | 가톨릭대학교 국사학과
한혜선 | 이화여자대학교 미술사학과
신안식 | 건국대학교 사학과
홍영의 | 국민대학교 한국역사학과
박종기 | 국민대학교 한국역사학과
한준수 | 국민대학교 한국역사학과

고려시대 역사·문화의 다원성과 통합성 연구총서 3
고려의 국제적 개방성과 자기인식의 토대

채 웅 석 편저

초판 1쇄 발행 2019년 1월 30일

펴낸이 오일주
펴낸곳 도서출판 혜안

등록번호 제22-471호
등록일자 1993년 7월 30일

주 소 ⓦ 04052 서울시 마포구 와우산로35길3 (서교동) 102호
전 화 3141-3711~2
팩 스 3141-3710
이메일 hyeanpub@hanmail.net

ISBN 978-89-8494-625-5   93910

값 30,000 원

이 도서는 2014년 정부(교육부)의 재원으로 한국연구재단의 지원을 받은 연구임(NRF-2014S1A5B4062928)